高等院校"十二五"应用型规划教材——经济管理系列

国 际 结 算
(第 2 版)

韩宝庆　主　编

清华大学出版社
北　京

内容简介

国际结算是一门与商业银行国际业务紧密相关的，注重理论在实际业务中应用，并具有很强的专业性、实务性与操作性的课程；也是一门不断发展变化的、适应我国银行业务与国际银行业务接轨需要，偏重于按照国际惯例并使用金融、贸易专业英语办业务的、具有很强国际性的专业课程。

本书以国际贸易结算为主线，以信用证结算方式为中心，以国际惯例为依据，系统地介绍国际结算的基本原理和业务操作规范。主要包括国际结算的基本概念和知识、国际结算工具、国际结算方式、国际结算单据以及国际非贸易结算等八章的内容。

本书最大的特点就是构思新颖。为了激发学生的学习兴趣、克服学习的障碍，书中采用了通俗的语言、轻松的图解、实用的材料以及鲜活的案例来展开内容讲解。

本书是从事国际金融和国际贸易工作所必须掌握的一门重要的实务课程，也是高等院校国际金融专业、国际经济与贸易专业的一门专业必修课程。

本书封面贴有清华大学出版社防伪标签，无标签者不得销售。
版权所有，侵权必究。举报：010-62782989，beiqinquan@tup.tsinghua.edu.cn。

图书在版编目(CIP)数据

国际结算/韩宝庆主编. --2版. --北京：清华大学出版社，2016(2021.8重印)
(高等院校"十二五"应用型规划教材——经济管理系列)
ISBN 978-7-302-43714-7

Ⅰ.①国… Ⅱ.①韩… Ⅲ.①国际结算—高等学校—教材 Ⅳ.①F830.73

中国版本图书馆CIP数据核字(2016)第084835号

责任编辑：孟 攀
封面设计：杨玉兰
责任校对：周剑云
责任印制：杨 艳

出版发行：清华大学出版社
网　　址：http://www.tup.com.cn, http://www.wqbook.com
地　　址：北京清华大学学研大厦A座　　邮　　编：100084
社 总 机：010-62770175　　邮　　购：010-62786544
投稿与读者服务：010-62776969, c-service@tup.tsinghua.edu.cn
质量反馈：010-62772015, zhiliang@tup.tsinghua.edu.cn
课件下载：http://www.tup.com.cn, 010-62791865

印 装 者：三河市少明印务有限公司
经　　销：全国新华书店
开　　本：185mm×260mm　　印　张：23.25　　字　数：561千字
版　　次：2012年3月第1版　　2016年8月第2版　　印　次：2021年8月第7次印刷
定　　价：58.00元

产品编号：066544-02

第2版前言

本书第1版问世后，由于其大量轻松的图解、鲜活的案例、丰富实用的材料以及紧跟国际结算时代步伐等鲜明的特色，获得了读者的好评，市场反应良好，被国内多所院校作为指定教材。笔者深感欣慰，同时也激发了进一步修订本教材的信心和动力，以使其日臻完善。本次修订在保持第1版的风格和体例基本不变的基础上，主要在以下几个方面进行了充实和完善。

第一，考虑到阐述问题的连贯性和逻辑性，把原"第七章 其他结算方式"改为第六章，置于第五章"信用证结算方式"之后，这样从第三章一直到第六章都是关于结算方式的内容(第三章到第五章为传统结算方式，第六章为新型结算方式)，而原"第六章 国际结算中的单据"则相应改为第七章。

第二，SWIFT是国际上最重要的金融通信网络之一，其电文标准格式已经成为国际银行间数据交换的标准语言，考虑到其在国际结算中的重要性，本书第一章增加一节来专门介绍SWIFT的基本内容。

第三，BPO是近年来新出现的一种国际结算方式。为了反映国际结算方式的这一最新进展，第六章专门增加一节，即"第一节 BPO"。相应地，原来的各节向后顺延。同时，就该内容在第一章介绍国际结算的新动向时以及其他相关章节也作了相应的补充。

第四，2013年，全球范围内信用证领域最大的事件莫过于新版标准银行实务(ISBP745)正式发布。ISBP是对UCP精神的阐释，是对UCP标准的明确和补充。其不仅大大降低了因单据不符而拒付的比例，更重要的是，使信用证从拒付的工具重新回归付款工具的本质，对恢复信用证的生机具有重要意义。本书在第五章"信用证结算方式"中对其进行了介绍。

第五，2013年国际商会还相继出台了两项重要的国际惯例规则，即2013年1月1日实施的《福费廷统一规则》(URF800)以及2013年7月实施的《银行付款责任统一规则》(URBPO)。本书在相关章节补充了相应内容。

第六，现在中国已成为仅次于美国的世界第二大经济体，还是世界最大的出口国。据环球银行金融电信协会(SWIFT)发布的最新数据显示，2015年8月人民币作为全球支付货币的排名上升至第四位，市场占有率达到2.79%，创出纪录新高，人民币已发展成为国际上普遍使用的贸易、投资和官方储备货币。因此，本书在第一章和第八章相应充实了跨境人民币结算的相关内容。

另外，本书还新增了案例、充实了资料、更新了数据，修正了部分文字表述和错误。

尽管本书的修订依然秉承了严谨加创新的理念，但限于作者的水平和学识，不当之处仍在所难免，诚挚希望读者批评指正。同时，也感谢清华大学出版社编辑对本书出版的大力支持！

编 者

前言

本书是一门具有很强专业性、实务性、操作性与国际性的课程，它不仅是高等院校国际金融专业、国际经济与贸易专业的一门专业必修课，更包含银行、外贸相关从业人员必须掌握的专业知识与技能。当前国际经济交往日益密切，更加凸显了这门课程的重要性。但是，综观传统的、现有的国际结算教材，普遍存在一个共性的问题，就是内容上以抽象的理论论述和单调的文字描述为主，甚至是把国际结算惯例与规则的相关法律文件翻译过来直接引用。然而，对于从未从事过国际结算相关实践的学生来说，面对众多晦涩的专业术语与抽象的理论知识，学习起来往往不知所云，难以理解，更别说激发学习的兴趣了。特别是有的教材中的某些知识还未能与时俱进，及时更新，存在与现实相脱节的情况，根本无法应用于实践并指导实践。鉴于此，本书的编写力图克服以上不足，并尝试进行一定的创新与突破。

具体来说，本书的特色可以概括如下。

第一，内容全面，详略得当，更注重实用性。不仅涉及贸易结算还涉及非贸易结算，但又以贸易结算为主，同时在传授知识时更注重学生实务技能的培养，使学生通过学习，能够掌握实际操作的技能。

第二，结构合理，层次清晰，更注重条理性。总体上按两部分来安排，即贸易与非贸易结算。其中贸易结算又分结算工具与结算方式两方面来介绍。而结算方式又按传统的结算方式与新型的结算方式来安排。

第三，构思新颖，方法多样，更注重趣味性。为了激发学生的学习兴趣，减少学习的障碍，尽量采用通俗的语言，以轻松的图解、实用的材料以及鲜活的案例来带动知识点。具体表现在以下三个方面。

(1) 注重生动性，利用轻松活泼、通俗易懂的语言，引人入胜的案例，增强学生的学习兴趣。

(2) 强调直观性，力争把复杂的问题简单化，用形象的图解和丰富的单证样本来阐释复杂的理论概念。

(3) 提倡扩展性，通过资料引申(即"知识拓展")的方式，拓宽读者专业知识方面的视野。

第四，与时俱进，及时更新，更注重时代性。比如联合国关于国际运输的《鹿特丹规则》(2009)、跨境人民币结算(2009)、关于跟单信用证的 UCP600 与 eUCP(2007)、关于保函的 URDG758(2010)以及解决跟单票据争议的 DOCDEX 规则，等等，在论述相关问题时，都注意进行相应的引用与及时更新。

本书在编写过程中，参考并借鉴了众多学者的著作和研究成果，谨在此表达诚挚谢意。同时，也非常感谢清华大学出版社的编辑和有关工作人员付出的辛勤劳动。由于作者的学识和水平有限，尽管付出了很大的努力，但是书中难免存在疏漏、不当甚至谬误之处，欢迎读者批评指正。

编 者

目 录

第一章　国际结算概述 1

　第一节　国际结算的概念 2
　　一、国际结算的定义 2
　　二、国际结算的分类 3
　　三、国际结算的性质和特点 5
　　四、国际结算的主要研究内容 6
　第二节　国际结算的产生与发展 7
　　一、现金结算发展到非现金结算 8
　　二、从商人间的直接结算发展到以银行为中介的转账结算 8
　　三、从"凭货付款"到"凭单付款" 9
　　四、从人工结算到电子结算 9
　　五、国际结算的新动向 10
　第三节　国际清算系统 15
　　一、国际清算的定义 15
　　二、国际清算的基本条件 17
　　三、主要清算系统简介 20
　第四节　SWIFT 的基本内容介绍 23
　　一、SWIFT 银行识别代码 23
　　二、SWIFT 电文格式分类 25
　　三、SWIFT 电文结构 26
　　四、SWIFT 电文表示方式 28
　第五节　国际结算惯例与规则 29
　　一、有关国际结算的国际惯例 29
　　二、有关国际结算的其他规则 30
　复习思考题 34

第二章　国际结算中的票据 35

　第一节　票据概述 36
　　一、票据的定义 36
　　二、票据的特性 37
　　三、票据的法律体系和法的冲突的处理原则 40
　第二节　汇票 41
　　一、汇票的定义 41
　　二、汇票的必要项目(要项) 42
　　三、汇票的其他记载项目 48
　　四、汇票的当事人及其责任 49
　　五、票据行为 52
　　六、汇票的种类 61
　第三节　本票 63
　　一、本票的法律定义 63
　　二、本票的必要项目 63
　　三、汇票与本票的异同 64
　　四、本票的种类 64
　第四节　支票 66
　　一、支票的法律定义 66
　　二、支票的必要项目 66
　　三、支票的划线制度 68
　　四、汇票与支票的不同 70
　　五、支票的种类 71
　　六、支票的拒付与止付 71
　复习思考题 72
　技能训练题 72

第三章　汇款结算方式 73

　第一节　国际结算方式概述 74
　　一、国际结算方式的概念 74
　　二、结算方式的分类 74
　第二节　汇款方式概述 76
　　一、汇款方式的概念 76
　　二、汇款方式的当事人 76
　　三、汇款方式的种类 78

第三节　三种汇款方式的业务程序………… 78
　　一、电汇……………………………… 79
　　二、信汇……………………………… 81
　　三、票汇……………………………… 83
　　四、电汇、信汇、票汇三种汇款
　　　　方式比较…………………………… 86
第四节　汇款头寸的划拨与退汇……………… 87
　　一、汇款头寸的划拨………………… 87
　　二、汇款的退汇……………………… 89
第五节　汇款方式在国际贸易中的
　　　　应用………………………………… 90
　　一、预付货款………………………… 90
　　二、货到付款………………………… 92
　　三、交单付现………………………… 93
第六节　汇款方式的特点与风险防范………… 95
　　一、汇款方式的特点………………… 95
　　二、汇款方式的风险防范…………… 96
复习思考题……………………………………… 97
技能训练题……………………………………… 97

第四章　托收结算方式 …………………… 99
第一节　托收方式概述………………………… 100
　　一、托收的定义……………………… 100
　　二、托收方式的当事人……………… 101
第二节　托收的种类与办理…………………… 104
　　一、托收的种类……………………… 104
　　二、托收指示………………………… 110
　　三、托收汇票………………………… 112
　　四、托收方式下的运输单据………… 115
第三节　托收项下头寸的划拨和银行
　　　　的资金融通………………………… 115
　　一、托收指示中的收款指示………… 115
　　二、托收方式中银行对进出口商
　　　　的融资……………………………… 117
第四节　托收项下的风险及其防范…………… 120
　　一、托收方式的特点………………… 120

　　二、托收项下的风险………………… 121
　　三、托收项下风险的防范…………… 121
复习思考题……………………………………… 123
技能训练题……………………………………… 123

第五章　信用证结算方式 ………………… 125
第一节　信用证概述…………………………… 126
　　一、信用证的概念…………………… 126
　　二、信用证业务的当事人及其
　　　　权责………………………………… 132
　　三、信用证的内容与开证形式……… 137
　　四、国际商会《跟单信用证统一
　　　　惯例》简介………………………… 147
第二节　信用证的业务流程…………………… 148
　　一、进出口商双方经洽商签订
　　　　交易合同…………………………… 148
　　二、进口商向当地银行申请开立
　　　　信用证……………………………… 149
　　三、开证行开出信用证和修改
　　　　信用证……………………………… 149
　　四、通知行审证及将信用证通知
　　　　受益人……………………………… 154
　　五、受益人按信用证的要求向
　　　　指定银行交单……………………… 156
　　六、出口地银行审查受益人提交
　　　　的单据并向开证行寄单索汇…… 157
　　七、开证行或保兑行审单付款……… 165
　　八、开证行请申请人付足款项并
　　　　将单据交申请人…………………… 166
第三节　信用证的种类………………………… 166
　　一、光票信用证和跟单信用证……… 166
　　二、不可撤销信用证………………… 167
　　三、保兑信用证和不保兑信用证…… 167
　　四、即期付款信用证、延期付款
　　　　信用证、承兑信用证和议付
　　　　信用证……………………………… 168

五、假远期信用证 174
六、可转让信用证和不可转让
　　信用证 175
七、背对背信用证 178
八、对开信用证 179
九、循环信用证 181
十、预支信用证 182
十一、快速信用证 182
第四节　信用证方式下的贸易融资 184
一、出口信用证融资 184
二、进口信用证融资 186
第五节　DOCDEX 规则 188
一、什么是 DOCDEX 规则 189
二、DOCDEX 规则的运作程序 191
复习思考题 193
技能训练题 194

第六章　其他结算方式 197

第一节　BPO 198
一、BPO 的概念 198
二、BPO 的业务流程 201
三、BPO 的产生背景 202
四、BPO 的应用与实践 205
第二节　银行保函 206
一、银行保函的概念 207
二、银行保函的当事人 209
三、银行保函的主要内容 210
四、银行保函的作用 215
第三节　备用信用证 216
一、备用信用证的概念 216
二、备用信用证的性质 217
三、备用信用证与一般跟单
　　信用证的比较 217
四、备用信用证与银行保函的
　　比较 219
第四节　国际保理 220

一、国际保理的概念 220
二、国际保理业务的运作机制与
　　涉及的当事人 222
三、国际保理的功能 224
四、国际保理的产生和发展 226
五、国际保理与其他结算与融资
　　方式的比较 228
六、出口保理的风险防范 231
第五节　福费廷 233
一、福费廷的概念 233
二、福费廷方式的产生与发展 234
三、福费廷业务的主要当事人 238
四、福费廷方式的特点 239
五、福费廷业务对当事人的主要
　　作用 241
六、福费廷方式与其他融资方式
　　的比较 244
第六节　出口信用保险 246
一、出口信用保险的概念 246
二、出口信用保险的起源和发展 247
三、出口信用保险的特点 247
四、出口信用保险承保的风险 249
五、出口信用保险的主要险种 250
六、出口信用保险的作用 252
第七节　各种结算方式的选用 253
一、选择结算方式时应考虑的
　　一些问题 253
二、多种结算方式结合使用的
　　技巧 255
复习思考题 260

第七章　国际结算中的单据 261

第一节　单据概述 262
一、单据的定义 263
二、单据的分类 264
三、单证工作程序与基本要求 265

四、单据的发展、改革和统一 268
五、单证从业人员的要求 269
第二节 商业发票 270
一、商业发票的一般概念及其
作用 271
二、商业发票的主要内容 271
三、其他形式的发票 274
四、对正本单据的掌握 278
五、信用证项下对商业发票的
要求 279
第三节 海运提单 280
一、海运提单的概念 280
二、海运提单的性质 280
三、海运提单的签发 282
四、海运提单的当事人 285
五、提单正、背面内容 285
六、提单的背书转让 288
七、提单上对装船情况的记载 290
八、多式运输单据 292
第四节 其他运输单据 295
一、空运单据 296
二、铁路、公路、内河运输单据 300
三、邮政收据和快邮专递 302
四、审核运输单据的要点 306
第五节 保险单据 306
一、保险单据的定义与作用 306
二、保险单据的内容 307
三、保险单据的种类 311
四、保险单据的背书转让 312
五、审核保险单据的要点 313
第六节 其他单据 315

一、产地证明书 315
二、普遍优惠制原产地证书 317
三、商品检验证书 322
四、包装单、重量单和尺码单 325
五、已装运通知的电报抄本 327
六、受益人证明 328
复习思考题 330
技能训练题 330

第八章 国际非贸易结算 339

第一节 国际非贸易结算概述 340
一、国际非贸易结算的概念与
特点 340
二、国际非贸易结算的内容 341
三、国际非贸易结算方式 343
第二节 非贸易汇款与外币兑换业务 345
一、非贸易汇款 345
二、外币兑换业务 349
第三节 旅行支票与旅行信用证 351
一、旅行支票 351
二、旅行信用证 354
第四节 国际信用卡 355
一、国际信用卡的含义 355
二、信用卡的种类 357
三、信用卡的申请与使用 357
第五节 买入外币票据与光票托收 358
一、买入外币票据 358
二、光票托收 359
复习思考题 360

参考文献 361

第一章 国际结算概述

【本章学习要求】

通过本章学习,掌握国际结算的概念;了解国际结算的发展过程、国际结算中常用的国际惯例以及当代国际结算发展的主要特点;理解国际结算研究的主要内容、办理国际银行清算的基本条件;了解 SWIFT 的基本内容。

【本章重点】

◆ 国际结算的概念
◆ 办理国际银行清算的基本条件
◆ SWIFT 的基本内容

【本章难点】

◆ 货物单据化
◆ 单据电子化
◆ SWIFT 电文格式与表示方式

【章前导读】

张先生是浙江义乌经营箱包的小老板，经过多年的苦心经营已积累了一定的资金和经验，很想把生意做到国外去。正好2004年国家放开了外贸经营权。于是，张先生兴冲冲地办了外贸经营者备案登记手续，准备大显身手。可是，第一次与外商接触，当谈到货款支付方式时，对方提出了一些让他丈二和尚摸不着头脑的专业术语和洋文：20%货款采用前T/T，80%的货款采用D/P after sight；若出现争议或纠纷采用DOCDEX规则解决。张先生一时不知所措，经过了解，才明白原来国内结算与国际结算完全不是一回事。

【关键词】

国际结算　　国际贸易结算　　国际非贸易结算　　SWIFT

第一节　国际结算的概念

学习任何一门课程之前，首先要了解这门课程研究的对象。《国际结算》这门课也不例外，在进入具体的内容之前，首先要弄明白到底什么是国际结算。

一、国际结算的定义

国际结算(International Settlement)是国际金融的一个分支，是指处于两个国家的当事人通过银行办理的两国货币收付业务。即运用一定的金融工具(汇票、本票、支票等)，采用一定的方式(汇款、托收、信用证等)，借助一定的渠道(通信网络、计算机网络等)，通过一定的媒介机构(银行或其他金融机构等)，进行国与国之间的货币收付行为，从而使国际债权债务得以清偿或实现资金的转移。从以上定义可以看出国际结算共包含如图1-1所示的四要素。

图1-1　国际结算的四要素

比如中国A公司从美国B公司进口一批机器设备。A公司作为进口方，承担到期付款的义务；B公司作为出口方，享有收取设备价款的权利。为平衡A、B两公司之间的"货、款"，必然会引起一笔货币资金从中国流向美国，从而得以清偿A与B公司之间的债权债务，这种因货物贸易引起的金融活动就属于国际结算。另外，国际货物贸易以外的其他经济活动以及政治、文化交流活动，服务提供、资本流动、国际旅游、侨民汇款等等引起的外汇收付行为，同样构成国际结算的重要内容。以货物贸易为例，国际结算形式如图1-2所示。

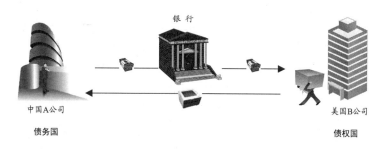

图1-2 国际结算形式

需要注意的是，随着国际经济交往的发展，银行办理国际结算业务并不仅仅局限于货币收付，有一部分非货币收付也属于银行国际结算业务的范畴，如保函，银行在办理保函业务时并不一定有货币收付，它仅仅是银行的书面担保，只是文件。

知识拓展

国际结算与国内结算的区别

(1) 货币的活动范围不同，国内结算在一国范围内，国际结算是跨国进行的。
(2) 使用的货币不同，国内结算使用同一种货币，国际结算则使用不同的货币。
(3) 遵循的法律不同，后者遵循同一法律，前者遵循国际惯例或根据当事双方事先协定的仲裁法。

二、国际结算的分类

了解国际结算的分类，就是为了进一步从不同的角度理解国际结算的概念。根据不同的标准，可以把国际结算划分为不同的类型。

1. 国际贸易结算与国际非贸易结算

按产生的原因来划分，国际结算可分为国际贸易结算与国际非贸易结算，这是最常见的一种分类。

我们把国家间凡是因货物贸易而产生的货币收付或债权债务的清算称为国际贸易结算，而由其他经济活动和政治、文化交流所引起的货币收付的结算称为非贸易结算。

从国际结算这一学科来看，主要研究的是贸易结算而不是非贸易结算。这是由于贸易结算在整个国际结算中所处的特殊地位所决定的。国际贸易是国际结算产生和发展的重要基础，同时国际结算的发展又反过来促进国际贸易的发展；国际贸易不同于国内贸易，且往往涉及金额巨大，在操作上比非贸易结算更为复杂，在内容上，它几乎包括了国际结算所有的方式和手段；国际收支中最基本、最重要的项目是经常项目，而经常项目中最主要的项目即贸易项目。所以国际贸易结算构成国际结算的主要内容，掌握了贸易结算，非贸易结算问题就迎刃而解了。

2. 现金结算与非现金结算

按使用的支付工具不同或是否直接使用现金来划分，国际结算可分为现金结算与非现金结算。

现金结算是指通过收付货币金属或货币现金来结清国际的债权债务关系或进行资金的转移。原始的结算方式为卖方一手交货，买方一手交钱，钱货两清，通常称为交货付现(Cash on Delivery)方式。当今的现金结算多采用自由兑换货币。现金结算的特点就是风险大、流通费用高、占用资金，影响周转。现在极少采用。

非现金结算是指使用各种支付工具(例如票据)，通过银行间的划账冲抵来结清国际债权债务关系或实现资金转移。非现金结算的特点就是迅速、简便，节约现金和流通费，有利于资金的循环周转，促进了国际经济贸易关系的发展。现代国际结算是以票据为基础、单据为条件、银行为中枢、结算与融资相结合的非现金结算体系。

3. 多边结算与双边结算

按结算债权债务关系制度的不同来划分，国际结算可以分为多边结算与双边结算。

多边结算是指在外汇买卖自由的情况下，使用可兑换货币自发地在各国之间进行结算的一种制度。西方发达国家一般多实行自由的多边结算制度。自由的多边国际结算制度必须具备以下条件：①外汇自由买卖；②资本自由输出入；③黄金自由输出入；④黄金外汇自由买卖市场的存在；⑤多边结算制度的存在。

双边结算是指两国政府签订支付协定，开立清算账户，用集中抵消债权债务的办法清算两国之间由于贸易和非贸易往来所产生的债权债务的一种结算制度。发展中国家特别是外汇短缺的国家多实行管制的双边结算制度。在这种制度下，甲国对乙国的债权只能用来偿还甲国对乙国的债务，而不能用此债权来抵偿甲国对任何第三国的债务。双边清算则由两国的中央银行负责具体组织实施。具体的做法是：由两国的商业银行或外汇银行各自向本国的中央银行收付本国货币，再由本国的中央银行记入对方国家的结算账户。在记账方式上，一般采用"先借后贷法"，即出口方银行主动借记进口方银行开立在该行的账户，然后再由进口方银行贷记出口方银行开立在该行的账户。为此，各方再设维持账户以核对对方寄来的账单。管制的、双边的国际结算制度的内容如下：①指定清算机构；②建立清算账户；③规定清算范围；④确定结算货币；⑤商定清算差额波动幅度；⑥清算差额处理办法；⑦确定清算汇率。

随着生产和资本的国际化、市场的国际化的迅速发展以及跨国公司的蓬勃兴起，国际贸易结算制度将进一步向着多元化和自由化的多边结算制度方向发展。

案例点击

某月某日德国居民通过德国德意志银行对外发生如下经济交易：
(1) 德国商人甲从沙特阿拉伯进口石油支付 US$200 000 000；
(2) 德国商人乙对英国出口汽车收入 US$25 000 000；
(3) 德国商人丙从美国购买农产品支付 US$30 000 000；
(4) 德意志银行贷给新加坡崇桥银行三年期信贷 US$30 000 000；

(5) 德国商人丁汇给其瑞士子公司 US$100 000 000。

以上交易涉及六个国家，如实行双边结算，至少有五次的资金调拨和清算。如德意志银行在纽约花旗银行开立一个美元账户，则所有对这些国家的债权、债务可以集中在账户上相互冲抵，如下所示：

```
           [德意志银行]
借方(付方)              贷方(收方)
(1) US$200 000 000
(2)                    US$25 000 000
(3) US$30 000 000
(4) US$30 000 000
(5) US$100 000 000
```

〖点石成金〗

从案例可以看出，德国因对外经济联系而与不同国家发生的债权、债务可以通过商业银行的账户变动，使其大部分得到抵消，剩下需要结算的仅是一个差额。实际上，即使这个差额也并不需要每月底或每年底进行结算。因为在商业银行之间一般都相互提供透支额度，只要不超过这个额度就无须清偿。本案给我们的启示是：①多边结算减少了资金调拨和结算的手续；②在条件许可的情况下，尽可能多地使用多边结算方式。

(资料来源：http://bbs.fobshanghai.com/viewthread.php?tid=1160118&extra=&page=2)

三、国际结算的性质和特点

国际结算是以国际贸易、国际金融和货币银行学为基础形成的，是从微观的角度来研究国际货币运动的实务问题。同时，还涉及进出口贸易、国际保险、国际运输、电信传递、会计、海关、商检、票据、法律等诸多的相关知识，具有很强的实务性和可操作性。

1. 国际结算与国际金融密切相关

国际结算属于国际金融实务的一个分支，国际结算中必然要涉及外汇转移及外汇票据的流通、货币兑换和外汇汇率、外汇进出入管制、外汇风险及其防范等问题，这些都是国际金融的实务问题。

2. 国际贸易是国际结算产生和发展的重要基础

国际结算是以国际贸易的产生和发展为前提的，没有国际贸易就没有国际结算，国际结算从其产生之日起，就以服务于国际贸易为宗旨。同时国际贸易与国际结算是在相互促进中共同发展的，一方面，国际贸易的发展促进了国际结算的发展；另一方面，国际结算的发展又反作用于国际贸易的发展。

3. 国际结算是一项商业银行中间业务

国际结算是一项利润丰厚的中间业务。在不动用银行资金的条件下，商业银行通过为客户提供服务、承担风险来获得可观的手续费收入；或在客户缴纳保证金等情况下，甚至还可能在一段时间内无偿占用客户资金。因此，商业银行普遍重视开展国际结算业务。

4. 国际结算是有关国际惯例表现最充分的领域

国际结算中的国际惯例是指在长期的国际贸易和结算实践中逐渐形成的一些习惯做法和特定方式。按国际惯例行事是从事国际贸易活动的基本要求。目前，国际结算涉及的国际惯例很多，其中最主要的有：《国际贸易术语解释通则》《跟单信用证统一惯例》《托收统一规则》《银行间偿付统一规则》《见索即付保函统一规则》和《备用信用证统一惯例》等。

5. 国际结算业务难度较高，风险较大

国际结算业务具有涉外性，活动范围大于国内结算，还涉及不同货币的兑换、不同的文化背景以及复杂的法律环境等，国际结算不仅要比国内结算复杂得多，而且操作的难度也更大。同时，受国际上政治、经济及其他不稳定因素的影响与制约，国际结算业务中的当事人面临着各种各样的风险，例如信用风险、汇率风险、利率风险等。近年来国际贸易与结算的欺诈犯罪、滥用职权现象的日益猖獗，也让国际结算中的所有当事人和跨国银行业都普遍地重视国际结算业务风险的防范。

案例点击

> 梁世汉原是中国银行珠海市分行国际结算科进出口组组长。1997 年 6 月至 1998 年 10 月，珠海经济特区亚德贸易有限公司和珠海市润辉发展有限公司的法定代表人周强请求梁世汉为其两家公司开具信用证，并允诺给予其所开信用证金额 2.5%的报酬。
>
> 虽然明知上述公司银行授信额度不足，周强亦不能提供保证金作抵押，梁世汉仍然利用职务便利，使用其工作代码和操作密码，盗用该行国际结算科副科长的授权密码，为周强开具了 31 张信用证。周强将其中 8 张信用证贴现，共造成开证银行损失 1033 万美元。1997 年 10 月至 1998 年 11 月，梁世汉数次收受周强给予的人民币共计 579.1218 万元。梁世汉被最高人民法院核准执行死刑。
>
> （资料来源：新华网，http://news.xinhuanet.com/legal/2004-09/15/content_1983511.htm）
>
> 〖点石成金〗
>
> 为了骗取金融机构巨额资金，社会上的一些不法分子总是想方设法拉拢金融机构工作人员共同实施犯罪或者为其犯罪提供协助。由于金融机构工作人员熟悉金融业务及操作程序，知道如何规避银行规章制度的约束和监管，他们的参与使金融犯罪更加隐蔽，更容易得逞，社会危害性也更大。案例中被告人梁世汉身为国有银行的公务人员，利用职务上的便利，非法收受他人钱款，为他人盗开信用证，其行为已构成受贿罪。受贿数额特别巨大，给国家造成特别重大损失，犯罪情节特别严重。

四、国际结算的主要研究内容

国际结算主要包括三方面的内容：国际结算的工具(主要是票据和单据)、国际结算的方式与以银行为中心的清算系统。各主要研究内容之间的关联如图 1-3 所示。

第一章　国际结算概述

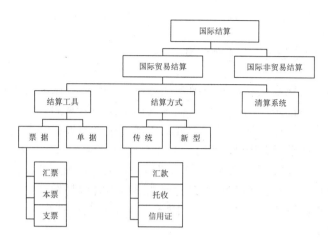

图 1-3　国际结算的研究内容

1. 国际结算的工具

结算工具主要涉及票据和单据。

票据，或称资金单据，以资金为中心，在结算中起着流通手段和支付手段的作用，远期票据还能发挥信用工具的作用。主要包括汇票、本票和支票，它们被称为国际结算的基石。票据的运动规律、行为、法规、要式及种类等是国际结算研究的第一个对象。

单据，或称商品单据，以商品为中心。单据的传递和使用是实现国际结算的必备条件之一。在国际贸易结算中，货物单据化和凭单而非凭货付款是基本特征。货物单据化是银行作为国际贸易结算中介的前提。单据对于国际贸易债务的清偿具有至关重要的影响。电子数据交换系统(Electronic Data Interchange，EDI)的问世与应用以及互联网的飞速发展，引发了国际贸易及其结算的传统单据运作体系的重大变革。

2. 国际结算的方式

以一定的条件实现国际货币收付的方式称为国际结算方式。国际结算方式包括传统结算方式如汇款、托收、信用证以及其他为了克服传统结算方式的缺点与不足发展起来的新型结算方式如银行保函、国际保理、福费廷及 BPO 等。

汇款方式和托收方式都是建立在商业信用基础上的；信用证方式是建立在银行信用基础上的。国际保理、福费廷及 BPO 等是我国新型国际结算业务。

3. 以银行为中心的清算系统

以银行为中心的清算系统是国际资金得以安全有效结算的基础设施，目的就是以最科学、有效的手段即最简便的、能达到预期目的而付出最少代价的方式来实现资金在国家间的划拨清算。因而也属于国际结算研究的重要内容。

第二节　国际结算的产生与发展

国际结算是随着国际贸易的发展而产生和发展的。综观国际结算的发展过程，经历了四大变革，即现金结算发展到非现金结算、从商人间的直接结算发展到以银行为中介的转账结算、从"凭货付款"到"凭单付款"、从人工结算到电子结算。

一、现金结算发展到非现金结算

早期的国际结算是现金交易，如我国古代对日本及南洋各国的海上贸易，除了直接的以货易货交易外，长期都是使用金银等贵金属进行交换和清算的。但这种现金结算具有很大的局限性：①风险大，如自然灾害、劫持、盗窃等带来损失；②费用高；③运期长，造成资金长期占压，不利于资金周转。到了14、15世纪，有了资本主义的萌芽。到了15世纪末16世纪初，随着资本主义的发展，国际贸易的扩大，逐渐形成了区域性的国际商品市场。上述那种通过运送金银来偿债的方式就不能适应当时贸易发展的需要，于是就出现了以商业票据来结算债权债务的方式。过去的现金结算与现在的非现金结算如图1-4和图1-5所示。我们举例说明。

过去做法，如图1-4所示。

现在用商业票据代替现金，如图1-5所示。

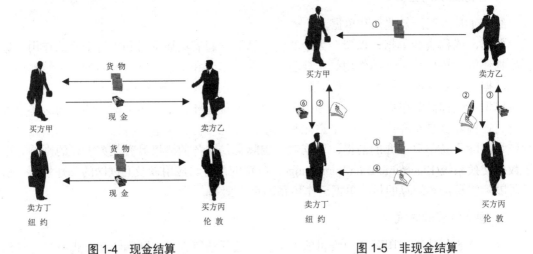

图1-4　现金结算　　　　　　　　图1-5　非现金结算

①乙向甲、丁向丙出口商品；②乙开立一张以甲为付款人的汇票，转让给丙；
③丙买入汇票，付款给乙(有前提)；④丙将汇票寄给丁；⑤丁向甲提示；⑥甲付款

转让中，付款人不变，收款人改变了。这样通过一张汇票使异国间的两笔债权债务得以结清。既销售了商品，又避免了运送现金所带来的风险，节约了时间、费用，有利于当时经济的发展。但这种汇票在商人间自行结算有其局限性：①两笔交易的金额和付款期限必须完全一致。在大量复杂的交易中，是非常有限的；②即使存在上述条件，他们之间还要有密切的业务联系和相互了解的信用基础，否则，合作是困难的；③任何一方要有垫付资金的能力。要同时具备以上三个条件是困难的，这些局限性使商人间的直接结算发生了变化。

二、从商人间的直接结算发展到以银行为中介的转账结算

由于买卖双方位于两个不同国家，使用不同币种，处在不同的贸易和外汇管理制度下，

因此双方间面对面的直接结算不适合客观情况。到了 18 世纪 60 年代，银行从国内遍设机构扩展到国外设点，使银行网络覆盖全球，银行成了国内外结算的中心。因此，此时买卖双方间的债权债务的清偿只有委托银行办理结算。从而使买卖双方可以集中精力开展贸易，货款结算则完全通过银行办理。银行办理结算业务有如下有利条件。

(1) 网络遍及全球，有其独特的条件、先进的手段开展业务，为进出口双方服务。
(2) 资金雄厚，信用卓著，这是进出口商无法比拟的。
(3) 所有不同种货币、不同期限外汇票据，都通过银行买卖转让，可使大量的债权债务关系在最大限度内加以抵消，这样大大地节省了费用和利息的支出；进出口商就不必自找对象来清算，而把所有的信用工具通过银行代为办理。

三、从"凭货付款"到"凭单付款"

原始的结算，卖方一手交货，买方一手交钱，钱货两清，通常称为"交货付现"或"货到付款"(Cash On Delivery，COD)方式。当贸易商与运输商有了分工以后，卖方将货物交给运输商承运至买方，运输商将货物收据交给卖方转寄给买方向运输商取货，海上运输继续扩大，简单的货物收据发展变化成为比较完善的海运提单(B/L，起货物收据、运输契约和物权凭证三种作用)。由于提单有物权凭证的性质，它把货物单据化了。交单等于交货，持单等于持有货物的所有权。海运提单因此成为可以流通转让的单据(Negotiable Documents)，便于转让给银行持有，让银行凭此向买方索取货款，或当作质押品，获得银行资金融通。

商品买卖合同中，卖方履行合同的义务：按期、按质、按量的发运货物；买方履行合同的义务：接收货物，按期如数支付货款。为了表示履约，卖方交来 B/L，以其签发日期来证明按期发货；提交商检局签发的品质证书来证明按质发货；商检局签发的数量证书来证明按量发货。

货物单据化与履约证书化为银行办理国际结算创造了一个良好条件，因为只需凭审核相符的单据即可付款，而不必凭货物或设备付款，这就给不熟悉商品专门知识的银行，能够介入买卖之间，凭单垫款给卖方，再凭单向买方索取货款归垫提供了可能与方便。

四、从人工结算到电子结算

随着科技的发展，国际结算已从传统的人工结算开始向电子结算时代迈进。电子结算是指在国际结算过程中的各个环节，采用电子方法处理业务。如使用 EDI 即电子数据交换制作和传递发票、提单等商业单据，以电子方式审核单据，传递信息，结清债权债务关系；在电汇汇款业务中，汇出行发出电讯汇款指示给汇入行委托汇入行解付汇款给收款人；在信用证业务中，采用 SWIFT 开立信用证，进一步实现电子化交单，按照跟单信用证统一惯例电子交单补充规则(eUCP)办理电子记录的制作、传递、审核及结算等。今后的趋势是在电子化、网络化的银行业务中，电子结算将继续扩大。

知识拓展

EDI

EDI(Electronic Data Interchange)电子数据交换，是一种主要应用于国际贸易领域的电子商务技术，是伴随着现代信息技术的发展而产生和发展的。EDI 就是运用一定标准将数据和信息规范化和格式化，通过计算机网络将文件从一个企业传输到另一个企业，以实现无纸化贸易。

EDI 是在 EDIFACT 标准下以计算机网络为依托，通过 EDI 网络中心，将与国际贸易有关的工厂、公司、海关、航运、商检、银行和保险等单位连成一个 EDI 网络，用方可以通过公用数据网连接到 EDI 中心，然后把要传的单证，如产地证申报单、进出口报检单、进口报关单等传到 EDI 服务中心，EDI 服务中心就会把这些单证相应地传到商检、海关等相关单位，还可以将银行审单的结果传送到客户，从而大大加快了贸易的全过程。

EDI 为国际贸易和国际结算带来了巨大的经济效益和社会效益，美国在 20 世纪 60 年代末期开始应用 EDI。时至今日，欧洲大部分国家都认定 EDI 是经商的唯一途径。澳大利亚、日本和新加坡等国家也纷纷在 90 年代初期宣布，所有的商户首选交易方式为 EDI，不采用 EDI 的商户将推迟或不予办理。EDI 的应用使国际市场上形成了一个新的贸易壁垒，不采用 EDI 技术的国家无疑意味着被排斥在这壁垒之外，必将失去贸易机会和客户。

目前有关 EDI 的法律问题正在探讨之中，如果能在世界范围内形成 EDI 的法律法规，国际贸易与结算的无纸化和一体化最终将会实现。在我国，许多工商企业仍不熟识 EDI，EDI 系统模型如图 1-6 所示。

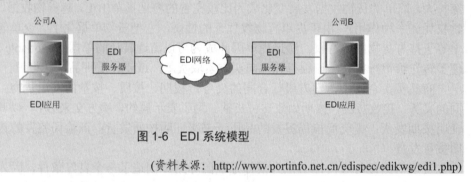

图 1-6　EDI 系统模型

(资料来源：http://www.portinfo.net.cn/edispec/edikwg/edi1.php)

五、国际结算的新动向

在当代，随着国际贸易的发展，国际结算也正在悄然改变，出现了一些新动向。

(一)国际结算的规模和范围越来越大，竞争越来越激烈

随着当代世界经济一体化的发展，国际商品贸易和服务贸易量不断扩大，从而国际结算业务的业务量也不断扩大。以中国国际化程度最高的商业银行——中国银行为例：目前该行境外业务已覆盖 30 多个国家和地区，初步建立起了覆盖全球的人民币清算网络。2014 年，集团完成国际结算业务量 3.92 万亿美元，继续保持全球领先；其中内地机构国际贸易结算市场份额继续稳居同业首位，对外担保市场份额继续保持同业领先，出口双保理业务持续位列全球首位。集团跨境人民币结算量 5.32 万亿元，同比增长 34%；其中内地机构办理跨境人民币结算业务 2.55 万亿元，市场份额稳居第一。[①]不过，现在，国际结算这块利润丰厚的市场面临着越来越多竞争者的瓜分。一外资银行的市场分析报告显示，外资银行对企业

---

① 中国银行国际结算业务量持续全球领先．江淮晨报，http://epaper.hf365.com/jhcb/html/2015-04/30/content_96477.htm．2015-04-30．

客户的业务供给顺序依次是国际结算清算业务、外汇资金业务、企业现金管理以及外汇存款业务。①

(二)国际结算方式不断创新

近年来随着国际贸易竞争的日趋激烈,贸易结算方式发生了明显的变化。一方面,传统的信用证结算方式虽然风险小,但是费用较高,手续烦琐,还要在较长时间内占用买方的资金和授信额度。卖方如果坚持采用信用证结算方式,就会在一定程度上削弱自身的市场竞争力,进而丧失潜在销售机会;另一方面,如果单纯采用信用销售方式(货到付款或赊销),卖方又会面临资金占用过大和风险控制减小的风险。企业为了维持市场占有率,扩大销售,不得不在付款条件和结算方式上做出让步,导致收汇风险加大,并且越来越多的营运资金被束缚在应收账款上。因此,企业迫切需要新的结算手段来满足其在贸易融资和风险控制方面的需求。顺应这一需求,国际结算方式也在不断创新发展之中。

1. 新型结算方式应运而生

正是由于信用证与赊销等传统结算方式的缺陷,新的结算方式应运而生。BPO 就是近年兴起的一种新型的贸易结算方式。所谓 BPO,即银行付款责任(Bank Payment Obligation),是由一家银行向另一家银行做出的在特定日期、特定事件发生后进行支付的不可撤销的承诺,对在接收行(通常是卖方银行)提交的数据包与交易框架匹配成功后由债务行(通常是买方银行)按照先前约定向接收行付款。②BPO 集合了信用证的安全性与赊销的快捷,具有业务自动化操作、无纸化处理、便捷、高效、低成本、低风险等特点。

BPO 是国际商会银行委员会与环球同业银行金融电讯协会为应对大数据的挑战,适应全球供应链发展的需要和全球赊销结算占比持续上升的现实,共同合作创新的国际结算新渠道。关于这一结算方式,在本书第六章会专门介绍。

2. 国际结算与信贷融资密不可分

在当代国际进出口贸易日趋激烈的竞争中,企业迫切需要金融业提供贸易融资和风险控制方面的业务,进出口贸易融资业务就是顺应了这种时代的潮流而迅速发展起来的,且与国际结算相融合,使得银行更好地发挥信用保证和资金融通的作用,同时也创造出更多更新的国际融资结算方式。国际保理就是其中之一,目前这一结算方式已经在美国、英国、法国、意大利、日本等国家普遍盛行。保理业务在我国的发展速度也很快,但保理业务规模与我国这个大经济体相比,还是比较小的,我国保理业务的发展有巨大的潜力。

3. 国际担保融入国际结算

20 世纪六七十年代以来,由于国际贸易内容变化,国际担保(如保函)由于其较为灵活的

---

① 国内银行争霸国际结算. 你我贷, http://www.niwodai.com/view-guojijiesuan/article-b3366147727.html, 2014-03-10.

② BPO,跟单信用证结算的终结者. 中国对外贸易, http://www.ccpit-cft.net.cn/a/yingwenzazhi/falvzaixian/2013/0716/630.html. 2013-07-16.

特点被普遍运用于国际结算。目前，国际担保更是越来越多地被运用到国际贸易和国际承包工程结算中，特别是银行保函和备用信用证以其信用程度高，运用范围广泛，针对性强等特点而越来越多地被引入金融、贸易、劳务和经济活动中，并发挥着重要的保证作用，使国际结算手段更灵活，资金划拨更快捷，安全更有保障。

4．政策性金融支持伴随着国际结算

在世界市场和国际贸易的激烈竞争中，各国政府纷纷利用政策性金融手段支持本国出口商开拓国际市场，除了传统的优惠贷款方式等，其中最典型的是出口信贷和出口信贷担保——政府支持出口融资的重要工具；出口信用保险——为出口结算收汇保驾护航。目前世界上大多数国家都成立了自己的出口信贷机构，在信贷方式上也出现了卖方信贷、买方信贷、福费廷等出口信贷新方式。

5．混合结算方式日趋增多

国际结算方式的多元化选择或混合选择指多种结算方式的相结合或综合运用，如部分货款采用信用证结算，部分货款采用验货(特别是大型设备货物)后电汇付款；或部分货款采用信用证结算，部分货款(尤其指超出信用证金额部分)采用托收结算；或部分货款采用T/T预先付款结算，部分货款采用信用证结算等。采用混合国际结算方式的优点在于使买卖双方分摊一些结算风险和成本，以有利于达成双方均可接受的结算方式合约。因此，混合国际结算方式日趋受到青睐。如根据对2007年参加广交会企业之一，即江苏医保进出口(集团)公司的调查，发现该公司与墨西哥一家公司的进口业务就采取了10%预付定金，40%发货后电汇付款，50%即期付款交单托收等混合方式。①

(三)国际结算方式中商业信用的比重加大

在过去卖方市场条件下，信用证结算方式很盛行，是国际贸易中最主要的结算方式，这种情形一直持续到20世纪70年代初期。之后，卖方市场向买方市场转变，非信用证等传统的融资结算方式所占比重越来越大，估计约占国际年进出口总额的60%以上。而且越是发达国家这个比例就越高，如在欧共体各成员国之间的贸易中，这个比例高达80%以上。信用证的具体使用比例如表1-1所示。

表1-1　信用证在各国或地区国际结算方式中的使用比例　　　　　　　　(单位：%)

序 号	国家和地区	比 例	序 号	国家和地区	比 例
1	中东	52	5	欧盟外欧洲国家	20
2	非洲	49	6	澳大利亚和新西兰	17
3	亚洲	46	7	北美地区	11
4	拉美	27	8	欧盟	9

(资料来源：朱文忠. 国际结算最新发展趋势与对策. 国际经贸探索.2009(12))

---

① 朱文忠. 国际结算最新发展趋势与对策. 国际经贸探索.2009(12)，第48页.

目前采用记账赊销方式的交易在全部国际商品贸易结算中的比例逐渐增大。据环球同业银行金融电讯协会(SWIFT)的统计,2011 年,国际贸易中跟单贸易的比例只有 18%,其余 82%都是赊销。预计到 2020 年,赊销的比例将进一步扩大到 91%,而跟单贸易则相应缩小至 9%。随着汇付方式越来越多,在传统结算方式中,商业信用开始挑战银行信用。

(四)国际结算的汇率风险不断增大

在我国,一方面,人民币尚未实现完全可自由兑换,汇率形成机制不健全,在政府有管制的浮动汇率机制下,国际结算所使用的货币兑换成本和风险较大;另一方面,外汇汇率的市场化机制在逐步完善之中,汇率的浮动幅度在逐步增大,伴随着货币增值或贬值的不确定性增强,同时不断蔓延的全球金融危机还在冲击各国的经济稳定和金融安全环境,国际结算货币的汇率风险必然随之增大。在这一形势下,推进人民币的国际化成为一种较好的选择。在政府的推动和各方的努力下,人民币国际使用的范围和规模逐步扩大。截至 2015 年 7 月末,人民银行与 32 个国家和地区的中央银行或货币当局签署了双边本币互换协议,协议总规模约 3.1 万亿元人民币,本币互换协议的实质性动用明显增加;人民银行在 17 个国家和地区建立了人民币清算安排,覆盖东南亚、西欧、中东、北美、南美和大洋洲等地,支持了人民币成为区域计价结算货币。2015 年 6 月,据环球银行金融电信协会(SWIFT)统计,人民币已成为全球第二大贸易融资货币、第五大支付货币和第六大外汇交易货币。

知识拓展

跨境贸易人民币结算

跨境贸易人民币结算,是指经国家允许指定的、有条件的企业在自愿的基础上以人民币进行跨境贸易的结算,商业银行在人民银行规定的政策范围内,可直接为企业提供跨境贸易人民币相关结算服务。

在当前全球金融危机的影响不断扩散的情况下,为顺应国内外市场和企业的要求,保持我国与周边国家和地区的贸易正常发展、为企业提供更多便利,国务院于 2009 年 4 月 8 日决定在上海市和广东省广州、深圳、珠海、东莞 4 城市先行开展跨境贸易人民币结算试点工作,境外地域范围暂定为中国港澳地区和东盟国家,并且由中国人民银行、财政部、商务部、海关总署、税务总局、银监会共同制定的《跨境贸易人民币结算试点管理办法》于 2009 年 7 月 2 日正式实施,标志着人民币迈开走向国际化的关键一步。2011 年 8 月 23 日,人民银行、财政部、商务部、海关总署、税务总局和银监会联合发布《关于扩大跨境贸易人民币结算地区的通知》,明确河北、山西、安徽、江西、河南、湖南、贵州、陕西、甘肃、青海和宁夏(自治区)的企业可以开展跨境贸易人民币结算;吉林省、黑龙江省、西藏自治区、新疆维吾尔自治区的企业开展出口货物贸易人民币结算的境外地域范围,从毗邻国家扩展到境外所有国家和地区。至此,跨境贸易人民币结算境内地域范围扩大至全国。2011 年 10 月,中国人民银行发布了《开展外商直接投资人民币结算业务,扩大人民币跨境使用》的管理办法,明确规定,境外企业和经济组织或个人以人民币来华投资在遵守中华人民共和国外商直接投资相关法律规定的前提下，可以直接向银行申请办理人民币结算业务，银行可以按照相关规定直接为外商投资企业办理人民币资金结算业务，相关金融服务手续更加便利。其结算流程如图1-7所示。

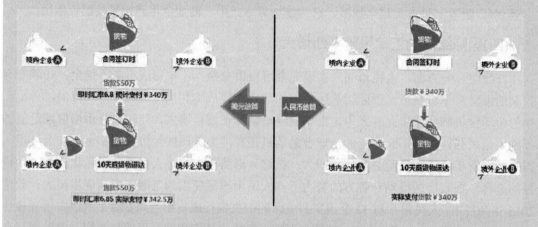

图1-7　人民币跨境结算流程

实施跨境人民币计价和结算、加快推动跨境人民币使用，有利于拓展国际贸易和投资活动，促进国内外要素资源有效配置，加快实施"走出去"战略，构建新时期中国对外开放新格局。有利于企业降低汇率风险，改善贸易投资条件，促进经济金融发展开放，增强国家综合实力，形成新时期中国参与国际经济合作竞争新优势。同时，开展外商直接投资人民币结算业务有利于疏通人民币回流通道，有利于人民币从结算货币走向交易货币。

（资料来源：什么叫跨境人民币业务. 人民币跨境结算，http://www.jqgc.com/jmda/45702.shtml. 王宇. 春风化雨：人民币跨境结算五周年. 中国经济报告，2014(11)）

(五)国际结算的电子化程度越来越高

在全球，国际交易中的电子化支付越来越普遍。我国国际结算方式主要还是以传统方式为主，电子化程度在不断增强之中。目前我国开展国际结算业务的商业银行都已经加入SWIFT网，每天不停运转的计算机系统具有自动加押、核押等安全功能，因此，国际结算的安全性和效率已经逐步提高。但是，新一代贸易、结算合一网，即BOLERO已经出现，并开始运行。采用这些新的银行电子清算网络对提高国际结算速度和效率非常重要。

知识拓展

BOLERO

电子网络技术的高速发展使国际贸易近两年来迈向了高效、安全、低成本的网上运作。经过5年多的筹备，一个以互联网为基础，支持国际贸易流程参与各方传输、交换电子单据与数据的BOLERO网已建立并开始运作。BOLERO由欧共体发起创立，由TTCLUB(Through Transport CLUB，一家总部设在伦敦的运输业共同保险机构)与SWIFT于1998年4月合资成立。BOLERO的用户包括了国际贸易中的进出口商、银行、保险公司、运输行、承运人、港务机构、海关、检验机构等。

BOLERO 的运作以互联网为支持,以核心信息平台为主构架,是一个开放、中立、高度安全、合法的电子网络,致力于消除纸上贸易。使用者签署协议成为成员后,通过互联网交换单据、核查数据,完成贸易过程。它的另一主要特点是通过权利注册申请,允许在线转让货物所有权。毫无疑问,BOLERO 带来了一场贸易电子化革命,它为提高国际贸易时间效率、提高安全性与管理水平、降低成本、减少欺诈、消除贸易障碍做出了巨大贡献。

1999 年,一种包括付款与运输流程在内的完全电子化信用证运作已在 BOLERO.NET 试验性地小范围操作成功,该试验处理了提单、海关报关单、信用证、保险单等电子单据。BOLERO 的主要成员银行在为进出口商提供国际贸易结算与融资服务中进入了无纸化在线操作。国际结算环节中的各家银行业务人员经授权进入 BOLERO 中心注册系统,进行开证、通知信用证、审单,并与银行自身电子结算系统连接完成付款清算系列信用证操作。

电子化国际结算带来的革新有:一是大大缩短了贸易结算流程时间。对以信用证结算的出口商而言,国际结算时间将由原 10~15 天缩短到 3~4 天甚至半天。二是单据处理简单化,减少操作差错。由于电子单据具备统一的格式与标准,银行的单据审核与制作大为简化。三是风险控制更有力。BOLERO 为国际贸易的各参与方提供一个在全球范围在线连接的、高度安全的以电子形式存储、传递贸易单据的途径,它的高度安全特性确保了欺诈风险几乎为零。四是降低成本。据三和银行测算,国际结算在线操作可缩减管理费用 30% 以上。五是实现数据与货币的同向流动。在线实时的电子单据、数据交割使预付款结算方式转向跟单结算成为可能。

BOLERO 新系统的引进使银行能为进出口客户提供一个更高效率、更安全可靠的贸易环境,帮助贸易链中的各方降低成本,提高效率。目前,欧洲、日本、美国等国家和地区的一些国际知名银行已加入 BOLERO 系统,成为先导,它们是花旗银行、汇丰银行、国民西敏寺银行、东京三菱银行、第一劝业银行、三和银行、新加坡华侨银行等。各大银行致力于推广该系统的使用,新加坡华侨银行成立专门部门,计划运行的第一年内使其 4000 余家贸易客户的 15%~20% 使用该电子化服务。国民西敏寺银行将 BOLERO 与其自身电子银行系统结合,BOLERO 用于核查物权单据,银行自身的电子银行系统用于开立信用证和付款。

(资料来源:国际结算无纸化. 中国贸易金融网. http://www.sinotf.com/GB/International_Settlement/1201/2011-07-08/wMMDAwMDA3MDcwMw.html)

第三节　国际清算系统

结算是清算的前提,清算是结算的继续和完成。不通过银行间债权债务的清算,国际结算根本无法实现。

一、国际清算的定义

由于国际经济、政治、文化关系的广泛发展,形成了各种错综复杂的多边债权债务关系，不论是个人间的、企业间的或政府间的债权债务或货币收付都不可能由一家银行单独去完成，而必须由不同国家的两个或两个以上的银行在国际金融市场上来共同完成，也就是要通过在各金融中心的大商业银行的存款账户上集中进行转账冲销而得到清算，这种清算制度通常称为国际清算。

快速、安全、高效地实现国际清算已成为当代国际结算的主要课题。

知识拓展

国际结算与国际清算

国际结算与国际清算是紧密联系和不可分割的，结算是清算的前提，清算是结算的继续和完成。结算主要是指债权人和债务人通过银行清偿债权债务关系，清算是指银行之间通过清算网络来结算债权债务关系，而银行之间的债权债务关系又主要是由结算引起的。

国际银行间债权债务的清算有两种情况：一种是通过清算机构清算，另一种是通过银行内部转账清算。

在通过清算机构清算的情况下，汇款人指示其开户银行(汇款行)向收款人支付一笔款项。汇款银行将汇款人的汇款指示通过通信网络系统(如 SWIFT)发送给其代理行(汇款行代理行)，汇款行代理行借记汇款行账户后将该笔付款指令传送给清算机构，在清算机构内完成资金清算后，该笔款项进入收款行代理行的账户，收款行代理行根据指示通过通信网络系统将汇款信息发送给收款行，同时贷记收款行账户，最终收款行将款项解付给收款人，如图 1-8 所示。

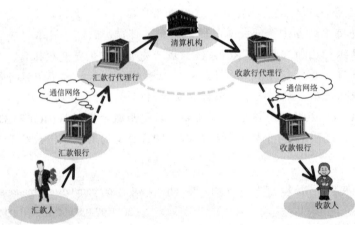

图 1-8 通过清算机构清算

在通过银行内部转账的情况下，如果汇款银行与收款银行均在某家代理行开有账户，资金的流动可以不经过清算系统，仅在代理行的账户中进行调整处理，具有速度快、成本低的特点。

例如，A 银行与 B 银行在纽约 C 银行都开有美元账户。A 银行将汇款人的汇款指示通过通信网络系统发送给其账户行 C 银行。通过内部转账的清算方式，C 银行直接借记 A 银行在其的账户并同时贷记 B 银行的账户，资金的清算无须通过清算系统即可完成，如图 1-9 所示。

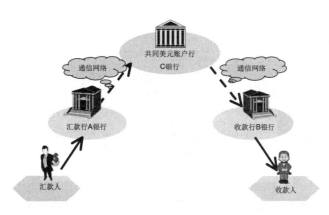

图 1-9　通过银行内部转账清算

二、国际清算的基本条件

办理国际清算必须具备三个条件。

1. 自由兑换货币

现汇结算方式盛行于第一个统一的国际货币制度——国际金本位时期,金本位时期最典型的形态是金币本位制,黄金具有自由流通、自由兑换、自由铸造、熔毁和自由输出输入国境四大特点,由于"黄金输送点"的制约,各国货币之间的汇率稳定,资金调拨自由,为国际清算创造了顺利开展的条件。但是在1973年以后的纸币本位制下,黄金与纸币已不发生直接联系,各国对本国货币的可兑换性和资金移动施加不同程度的限制,于是在现汇结算方式下所使用的货币必须是可自由兑换的货币。目前,世界上属于可自由兑换的货币有70多种,其中在现汇结算中常用的有USD、EUR、GBP、JPY、CAD和HKD等。在国际结算和清算中,一切货币的收付最终必须在该货币的清算中心进行结算。如美元的清算中心在纽约,欧元的清算中心在法兰克福等地,英镑的清算中心在伦敦,日元的清算中心在东京等。

> **案例点击**
>
> A国的进口公司向B国的出口公司进口机器设备。它们决定用第三国货币支付。但在实际支付货款时,发现两国的银行在第三国没有碰头行,在支付货款过程中延误了不少时间。国际结算中,从支付清算的便利角度来说,在选择支付货币时应该分析哪些因素?
>
> 〖点石成金〗
>
> 在国际经济交往中,付款货币不同,所涉及的要素就有所不同。有的货币收付不用通过票据交换所,有的则必须通过票据交换所。
>
> (1) 付出口国货币。进口国的某银行在出口国某银行总行开有出口国货币的存款账户。出口国账户行在其来账上划转(借记),或通过交换进行转账。前者不涉及出口国的票据交换所,而后者要涉及出口国的票据交换所。
>
> (2) 付进口国货币。出口国的某银行在进口国某银行总行开有进口国货币的存款账户。进口国银行可直接收进(贷记),或通过交换收进。前者不涉及进口国的票据交换所,而后者

要涉及进口国的票据交换所。

(3) 付第三国货币。如果进出口国的银行同在第三国同一家银行开有当地货币的存款账户，就形成了碰头行转账结算。由第三国银行直接借记进口国的第三国货币存款，转而贷记出口国的第三国货币存款，不用通过票据交换所转账。如果进出口国的银行在不同的代理行开立了存款账户，而没有碰头行，那么就要通过第三国的货币清算中心的票据交换所交换转账，完成收付。

在选择结算货币时，除了考虑汇率因素外，还应考虑银行结算的便利性，必要时可以向有业务关系的银行咨询一下银行之间开立账户的情况，尽可能选择支付便利的货币，提高贸易结算的效率。

(资料来源：福步外贸论坛，http://bbs.fobshanghai.com/viewthread.php?tid=1160118&extra=&page=6)

2. 建立可自由调拨的账户

一国的国际清算要顺利进行，除了必须使用可自由兑换货币外，还需要有本国的商业银行在世界各国际金融中心的商业银行开立各种货币的存款账户，使各种货币之间能相互兑换，并且本国商业银行与他国商业银行在同一国家商业银行账户上的头寸彼此可以相互调拨，以抵消或清偿各种债权债务。

3. 建立代理关系

办理外汇业务没有其他银行的协助、合作是办不到的。也就是要通过银行彼此之间的代理关系来实现。所谓代理关系是指两家不同国家的银行，相互承做国际结算业务所发生的往来关系。建立代理关系的双方即互为双方的代理行。建立代理行的标志是：掌握对方的控制文件(Control Documents)，它包括：有权签字人的印鉴(Specimen Signature)、密押(Test Key)、费率表(Terms and Conditions)。一般选择业务往来多、信誉卓著、作风正派、态度好、互为信赖、地理位置优越的以及世界主要货币国家的银行作为代理行。代理关系中有账户行与非账户行的区别，账户行即两行之间单方或双方互在对方行开立账户。账户行间的支付大都通过在其所开立的账户上进行划拨结算。而非账户行则没有这种账户关系，它们之间所代理的货币收付需要通过第三家银行办理。代理关系中账户行的建立，除了信誉卓著、地理位置优越、业务往来多外，还应选择经常使用的自由兑换货币的发行国，资力雄厚、关系密切的大银行，其设立的条件更为严格。建立代理行关系的步骤如图1-10所示。

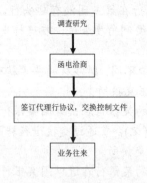

图1-10　建立代理行关系的步骤

知识拓展

国际结算的银行网络

联行(Sister Bank)：银行根据业务发展的需要，在国内、国外设置的分支机构。总行与分行、支行之间，分行与支行之间及其相互间都是联行关系。经营国际结算的商业银行一般在国外都设有分支机构。

代表处(Representative Office)：商业银行设立的非营业性机构，是分支机构中的最低级和最简单形式。代表处不经营真正的银行业务，其主要职能是探询新的业务前景，寻找新的盈利机会，开辟当地信息来源，不具有法人资格。

代理处(Agency Office)：商业银行设立的能够提供贸易融资、签发信用证、办理承兑、票据买卖和票据交换、发放工商贷款等转移资金和放贷业务，但不能在东道国当地吸收存款的金融机构。有时也称为办事处、经理处，不具备法人资格，是母行的一个组成部分。

分行(Branch)：是商业银行设立的营业性机构，其业务范围及经营政策与总行完全一致，不是独立的法人实体，没有独立的法人地位，总行对分行的活动负有完全的责任。

附属银行(Subsidiary)：也称子银行，是商业银行设立的间接营业机构，是在东道国登记注册而成立的公司性质的银行机构，具有独立的法人地位。附属银行股权的全部或大部分为总行所控制，附属银行对自身的债务仅以其注册资本负有限责任。

联营银行(Affiliate)：由两个或两个以上国家的投资者合资所建，或者是外国投资者通过购买当地银行部分股权所形成的银行。在股权结构上，任何一家外国投资者所拥有的股权都在50%以下，即拥有少数股权，其余可以为东道国所有，也可以为几家外国投资者所共有。联营银行也具有独立的法人地位。

银团银行(Consortium Bank)：由两个以上不同国籍的跨国银行共同投资注册的公司性质的合营银行。在股权方面，任何一个投资者所持有的股份都不超过50%。银团银行具有独立的法律地位，是一个独立的法人实体，其业务是对超过母银行能力或母银行不愿意发放的大额、长期贷款做出全球性辛迪加安排，承销公司证券，经营欧洲货币市场业务，安排国家间的企业合并和兼并，提供项目融资和公司财务咨询等。

代理行(Correspondent)：与国内外汇银行建立代理关系，在国外代为收款、传递命令、联系国外客户的银行。办理国际结算业务的银行一般都与国外银行建立代理关系，形成一种代理网络。

账户行(Depository Bank)：指代理行之间或双方互相在对方银行开立了账户的银行。每一家经营国际银行业务的银行都必须在各主要货币的清算地开账户，否则结算业务就无法进行。一家银行在境外其他银行开立的账户，对这家开立账户银行而言称之为往账。在资产负债表上属资产科目。境外银行在境内银行开立的账户，对这家境内银行来说，称为来账。在资产负债表上属负债科目。

国际结算的银行网络如图1-11所示。

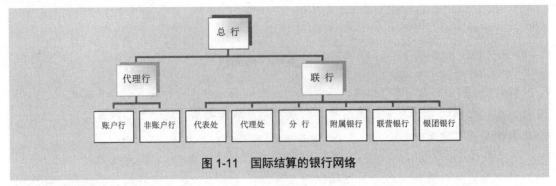

图 1-11　国际结算的银行网络

三、主要清算系统简介

清算系统(Clearing System)，也称金融体系支付系统(Payment System)或支付清算系统，是一个国家或地区对伴随着经济活动而产生的交易者之间、金融机构之间的债权债务关系进行清偿的一系列组织和安排。具体来说，它是由提供支付服务的中介机构、管理货币转移的规则、实现支付指令传送及资金清算的专业技术手段共同组成的。

目前，世界上已有四大电子清算系统，它们是 SWIFT、CHIPS、CHAPS 和 TARGET。通过电子计算机来完成国际结算中的资金调拨。另外，随着跨境人民币业务的快速增长，为顺应市场的需求并进一步推动人民币在全球的使用，中国央行推出了人民币跨境支付系统(CIPS)。

1. SWIFT

SWIFT(Society For Worldwide Interbank Financial Telecommunication)是环球银行间金融电信协会的缩写，简称环银电协。它是一个国际银行同业间非营利性的国际合作组织。总部设在比利时首都布鲁塞尔。SWIFT 于 1973 年成立，1977 年正式启用，是由欧洲和北美的一些大银行发起的，目的是为了应付日益增多的国际银行业务。该系统能以十几种语言，全天候地向世界各地提供快捷、标准化、自动化的通信服务，具有安全可靠、高速度、低费用、自动加核密押等特点。目前，SWIFT 在全世界拥有会员国 200 多个，会员机构 10 800 多家(包括银行、证券机构以及企业客户等)[①]。SWIFT 的设计能力是每天传输 1100 万条电文，而当前每日传送 500 万条电文，这些电文划拨的资金以万亿美元计，它依靠的便是其提供的 240 种以上电文标准。SWIFT 的电文标准格式已经成为国际银行间数据交换的标准语言。SWIFT 现已成为世界上最大的金融清算与通信组织，也是国际金融与国际结算的主体网络。中国银行于 1983 年 2 月在国内同业中率先加入 SWIFT 组织，目前除国有商业银行外，中国所有可以办理国际银行业务的股份制商业银行和外资、侨资银行以及地方性银行纷纷加入 SWIFT。SWIFT 的 Logo 如图 1-12 所示。

图 1-12　SWIFT 的 Logo

---

① 数据来自 2015 年 9 月 25 日 SWIFT 网站信息，http://www.swift.com/swift.

2. CHIPS

CHIPS(Clearing House Interbank Payment System)是"清算所银行同业支付系统"的简称,建立于 1970 年,是一个由纽约清算所协会(NYCHA)经营的私营支付系统。CHIPS 是当前最重要的国际美元支付系统。这个系统不仅是纽约市的清算系统,也是所有国际美元收付的计算机网络中心。由纽约的美国银行以及设在纽约的外国银行组成。每天世界各地的美元清算最后都要直接或间接地通过该系统处理。它处理的金额数目大,工作效率相当高。CHIPS 的 Logo 如图 1-13 所示。

图 1-13　CHIPS 的 Logo

案例点击

我国某出口商出口货物,结算货币为美元,结算方式为托收。货物出运后,出口商将全套单据送到 A 银行,委托其办理托收,在托收指示中,出口商指定 B 银行为代收行。A 银行在接受了托收指令后,发现其与 B 银行没有账户关系,但 A 银行的纽约分行与 B 银行同为 CHIPS 的参加行。于是 A 银行在给 B 银行的托收委托书中写明如下指示:"When collected, please remit the sum to our New York Branch via CHIPS (ABA:＿＿) for credit of our account (UID:＿＿) with them." 那么,CHIPS 是怎样运作的?什么是 ABA 号码?什么是 UID 号码?

〖点石成金〗

CHIPS 是一个贷记清算系统,它累计多笔支付业务的发生额,并且在日终进行净额结算。CHIPS 的会员行可以是商业银行、国际条例公司和纽约州银行法所定义的投资公司或者在纽约设有办事处的商业金融机构的附属机构。CHIPS 网络现有 140 个会员行,分为每个营业日末的 CHIPS 结算的会员行和非结算会员行。在非结算会员行中,绝大部分是外国银行在美国的分行或代理机构。结算会员行必须在纽约联邦银行开设资金和簿记证券账户。

参加 CHIPS 的银行均有一个美国银行公会号码(American Bankers Association Number),即 ABA 号码,作为参加 CHIPS 清算所的代号。每个 CHIPS 会员银行所属客户在该行开立的账户,由清算所发给通用认证号码(Universal Identification Number),即 UID 号码,作为收款人或收款行的代号。凡通过 CHIPS 支付和收款的双方必须都是 CHIPS 会员银行,才能通过 CHIPS 直接清算。通过 CHIPS 的每笔收付均由付款一方开始进行,即由付款一方的 CHIPS 会员银行主动通过其 CHIPS 终端机发出付款指示,注明账户行 ABA 号码和收款行 UID 号码,经 CHIPS 计算机中心传递给另一家 CHIPS 会员银行,收在其客户的账户上。

本案中,B 银行收妥款项,通过 CHIPS 发出付款指示,注明账户行的 ABA 号码和收款行的 UID 号码,汇交 A 银行纽约分行贷记款项,A 银行得知款已收妥,即可贷记出口商账户。通过 CHIPS 传递的支付通常是具有国际性的,与跨行业务有关的支付。CHIPS 处理着目前国际绝大部分美元的支付清算。

(资料来源:福步外贸论坛,http://bbs.fobshanghai.com/viewthread.php?tid=1160118&extra=&page=6)

3. CHAPS

CHAPS(Clearing House Automated Payment System)是英国伦敦银行自动收付系统的简称。该系统不仅是英国伦敦同城的清算交换中心,也是世界所有英镑的清算中心。但一般的银行不能直接参加交换,需要先通过少数的清算中心集中进行,所以在数量及设备上,均较 CHIPS 为逊色。CHAPS 的 Logo 如图 1-14 所示。

图 1-14　CHAPS 的 Logo

4. TARGET

TARGET(Trans-European Automated Real Time Gross Settlement Express Transfer System)是欧洲间实时全额自动清算系统的简称。1995 年 5 月欧洲货币当局为保证欧元的启动及贯彻实施欧洲中央银行体系的单一货币政策,保证在任何情况下在当天能进行大额资金的收付,在德国的法兰克福建立了一个跨国界的欧元支付清算系统。于 1999 年 1 月 1 日正式启动。它保证了欧元清算效率的及时有效,对欧洲中央银行实施货币政策具有重要的作用。2007 年 11 月 19 日新的欧元区支付系统 TARGET2 开始在德国等 8 个国家正式启用。由欧盟和欧洲央行共同推行的 TARGET2 支付系统是欧元区支付系统的一大革新,它克服了原有系统 TARGET 在结构上的一系列缺陷。此外,TARGET2 还将对计划中的单一欧洲支付区(SEPA)做出贡献。TARGET 的 Logo 如图 1-15 所示。

图 1-15　TARGET 的 Logo

5. CIPS

CIPS (Cross-Border Interbank Payment System)是人民币跨境支付系统的简称。近年来,随着跨境人民币业务各项政策相继出台,跨境人民币业务规模不断扩大,人民币已经成为中国第二大跨境支付货币和全球第四大支付货币。人民币跨境支付结算需求迅速增长,对金融基础设施的要求越来越高。为满足人民币跨境使用的需求,进一步整合现有人民币跨境支付结算渠道和资源,提高人民币跨境支付结算效率,2012 年年初,人民银行决定组建 CIPS,满足全球各主要时区人民币业务发展的需要。CIPS 主要为境内外金融机构人民币跨境和离岸业务提供资金清算、结算服务,满足全球各主要时区人民币业务发展的需要,是重要的金融基础设施。该系统按计划分两期建设，一期主要采用实时全额结算方式，为跨境贸易、跨境投融资和其他跨境人民币业务提供清算、结算服务；二期将采用更为节约流动性的混合结算方式，提高人民币跨境和离岸资金的清算、结算效率。2015年10月8日，CIPS(一期)成功上线运行。CIPS 首批直接参与机构包括中国工商银行、中国农业银行、中国银行、中国建设银行、中国交通银行等19家境内中外资银行。此外，同步上线的间接参与者包括位于亚洲、欧洲、大洋洲、非洲等地区的38家境内银行和138家境外银行。①

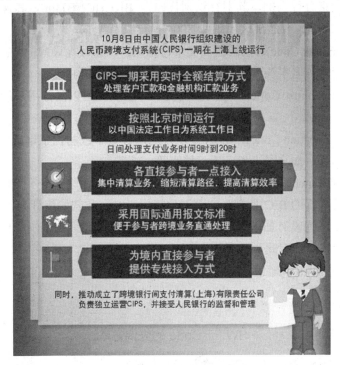

图 1-16　CIPS 五大特点

第四节　SWIFT 的基本内容介绍

上一节我们在介绍清算系统时提到了 SWIFT，它是国际上最重要的金融通信网络之一。通过该系统，可在全球范围内把原本互不往来的金融机构全部串联起来，进行信息交换。具有安全可靠、高速度、低费用及自动加核密押等特点，其电文标准格式已经成为国际银行间数据交换的标准语言。现在，包括我国在内的全球的外汇交易电文，基本上都是通过 SWIFT 传输的。本节我们就其基本内容作一简要介绍。

一、SWIFT 银行识别代码

每家申请加入 SWIFT 组织的银行都必须事先按照 SWIFT 组织的统一原则，制定出本

---

① 人民币跨境支付系统上线一文读懂其 14 个要点. 金融界, http://forex.jrj.com.cn/2015/10/08144519895544.shtml，2015-10-08.

行的 SWIFT 地址代码,经 SWIFT 组织批准后正式生效。银行识别代码(Bank Identifier Code, BIC)是由计算机可以自动判读的八位或是十一位英文字母或阿拉伯数字组成,用于在 SWIFT 电文中明确区分金融交易中相关的不同金融机构。凡该协会的成员银行都有自己特定的 SWIFT 代码,即 SWIFT Code。在电汇时,汇出行按照收款行的 SWIFT Code 发送付款电文,就可将款项汇至收款行。该号相当于各个银行的身份证号。

十一位数字或字母的 BIC 可以拆分为银行代码、国家代码、地区代码和分行代码四部分。以中国银行北京分行为例,其银行识别代码为 BKCHCNBJ300。其含义为:BKCH(银行代码)、CN(国家代码)、BJ(地区代码)、300(分行代码)。

(1) 银行代码(Bank Code):由四位英文字母组成,每家银行只有一个银行代码,并由其自定,通常是该行的行名字头缩写,适用于其所有的分支机构。

(2) 国家代码(Country Code):由两位英文字母组成,用以区分用户所在的国家和地理区域。

(3) 地区代码(Location Code):由 0、1 以外的两位数字或两位字母组成,用以区分位于所在国家的地理位置,如时区、省、州、城市等。

(4) 分行代码(Branch Code):由三位字母或数字组成,用来区分一个国家里某一分行、组织或部门。如果银行的 BIC 只有八位而无分行代码时,其初始值订为"×××"。

同时,SWIFT 还为没有加入 SWIFT 组织的银行,按照此规则编制一种在电文中代替输入其银行全称的代码。所有此类代码均在最后三位加上"BIC"三个字母,用来区别于正式 SWIFT 会员银行的 SWIFT 地址代码。

知识拓展

SWIFT Code 的查询方法

要查询某家银行的 SWIFT Code,推荐的方式如下。
(1)直接去银行询问工作人员。
(2)可以打电话咨询。
(3)通过 SWIFT 官方网站查询。
①精确查找,进入网站后,如果你知道银行的 SWIFT 代码(BIC Code)或机构关键字(Institution Keyword),可以快速查找它的信息。例如,中国银行的关键字是 Bank of China,输入就可以查询中国银行在全世界的分行的 SWIFT Code,当然包括大陆各地的代码。从搜索结果可以看到,内地分行的开始 8 位全部是 BKCHCNBJ,可以直接在 BIC 搜索下输入这 8 位,列出国内中国银行各地分行的 SWIFT Code。
②若不太清楚,那么就可进入另一个查询页面,进行详细的查找。
国内各银行总行的 SWIFT 代码如下。
    中国银行: BKCHCNBJ
    工商银行: ICBKCNBJ
    建设银行: PCBCCNBJ
    农业银行: ABOCCNBJ

招商银行：CMBCCNBS
交通银行：COMMCN
中信银行：CIBKCNBJ
兴业银行：FJIBCNBA
民生银行：MSBCCNBJ
华夏银行：HXBKCN
浦发银行：SPDBCNSH
汇丰银行：HSBCCNSH
渣打银行：SCBLCNSX
花旗银行：CITICNSX
德意志银行：DEUTCNSH
瑞士银行：UBSWCNBJ
荷兰银行：ABNACNSH
香港汇丰：BLICHKHK
香港花旗：CITIHK
香港东亚银行：BEASCNSH
恒生银行：HASECNSHBEJ
代码后需要统一添加分行阿拉伯数字代号。

二、SWIFT 电文格式分类

为了安全有效地传递客户信息、清算资金头寸，SWIFT 系统为各种各样的金融信息设计了一整套标准化的统一格式。SWIFT 报文共有 10 类。

- 第 1 类：客户汇款与支票(Customer Payments & Checks)
- 第 2 类：金融机构间头寸调拨(Financial Institution Transfers)
- 第 3 类：资金市场交易(Treasury Markets-FX, MM, Derivatives)
- 第 4 类：托收与光票(Collections & Cash Letters)
- 第 5 类：证券(Securities Markets)
- 第 6 类：贵金属(Treasury Market-Precious Metals)
- 第 7 类：跟单信用证和保函(Documentary Credits and Guarantees)
- 第 8 类：旅行支票(Traveler's Checks)
- 第 9 类：现金管理与账务(Cash management & Customer Status)
- 第 10 类：SWIFT 系统电报

除上述十类报文外，SWIFT 电文还有一个特殊类，即第 N 类——公共报文组(Common Group Messages)。

其中，每一类(Category)包含若干组(Group)，每一组又包含若干格式(Type)。每个电报格式代号由三位数字组成。例如：MT103 是单笔客户汇款，MT400 是托收项下的付款通知，MT700/701 是开立跟单信用证。

SWIFT 报文格式代号如图 1-17 所示。

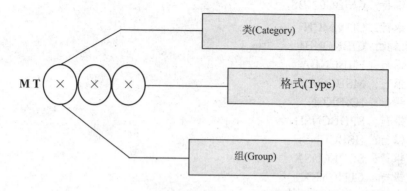

图 1-17　SWIFT 报文格式代号图示

知识拓展

银行常用的报文格式

MT100　客户汇款；
MT200　单笔银行头寸调入发报行账户；
MT202　单笔银行头寸调拨；
MT204　备付金索汇；
MT400　付款通知(托收)；
MT700　开立跟单信用证；
MT707　跟单信用证的修改；
MT900　借记证实；
MT910　贷记证实；
MT950　对账单；
MTn95　查询；
MTn99　自由格式。

三、SWIFT 电文结构

SWIFT 的电文结构由 5 部分数据块(Block)组成，各部分首尾均以大括号标注。

1：BASIC HEADER BLOCK ………………………… 基本报头
2：APPLICATION HEADER BLOCK ……………… 应用报头
3：USER HEADER BLOCK ………………………… 用户报头
4：TEXT BLOCK …………………………………… 电报正文
5：TRAILER BLOCK ……………………………… 电报结尾

数据块 1、2、3 为报头(Header)，数据块 4 为正文(Text)，数据块 5 为报尾(Trailers)。
举例如下：

{1:F01ABOCCNBJAXXX7735371777}
{2:O1000414010315AEIBUS33AXXX92124760880103151714N}
{3:{108:2001031620000001}}

{4:
:20:010315004502
:32A:010315USD81332,91
:50:YALONG PAPER PRODUCTS (KUNSHAN) CO. LTD.
:52A:ICBKCNBJSZU
:57A:ABOCCNBJ436
:59:/1408015816111
KING PAPER SOURCE INTERNATIONAL TRADE (ZJG FREE TRADE ZONE) CO.,LTD
:70:/RFB/SZUAEIB/KS31507H
:72:/INS/ICBKCNBJ
/REC/YOUR FREE TRADE ZONE BR.
/ACC/20,00 FEE DEDUCTED
-}
{5:{MAC:82761CA6}{CHK:DCA560A21C69}}

基本报头是强制性不可或缺的信息，用以提供电文的基本信息，在发出的电文中，提供的是发报人的信息；在收到的电文中，提供的是收报人的信息。

应用报头提供电文本身的基本信息。

用户报头可对电文设定参考值，仅限于输入电文时指定，且该参考值会于收报人所收电文及相关的系统电文上出现。

报尾控制电文、说明特殊情况或提供特殊信息。报尾是电文数据块的第5部分，每一个报尾用大括号隔开，并且单列成行，以三位文字代码表示，后接冒号及内容。

知识拓展

用户电文常见报尾

User Trailers
1. MAC: (Message Authentication Code)
2. PAC: (Proprietary Authentication Code)
3. CHK: (Checksum)
4. TNG: (Training)
5. PDE: (Possible Duplicate Emission)

System Trailers
1. CHK: (Checksum)
2. SYS: (System Originated Message)
3. TNG: (Training)

四、SWIFT 电文表示方式

1. 项目表示方式

SWIFT 由项目(FIELD)组成，如在 MT103(客户汇款)中，"20: Sender's Reference"(发报行编号)，就是一个项目，20 是项目的代号，可以是两位数字表示，也可以两位数字加上字母来表示，如"50a: Ordering Customer"(汇款人)。不同的代号，表示不同的含义。项目还规定了一定的格式，各种 SWIFT 电文都必须按照这种格式表示。

在 SWIFT 电文中，一些项目是必选项目(MANDATORY FIELD)，一些项目是可选项目(OPTIONAL FIELD)：必选项目是必须要具备的，如"59a: Beneficiary Customer"(信用证有效期)；可选项目是另外增加的项目，并不一定每个电文都有，如"70: Remittance Information"(汇款信息)。

2. 日期表示方式

SWIFT 电文的日期表示为：YYMMDD(年月日)，如：
2009 年 5 月 12 日，表示为：090512；
2015 年 12 月 9 日，表示为：151209。

3. 数字表示方式

在 SWIFT 电文中，数字不使用分格号，小数点用逗号","来表示，如：
5,152,286.36 表示为：5152286,36；
4/5 表示为：0,8；
5% 表示为：5 PERCENT。

4. 货币表示方式

货币以三位大写英文字母表示，如：
澳大利亚元：AUD；
奥地利元：ATS；
比利时法郎：BEF；
加拿大元：CAD；
人民币元：CNY；
丹麦克朗：DKK；
德国马克：DEM；
荷兰盾：NLG；
芬兰马克：FIM；
法国法郎：FRF；
港元：HKD；
意大利里拉：ITL；
日元：JPY；
挪威克朗：NOK；

英镑：GBP；

瑞典克朗：SEK；

美元：USD；

欧元：EUR。

第五节　国际结算惯例与规则

由于国际结算活动涉及不同国家的法律，但各国关于国际结算的法律规定却并不完全统一。为了消除分歧，保证国际结算的顺利进行，国际社会已发展和形成了关于国际结算的统一惯例、做法与相关的规则。

一、有关国际结算的国际惯例

国际惯例是指在世界范围内被人们反复运用与普遍承认的习惯做法和特定方式。它是在国际范围内日积月累地逐渐形成的。其中涉及国际结算的主要(不限于)有以下几种。

(1) 1992 年《见索即付保函统一规则》(URDG458，国际商会第 458 号出版物)。

(2) 1992 年《多式运输单据规则》(国际商会第 481 号出版物)。

(3) 1993 年《跟单信用证统一惯例》(UCP500，国际商会第 500 号出版物)。

(4) 1995 年《托收统一规则》(URC522，国际商会第 522 号出版物)。

(5) 1996 年《跟单信用证项下银行间偿付统一规则》(URR525，国际商会第 525 号出版物)。

(6) 1998 年《国际备用信用证惯例》(ISP98，国际商会第 590 号出版物)。

(7) 2000 年国际保理商联合会《国际保理业务惯例规则》。

(8) 2002 年《〈跟单信用证统一惯例〉(UCP500)电子交单补充规则》(eUCP1.0 版)。

(9) 2002 年国际商会《跟单票据争议解决专家意见规则》(DOCDEX，国际商会第 811 号出版物)。

(10) 2003 年《审核跟单信用证项下单据的国际标准银行实务》(ISBP，国际商会第 645 号出版物)。

(11) 2007 年《跟单信用证统一惯例》(UCP600，国际商会第 600 号出版物)。

(12) 2007 年《〈跟单信用证统一惯例〉(UCP600)电子交单补充规则》(eUCP1.1 版)。

(13) 2007 年《审核跟单信用证项下单据的国际标准银行实务》(ISBP，国际商会第 681 号出版物)。

(14) 2008 年《跟单信用证项下银行间偿付统一规则》(URR725，国际商会第 725 号出版物)。

(15) 2010 年《见索即付保函统一规则》(URDG758，国际商会第 758 号出版物)。

(16) 2013 年《福费廷统一规则》(URF800，国际商会第 800E 号出版物)。

(17) 2013 年《审核跟单信用证项下单据的国际标准银行实务》(ISBP，国际商会第 745 号出版物)。

(18) 2013 年《银行付款责任统一规则》(URBPO，国际商会第 750 号出版物)。

需要指出的是，在上述有关国际结算的国际惯例中，有的存在若干版本，比如关于保函的 URDG458 与 URDG758，关于信用证的 UCP500 与 UCP600，但与一般法律不同的是，并非新版本国际惯例的出台，就自然导致旧版本的废止。到底适用哪个版本，完全由当事人自主决定。这也是由国际惯例的性质和特点决定的。

知识拓展

国际惯例与法律、合同的关系

国际惯例本身并不是法律，而是人们共信共守的规则。它本身不具有法律效力。因此，合同的一方不能强迫对方使用某惯例，也不能自己主动地去执行某惯例，除非在合同上引用了某惯例，则此惯例对有关各方均具有约束力。所以在合同要载明："This is subject to UCP600" 或类似的字样。

当国际惯例与合同的规定相违背时，以合同为准；合同中没有规定的，又与现行的法律法规不违背的，国际惯例则起到补充的作用。

二、有关国际结算的其他规则

调整与规范国际结算活动或与国际结算相关的规则除了国际惯例之外，还涉及一些国家的国内法与国际条约。

(一)与票据相关的规则

与票据有关的规则主要是英国的《票据法》以及在日内瓦签订的有关汇票、本票与支票的两个国际公约。

1. 英国《票据法》

英国的《票据法》于 1882 年颁布实施，它规定了汇票和本票，并将支票包括在汇票之内。虽然该法属于英国国内法，但该法历史悠久，在票据领域占有重要地位，因而为许多国家的当事人所引用。

2.《日内瓦统一汇票、本票法公约》和《日内瓦统一支票法公约》

1930 年，由法国、德国等十几个国家在日内瓦签订了《日内瓦统一汇票、本票法公约》，1931 年又签订了《日内瓦统一支票法公约》。这两项公约已为大多数大陆法系的国家所接受。

(二)与单据相关的规则

涉及单据方面的国际规则主要是有关提单的《海牙规则》(Hague Rules)、《维斯比规则》(Visby Rules)、《汉堡规则》(Hamburg Rules)以及有关保险的英国伦敦保险业协会所制定的《协会货物条款》。

1. 有关提单的规则

《海牙规则》全称为《统一提单若干法律规则的国际公约》(International Convention for

the Unification of Certain Rules of Law Relating to Bills of Lading),1924 年在海牙通过,是关于提单法律规则的第一部国际公约。《维斯比规则》是《修改统一提单若干法律规则的国际公约议定书》(Protocol to Amend the International Convention for the Unification of Certain Rules of Law Relating to Bills of Lading)的简称,于 1968 年 2 月 23 日在布鲁塞尔外交会议上通过,自 1977 年 6 月 23 日生效。因该议定书的准备工作在瑞典的维斯比完成而得名。它是《海牙规则》的修改和补充,故常与《海牙规则》一起,称为《海牙—维斯比规则》(Hague-Visby Rules)。1978 年 3 月 6 日至 31 日在德国汉堡举行由联合国主持的有 78 国代表参加的海上货物运输大会又通过了《汉堡规则》,即联合国海上货物运输公约(United Nations Convention on the Carriage of Goods by Sea, 1978),于 1992 年 11 月 1 日生效,进一步完善了海上货物运输规则。以上三个公约中,《海牙规则》目前为大多数国家采用。该规则自 1931 年生效以来,全世界大多数船公司制定的提单条款都以其为依据。因此,《海牙规则》堪称现今海上货物运输方面最重要的国际公约。虽然我国并非《海牙规则》的缔约国,但是,《海牙规则》的制定是在长期的海运习惯的基础上发展而来的,并且经过多年的实践,已为航运界较为广泛地认可,因此,《海牙规则》可以说是我国海商法最主要的渊源和参考依据。另外我国海商法也参照了部分《维斯比规则》以及《汉堡规则》的内容。总体来看,中国海商法在实质问题上同海牙规则,形式问题同汉堡规则、维斯比规则,倾向于保护承运人的利益。

《海牙规则》《维斯比规则》以及《汉堡规则》的生效实施,使海上货物运输法律制度在三个公约的范围内得到了统一。不过三部公约的同时存在也成为国际海上货物运输法律制度未能实现最终统一的明证。在联合国国际贸易法委员会的主持下,一部新的国际公约《联合国全程或者部分国际海上货物运输合同公约》(UN Convention on Contract for the International Carriage of Goods Wholly or Partly by Sea),于 2008 年 12 月 12 日获得联大 35 次会议审议通过,并于 2009 年 9 月在荷兰鹿特丹正式签署发布,又称《鹿特丹规则》(Rotterdam Rules)。从内容上看,《鹿特丹规则》是当前国际海上货物运输规则之集大成者,不仅涉及包括海运在内的多式联运、在船货两方的权利义务之间寻求新的平衡点,而且还引入了如电子运输单据、批量合同、控制权等新的内容,此外公约还特别增设了管辖权和仲裁的内容。从公约条文数量上看,公约共有 96 条,实质性条文为 88 条,是《海牙规则》的 9 倍,《汉堡规则》的 3.5 倍。因此,该公约被称为一部"教科书"式的国际公约。不过,该公约目前尚未生效。

为了便于大家了解上述规则之间的差异,表 1-2 中对《海牙规则》《维斯比规则》《汉堡规则》《鹿特丹规则》以及《中国海商法》就主要方面进行了比较。

表 1-2 《海牙规则》《维斯比规则》《汉堡规则》《鹿特丹规则》以及《中国海商法》比较

	《海牙规则》	《维斯比规则》	《汉堡规则》	《鹿特丹规则》	《中国海商法》
单据形式	提单	提单	提单	提单与电子提单	提单
提单的证明力	承运人收到货物的初步证据	对托运人是初步证据,对提单受让人是最终证据	—	初步证据 转让后最终证据	—
承运人的基本义务	(1)船舶适航的义务;(2)管货义务		增加:管船义务(取消了航行过失免责)	提供、管理、维持船舶(保持状态)(特别)管货(具体)	(1)适航义务;(2)管货义务(航行过失可以免责)

续表

	《海牙规则》	《维斯比规则》	《汉堡规则》	《鹿特丹规则》	《中国海商法》
责任范围	损坏、灭失		损坏、灭失、迟延	损坏、灭失、迟延	损坏、灭失、迟延
责任基础	不完全过失责任(航行过失免责)		完全过失责任、推定过失责任	过失推定	不完全过失责任，同《海牙规则》
承运人的免责	包括承运人的驾船管船过失(共17项)		(1)取消了航行过失免责；(2)取消了火灾的免责	免责，但不得有过失，不得违反海上航程特别义务	航行过失免责+无过失免责，不包括火灾过失免责(少于《海牙规则》，多于《汉堡规则》)
责任期间	钩至钩		收到交	收到交，当事人可约定延长，但不得缩短	(1)散货，装到卸；(2)集装箱运输，接到交
赔偿限额	每件或每单位不超过100英镑	每件或每单位666.67特别提款权，或毛重每公斤2特别提款权，高者为准	每件或每单位835特别提款权，毛重每公斤2.5特别提款权，高者为准	每件或每单位875特别提款权或者毛重每公斤3特别提款权，高者为准；迟延交付为货物运费的2.5倍	每件或每单位666.67特别提款权，或每公斤2特别提款权(同1968年《维斯比规则》)
索赔时效	(1)提货时发现，当时提出；(2)损害不明显，3日内提出		(1)提货时发现，次日提出；(2)损害不明显，15日内提出；(3)迟延交付应在收货后连续60天内提出	7日内及时通知，否则推定相符；不通知，不影响索赔权；交货后21天内提交迟延交付通知，否则不赔	(1)提货时发现，当时提出；(2)损害不明显7日内提出，集装箱15日内提出；(3)迟延交付应在收货后连续60天内提出
诉讼时效	1年，自货物交付或应当交付之日起算	1年，双方协商可延长。对第三者的索赔期限，还有3个月的宽限期	2年，双方协商可延长。对第三者索赔90日宽限期	2年，但被索赔人可声明延长；时效期满可提起追偿诉讼	1年
货物的适用范围	不适用于舱面的货和活牲畜		可以依约定、惯例、法律在舱面装货，活牲畜免责	—	同《汉堡规则》
公约适用范围	(1)适用于缔约国签发的一切提单；(2)租船合同项下的提单(注意不适用于租船合同)	(1)任何缔约国签发的提单；(2)从缔约国港口起运；(3)提单中列有首要条款(即当事人选择适用该公约)	(1)任何缔约国签发的提单；(2)当事人合意选择该公约；(3)装货港、卸货港、备选卸货港在缔约国；(4)租船合同项下的提单	运输合同约定的收货地、装货港、交货地或卸货港中的一个位于缔约国内；规则替代以前规则	—

续表

	《海牙规则》	《维斯比规则》	《汉堡规则》	《鹿特丹规则》	《中国海商法》
其他(重要)	—	承运人责任限制，同样适用于其代理人、雇佣人	(1)首次承认了善意函的相对效力(在托运人和承运人之间有效);(2)迟延交货的责任	首次规定单证托运人①、控制方与控制权②	(1)承运人责任限制，同样适用于其代理人、雇佣人;(2)过失造成迟延交货的责任

(资料来源：法律教育网，http://www.chinalawedu.com/news/1300/23230/23248/23271/2008/2/ma6153104413122800215240-0.htm，2011年8月2日查阅，并结合《鹿特丹规则》进一步整理)

2．关于保险的规则

在国际保险市场上，各国保险组织都制定有自己的保险条款。但最为普遍采用的是英国伦敦保险业协会所制定的《协会货物条款》(Institute Cargo Clause，I.C.C.)。"协会货物条款"最早制定于1912年，后来经过多次修改，现在普遍适用的是在1982年修订、1983年4月1日实施的版本。伦敦保险协会的保险条款一共有6种。

(1) 协会货物条款(A)(Institute Cargo Clause A，I.C.C.(A))；
(2) 协会货物条款(B)(Institute Cargo Clause B，I.C.C.(B))；
(3) 协会货物条款(C)(Institute Cargo Clause C，I.C.C.(C))；
(4) 协会战争险条款(货物)(Institute War Clause-Cargo)；
(5) 协会罢工险条款(货物)(Institute Strikes Clause-Cargo)；
(6) 恶意损坏条款(Malicious Damage Clause)。

以上6种保险条款中，前3种即协会货物条款(A)(B)(C)是主险或基本险，后3种则为附加险。该条款对世界各国保险业有着广泛的影响，应用也最为广泛，已成为国际海上保险单的范本。目前，世界上大约有三分之二的国家在海上保险业务中直接采用或根据《协会货物保险条款》制定自己的运输保险条款。

值得关注的是，1982年协会货物保险条款在2009年又进行了部分修订。新条款扩展了保险责任起讫期，对保险公司引用免责条款做出了一些条件限制，对条款中容易产生争议的用词作出更为明确的规定，条款中的文字结构也更为简洁、严密。新版条款是各国法律法规和全球经济政治形势发展变化的产物。一旦保险人采用新版协会条款，必然会导致保险人、被保险人及相关方权利义务的改变。在我国财产保险公司中，对于国际海上货物运输，目前使用的还是中国人民保险公司的海洋货物运输保险条款或者是1982年版协会货物运输条款，是否需要使用新版协会条款，如果使用新版协会条款会对自己的保险责任产生怎样的影响，新版协会条款内容在国际上有怎样的通用解释，产生争议后如何根据中国本

---

① 单证托运人(Documentary Shipper)是指托运人以外、同意在运输单证或电子运输记录中记名为"托运人"的人，单证托运人享有托运人的权利并承担其义务。

② 一般来说，托运人为控制方(对货物行使控制权的人)，除非托运人在订立运输合同时指定收货人、单证托运人或其他人为控制方。只有控制方有权行使控制权(Right of Control)，即向承运人发出有关货物的指示的权利。

国的法律制度进行操作,都需要进一步的明确。①

国际结算业务的国际性与专业性决定了它是有关国际惯例表现最充分的领域,涉及的国际惯例与规则众多。而且,随着时代的发展,旧的惯例与规则在不断地修订变化,新的惯例与规则不断地涌现,这就需要我们紧跟时代的步伐,了解并熟悉这些惯例与规则。

复习思考题

1. 简述办理国际清算的基本条件。
2. 为什么银行能成为当代国际结算的中心?
3. 作为一个学科,国际结算主要研究哪些内容?
4. 国际结算的发展方向如何?

---

① 王莹. 2009 年伦敦协会货运险条款较 1982 年版的变化. 上海保险,2009(7).

第二章 国际结算中的票据

【本章学习要求】

通过本章学习，了解票据的概念、特征和分类；理解票据流通的一般程序、票据流通过程中主要当事人的权责及汇票、本票和支票三种信用工具的性质、作用；掌握汇票、本票和支票的概念、种类及主要区别；熟练掌握汇票的必要项目，在正确理解汇票基本内容的基础上掌握缮制商业汇票的基本技能，为开立托收项下汇票和信用证项下汇票打下基础。

【本章重点】

- ◆ 票据原理，包括票据的概念、特性和票据行为
- ◆ 汇票定义、要项、种类及汇票当事人的权利和责任
- ◆ 本票、支票与汇票的异同

【本章难点】

- ◆ 票据行为
- ◆ 本票、支票与汇票的异同
- ◆ 划线支票和保付支票

国际结算(第 2 版)

【章前导读】

早先意大利有一个商人 A,他在同别人做生意时一直像很多人一样使用现金结算,但是现金结算存在风险大、费用高、携带不便等诸多缺陷,这个问题困扰他多时。一次他在向英国的商人 B 进口一些机织布匹时,偶然发现本国另一商人 D 正打算出口一批等值的货物给英国的商人 C,突然灵机一动,想出了一个好办法,即由 B 开立一张以 A 为付款人的汇票,转让给 C;C 买入汇票,付款给 B;C 将汇票寄给 D;D 向 A 提示汇票;A 付款(见图 2-1)。转让中,付款人不变,收款人改变了。这样通过一张汇票使两国间的两笔债权债务得以了结。既销售了商品,又避免了运送现金所带来的风险,节约了时间、费用。

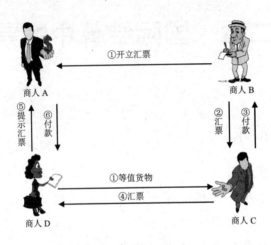

图 2-1 早期国际结算过程

【关键词】

票据 汇票 本票 支票

第一节 票据概述

在国际结算中,票据是重要的工具,出口企业需要通过票据来收取货款,而提供中介服务的银行则需要借助于票据来体现其所代表客户的权利并最终完成清算。

一、票据的定义

票据有广义和狭义之分。广义的票据是指商业上的权利单据(Document of Title),即用来表明某人对不在其实际控制下的资金或物资所有权的书面凭证。如股票、债券、仓单、提单、保险单、汇票、本票、支票等。

狭义的票据是指资金单据(Financial Document),是由出票人签发,约定自己或命令他人在一定日期无条件支付确定金额的书面凭证。它是以支付金钱为目的的特定凭证。若约定由出票人自己付款的是本票,命令第三者付款的则是汇票或支票。

国际结算中的票据就是指这种狭义的票据,它能够代替货币现金起流通和支付作用,从而抵消和清偿国际债权债务，或者完成资金转移，因而是国际结算中的重要工具。现代国际结算是以票据为基础的非现金结算。票据概念的图解如图2-2所示。

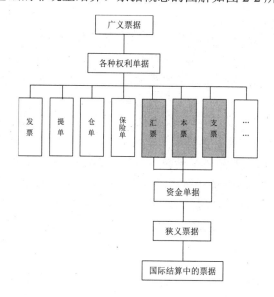

图 2-2 票据概念图解

二、票据的特性

票据作为非现金结算工具，之所以能够代替货币现金起流通和支付作用，是因为票据具有如下特点。

1. 流通性(negotiability)

流通性是票据的基本特性，表现在以下几方面。

(1) 票据权利是通过背书或凭交付进行转让，这是票据权利的两种转让方式。根据票面上"抬头人"的不同形式，采用相应的转让方式。经过背书或凭交付受让人即可合法转让与流通。

(2) 票据转让不必通知票据上的债务人，债务人不能以未曾接到转让通知为由而拒绝清偿。

(3) 受让人获得票据后，就享有票据规定的全部法律权利，如未实现票据的权利，有权对票据上的所有当事人起诉。

(4) 以善意并已支付对价获得的票据，受让人权利可不受前手权利缺陷的影响。票据的流通性保护受让人的权利，受让人甚至可以得到转让人没有的权利。

📖 知识拓展

让与、转让与流通转让

在英美法系中，转让有三种类型：让与、转让与流通转让。三个术语的含义是有区别的。

让与(Assignment)：指的是一般债权的让与，如合同的转让。这种债权让与必须以通知原债务人为条件，受让人的权利要受到转让人权利缺陷的影响。比如 A 与 B 签订了一份贸易合同，A 是卖方，他将合同的应收货款转让给了 C。如果 A 的货物有问题或者根本没有交货，B 可以对 C 拒付货款。

转让(Transfer)：是指物权凭证的转让。这种物权凭证如提单、保险单、仓单等，可以仅凭交付或加上适当背书而转让，无须通知债务人。但是，受让人的权利不能优于出让人。如果出让人的权利有缺陷，则受让人所取得的也只是一种有缺陷的权利。比如甲窃取了乙的一份提单，并把它转让给丙，即使丙是善意的、支付了对价的受让人，由于甲对该提单无合法的权利，丙也不能对该提单取得合法权利。一旦乙发现被窃，有权要求丙返还提单。

流通转让(Negotiation)：这是票据的基本特性。许多国家在票据法中都规定，票据仅凭交付或适当背书即可转让，无须通知债务人。善意的、付了对价的受让人可以取得优于其前手的权利，不受其前手的权利缺陷的影响。比如 A 将从 B 处偷来的票据转让给了 C，C 因不知情且对票据支付了对价，B 就不能以 A 是以偷窃方式获得此票据为理由，要求 C 归还票据。这是票据的流通转让与民法上的债权的让与的一个重大区别。

2. 无因性(non-causality)

票据是一种不用过问票据产生原因的债权凭证，这里的"原因"是指产生票据权利义务关系的原因，分为两方面的内容：一是出票人与受票人之间的资金关系；二是出票人与收款人、票据背书人与被背书人之间的对价关系。

票据的成立与否不受原因关系的影响，票据当事人的权利义务也不受原因关系的影响。持票人行使票据权利时，可不明示其原因，只要能出示票据，就可以根据票面所载明的文义向受票人请求支付票据金额。而对受让人而言，他无须调查票据的原因关系，只要票据记载符合法律规定，他就能取得票据文义载明的权利——向受票人要求支付票据金额，或者在被拒付时，向其转让人直至出票人追索。

票据的无因性使得基础原因关系上的瑕疵不会影响到票据关系人之间根据票据记载所产生的权利义务关系，从而便利票据的流通。

案例点击

A 建筑公司从 B 钢铁厂购进一批钢材，数量 20 吨，价款 5.6 万元。钢材运抵建筑公司后，A 为 B 钢铁厂签发一张以 A 公司为出票人和付款人、以 B 厂为收款人的到期日在三个月后的商业承兑汇票。一个月后，B 厂从 C 金属公司购进一批冶金轧辊，价款 6 万元。B 厂就把 A 公司开的汇票背书转让给 C 公司，余下的 4 千元用支票方式支付完毕。汇票到期后，C 公司把汇票提交 A 公司要求付款，A 公司拒绝付款，理由是 B 钢铁厂供给的钢材不合格，不同意付款。试问 A 公司的做法是否合法？为什么？

(资料来源：票据案例业务评析. 金融案情通报(总第 165 期). 中国金融教育培训网，
http://chinafe.cn/news/manage/htmledit/UploadFile/200968162748218.doc)

[点石成金]

A 公司的做法不合法。根据票据法原理，票据是无因证券，票据如果具备票据法上的条件，票据权利就成立。在本案中，B 厂与 A 公司之间的钢材购销关系是本案汇票的原因关系。汇票开出后，A公司就与票据的持有人产生票据关系。原因关系与票据关系是相互分离的。A公司提出钢材质量不合格是原因关系有瑕疵。其拒绝付款就是用原因关系来对抗票据关系。但现在汇票已被背书转让，持票人不再是原因关系的当事人，所以A公司不得以钢材不合格为由来对抗C公司，A公司必须付款。付款后票据关系消灭；但原因关系不消灭，A公司仍可根据原因关系的瑕疵请求B厂赔偿损失。

3. 要式性(solemnity)

票据的成立虽不究其当事人之间基本关系的原因，但却非常强调它的形式和内容。即常说的要式不要因。所谓的要式性，主要指票据的做成必须符合规定，票据上所记载的必要项目必须齐全，且符合规定，处理票据的行为如出票、背书、提示、承兑、追索等的方式、程序、手续也须符合法律规定。这样才能发生票据的效力。

案例点击

1996年1月22日，原告赛格公司根据与案外人深圳市联京工贸有限公司和无锡市北塘恒昌车辆贸易总公司(以下简称恒昌公司)签订的代理进口摩托车发动机总成的协议，对外开设了信用证。为此，恒昌公司按照约定签发了金额分别为450万元、650万元，到期日分别为1996年11月16日、1996年12月16日，收款人均为赛格公司的两张银行承兑汇票，均为被告郊区农行承兑。

这两张银行承兑汇票，被恒昌公司在交付给原告赛格公司前遗失。恒昌公司曾于1996年8月2日在《南方日报》登报声明汇票作废，又于同年9月2日向无锡市郊区人民法院申请公示催告。无锡市郊区人民法院于当天通知被告郊区农行停止支付。在法律规定的公示催告期届满时，恒昌公司未向无锡市郊区人民法院申请除权判决。

恒昌公司后来交付给原告赛格公司的，是遗失的银行承兑汇票第一联(此联由承兑支付票时作借方凭证)的复印件和被告郊区农行于1996年8月28日出具的说明函。在银行承兑汇票第一联复印件上的汇票签发人签章栏内，加盖了郊区农行的汇票专用章，但是没有恒昌公司的签章。郊区农行说明函的内容是：由于银行承兑汇票被出票人遗失，出票人已经登报声明作废，因此同意在遗失汇票的底联复印件上加盖本行汇票专用章，作为收款人向本行收款的有效依据；汇票到期后，收款人必须派员凭此复印件结算票面款项。赛格公司按复印件记载的日期，在到期后持上述遗失汇票第一联的复印件向郊区农行提示付款时，遭到郊区农行拒付，因此提起诉讼。

(资料来源：人民网法律法规库，http://www.people.com.cn/item/flfgk/gwyfg/1998/113312199820.html)

〖点石成金〗

票据是要式证券，票据的制作以及票据行为必须严格符合法律的规定。出票是指出票人签发票据并将其交付给收款人的票据行为。案外人恒昌公司虽然签发并经被告郊区农行承兑了两张银行承兑汇票，但是这两张银行承兑汇票在向原告赛格公司交付之前即被恒昌公司遗失，故恒昌公司并未完成出票的票据行为，赛格公司也未实际持有该银行承兑汇票。现赛格公司据以主张票据权利的，只是恒昌公司交给它的银行承兑汇票第一联复印件。该复印件上虽然有"汇票"字样、金额、付款人名称、收款人名称等复印内容，但是没有出票人恒昌公司的签章、且未经郊区农行同意承兑，另附的郊区农行说明函又对支付限定了条件，这些内容都不符合票据法对汇票的规定，所以复印件上虽然有郊区农行加盖的汇票专用章，也不能作为有效的汇票使用。当然，恒昌公司是因赛格公司为其代理进口了摩托车发动机总成，才给赛格公司出具汇票。赛格公司虽因票据无效而丧失了票据权利，但是其因代理行为而对恒昌公司享有的债权并未丧失。由于赛格公司与恒昌公司之间的债权债务系原因关系，属民法调整，与本案的票据关系无关，赛格公司可另行起诉。

4. 提示性(presentment)

票据的提示性是指票据的持票人请求受票人履行票据义务时，必须在法定期限内向受票人出示票据，以表明占有这张票据，经确认后才能要求承兑或者付款。无提示的票据是无效的。对此，受票人没有履行付款的义务。

5. 返还性(returnability)

票据的返还性是指持票人收到票款后，应将票据交还付款人，作为付款人已付清票款的凭证，并从此停止了该票据的流通过程。由此看来，票据与货币现金不同，其流通是有期限的，且不可往复使用。这体现了票据的局限性。

三、票据的法律体系和法的冲突的处理原则

票据法是规定票据种类、票据形式、票据行为及票据当事人权利义务关系的法律规范的总称。在国内外经济活动中，票据发挥着十分重要的作用，绝大多数国家都制定了各自的票据法，将票据流通规则法律化。目前最具有影响力的是以英国《票据法》为基础的英美法系和以《日内瓦统一法》为代表的欧洲大陆法系。

1. 英美法系

英国在对银行长期实践经验总结的基础上，于1882年颁布实施了《票据法》(Bills of Exchange Act)，它对汇票和本票作了法律规定，并将支票作为汇票的一种。1909年、1914年和1917年英国政府先后三次修订了该法，现在仍使用该法。1957年英国政府另行制定了《支票法》(Cheques Act 1957)，作为票据法的补充。英国《票据法》实施至今已经一百多年，但其中绝大多数条款长期有效不变，其适用性强。故本章有关票据实务内容较多地引用英国《票据法》的规定。

美国借鉴英国《票据法》，于1952年制定了《统一商法典》(Uniform Commercial Code)。

目前英国、美国、爱尔兰、加拿大、澳大利亚、印度等国家和地区均采用或借鉴英国《票据法》。

2. 欧洲大陆法系

欧洲大陆法系是法国法系和德国法系的综合。早在1643年法国国王路易十四就颁布了《商事敕令》，其中对汇票和本票的签发和流通都作了规定，因此法国的票据法历史最悠久。1807年，法国又颁布了《商法典》，其中规定了票据法，但仅对汇票和本票作规定。法国票据法对欧洲大陆如意大利、荷兰、比利时、西班牙等国家后来制定票据法产生了很

大的影响。

德国在 1871 年颁布票据法，1908 年又颁布了支票法。欧洲大陆的奥地利、瑞士、葡萄牙、丹麦、瑞典、挪威以及亚洲的日本等国家的票据法皆属于德国票据法系统。

由于各国票据法归属的体系不同，其内容也不完全相同，这为票据的国际流通与使用带来许多不便。为了协调英美法系、法国法系和德国法系的矛盾和冲突，统一各国的票据法，国际联盟先后在 1930 年和 1931 年在日内瓦召开了以欧洲大陆国家为主的 30 多个国家参加的国际票据法会议。会议通过了四个关于票据的公约，即：《1930 年统一汇票、本票法公约》《1930 年解决汇票、本票若干法律冲突的公约》《1930 年统一支票法公约》《1931 年解决支票若干法律冲突的公约》，它们合并简称为《日内瓦统一法》。由于英美未派代表参加日内瓦会议，《日内瓦统一法》也就不可能得到英美的承认，致使至今世界上还没有统一的票据法，而存在英国《票据法》和欧洲《日内瓦统一法》两大票据法体系。

3. 法的冲突

票据按流通领域的不同可以划分为国内票据和国际票据。由于涉及多个国家，世界各国对票据和票据行为的法律规定又有所不同，因此必然会发生究竟以哪一个国家的法律为准的问题。由此产生了法的冲突问题。

为了不因不同票据法阻碍票据的跨国流通和使用，国际上通行票据的行为地法律原则，即票据的完善与否以出票地的国家法律为准；其他票据行为的正确有效与否以该行为发生地点所在国的法律为准。事实上，出票是最基本的票据行为。因此，行为地原则也就可以简单地概括为：各种票据行为的合法有效与否，均以该行为发生地所在国家的有关法律规定为准。

第二节 汇 票

汇票是国际结算中使用最为广泛的一种支付工具与信用工具。在信用证、托收或票汇等结算方式中，通常都需要提示汇票。

一、汇票的定义

英国《票据法》第 3 条关于汇票的定义是：A bill of exchange is an unconditional order in writing, addressed by one person to another, signed by the person giving it, requiring the person to whom it is addressed to pay on demand or at a fixed or determinable future time a sum certain in money to the order or specified person or to bearer.

翻译：一人向另一人签发的，要求他在即期或定期或可以确定的将来时间向某人或某指定人或持票人，无条件支付一定金额的货币的书面命令。

上述汇票定义指出的要项是：出票人、付款人、付款期限、收款人、无条件支付的要求(或命令)、一定金额的货币及书面形式。

英国《票据法》还规定必要项目的填写不符合法律定义的票据不是汇票。英国《票据法》的汇票定义为世界各国所普遍引用和参照。

二、汇票的必要项目(要项)

汇票是一种要式凭证，注重在形式上应具备必要项目。只要这些项目齐全，符合票据法的规定，就具有票据的效力。汇票式样及要项如附式 2-1 所示。

附式 2-1　汇票式样及要项

Exchange for USD5000.00　①　③	Due 18 Oct., 20xx Hong Kong 10 July.20xx. ⑦	Accepted 20 July, 20××. Payable at 　C Bank Ltd. London For B Bank , London 　<u>signed</u>
At 90 days after sight pay to the order of　　A　bank 　　⑤　　　　　　　　　　　②　　　　　　⑥ the sum of five thousand US dollars 　　　　　　　③ To B Bank, London. ④	For C Company Hong Kong. ⑧ Signature	

注：①汇票字样；②无条件支付命令；③确定金额；④付款人；⑤付款期限；⑥收款人；⑦出票地点和日期；⑧出票人。

(一)"汇票"字样

汇票上必须标明"汇票"(bill of exchange，exchange 或 draft)字样，这样可使人易于识别它的性质，方便实务上处理。

(二)无条件支付命令(unconditional order to pay)

1. 汇票是一项支付命令

汇票是一项支付命令，而不是付款请求。必须用祈使句，不能用表示请求的虚拟句。例如：

Pay to A Company or order the sum of five thousand pounds only.——有效汇票

I should be pleased if you pay to the order of B Company the sum of five thousand pounds only.——无效汇票

2. 汇票的支付命令是无条件的

汇票的支付命令是无条件的，即出票人要求受票人的付款必须是无条件的，付款人的支付不能以收款人履行某项行为或事件为前提条件。否则，该汇票无效。例如：

Pay to ABC Company or order the sum of five thousand pounds only providing the goods supplied in compliance with contract …——无效汇票

Pay to ABC Company or order the sum of five thousand pounds from our account No.1 with you …——无效汇票

但下列说明不能作为有条件支付的记载：

(1) 注明汇票起源交易，即出票条款(drawn clause)，不构成支付命令的条件。例如：

Pay to A Company or order the sum of five thousand pounds. Drawn under Midland Bank, London L/C No.3456 dated 1st June 20＿＿．——有效汇票

(2) 注明汇票付款后如何取得偿付的，不构成支付命令的条件。例如：

Pay to Robert Brown the sum of one hundred pounds and debit our a/c with you. ——有效汇票

(3) 注明"对价收讫"或"对价已收"的汇票也是有效的。例如：

Pay to A Company or order the sum of five thousand pounds only for value received ... ——有效汇票

(三)一定金额的货币(a sum certain in money)

1. 以确定的货币表示

汇票的支付标的必须是金钱，其金额必须是可以确定的。任何选择的或者浮动的记载或未定的记载，都使汇票无效。例如：

(1) GBP1000 or GBP2000。

(2) between GBP1000 and GBP2000。

(3) about GBP1000。

汇票金额必须是任何人根据汇票上的规定能准确计算出来的。

2. 大写(amount in word)和小写(amount in figure)

汇票的金额包括两部分，货币名称和货币金额，金额同时以大小写表示。一般来说，"exchange for"后面填小写金额，"the sum of"后面填大写金额。

如果大小写不一致，英国《票据法》和《日内瓦统一票据法》都规定以大写为准。我国《票据法》规定，票据金额大小写金额必须一致，大小写金额不符，票据无效，银行以退票处理。

案例点击

A 银行向 B 银行开出不可撤销信用证，受益人交单后，B 银行通过快递将单据寄交 A 银行，A 银行审单后发现下述不符点，遂对外拒付。

汇票上小写金额为 USD905 000.00，大写金额为 HONG KONG DOLLARS NINE HUNDRED AND FIVE THOUSAND ONLY，金额不一致。

收到 A 银行的拒付电后，B 银行认为所述不符点仅是打字手误，非实质性不符点。

[点石成金]

1930 年 6 月 7 日日内瓦《统一汇票、本票法公约》第二章第一节第六条规定："汇票金额同时以文字及数字记载者，两者有差异时，文字记载之数额为付款数额。"

"汇票金额以文字或数字记载在一次以上，而先后有不符时，其较小数额为付款数额。"

《国际汇票和国际本票公约(草案)》第二章第二节第七条(1)款规定："票据上以文字表明的金额与以数字表明的金额不符时，应以文字金额为准。"

英国《1882年票据法》第二章第一节第九条(2)款规定："票面所列数额，如用文字及数字并书时，若两者有不符时，应以文字金额为准。"

本案例中，汇票票面金额同时以文字及数字记载，文字金额即大写金额为 HONG KONG DOLLARS NINE HUNDRED AND FIVE THOUSAND ONLY，数字金额即小写金额为 USD905000.00 两者不一致，根据上述规定，开证行只能按文字金额即大写金额照付。

3．利息条款(with interest)

汇票上注明按一定的利率或某一日市场利率加付利息，是允许的。但利息条款须注明利率、起算日和终止日。例如：

Pay to ABC Company or order the sum of five thousand pounds plus interest …——无效汇票

Pay to ABC Company or order the sum of five thousand pounds plus interest calculated at the rate of 6% per annum from the date hereof to the date of payment…——有效汇票

4．分期付款(by stated installments)

分期付款的条款必须具体、可操作。例如：

Pay to the order of ABC Company the sum of five thousand US dollars by installments. ——无效汇票

At 60 days after date pay to the order of ABC Company the sum of five thousand US dollars by 5 equal consecutive monthly installments. ——有效汇票

5．支付等值其他货币(pay the other currency according to an indicated rate of exchange)

支付等值其他货币是指按一定的或可以确定的汇率折算后付款。例如：

Pay to the order of ABC Company the sum of five thousand US dollars converted into sterling equivalent at current rate of exchange. ——有效汇票

现时汇率即按照付款日当天的汇率折成英镑，任何人按此汇率都能算出相同的金额。因此，该汇票可以接受。之所以这么规定，也是体现了票据法的冲突的行为地原则：在票据的付款地实行严格的外汇管制，而票据上是以外汇表示金额时，就必然有货币兑换的问题。票据行为必须尊重付款地点的国家法律。

(四)付款人名称和付款地点

付款人(payer)先是接受命令的人，也叫受票人(drawee)。受票人只有对汇票做出承兑或付款，才成为承兑人或付款人。受票人在汇票上通常就表述为"To (drawee)"。

受票人的记载应有一定的确定性，以便持票人向其提示要求承兑或付款。英国《票据法》规定可有两个或两个以上受票人，同时要求他们之间应为并列的关系。如受票人可以是 A、B 和 C，但不能是 A 或 B 或 C，也不能是先 A 后 B 再 C。

受票人的地址，并非必要项目，但为了便于提示，在汇票上最好写明地址。

(五)出票人签名

汇票上要有出票人签名,以确认出票人对汇票的债务责任。我国《票据法》规定票据上的签字为签名或盖章或签名加盖章。英国《票据法》规定必须手签。目前按照国际惯例,涉外票据应采用手签方式。

如果出票人是代理其委托人(公司、银行等)签字,应在委托人名称前面加注"for"、"on behalf of"、"for and on behalf of"等字样,并在个人签字后注明职务的名称。例如:

For ABC Co.
John Smith
General Manager

这样,ABC 公司受到个人 John Smith 签名的约束,而 John Smith 不是他个人开出的汇票,而是代理公司开出汇票。

如果汇票上没有出票人签字、伪造签字或代签名的人并未得到授权,则不能认为是出票人的签名,这样的汇票不具备法律上的效力。

(六)出票的日期和地点

出票日期的作用如下。

(1) 决定汇票的有效期。汇票的流通有其时效性,即有效期,其起算日为出票日期。没有注明出票日期的汇票其有效期无法判定。

(2) 决定汇票的到期日。对于出票后若干天(月)(At×××days after date)付款的汇票,付款到期日的确定就取决于出票日。

(3) 决定出票人的行为能力。如出票时法人已宣告破产清理,已表明他丧失相应的行为能力,则票据不能成立。

(4) 决定利息的起算日。如支付指定人 USD1000,并按×%支付利息,这时出票日为起息日,付款日为到期日。

出票地点事关汇票的法律适用问题,也具有十分重要意义。因为依照国际惯例,票据成立与否采用行为地法律的原则,汇票是否完善有效就以出票地的法律为依据。出票地点应与出票人的地址相同。根据《日内瓦统一法》规定,若汇票上未载明地点,则以出票人姓名旁边的地点为出票地点。

(七)付款期限(time of payment/tenor)

汇票的付款期限可以分为两大类,即期付款和远期付款。

1．即期付款

即期付款(at sight, on demand, on presentation)也叫见票即付,提示汇票的当天为付款日,无须承兑。若汇票上无标明付款期限的,也为即期。其有关文句如附式 2-2 所示。

附式 2-2

Exchange for USD1000.00	New York 20 Dec.，2010
At sight pay to ourselves or order the sum of US dollars one thousand only…	

2．远期付款

在远期付款(at a determinable future time , time/ usance / term bill)方式下，持票人向受票人初次提示汇票时，受票人只对汇票进行承兑(承诺付款)，付款行为发生在将来可以确定的时间。

1) 远期付款的规定形式

(1) 见票后若干天(月)付款(bills payable at____days/months after sight)。这种汇票须由持票人向受票人提示要求承兑并从承兑日起算确定的付款到期日。这样，出票人就不可能自行确定付款日，付款日期取决受票人承兑汇票的日期。其有关文句如附式 2-3 所示。

附式 2-3

| Exchange for USD1000.00 | New York 20 Dec.，2010 |

At 2 months after sight pay to ourselves or order the sum of US dollars one thousand only…

(2) 出票后若干天(月)付款(bills payable at____days/months after date)。这种汇票虽然可以直接根据汇票的记载，计算出付款的日期，但为了落实受票人对该汇票的态度和让受票人对到期付款有所准备，持票人还应在到期前向受票人提示要求承兑。其有关文句如附式 2-4 所示。

附式 2-4

Exchange for USD1000.00   New York 20 Dec.，2010
At 20 days after date pay to ourselves or order the sum of US dollars one thousand only…

(3) 预定日期后若干天(月)付款(bills payable at____days/months after stated date)。这种汇票尽管到期日明确，也须提示要求承兑，以明确承兑人的付款责任及让受票人做好付款准备。其有关文句如附式 2-5 所示。

附式 2-5

Exchange for USD1000.00   New York 20 Dec.，2010
At 20 days after 21 Dec., 2010 pay to ourselves or order the sum of US dollars one thousand only…

(4) 板期付款(bills payable on a fixed future date)。在汇票中具体指明付款的年月日，即定期。这种汇票也须提示要求承兑，以明确受票人的付款责任。其有关文句如附式 2-6 所示。

附式 2-6

Exchange for USD1000.00   New York 20 Dec.，2010
On 30 Mar.，2011 fixed pay to ourselves or order the sum of US dollars one thousand only…

(5) 延期付款(bills payable at____days/months after shipment/the date of B/L)。这是指装运日/提单日后若干天(月)付款。虽然对照提单签发日期可以确定汇票的付款时间，但为了落实受票人对付款的态度和让其做好付款准备，还是事先提示受票人承兑为好。汇票上的有关文句如附式 2-7 所示。

附式 2-7

Exchange for USD1000.00　　　　　　　　　New York 20 Dec., 2010 **At 30 days after B/L date(15 Dec., 2010)** pay to ourselves or order the sum of US dollars one thousand only…

2) 到期日的计算

(1) 对于见票后或出票后某一日期付款的汇票采取"算尾不算头"的方法，也就是说不包括见票日或出票日，但必须包括付款日。

例 2-1　附式 2-1 中到期日的计算：

7月21～31日　　　　11天　　所述日之次日为起算日

8月1～31日　　　　31天

9月1～30日　　　　30天　　至此72天

10月1～18日　　　　18天

10月18日末尾一天计算到期日是90天的最后一天，即第90天。因此，10月18日是汇票到期日。

例 2-2　附式 2-4 中到期日的计算：

12月21～31日　　　　11天

1月1～9日　　　　9天　　共20天

因此，1月9日是汇票到期日。

(2) 星期六、星期日及法定的节假日均被解释为非营业日。当汇票到期日为这些日子时，则应顺延到下一个营业日。如上例中到期日是1月9日，这一天是星期日，所以应相应顺延到1月10日。

(3) 汇票规定出票日或见票日后一个月或数个月付款时，其到期日是在应该付款的那个月的相应日期，避免了一个月是30天或31天的计算。若没有相应日期，则以该月的最后一天为到期日。

例 2-3　附式 2-3 中到期日的计算：

若见票日是 31 Dec.，则付款日为：28 Feb.。

(八)收款人名称(payee)

收款人也称抬头人，是汇票出票时记载的债权人。可以表示如下。

1. 空白抬头

空白抬头也称为来人抬头，该汇票不需背书，持票人凭交付即可转让汇票的权利。例如：pay to bearer / holder。有时尽管有具体的名称，但只要有"bearer"出现，即为空白抬头。例如：pay to ABC Co. or bearer 等于 pay to bearer。这种汇票是认票不认人，因此在商业法规不完善、治安不好的地方要少用。

2. 限制性抬头

限制性抬头的汇票不得转让他人，只有票面上的收款人才有权取得票款。例如：①pay to John Smith only；②pay to John Smith not transferable；③ "Not Transferable" 字样出现在

汇票上。

3. 指示性抬头

指示性抬头的汇票可通过背书或交付的方式转让。这种抬头在实际中较多见。例如：①pay to the order of A Co.；②pay to A Co. or order.；③pay to A Co.。

三、汇票的其他记载项目

1. "付一不付二"与"付二不付一"

出口商通过银行向进口商收款时开出的是一式二份的成套汇票(a set of bill)。两张汇票内容完全相同，且具有同等的法律效力。两张汇票分不同航班邮寄，先到的那张起作用，后到的就自动失效。所以在第一张上印有"同样金额期限的第二张不付款"[pay this first bill of exchange(second of the same tenor and date being unpaid)]，第二张印有"同样金额、期限的第一张不付款"，即"付一不付二"或"付二不付一"。

这样避免了付款人为了同一笔金额两次付款，又避免由于意外事故的发生使单据遗失。

2. 需要时的受托处理人(referee in case of need)

托收是出口商先出运商品后收款的结算方式。为了防止在货到后进口商拒绝承兑或拒绝付款，造成出口商的被动，出口商有必要在进口商所在地委托一家公司作为需要时的受托处理人。当汇票遭拒付时，持票人可向需要时的受托代理人联系，求助于他。若他愿意，即可参加承兑，到期日参加付款，又称预备付款人。

汇票若以买主作为付款人时，在其名称旁边记载需要时的受托处理人的名称和详细地址。例如：

TO：DEF CO. (address)

In case of need refer to B Co. (address)

3. 付款地点(place of payment)

可单独记载详细地址，即作为提示地址。若无单独记载，则以付款人名称旁边的地点为付款地点。

4. 担当付款行(a banker designated as payer)

在当今买方市场下，为了进口商方便，出票人(出口商)可根据与付款人(进口商)的约定，出票时载明付款人的开户银行作为担当付款行。例如：

A bill drawn on DEF Co., London.

Payable by Bank of B, London.

担当付款行只是推定的受委托付款人，不是票据的债务人，对票据不承担任何责任。远期汇票的持票人可先向付款人提示要求承兑，到期日再向担当付款行提示要求付款，担当付款行支付票款后借记付款人账户。若出票人无载明，付款人承兑时可加列。例如：

<pre>
                    ACCEPTED
                     (date)
                   Payable at
                C Bank Ltd., London
                   For B Bank, London
                        Signed
</pre>

5. 利息与利率(interest and its rate)

汇票上可以记载利息条款，但应载明起息日或收取利息的期限以及适用的利率，以便计算。

6. 用其他货币付款(payable in other currency)

汇票可以注明用其他货币付款，并注明汇率，但这种记载不得与当地法律相抵触。

7. 提示期限(limit of time for presentment)

提示期限的规定，要在汇票有效期内。

8. 免做退票通知(notice of dishonor excused)、放弃拒绝证书(protest waived)

出票人/背书人在他签名旁记载放弃对持票人的某种要求。例如：

"John Smith　Notice of dishonor excused"
"John Smith　protest waived"

表示 John Smith 对后手做出的安排，一方面表明他相信后手；另一方面做成证书、通知要支付一定的费用，不做退票通知、放弃拒绝证书，持票人仍可向他追索，表明他对汇票仍然是负责的。

9. 无追索权(without recourse)

出票人或背书人在自己的签名上记载"without recourse"字样，就免除了他们的追索权。实际上是免除了出票人或背书人对汇票应负的责任。例如：

<pre>
              Without recourse to us
              For A Co. Ltd., London
                    Signed
</pre>

四、汇票的当事人及其责任

(一)基本当事人

出票人、受票人和收款人是汇票的必要的当事人，也是汇票尚未进入流通领域之前的基本当事人。

1. 出票人(drawer)

出票人是开出并交付汇票的人。从法律上看，汇票一经签发，出票人就负有担保承兑和担保付款的责任，直到汇票完成它的历史使命。如果出票人因汇票遭拒付而被追索时，应对持票人承担偿还票款的责任。

在汇票被承兑前，出票人是汇票的主债务人；在汇票被承兑后，承兑人成为主债务人，出票人是汇票的从债务人。因此，在即期汇票付款前，或远期汇票承兑之前，出票人是汇票的主债务人。

2. 受票人(drawee)

受票人是按汇票上记载接受别人的汇票且要对汇票付款的人，在他实际支付了汇票规定的款项后也称为付款人(payer)。他是接受付款命令的人(addressee)。受票人未在汇票签名之前，可承兑，也可拒付，他不是必然的汇票债务人，并不必然承担付款责任。

受票人承兑了汇票，即在汇票上签名，表示他接受出票人发出的到期无条件支付一定款项的命令，从此受票人成为承兑人，就要对汇票承担到期付款的法律责任，而成为汇票的主债务人。

3. 收款人(payee)

收款人是收取票款之人，即汇票的受益人，也是第一持票人(holder)，是汇票的主债权人，可向付款人或出票人索取款项。具体地说，收款人可以要求付款人承兑或付款；遭拒付时他有权向出票人追索票款；由于汇票是一项债权凭证，他也可将汇票背书转让他人。

(二)其他当事人

1. 背书人(endorser)

背书人是收款人或持票人在汇票背面签字，并将汇票交付给另一人，表明将汇票上的权利转让的人。

一切合法持有票据的人均可以成为背书人。收款人或持票人可以通过背书成为背书人，并可以连续地进行背书转让汇票的权利。背书人就成为其被背书人和随后的汇票权利被转让者的前手，被背书人就是背书人和其他更早的汇票权利转让者的后手。其中，收款人是第一背书人。

例如，一张票据出票人A，收款人B，A开立后交付给B，B凭背书或单纯性的交付转让给C，C再转让给D。如果D不再转让，他便成了最后持票人。则B是A的后手、C和D的前手，C是D的前手、A和B的后手，A、B、C均是D的前手。如图2-3所示。

图 2-3 票据转让关系

可见，背书的作用在于传递票据，并保证汇票是完美的、无缺陷的。经过背书，收款人或持票人变成背书人，从债权人变成债务人。即背书人是汇票上的债务人。背书人对汇票承担的责任与出票人相同，但对其前手以至出票人享有追索权。

2. 被背书人(endorsee)

被背书人即接受背书的人。当他再转让汇票时,就成为另一背书人。若不转让,则将持有汇票,就成为第二持票人。因此,他是汇票的债权人,最后被背书人必须是持票人(holder)。他拥有向付款人和前手背书人直至出票人要求付款的权利。

3. 承兑人(acceptor)

受票人同意接受出票人的命令并在汇票正面签字,就成为承兑人。承兑人只存在于远期汇票关系中,本票和支票由于没有承兑行为,也就没有承兑人。

票据一经承兑,出票人退居从债务人的地位,而由承兑人成为主债务人。承兑人必须保证对其所承兑的文义付款,而不能以出票人不存在、出票人的签字伪造或出票人没有签发票据的能力或授权等为借口拒付。在票据法中"禁止承兑人翻案"。如果承兑人到期拒付,持票人可直接向法院起诉,也可向前手追索。

4. 参加承兑人(acceptor for honour)

参加承兑人是非汇票债务人对被拒绝承兑或无法获得承兑的汇票进行承兑的人。参加承兑人也是汇票的债务人。当票据到期付款人拒不付款时,参加承兑人负责支付票款。

参加承兑人仅对特定票据债务人担保,且与特定票据债务人有特殊的关系,有意要保护特定票据债务人的名誉。

5. 保证人(guarantor)

保证人是一个第三者对于出票人、背书人、承兑人或参加承兑人做保证行为的人,做"保证"签字的人就是保证人。保证人与被保证人负担相同责任。为出票人、背书人保证时,保证人应负担保承兑及担保付款之责;为承兑人保证时,保证人应负付款之责;在票据被拒付时,也承担被追索的责任。

6. 持票人(holder)

持票人指收款人或被背书人或来人,是现在正在持有汇票的人。他是票据权利的主体,享有以下权利。

(1) 付款请求权。持票人享有向汇票的承兑人或付款人提示汇票要求付款的权利。

(2) 追索权。持票人在汇票得不到承兑或付款时,享有向前手直至出票人、保证人等要求清偿票款的权利。

(3) 票据转让权。持票人享有依法转让其汇票的权利。

7. 付过对价持票人(holder for value)

对价是指一方所得收益相当于对方同等收益的交换。这种交换不一定是等价交换,对价可以货物、劳务、金钱等形式体现。

付过对价持票人指在取得汇票时付出一定代价的人。不论持票人自己是否付了对价,只要其前手付过对价转让到现在持有汇票的人,就是付过对价持票人。如,背书人在转让前或转让后已付过对价,则对被背书人而言,就是付过对价持票人。它通常是指前手付过对价,自己没有付对价而持票的人。

英国《票据法》根据是否付过对价，对持票人规定不同的权利。

8．正当持票人(holder in due course)

正当持票人指经过转让而持有汇票的人。根据英国《票据法》的规定，持票人应符合以下条件，才能成为正当持票人。

(1) 持有的汇票票面完整正常，前手背书真实，且未过期。
(2) 持票人对于持有的汇票是否曾被退票不知情。
(3) 持票人善意地付过对价而取得汇票。
(4) 接受转让时，未发现前手对汇票的权利有任何的缺陷。

正当持票人的权利优于其前手，不受前手权利缺陷的影响，且不受汇票当事人之间债务纠葛的影响，能够获得十足的票据金额。

案例点击

A市的甲和B市的乙达成协议，由甲交给乙一张银行承兑汇票，金额400万元。其中200万元用于偿还原先所欠债务，200万元用于联营投资。10天后，甲、乙和A市的丙银行三家达成协议，由甲出具汇票(丙银行承兑)400万元给乙，乙将400万元资金一次性汇入丙银行存储。协议达成后，丙银行开出银行承兑汇票400万元给了乙，但是乙并未划款给丙，却持这张汇票到了B市的丁银行办理抵押贷款400万元，并由B市公证处出具公证书。

这时，丁银行几次向丙银行查询所出汇票的真伪，在得到准确有效答复后贷款400万元给乙。丙银行在收不到资金的情况下，便去函索要所开汇票。但此时乙已经丧失偿债能力，请问对丙银行出具的银行承兑汇票和丁银行400万元贷款应如何处理？

(资料来源：票据案例业务评析. 金融案情通报(总第165期). 中国金融教育培训网，http://chinafe.cn/news/manage/htmledit/UploadFile/200968162748218.doc)

〖点石成金〗

本案中甲第一次签发400万元的银行承兑汇票给乙，属于真实的交易关系和债权债务关系，并不违法，至于后来甲、乙、丙三方达成的协议，即乙应将400万元资金一次性汇入丙银行存储，实质上是丙银行对乙提出条件，作为自己承兑该汇票的代价，这在票据法上没有任何规定，因而不受票据法的保护。乙后来违反了这个三方协议，也不会对该汇票的效力发生任何影响。只要该汇票的记载事项符合票据法的要求，丙银行作为承兑人具有付款的义务，甲作为出票人承担担保付款的义务。

五、票据行为

一张票据从开立、正当付款到最后注销，需要经历一定的环节步骤，我们把这些环节步骤称为票据行为。票据行为有狭义和广义之分。

狭义的票据行为是以负担票据上的债务为目的所做的必要形式的法律行为，包括：出票、背书、承兑、参加承兑、保证。其中出票是主票据行为，其他行为都是以出票为基础而衍生的附属票据行为。

广义的票据行为除上述行为外，还包括票据处理中有专门规定的行为，如提示、付款、参加付款、退票、行使追索权等行为。票据行为与票据形式和内容一样具有要式性,必须要符合票据法的规定。

(一)出票(issue)

1. 出票的含义

出票是指出票人签发汇票并将其交付给收款人的票据行为。出票是主票据行为,离开它就不可能有汇票的其他行为。一个有效的出票行为包括两个动作:①制成汇票并签字(to draw a draft and to sign it);②将制成的汇票交付给收款人(to deliver the draft to payee)。这两个动作缺一不可。出票创设了汇票的债权,收款人持有汇票就拥有债权,包括付款请求权和追索权。

交付(delivery)是指实际的或推定的从一个人的拥有,转移至另一人拥有的行为。汇票的出票、背书、承兑等票据行为在交付前都是不生效的和可撤销的,只有将汇票交付给他人后,出票、背书、承兑行为才开始生效,且不可撤销。

汇票的开立可以是单张或多张。国内汇票多为单张汇票(sola bill)。国外汇票是一式多份,如一式两份的"付一不付二""付二不付一"的汇票。若两份汇票都经背书人或承兑人不经意的背书或承兑,且落入正当持票人之手,则背书人或承兑人应同时对这两张汇票负责。

2. 出票的影响

汇票的出票行为一旦完成,就确立了汇票承兑前出票人是主债务人的地位和收款人的债权人地位,出票人要担保所开立的汇票会由付款人承兑和付款;而付款人对于汇票付款并不承担必然责任,他可以根据提示时与出票人的资金关系来决定是否付款或承兑。因为汇票不是领款单,而是出票人担保的信用货币,收款人的债权完全依赖于出票人的信用。

(二)背书(endorsement)

1. 背书的含义

背书是指持票人在票据背面签字,以表明转让票据权利的意图,并交付给被背书人的行为。它是指示性抬头的票据交付转让前必须完成的行为。

背书包括两个动作:

(1) 在票据背面或粘单上记载有关事项并签名,根据我国《票据法》规定,背书必须记载签章、背书日期、被背书人名称等事项。

(2) 交付给被背书人或后手。

2. 背书的种类

1) 特别背书

特别背书(special endorsement),又称为记名背书或正式背书。即持票人在背书转让时注明了被背书人的名称。背书内容完整、全面。例如:

(汇票背面)
　　Pay to XYZ Co. or order
　　　　For ABC Import and Export Company, Fuzhou
　　　　　　Li Hua(General Manager)

被背书人作为持票人可以继续进行背书转让汇票，如图 2-4 所示。

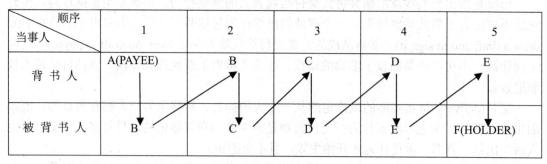

图 2-4　特别背书的连续性

2) 空白背书

空白背书(blank endorsement)，又称不记名背书。即背书人仅在背面签名，而不注明被背书人。做此背书后，被背书人要再转让，无须背书只须交付即可。例如：

(汇票背面)
　　For ABC Import and Export Company, Fuzhou
　　　　Li Hua (General Manager)

指示性抬头的汇票经过空白背书后使汇票成为来人抬头式汇票，受让人获得可以仅凭交付来转让票据的权利。已做空白背书的指示性抬头汇票，任何持票人均可将空白背书转变为记名背书，只要在背书人名称与签字上面加注"付给×××或指定人"即可。此后的被背书人可以继续空白背书或记名背书。

值得注意的是，经空白背书转变成的来人抬头汇票与原来是来人抬头的汇票是有区别的，前者可以继续恢复成指示性抬头(记名背书)，而后者即使再做成记名背书也始终是来人汇票。

3) 限制性背书

限制性背书(restrictive endorsement)，指背书人在票据背面签字、限定某人为被背书人或记载有"不得转让"字样的背书。例如：

(汇票背面)
　　Pay to John Smith only(or not transferable or not negotiable)
　　　　　　　　　　　　　　　　Li Hua

经过限制性背书后，指示性抬头的汇票成为限制性抬头的汇票，就不能继续背书转让其权利，同时，也只有限制性背书的被背书人才能要求付款人付款。

对于限制性背书的被背书人的转让权利，各国票据法有不同的规定。英国《票据法》认为限制性背书的被背书人无权再转让票据权利；我国《票据法》和《日内瓦统一票据法》规定限制性背书的票据仍可由被背书人进一步转让，但原背书人即做限制性背书的背书人只对直接后手负责,对其他后手不承担保证责任。

4) 有条件的背书

有条件的背书(conditional endorsement),指"交付给被背书人"的指示是带有条件的,即只有在所附条件完成时才把汇票交付给被背书人。该条件仅对背书人和被背书人起约束作用,与付款人、出票人承担的责任无关。例如:

```
(汇票背面)
            Pay to the order of B Co.
            On delivery of B/L No.123
                    For A Co., London
                            (Signed)
```

由于汇票是无条件支付命令,因而多数国家包括我国的《票据法》规定:"有条件背书的背书行为是有效的,但背书条件无效。"即这些条件不具有法律效力。因此,有条件背书的受让人在行使票据权利或再转让票据时,他可以不理会前手所附加的条件。但英国《票据法》规定汇票的开立不能有条件,但允许背书附加条件。

5) 托收背书

托收背书(endorsement for collection),指背书人在背书时记载"委托收款(for collection)"字样委托被背书人以代理人的身份行使汇票权利的背书。例如:

```
(汇票背面)
Pay to the order of Bank of China, New York Branch for collection
            For ABC Import and Export Company, Fuzhou
                    Li Hua (General Manager)
```

托收背书的目的是委托被背书人收款,背书人只是赋予被背书人以代理权。被背书人虽持有汇票,但不能进行背书转让汇票权利,只能继续进行委托收款背书。可见,托收背书并非所有权的转让,汇票的所有权仍属于原背书人。

3. 背书的法律效力

(1) 明确了前后手的关系。如图2-4所示,经过背书,B、C、D分别有1、2、3个前手。在付款人拒付时,B、C、D作为后手可以依次向自己的前手行使追索权。

(2) 明确了背书人的责任。背书人在背书后必须保证被背书人能得到全部的票据权利,担保汇票能及时承兑与付款,并对后手保证前手签名的真实性和票据的有效性。

(3) 确立了被背书人的债权人地位。被背书人接受票据后即成为持票人,获得了票据上的全部权利,享有相当于收款人的付款请求权和追索权,从而使其成为债权人。对于被背书人来说,前手背书的人越多,表明愿意对汇票承担责任的人也越多,票据的质量就越高,他也就越安全。

(三)提示(presentation)

1. 提示的含义

提示是指持票人将汇票提交给付款人,要求付款人按汇票指示履行承兑或付款义务的行为。有了提示行为才能实现收款人的收款权利。

2．提示的形式

提示的形式有提示承兑和提示付款两种类型。

提示承兑是指持票人在票据到期前向付款人出示票据，要求其承兑或承诺到期付款的行为。提示承兑只是针对远期汇票而言，即期汇票、本票和支票没有提示承兑行为。

提示付款是指持票人在即期或远期汇票到期日向付款人出示票据要求其付款的行为。汇票、本票和支票都需要有提示付款行为。

可见，即期汇票、本票和支票只有一次提示，即提示付款；远期汇票则需要两次提示，一次是到期前的提示承兑，另一次是到期时的提示付款。

3．提示的法律要求

根据票据法的规定，提示汇票应在汇票规定的时限内和规定的付款地点进行。

1) 在规定的时限内提示

各国票据法的规定有较大的不同，如英国《票据法》规定：即期票据必须自出票日起1个月、本地支票10日内做提示付款；见票后定期付款汇票，自出票日起1个月做提示承兑；远期汇票、本票，自到期日起10日内做提示付款。

《日内瓦统一票据法》规定：即期票据必须自出票日后的1年内做提示付款；见票后定期付款汇票，自出票日后的1年内做提示承兑；远期汇票在到期日及以后两个营业日内做提示付款。

我国《票据法》规定：定日或出票日后定期的汇票，应在汇票到期日前做提示承兑；见票后定期的汇票，应自出票日起1个月内做提示承兑；即期汇票自出票日起1个月内做提示付款；远期汇票自到期日起10日内做提示付款。

2) 在规定的付款地点提示

持票人应在票据上指定的付款地点提示票据，如果未规定地点，则将付款人或承兑人的营业地址或居住地视为提示地点。由于目前使用的大部分是以银行为付款人的汇票，因此，持票人可以通过银行票据交换所向付款人提示汇票，也可以委托自己的往来银行向付款银行提示。

提示必须在汇票规定的时限内和规定的付款地点做出才有效，否则持票人将丧失对前手的追索权或丧失票据的权利。

(四)承兑(acceptance)

1．承兑的含义

承兑是指远期汇票的受票人在票面上签字以表示同意按出票人的指示到期付款的行为。受票人通过在汇票正面签字，确认了他到期付款的责任，受票人承兑汇票后成为承兑人。承兑行为的完成包括两个动作：写成和交付。

1) 写成

付款人在票面上作承兑有以下不同的做法：①仅有付款人的签名；②加注"承兑

(Accepted)"字样并签名；③付款人签名并加注承兑日期；④加注"承兑(Accepted)"字样、签名并加注承兑日期。例如：

- <u>John Smith</u> (付款人签名)
- Accepted ("承兑"字样)
  <u>John Smith</u> (付款人签名)
- <u>John Smith</u> (付款人签名)
  28 Mar., 2011 (承兑日期)
- Accepted ("承兑"字样)
  <u>John Smith</u> (付款人签名)
  28 Mar., 2011 (承兑日期)

可见，受票人签名是承兑的必要内容，"承兑"字样的记载则可有可无，承兑日期的记载则视情况而定，如见票后定期付款的汇票就必须记载。

2) 交付

承兑的交付有两种：实际交付和推定交付，前者即受票人在承兑后将汇票退还给持票人；后者即受票人在承兑后将所承兑的汇票留下，而以承兑通知书的方式通知持票人汇票已作承兑并告知承兑日期。根据国际银行业的惯例，180天以内的远期汇票承兑后，由承兑银行专门缮制承兑通知书给持票人，用承兑通知书代替已承兑的汇票，完成交付。

2．承兑的影响

承兑构成承兑人在到期日无条件的付款承诺，在汇票承兑后，承兑人是该票据的主债务人，他要对所承兑的票据的文义负责，到期履行付款责任。出票人则由汇票被承兑前的主债务人变为从债务人。

对于持票人而言，汇票承兑后，其收款就有了肯定的保证，汇票的流通性增强了。因此，经承兑的汇票具有了贴现融资的可能。

3．承兑的种类

1) 普通承兑

普通承兑(general acceptance)，指付款人对出票人的指示毫无保留地予以确认的承兑。在正常情况下的承兑都是普通承兑。

2) 保留承兑

保留承兑(qualified acceptance)又称限制承兑，是指付款人在承兑时对汇票的到期付款加上某些保留条件，从而改变了出票人所企图达到的目的和票面上的记载。常见的类型如下。

(1) 带有条件的承兑(conditional acceptance)，即承兑人的付款依赖于承兑时所提条件的完成。例如：

    Accepted
    10 Dec., 2010
    Payable on delivery of B/L
      For ABC Company
      <u>John Smith</u>

根据我国《票据法》规定，承兑附有条件的，视为拒绝承兑。所以持票人有权拒绝带有条件的承兑，把这样的承兑当成受票人的拒付。

(2) 部分承兑(partial acceptance)，即承兑人仅承诺支付票面金额的一部分。例如，汇票的票面金额为 USD10 000.00，而做如下承兑：

    Accepted
    10 Dec., 2000
    Payable for amount of nine thousand US dollars only
      For ABC Company
       John Smith

(3) 限定地点承兑(local acceptance)，即承兑时注明只能在某一特定地点付款。例如：

    Accepted
    10 Dec., 2010
    Payable on the counter of Bank of China, New York and there only
      For ABC Company
       John Smith

应注意：加注付款地点的承兑仍然是普通承兑，除非它表明仅在某地付款而不是在别处。如上例中若没有"and there only"字样的限制，则成为普通承兑。

(4) 限制时间承兑(qualified acceptance as to time)，即修改了票面上的付款期限。例如，汇票上记载的付款时间是出票后 30 天付款(payable at 30 days after date)，而做如下承兑：

    Accepted
    10 Dec., 2010
    Payable at 60 days after date
      For ABC Company
       John Smith

汇票持票人有权对上述的保留承兑予以拒绝，就认为承兑人做出的保留承兑为拒绝承兑。若持票人接受了上述的保留承兑，而出票人或其前手背书人并未授权，事后也不同意，则持票人以后不能向他们行使追索权。

(五)付款(payment)

付款是指即期票据或到期的远期票据的持票人向付款人提示票据时，付款人支付票款以消除票据关系的行为。付款人必须按正常程序付款(payment in due course)以后，才能免除其付款责任。所谓正常程序付款指：

(1) 由付款人或承兑人支付，而非出票人或背书人支付，否则汇票上的债权债务不能视为最后清偿。

(2) 要在到期日那一天或以后付款，不能超前。

(3) 要付款给持票人，前手背书须真实和连续。

(4) 善意付款，不知道持票人的权利有何缺陷。

付款人按正常程序付款后，付款人及票面上所有的票据债务人的债务责任都得以解除，汇票流通过程得以终结，汇票上所列明的债权债务最终得到清偿。

(六)退票(dishonor)

持票人提示汇票要求承兑时,遭到拒绝承兑或持票人提示汇票要求付款时,遭到拒绝付款,均称为退票,也称拒付。某些有条件承兑、拒绝付款、拒绝承兑、付款人死亡、破产、失去支付能力、避而不见等都要退票。

持票人在遭遇退票时,可以把被付款人拒付的情况通知前手,做成退票通知;还可以通过公证机构做成拒绝证书。

退票通知(notice of dishonor):做成退票通知的目的是让汇票的债务人及早了解拒付事实,以便做好被追索的准备。发出退票通知的方法有两种:①持票人在退票后的一个营业日内以书面或口头的形式将拒付事实通知前手背书人,前手背书人再通知他的前手,依此类推,直至通知到出票人;②由持票人将退票事实对其前手(包括出票人)逐个通知,如图2-5所示。

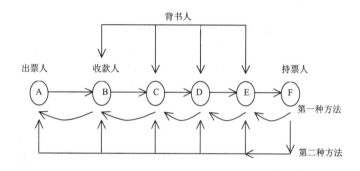

图2-5 退票的通知方法

注:第一种方法即持票人将退票事实通知前手,前手再通知其前手直至出票人。第二种方法即持票人将退票事实通知全体前手。

拒绝证书(protest)是由拒付地点的法定公证人做出的证明拒付事实的法律文件。英国《票据法》规定,外国汇票在拒付后,持票人须在退票后一个营业日内做成拒绝证书。

具体地,持票人应先交汇票,由公证人持汇票向付款人再做提示,仍遭拒付时,就由公证人按规定格式做成拒绝证书,其中说明做成拒绝证书的原因、向付款人提出的要求及其回答。持票人凭拒绝证书及退回汇票向前手行使追索权。

(七)追索(recourse)

追索指汇票遭拒付时,持票人要求其前手背书人或出票人或其他票据债务人偿还汇票金额及费用的行为。持票人所拥有的这种权利就是追索权(right of recourse)。追索权和付款请求权共同构成了汇票的基本权利。持票人要行使追索权,须具备三个条件。

(1) 必须在法定期限内向受票人提示。英国《票据法》规定,在合理时间内向付款人提示汇票,未经提示,持票人不能对其前手追索。

(2) 必须在法定期限内做成退票通知。英国《票据法》规定,在退票日后的次日,将退票事实通知前手直至出票人。

(3) 外国汇票遭退票必须在法定期限内做成拒绝证书。英国《票据法》规定,退票后一个营业日内由持票人请公证人做成拒绝证书。

只有办到此三点，持票人才能保留和行使追索权。但追索权的行使必须在法定保留期限内进行方为有效。我国《票据法》规定的法定保留期限为自被拒绝承兑或被拒绝付款之日起6个月，《日内瓦统一票据法》规定为1年，英国《票据法》规定为6年。

行使追索权时，追索的票款包括：汇票金额、利息、做成退票通知和拒绝证书的费用及其他必要的费用。

知识拓展

参加承兑

参加承兑是指汇票遭到拒绝承兑而退票时，某非汇票债务人在得到持票人同意的情况下，参加承兑已遭拒绝承兑的汇票的一种附属票据行为。汇票因被拒绝承兑，或到期日前因付款人(承兑人)死亡、逃匿或被宣告破产、责令终止业务活动等原因出现时，持票人就会依法在到期日前做成拒绝证书行使追索权。汇票持票人的这种在到期日前行使追索权的行为，对于对票据承兑负有担保义务的前手是极为不利的。如果此时有第三人出面实施类似于汇票付款人实施的承兑行为的行为以维持票据信用，则可以使持票人的前手免受票据到期日前的追索。因此，票据制度中设置了参加承兑行为，但我国《票据法》没有规定此种票据行为。

(八)保证(guarantee/aval)

保证是非票据的债务人对于出票、背书、承兑、参加承兑等行为所发生的债务予以保证的附属票据行为。汇票的出票人、背书人、承兑人、参加承兑人都可以作为被保证人，由第三者(如大银行、金融担保公司等)担当保证人对其保证，即在票面上加具"Guarantee"字样，这张汇票信誉提高了，能够更好地流通。例如：

```
Guarantee
        For account of
    ABC Import and Export Company, Fuzhou(被保证人名称)
                            Guarantor A Bank(保证人名称)
                                    Signature
```

保证人与被保证人负相同的责任。为承兑人保证，负付款之责；为出票人、背书人保证，负担保承兑或担保付款之责。经过保证后，票据可接受性增强。

案例点击

A伪造一张100万元的银行承兑汇票，该汇票以B公司为收款人，以乙银行为付款人。A将这张伪造的银行承兑汇票向B换取了78万元，B持这张伪造的汇票到甲银行申请贴现，甲银行未审查出汇票的真假，予以贴现95万元，B公司由此获得收入17万元。甲银行通过联行往来向乙银行提示付款。乙银行从未办理过银行承兑业务，在收到汇票后，立即向公安局报案。后查明该汇票系伪造的汇票。因此乙银行将汇票退给甲银行，拒绝付款。此时，甲银行该如何处理该纠纷？

(资料来源：票据案例业务评析. 金融案情通报(总第165期). 中国金融教育培训网，http://chinafe.cn/news/manage/htmledit/UploadFile/200968162748218.doc)

〖点石成金〗

根据票据法,票据上的记载事项应当真实,不得伪造、变造。伪造、变造票据上的签章和其他记载事项的,应当承担法律责任。票据上有伪造、变造的签章的,不影响票据上其他真实签章的效力。以背书转让的汇票,后手应当对其直接前手背书的真实性负责。背书人以背书转让汇票后,即承担保证其后手所持汇票承兑和付款的责任。因此,甲银行可向B公司行使追索权。

知识拓展

保证与参加承兑的区别

保证和参加承兑都是非票据债务人为了特定债务人的利益和票据的信用出面担保,都属于附属票据行为,但二者仍存在实质的区别,主要有以下几点。

(1) 目的不同。参加承兑的目的是为了防止追索权的行使,维护票据的信用;而保证的目的是为了增强票据的信用,担保票据债务的履行。

(2) 担保对象不同。参加承兑维护的是特定票据债务人(出票人和背书人)的利益;而保证担保的对象可以是任何票据债务人,汇票的出票人、背书人、承兑人、参加承兑人都可以作为被保证人。

(3) 责任不同。参加承兑人不是票据的主债务人,只是在票据拒付时,承担偿还义务;保证中被保证人和保证人所负责任完全相同,保证人对合法取得汇票的持票人所享有的汇票权利,独立承担保证责任。持票人可以自己决定是否首先向被保证人或保证人索要票款。

(4) 行为做出时间不同。参加承兑行为是在遭到拒绝承兑时做出的;而保证则是在尚未出现拒绝承兑事实前做出的。

(5) 是否需要持票人同意不同。第三人参加承兑须经持票人同意,持票人可以拒绝,也可以允许;而票据保证是一种单方的法律行为,不需要持票人的同意即可成立。

(6) 适用汇票类型不同。参加承兑行为只适用于远期汇票。因为见票即付的即期汇票没有确定的到期日,故而不存在到期日前行使追索权的问题;而保证则不存在此种限制,既可适用于远期汇票,也可适用于即期汇票。

六、汇票的种类

1. 按照是否附有货运单据,汇票可分为光票和跟单汇票

光票(clean bill)即不附带货运单据的汇票。在国际贸易结算中一般用于贸易从属费用、货款尾数、佣金等的收取或支付。

跟单汇票(documentary bill)即附带货运单据的汇票。与光票相比较,跟单汇票除了票面上当事人的信用以外,还有相应物资做保障,因此该类汇票流通转让性能较好。

2. 按照承兑人的不同,汇票可分为银行承兑汇票和商业承兑汇票

银行承兑汇票(banker's acceptance bill)指由银行承兑的远期汇票,它是建立在银行信用基础之上的。

商业承兑汇票(trader's acceptance bill)指由个人商号承兑的远期汇票,它是建立在商业

基础之上的。

由于银行信用高于商业信用，因此，银行承兑汇票在市场上更易于贴现，流通性强。应注意：银行承兑汇票不一定是银行汇票，因为银行承兑的汇票有可能是银行汇票也有可能是商业汇票。

3. 按照付款时间的不同，汇票可分为即期汇票和远期汇票

即期汇票(sight bill or demand draft)即见票即付的汇票，它包括：票面上记载"at sight / on demand"字样的汇票，提示汇票即是"见票"；出票日与付款日为同一天的汇票，当天出票当天到期，付款人应于当天付款；票面上没有记载到期日的汇票，各国一般认为其提示日即到期日，因此也就是见票即付。

远期汇票(time bill / usance bill)即规定付款到期日在将来某一天或某一可以确定日期的汇票。它可分为出票后定期付款汇票、见票后定期付款汇票、在其他事件发生后定期付款汇票、定日付款汇票和延期付款汇票 5 种情况。

4. 按照出票人的不同，汇票可分为银行汇票和商业汇票

银行汇票(banker's bill)指出票人是银行的汇票。它一般为光票。

商业汇票(commercial bill)指出票人是公司或个人的汇票。它可能是光票，也可能是跟单汇票。由于银行的信用高于一般的公司或个人的信用，所以银行汇票比商业汇票更易于流通转让。

5. 按照流通领域的不同，汇票可分为国内汇票和国际汇票

国内汇票(domestic bill)指汇票的出票人、付款人和收款人三个基本当事人的居住地同在一个国家或地区，汇票流通局限在同一个国家境内。

国际汇票(international bill)指汇票出票人、付款人和收款人的居住地中至少涉及两个不同的国家或地区，尤其是前两者不在同一国，汇票流通涉及两个国家或地区。国际结算中使用的汇票多为国际汇票。

6. 按照票面标值货币的不同，汇票可分为本币汇票和外币汇票

本币汇票(domestic money bill)即使用本国货币标值的汇票。国内汇票多为本币汇票。

外币汇票(foreign money bill)即使用外国货币标值的汇票。

7. 按照承兑地点和付款地点是否相同，汇票可分为直接汇票和间接汇票

直接汇票(direct bill)即承兑地点和付款地点相同的汇票。国际贸易中使用的汇票大部分是直接汇票。

间接汇票(indirect bill)即承兑地点和付款地点不同的汇票。承兑人在承兑时须写明付款地点。

8. 按照收款人的不同，汇票可分为来人汇票和记名汇票

来人汇票(bearer bill)即收款人是来人抬头的汇票。

记名汇票(order bill)即收款人是指示性抬头或限制性抬头的汇票。

9. 按照同一份汇票张数的不同，可分为单式汇票和多式汇票

单式汇票(sola bill)指同一编号、金额、日期只开立一张的汇票。用于银行汇票。

多式汇票(set bill)指同一编号、金额、日期开立一式二份甚至多张的汇票，用于逆汇项下的商业汇票。

汇票有着多种的分类方法，但并不意味着一张汇票只具备一个特征，它可以同时具备几个特征，如远期外国跟单汇票。

第三节 本　　票

本票也属于票据的一种，同样是一种重要的国际结算工具，除了具有与汇票一样的票据共同特性外，也有其自身的特征。

一、本票的法律定义

英国《票据法》对本票所下的定义是：A promissory note is an unconditional promise in writing made by one person to another signed by the maker, engaging to pay, on demand or at a fixed or determinable future time, a sum certain in money, to, or to the order, of a specified person or to bearer。

翻译：本票是一人(债务人)向另一人(债权人)签发的，保证即期或定期或在可以确定的将来时间向某人或其指示人或持票人无条件支付一定金额的书面承诺。

与汇票定义相比有三处明显的不同：①本票是"保证自己"，汇票是"要求他人"；②本票是"承诺"，汇票是"命令"。即本票是一人向另一人签发并保证自己付款的承诺，而汇票是一人要求第三者付款的命令；③本票只有两个基本当事人：制票人(同时兼任受票人/付款人)和收款人，而汇票则有三个基本当事人：出票人、收款人和受票人(付款人)。

英国《票据法》规定，以"我"为付款人的汇票为对己汇票或者己付汇票，即本票。

二、本票的必要项目

根据《日内瓦统一票据法》的规定，本票必须具备以下项目。
(1) 写明其为"本票(promissory note)"字样。
(2) 无条件付款承诺。
(3) 收款人或其指定人。
(4) 制票人签字。
(5) 出票日期和地点(未载明出票地点者，以出票人名称旁的地点为出票地点)。
(6) 付款期限(未载明期限者为见票即付的即期本票。我国的《票据法》只承认即期本票)。
(7) 一定金额货币。
(8) 付款地点(未载明地点者，出票地视为付款地)。

从以上内容可以看出，本票比汇票少了一个绝对必要项目——付款人，而是由出票人

承担付款责任。即由"我"签发,"我"保证在指定日期支付一定金额给"你"的承诺书,可以看成是"我欠你"的借据。本票的式样见附式 2-8。

附式 2-8　本票式样及要项

```
Promissory Note for USD1000            New York, 5 Jan., 2010
     (1)              (7)                       (5)
At 60 days after date    we promise to pay    A Co. or order
     (6)                    (2)                 (3)
the sum of one thousand US dollars only
             (8)
For Bank of America, New York
                                          Signature (4)
```

三、汇票与本票的异同

汇票与本票相比,既有相同点,也有不同点,具体如表 2-1 所示。

表 2-1　汇票与本票的异同

项目	种类	汇票	本票
不同点	性质不同	无条件的支付命令	无条件的支付承诺
	基本当事人不同	出票人、付款人、收款人	制票人/付款人、收款人
	有否承兑行为	有	没有
	提示的形式不同	有提示承兑和提示付款两种形式	只有提示付款
	主债务人不同	出票人在承兑前是主债务人,在承兑后成为从债务人	制票人在流通期间始终是主债务人
	退票时是否需要做拒绝证书	需要	不需
相同点	①都以无条件支付一定金额为目的; ②出票人(或制票人)都是票据的债务人; ③对收款人的规定相同; ④对付款期限的规定相同; ⑤有关出票、背书等行为相同		

四、本票的种类

1. 商业本票和银行本票

按签发人身份的不同,本票分为商业本票和银行本票。

商业本票(trader's note)是以商号或工商企业作为制票人,用以清偿制票人自身债务的本票。它是建立在商业信用基础上，由于本票的制票人对本票金额负有绝对的付款责任，而制票人的付款能力又缺乏有效的保证，所以其使用范围渐渐缩小。现在中小企业因几乎没有人接受而很少签发本票。

商业本票按期限可分为远期本票和即期本票。目前在国际贸易中，远期商业本票一般用于出口买方信贷，当出口国银行把资金贷放给进口国的商人以支付进口货款时，往往要求进口商开立分期付款的本票，经进口国银行背书保证后交贷款银行收执，这种本票不具有流通性，仅作为贷款凭证。

银行本票(banker's note)是由商业银行签发即期付给记名收款人或者付给来人的本票，它可以作为现金交给提取存款的客户。银行本票建立在银行信用基础上。银行本票也可以分为即期和远期两种，但远期使用得较少。即期银行本票是指本票一上柜面即能取现的本票。它能代替现钞作为支付工具，可用于大额现金交易中。由于即期银行本票的发行一定意义上会增加货币投放量，因此各国对它的发行有限制。

我国《票据法》所称本票仅限于银行本票，且为了维护正常的经济秩序，有利于国家实行有效的金融管理和宏观调控，还特别规定，银行本票的"出票人资格必须由中国人民银行审定"。

案例点击

2008年8月16日，A企业(买方)与B企业(卖方)签订购销合同，双方约定货款以本票支付。合同生效后，B企业按时向A企业发货，A企业向其开户银行申请开立了银行本票，并转交B企业作为货款支付。由于B企业先期拖欠C企业款项，正好与该本票金额相同，于是B企业将该本票背书转让给了C企业。但C企业没有按时向银行支取该本票款项，直到10月才向银行请求支付本票金额。但银行以该本票已经过去为由拒付。于是C企业转向B企业要求支付本票款项，但也遭到拒绝。多次交涉无果后，C企业向法院起诉B企业和银行，要求它们共同承担赔偿责任。C企业的请求能得到法院支持吗？

(资料来源：姚新超. 国际结算与贸易融资. 北京：北京大学出版社，2010)

【点石成金】

可以部分得到支持，因为C企业自己也有责任。C企业作为正当持票人，未在法定期限内提示付款，其前手背书人B企业不再承担保证本票付款的责任。但作为本票出票人的银行，则不能免除付款责任。最终法院判决银行支付本票金额给C企业，但应承担延期取款责任。

2. 旅行支票

旅行支票(traveler's cheque)是由银行、非银行金融机构或旅行服务机构发行的不指定付款地点、具有固定票面金额、专供旅游者使用的信用工具。购买人可在其他地点凭票兑付现款或直接用于支付。从付款人就是该票的发行机构来看，旅行支票带有本票的性质。

由于发行人都是信誉卓著的大银行或大旅行社，所以旅行支票易被世界各地银行、商号、饭店所接受。大银行或大旅行社签发旅行支票是有利可图的，首先，在一定时间内可无息地占用旅行者购买旅行支票的资金；其次，可利用旅行者使用旅行支票，为自己做无成本的广告宣传；最后，可收取购买手续费，为旅行者提供安全、方便的支付服务。另外，兑付旅行支票的代理行可有兑付费等手续费收入。

购买者可以安全、方便地使用旅行支票。在购买旅行支票时，购买人要当着银行职员的面留下初签，然后带到国外旅行。在兑付取现或消费时，购买人进行复签，付款代理机构以初签与复签一致作为支付的条件。然后，代理机构与发行机构结算所兑付的旅行支票。若旅行者尚有剩余旅行支票，也可向发行者兑回现金。

随着计算机技术与网络的不断发展，旅行支票的使用受到了挑战。国际信用卡以其更为安全方便、手续更为简化等特点而成为旅行支票的替代品，这就使得旅行支票使用数量出现下降趋势。关于旅行支票与国际信用卡我们在本书第八章"国际非贸易结算"中还要详细介绍。

第四节　支　票

一、支票的法律定义

英国《票据法》对支票所下的定义是：Briefly speaking, a cheque is a bill of exchange drawn on a bank payable on demand. Detailed speaking, a cheque is an unconditional order in writing addressed by the customer to a bank signed by that customer authorizing the bank to pay on demand a sum certain in money to or to the order of a specified person or to bearer.

翻译：简而言之，支票是以银行为付款人的即期汇票。详细地说，支票是银行存款户对银行签发的授权银行对某人或其指示人或持票人即期无条件支付一定金额的书面命令。

与汇票的定义相比，支票的付款人一定是银行，期限一定是即期的。此外与汇票无本质的不同。所以凡适用于即期汇票的规定也适用于支票。

二、支票的必要项目

根据《日内瓦统一票据法》的规定，支票必须具备以下项目。
(1) 写明其为"支票(cheque)"字样。
(2) 无条件支付命令。
(3) 付款银行名称和地址。
(4) 出票人名称和签字。
(5) 出票日期和地点(未载明出票地点者，以出票人名称旁的地点为出票地点)。
(6) 写明"即期"字样，未写明"即期"字样者，仍被视为见票即付。
(7) 一定金额货币。
(8) 收款人或其指定人。
支票的式样见附式2-9。

第二章　国际结算中的票据

附式 2-9　支票式样及要项

31 Jan., 2010	Cheque　　　　　London, 31 Jan., 2010 No.537890
Tianjin Economic & Development Corp.	①　　　　　　　　　　⑤
	BANK OF EUROPE
	LONDON
GBP500	③
	Pay to Tianjin Economic & Development Crop. or order
	⑥　　②　　　　　　　　　⑧
	the sum of five hundred pounds　　　　　　GBP500
	⑦
537890	For Sino-British Trading Co. London
	Signature
	④
(Counterfoil)	537890　　60…2153　　02211125　　0000500000
	支票编号　付款行代号　出票人在付款　根据支票面额
	磁性编码　磁性编码　行的支票专户　加编的磁码
	账号磁码

案例点击

德亨水果批发公司和利兴进出口贸易公司签订了一份购销合同。德亨水果批发公司卖给利兴进出口贸易公司价值 20 万元的水果，利兴进出口贸易公司以空白转账支票方式支付货款。9 月 22 日货物发出，利兴进出口贸易公司验收合格后签发给德亨水果批发公司一张在用途上注明"限额 20 万元"的空白转账支票。

同年 10 月 5 日，德亨水果批发公司与瑰宝纸箱有限责任公司签订了一份购销合同。德亨水果批发公司购买瑰宝纸箱有限责任公司 30 万元包装纸箱，遂将上述空白转账支票补记 30 万元金额背书转让给了瑰宝纸箱有限责任公司。

10 月 20 日，瑰宝纸箱有限责任公司向当地工商银行分行提示付款，银行拒付，理由是：票面写有限额 20 万元，而提示的票据票面金额为 30 万元，超过了限额。

瑰宝纸箱有限责任公司遂向出票人利兴进出口贸易公司行使追索权。利兴进出口贸易公司认为自己出票时已经注明该空白转账支票限额 20 万元，所以只能承担 20 万元的责任，对超过部分不承担。

瑰宝纸箱有限责任公司又向德亨水果批发公司行使追索权。德亨水果批发公司认为尽管金额是自己补记的，但是支票是利兴进出口贸易公司签发的，应由利兴进出口贸易公司承担付款责任。

瑰宝纸箱有限责任公司只得向法院提起诉讼。

问：银行是否应该足额付款？"限额 20 万元"的票据记载事实是否具有票据法上的效力？为什么？

（资料来源：王志远. 商法案例教程. 中央广播电视大学出版社，2004）

【点石成金】

银行审查票据合格后，应当足额付款。

根据我国《票据法》，"确定金额"是支票绝对必要记载事项，空白支票可以授权补记。只要支票被补记成为完全票据,就依据票据上记载的金额发生票据法上的效力。合法票据持有人依法有权主张票据权利。而注明"限额某某万元"的限制,在票据法上没有法律依据。所以,银行审查票据合格后,应当足额付款。

三、支票的划线制度

划线是一种附属的支票行为,是其他票据(除银行即期汇票外)流通中所没有的。

(一)非划线支票与划线支票

1. 非划线支票

非划线支票(open cheque),又称敞口支票,即一般没有划线的支票。它既可提取现金,又可转账划拨。

2. 划线支票

划线支票(crossed cheque),又称平行线支票,即票面上有两条平行划线的支票。它只能通过银行转账划拨。

(二)普通划线支票与特别划线支票

1. 普通划线支票

普通划线支票(general crossing cheque)是指任何一家银行都可以代收转账的支票,如附式 2-10 所示。

附式 2-10　普通划线支票

```
───────────            ───────────
                              & Co.
    (1)                        (2)
───────────            ───────────
   banker                   A/C Payee
    (3)                        (4)
───────────            ───────────
Not Negotiable
    (5)
───────────
```

附式 2-10 中(1)支票在票面上仅有两条平行线,无任何的标记。(2)和(3)支票在平行线中加注了"& Co."和"banker"字样,这是早期银行习惯保留的印记,本身没有特别的含义。(4)支票在平行线中加注"A/C Payee"字样,表示要求代收银行将票款收进收款人的账户。(5)支票在平行线中加注"Not Negotiable"字样,这里"不可流通"不是一般意义上的绝对禁止流通或转让,只是转让后受让人不能成为正当持票人,其权利不能优于其前手。总之,未在支票上写明银行名称,其划线表明该支票只能用于转账,但未指定办理转账的银行,即持票人可委托任何银行办理收款转账。

2. 特别划线支票

特别划线支票(special crossing cheque)是指票面上两条平行线中间加注了某一家银行的

名称，只有这家银行才可以作为票款的代收银行，如附式 2-11 所示。

附式 2-11　特别划线支票

————————————————　　　　　————————————————
　Midland Bank Ltd.　　　　　　　　　Midland Bank Ltd.
　　　　　　　　　　　　　　　　　　　　A/C Payee
————————————————　　　　　————————————————
　　　　　(6)　　　　　　　　　　　　　　　(7)

————————————————
　Midland Bank Ltd.
　　Not Negotiable
————————————————
　　　　　(8)

附式 2-11 中(6)、(7)、(8)支票中，都规定了只有米德兰银行才可以作为代收行。(7)、(8)除了规定只有米德兰银行作为代收行外，还规定款项收妥后只能入收款人的账户。

由于特别划线支票只能通过线内指定银行转账，因此约束性强。如果收款人不在线内指定的银行开户，于是被指定的银行可以再做特别划线给另一家银行代收票款，若再添平行线填上 EF BANK，则意味着请 EF BANK 协助收款。

(三)划线支票受票行的责任

划线支票和非划线支票的受票行的责任不同。划线支票只能通过银行转账而不能提取现金，而非划线支票既可以取现，又可以通过银行代收转账。因此，划线支票要求受票行将票款付给真正的所有人，或按照划线中的指示付款。非划线支票则无此项规定。

非划线支票可通过划线或加注行名成为普通划线支票或特别划线支票。划线支票只有在出票人签名授权后才能转变为非划线支票。因为非划线支票向划线支票转变限制了流通的范围，不会对出票人或其他当事人带来不利，所以票据法不禁止划线的加注。但划线支票向非划线支票的转变，就放宽了流通范围，加大了各有关当事人承担的风险，所以一定要由出票人授权。

(四)支票划线的作用

出票人、背书人或持票人均可在支票上划线，其目的在于防止支票丢失和被盗时被人冒领。

对于非划线支票，只要提示的票据是合格的，支票的付款银行就得立即支付，难以确定持票人是否就是支票的真正所有人。因此，如果支票落入非正当持票人手中，票款便很容易地被骗取。但划线支票不同，它限制了支票票款受领人的资格，只能通过银行或其他金融机构转账，而不能由持票人直接提取现款。万一被冒领，由于是代收行收账，易查支付线路。票款真正所有人有权从窃贼那里讨还款项，这一追索权自付款日起 6 年内有效。

因此，划线支票保护了持票人的权利，增强了支票的安全性。

四、汇票与支票的不同

支票是汇票的一种，它与汇票有许多共性。但支票作为现代经济活动中一种重要的支付工具，又具有许多不同于汇票的特殊性，如表 2-2 所示。

表 2-2　汇票与支票的不同

种类 项目	汇票	支票
性质不同	委托书	出票人对受票行的付款授权书
出票人、受票人身份是否受限制	没有限制	出票人只能是银行的存款客户，受票人只能是吸收存款的银行
有否承兑行为	有	没有
提示的形式不同	有提示承兑和提示付款两种形式	只有提示付款
主债务人不同	出票人在承兑前是主债务人，在承兑后成为从债务人	出票人在流通期间始终是主债务人
付款期限不同	有即期和远期之分，因此必须有到期日的记载	只有即期付款，没有到期日的记载
是否有保付行为	没有，但可以有第三方的保证行为	可以有账户银行的保付行为
能否止付	不能，在被承兑后，承兑人必须付款	可以止付

案例点击

某甲开立 100 英镑的支票给乙，授权乙向丙银行取款，乙拿到支票后拖延很久不去取款，恰在此时，丙银行倒闭，甲在丙银行账户里的存款分文无着。乙在未获支票款项的情况下，找到了甲，要甲负责。甲以支票已过期为由拒绝对乙负责。

〖点石成金〗

甲可以拒绝对乙负责，但理由并不是因为支票过期。支票不同于即期汇票，即期汇票的持票人如不在合理的时间内向付款人提出付款，出票人和所有背书人均得解除责任。但支票的持票人如不在合理时间内提示付款，出票人仍必须对支票负责，除非持票人的延迟提示使出票人受了损失。

在上例中，由于乙的晚提示致使甲受了损失。那么甲就可不对该支票负责，因为乙如果及时去取款，甲就不会受到损失，所以他可对支票不负责任。如果丙银行倒闭清理时，所有债权人尚能分到一定比例的偿付金，那么，甲作为存户债权人应把所分到的偿付金付还给乙，如甲按 30%的比例分到了偿付金，他应按同样的比例付给乙，而对其余的 70%可不负责任。

本案给我们的启示：支票虽为见票即付的银行汇票，但其在票据过期追索权行使方面却与汇票不一样，但即使是这种宽泛的规定也必须符合一定的原则，即在一定程度上保护出票人的正当权益。

（资料来源：关于支票过期的处理.国际贸易结算案例. 福步外贸论坛，
http://bbs.fobshanghai.com/viewthread.php?tid=1160118&extra=&page=2）

五、支票的种类

1. 依收款人记载的不同，可分为来人支票和记名支票

来人支票(cheque payable to bearer)又称不记名支票，其收款人是来人。凭单纯性交付即可转让。银行对持票人获得支票是否合法不负责任。

记名支票(cheque payable to order)其收款人是记名当事人，经有关当事人背书后便可进行流通与转让。

2. 依使用方式的不同，可分为非划线支票和划线支票

非划线支票(open cheques)又称敞口支票，即一般没有划线的支票。它既可取现又可转账划拨。

划线支票(crossed cheques)又称平行线支票，即票面上有两条平行划线的支票。它只能通过银行转账划拨。

3. 依出票人的身份不同，可分为银行支票和私人支票

银行支票(banker's cheque)即出票人是银行，表明出票银行作为客户在另一家银行开立账户而开出的支票。

私人支票(personal cheque)即出票人是私人的支票。

4. 依账户银行对出票人资信掌握，而给予出票人的不同支持，可分为保付支票和不保付支票

保付支票(certified cheque)即由付款行在支票上加盖"保付(CERTIFIED)"戳记并签字的支票。这时付款行就成为保付行，持票人可以不受付款提示期的限制，保付行承担绝对的付款责任，其他债务人可以一概免责。保付支票相当于得到付款行的付款确认，具有更好的信誉，更便于流通。

不保付支票即普通的未经银行保付的支票。

六、支票的拒付与止付

(一)支票的拒付

付款银行对持票人做出表示"请与出票人再联系"。退票的理由如下。
(1) 出票人签字不符。
(2) 奉命止付。
(3) 存款不足。
(4) 大小写金额不符。
(5) 支票开出不符规定。
(6) 支票过期或逾期提示。
(7) 重要项目涂改需出票人确认。

(二)支票的止付

银行存款户对银行提出要求,是出票人请银行注意,要求停止付款,要有书面通知才有效。此后该支票被提示时,付款人在支票上注明"Orders not to pay"(奉命止付)字样并退票。

复习思考题

1. 票据有哪些特性?
2. 请写出英国《票据法》中汇票的英文定义。
3. 试述汇票的要项及有关内容。
4. 汇票上的出票日期有何作用?
5. 汇票上的付款时间有哪些不同的规定?
6. 汇票上的抬头人有哪些不同的表示?
7. 汇票上的基本当事人有哪些?
8. 要成为正当持票人应具备哪些条件?
9. 试述汇票的票据行为及内容。
10. 简述本票、支票与汇票的不同。
11. 普通划线支票与特别划线支票、划线支票与非划线支票有何不同?

技能训练题

背景资料:出票人 A. Co.在 2015 年 6 月 8 日于北京签发一张远期汇票,命令 MIDLAND 银行在见票后 20 天付款给 C. Co.或其指定人,金额为 USD100,000.00,C. Co.于 6 月 10 日获得上述银行的承兑。

要求:

(1) 用英文开出汇票并做承兑;
(2) 计算并写出到期日;
(3) 代收款人做空白背书。

```
Exchange for _____          _____, _____2015
_____       Pay this first Bill of Exchange
( Second of same tenor and date unpaid ) to the order of _____
_____    the sum of
_____
Drawn _____
To _____        For _____
_____                    (signature)

Space for endorsement:



```

第三章　汇款结算方式

【本章学习要求】

通过本章学习，了解国际结算方式的概念和类别；理解汇款方式在国际经济往来中的具体应用；掌握汇款方式的概念、当事人及种类；熟练掌握汇款业务的流转程序及银行间头寸的划拨办法。

【本章重点】

◆　三种汇款方式的业务流程

◆　两地银行间汇款头寸的划拨

【本章难点】

两地银行间汇款头寸的划拨

【章前导读】

7年前(1998年,引者注)一位澳洲客人STEPHEN跟我们订了一批总值15万美金的货物,已付50%的订金,其余是后T/T(电汇)见提单传真件后两周内支付。这批货我们是提早一个多星期就交到香港货代的手里。一般香港到澳洲墨尔本的船运时间是18天左右。可是客人确认收到提单传真件约两个多星期了,还没有汇款进来。当香港办事处的经理打电话通知我此事时,已经过了二十几天了,估计船已经到了墨尔本。我连发了两张URGENT抬头的传真及邮件去给客人,客人均没有回复。打电话去STEPHEN公司,小姐说老板出国参展去了,并说老板有电话回来会告知此事的,让我们不用着急。我想在这时,如果你身临其境的话可能会感受到那种无形的压力。虽然此时老板及总经理都没有吭声,虽然此单在收到客人订金的时候老板还打电话来说做得很好,但是问题出来的时候,大家可是大眼瞪小眼的,像看怪物一样,因为此客人基本上跟我是单线联系。而且公司已经把余款给工厂了。更关键是,客人的葫芦里到底卖的是什么药?!客人不可能白白的付出几万美金的订金而不要货了,除非他是疯子。经过多方联系和努力,终于搞明白,原来客人这样做的目的就是想在心理上把我们拖垮,然后再提出要我们打折,这是国际上惯用的一种手段。

(资料来源:蒋朝晖.外贸突发事件的应急处理(六).阿里巴巴博客,http://blog.china.alibaba.com/blog/junchenggarments/article/b0-i405004.html.2006/01/02 11:22)

【关键词】

国际结算方式　顺汇　逆汇　电汇　票汇

第一节　国际结算方式概述

国际结算要顺利完成,除了要运用一定结算工具,比如汇票、本票或支票外,还需要通过一定的方式,比如汇款、托收或信用证才能得以实现。这就是我们今后几章(第三～六章)将要学习的内容。

一、国际结算方式的概念

国际结算方式又称为国际支付方式,通常是指在一定的条件下,通过银行实现一定金额货币预期转移的方式。

国际结算方式的具体内容包括:①买卖双方为了保证买方可靠地获得代表货物所有权的单据及卖方安全地收汇,所采取的交单与付款方式;②结算过程中,买方、卖方和相关银行之间各自权责的确定;③订明具体的付款时间、使用货币、所需单据和凭证;④相关银行之间的汇款头寸划拨安排;⑤交易双方为了加速资金的周转,以提高经营效益,结合结算方式,争取银行融资的安排。

二、结算方式的分类

国际结算方式可以从多种角度进行分类。

(一)从汇兑的方向考察,可划分为顺汇法和逆汇法

顺汇法(remittance)又称汇付法,它是付款人主动将款项交给银行,委托银行采用某种结算工具支付给收款人的结算方式。由于在这种结算方式下资金的流动方向与结算工具的传递方向相同,故称顺汇法,具体如汇款方式。其基本流程如图3-1所示。

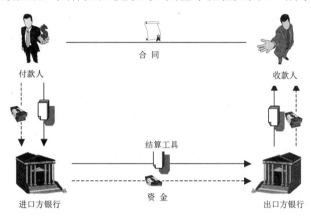

图 3-1 顺汇方式流程

逆汇法(reverse remittance)又称出票法,是由收款人(债权人)出具汇票,委托银行向国外的付款人(债务人)收取一定金额的结算方式。由于在这种结算方式下资金的流动方向与结算工具的传递方向相反,故称逆汇法,具体如托收方式和信用证方式。其基本流程如图 3-2 所示。

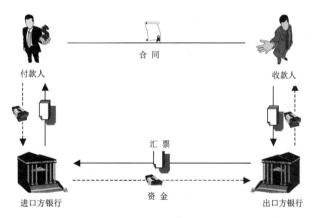

图 3-2 逆汇方式流程

(二)从提供信用的角度,可分为以商业信用为基础的结算方式和以银行信用为基础的结算方式两类

以商业信用为基础的结算方式是指银行对结算中的收付双方均不提供信用,只是接受委托,办理款项的收付,如汇款方式和托收方式。

以银行信用为基础的结算方式是指银行为交易提供信用保证的结算方式,如信用证方式和银行保函方式等。各种结算方式比较如表3-1所示。

表 3-1　主要结算方式比较

分类	信用类型		资金与结算工具流向是否一致	
	银行信用	商业信用	一致(顺汇)	不一致(逆汇)
汇款	否	是	是	否
托收	否	是	否	是
信用证	是	否	否	是

(三)从时间产生的先后，可分为传统的结算方式和新型的结算方式

长期以来，汇款、托收与信用证一直是国际贸易结算中最为常用的三种传统的结算方式。近年来随着国际贸易竞争的日趋激烈，贸易结算方式发生了明显的变化。企业迫切需要新的结算手段来满足其在贸易融资和风险控制方面的需求。因此，保函、备用信用证、国际保理、福费廷以及 BPO 等新型的国际结算方式就应运而生，并以其运用范围广泛、针对性强、顺应时代潮流等特点而越来越多地被引入贸易、劳务和经济活动中。

关于各种结算方式，我们将在今后的章节中陆续给大家进行详细的介绍。

第二节　汇款方式概述

汇款作为一种重要的国际结算方式，由于手续简单，银行手续费较少，已日益成为国际贸易和非贸易结算的一种重要支付手段。

一、汇款方式的概念

汇款方式(methods of remittance)，也叫汇付方式，是汇出行(remitting bank)应汇款人(remitter)的要求，以一定的方式，把一定的金额，通过其国外联行或代理行作为汇入行(paying bank)，付给收款人(payee)的一种结算方式。汇款是顺汇方式。可单独使用，也可与其他结算方式结合使用。既能适用于贸易结算，也可适用于非贸易结算，凡属外汇资金的调拨都是采用汇款方式。所以它是基本的结算方式，是银行的主要外汇业务之一。

办理汇款业务时，汇款人需要向汇出行提交汇款申请资料，汇出行按申请书的指示，使用某种通信和操作系统(如 SWIFT 系统、电传、电报、汇票等)通知汇入行，汇入行按照收到的指示，办理向收款人的解付入账手续。

二、汇款方式的当事人

汇款方式的当事人包括汇款人、收款人、汇出行以及汇入行。

(一)汇款人

汇款人(remitter)即付款人，指向银行交付款项并委托银行将该款交付给收款人的人；在国际贸易中，汇款人即进口商。其责任是填写汇款申请书、提供汇出的款项并承担相关费用。汇款申请书是汇款人与汇出行之间的契约，也是汇款人的委托指示，要求汇款人填写明确清楚。

汇款申请书主要内容有：①汇款种类的选择；②收款人姓名、地址；③开户行名称、

地址、账户；④汇款人姓名、地址；⑤汇款金额及币别；⑥汇款附言。

按照我国目前的外汇管理规定，汇款人需要向汇出行提交证明其交易真实性的商业单据和有效凭证，银行按照真实性和一致性原则审核无误后方可办理汇款手续。2006年，国家外汇管理局对国际收支申报系统进行了升级，将各家银行的汇出汇款申请书的格式予以统一，包括境外汇款申请书(见附式 3-1)和境内汇款申请书。前者用于办理外汇资金的跨境支付，后者用于外汇资金的境内划拨。

附式 3-1　汇出汇款申请书

中国银行汇出汇款申请书
APPLICATION FOR OUTWARD REMITTANCE

外5（四联）

0068501

致：中国银行_____分行
TO: BANK OF CHINA, _____ BRANCH

日期：
DATE:

请用打字机填制
PLEASE FILL IN BLOCK LETTERS

本行编号 TT
OUR REF

汇款金额 AMOUNT	AMOUNT IN FIGURES（小写）
	AMOUNT IN WORDS（大写）

汇款人 BY ORDER OF	名称 NAME
	账户 ACCOUNT NO.

中转行之名称及地址 INTERMEDIATE BANK'S NAME & ADDRESS		SWIFT CODE:
		清算代码： CHIPS ABA.
		FED ABA.
	收款人开户银行在中转行账号 BENE BANKER'S A/C NO.	

收款人开户银行 名称及地址 BENE'S BANKER NAME & ADDRESS		SWIFT CODE:
		CHIPS UID:

收款人 BENEFICIARY'S NAME & ADDRESS	
	收款账号 BENEFIARY'S A/C NO.

汇款附言 DETAILS OF PAYMENT	

| 汇款形式 FORM OF REMITTANCE | ☐ 电汇 T/T ☐ 票汇 D/D | 银行费用承担人 ALL BANKING CHARGES ARE TO BE BORNE BY | ☐ 汇款人 REMITTER ☐ 收款人 BENEFICIARY |

第一联　银行业务凭证留底

请按照贵行背面所列条款办理上述汇款
PLEASE EFFECT THE ABOVE REMITTANCE SUBJECT TO THE CONDITIONS OVERLEAF

银行专用栏　FOR BANK USE ONLY			申请人签章 APPLICANT'S AUTHORISED SIGNATURE
经办	复核	核印	
科长意见：	处长意见：	行长意见：	（账户预留印鉴）

联系人及电话（CONTACTING PERSON & PHONE NO.）

(二)收款人

收款人或受益人(payee /beneficiary),指被汇款人委托银行交付汇款的对象;在国际贸易中,收款人即出口商。其权利是凭证取款。

(三)汇出行

汇出行(remitting bank),它是受汇款人的委托,汇出汇款的银行。通常是汇款人所在地的银行或进口方银行。进口方银行办理的是汇出汇款业务(outward remittance),其职责是按汇款人的要求通过一定的途径将款项汇交收款人。

(四)汇入行

汇入行(paying bank)或解付行,汇入行是受汇出行的委托办理汇款业务的银行。而将款项解付给受益人的银行是解付行。当收款人与汇入行在同城时,汇入行和解付行可能是同一家银行;当收款人与汇入行不在同城时,汇入行可能委托其与收款人同城的联行充当解付行。汇入行或解付行是收款人所在地的银行或出口方银行。出口方银行办理的是汇入汇款业务(inward remittance)。其职责是证实汇出行的委托付款指示的真实性,通知收款人取款并付款;同时也有权在收妥头寸后再解付款项。

三、汇款方式的种类

按照汇款使用的支付工具不同,汇款可以分为电汇(T/T)、信汇(M/T)与票汇(D/D)三种,如图3-3所示。在目前的实际业务操作中,信汇已经很少使用,主要采用电汇方式,而票汇一般用于小额支付。

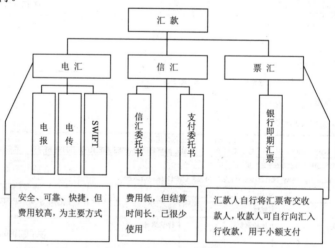

图3-3 三种汇款方式图示

第三节 三种汇款方式的业务程序

电汇、信汇与票汇虽然同属汇款方式,但业务程序却不完全相同。

一、电汇

(一)电汇业务流程与特点

电汇(Telegraphic Transfer, T/T)是汇出行应汇款人的申请,用加押电报(cable)、电传(telex)或通过 SWIFT 给在另一个国家的分行或代理行(即汇入行)指示解付一定金额给收款人的一种汇款方式。使用电传和 SWIFT 的居多。该方式最大优点是资金调拨速度快、安全,目前使用最普遍。在进出口贸易中,电汇业务流程如图3-4 所示。

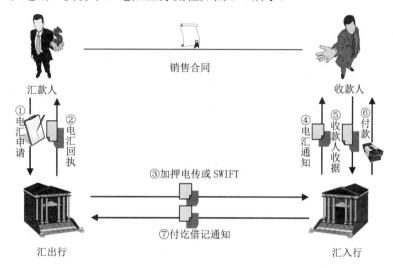

图 3-4　电汇业务流程

图示说明:

①汇款人填写汇款申请书,交款项、汇费,并在申请书上说明使用电汇方式;②汇出行审核后,汇款人取得电汇回执;③汇出行发出加押电报/电传/SWIFT 给汇入行,委托汇入行解付款项给收款人;④汇入行收到核对密押后,缮制电汇通知书,通知收款人收款;⑤收款人收到通知书后在收据联上盖章,提示汇入行;⑥汇入行借记汇出行账户,并解付款项给收款人;⑦汇入行将付讫借记通知书寄给汇出行,通知汇出行款项已解付完毕。

(二)采用电报或电传的电汇方式

采用电报或电传方式汇款的格式如下:

FM:(汇出行名称)
TO:(汇入行名称)
DATE:(发电日期)
TEST:(密押)
OUR REF. NO.　　　　(汇款编号)
NO ANY CHARGES FOR US　　(我行不负担费用)
PAY (AMT) VALUE (DATE) TO　(付款金额、起息日)
(BENEFICIARY)　　　　(收款人)
MESSAGE　　　　　　　(汇款附言)

ORDER　　　　　　　　　　　　　　　　(汇款人)
COVER　　　　　　　　　　　　　　　　(头寸拨付)

例如：

FM: BANK OF ASIA, FUZHOU
TO: THE HONGKONG AND SHANGHAI BANKING CORP., HONGKONG
DATE: 21TH MAY
TEST 2356　OUR REF. 208TT0737 NO ANY CHARGES FOR US PAY HKD10 000. VALUE 21TH MAY TO HKABC100 QUEEN'S ROAD CENTRAL ORDER FUZHOU LIGHT IMP. AND EXP. CORP. MESSAGE COMMISSION UNDER CONTRACT NO.1001 COVER DEBIT OUR ACCOUNT.

(三)采用 SWIFT 系统的电汇方式

如本书第一章所述，为了安全有效地传递客户信息、清算资金头寸，SWIFT 系统为各种各样的金融信息设计了一整套标准化的统一格式。SWIFT 把报文分为十类。每一类(Category)包含若干组(Group)，每一组又包含若干格式(Type)。每个电报格式代号由三位数字组成。汇款属于第一类(客户汇款与支票)。以 MT103 单笔客户汇款为例，其报文格式代号图示如图 3-5 所示。

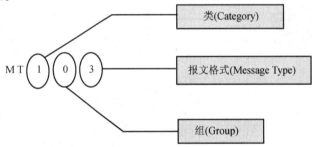

图 3-5　MT103 SWIFT 报文格式代号图示

以下是单笔客户汇款 MT103 报文格式如表 3-2 所示。

表 3-2　MT103 Customer Transfer(单笔客户汇款)

Status	Tag(项目编号)	Field Name(项目名称)
M	20	Sender's Reference
M	23B	Bank Operation Code
O	23E	Instruction Code
M	32A	Value Date/Currency /Interbank Settled Amount
O	33B	Currency/ Instructed Amount
O	36	Exchange Rate
M	50a	Ordering Customer
O	52A	Ordering Institution
M	53B	Sender's Correspondent
O	56A	Intermediary Institution
O	57A	Account With Institution
M	59A	Beneficiary Customer
O	70	Remittance Information
M	71A	Details of Charges

续表

Status	Tag(项目编号)	Field Name(项目名称)
O	71F	Sender's Charges
O	71G	Receiver's Charges
O	72	Sender to Receiver Information

注：M = Mandatory (必选项目)，O = Optional(可选项目)。

例如：FRANZ CO. LTD. 指示 OESTERREICHISCHE LAENDERBANK, VIENNA 向 JANSSEN CO. LTD. 在 ALGEMENE BANK NEDERLAND, AMSTERDAM 开立的荷兰盾账户支付 NLG1,958.47(假设该两家银行之间有直接的荷兰盾账户关系)。

SWIFT 报文：

MT103
TRANSACTION REFERENCE NUMBER　　　:20 : 494931/DEV
VALUE DATE/CURRENCY CODE/AMOUNT　　:32A：910527
NLG1958,47
ORDERING CUSTOMER　　　　　　　　　:50a : FRANZ CO. LTD.
BENEFICIARY CUSTOMER　　　　　　　　:59a : JANSSEN CO. LTD.
LEDEBOERSTERAAT 27
AMSTERDAM

SWIFT 报文如图 3-6 所示。

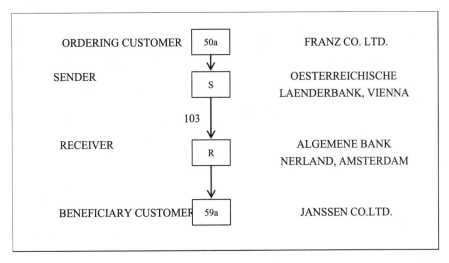

图 3-6　MT103 SWIFT 报文

二、信汇

(一)信汇业务流程与特点

信汇(Mail Transfer，M/T)是汇出行应汇款人的要求，以航邮方式将信汇委托书(M/T advice)或支付委托书(payment order)寄给汇入行，授权其解付一定金额给收款人的一种汇款方式，其速度慢、费用低，目前实务中少用。在进出口贸易中，信汇业务流程如图 3-7 所示。

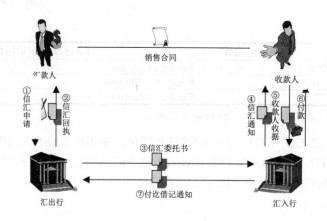

图 3-7　信汇业务流程

图示说明：

①汇款人填写汇款申请书，交款项、汇费，并在申请书上说明使用信汇方式；②汇出行审核后，汇款人取得信汇回执；③汇出行根据汇款申请书缮制信汇委托书或支付委托书，邮寄给汇入行；④汇入行收到后，核对印鉴无误，将信汇委托书的第二联信汇通知书及第三、四联收据正副本一并通知收款人；⑤收款人凭收据取款；⑥汇入行借记汇出行账户，并解付款项给收款人；⑦汇入行将付讫借记通知书寄给汇出行，通知汇出行款项已解付完毕。

从以上内容可以看出信汇业务程序与电汇基本相同，仅在第三步不同：汇出行邮寄信汇委托书或支付委托书给汇入行，而不是采用电讯方式授权。

(二)信汇业务的结算工具

信汇业务的结算工具有两种：信汇委托书(mail transfer advice)(见附式 3-2)和支付委托书(payment order) (见附式 3-3)。

附式 3-2　信汇委托书

中国银行广州分行

BANK OF CHINA，GUANGZHOU BRANCH

下列汇款，请即照解，如有费用请内扣。　　　　日期
我行已贷记你行账户。　　　　　　　　　　　　GUANGZHOU

Please advise and effect the following payment less your charge if any. In cover, we have CREDITED your A/C with us.

此致
TO:

| 信汇号码 | 收款人 | 金额 |
No. of Mail transfer	To be paid to	Amount

大写金额
Amount in words

汇款人　　　　　　　　　附言
By order of　　　　　　　Message
中国银行广州分行

BANK OF CHINA，GUANGZHOU BRANCH

附式 3-3　支付委托书

中国银行支付委托书
BANK OF CHINA
PAYMENT ORDER
Guangzhou

此致
TO

支付委托书号码 No. of payment order	收款人 To be paid or credited to	金额 Amount

大写金额
Amount in words:＿＿＿＿＿＿＿＿＿＿＿＿＿＿＿＿＿

汇款人　　　　　　　　附言
By order of　　　　　　Remarks

☐ You are authorized to debit
　our account with you.

☐ We have credited your A/C with us.

中国银行广州分行

三、票汇

(一)票汇的概念及其业务程序

票汇(Remittance By Banker's Demand Draft，D/D)是汇出行应汇款人的申请，代汇款人

开立以其分行或代理行为解付行的银行即期汇票(banker's demand draft),支付一定金额给收款人的一种汇款方式。其特点是方便、灵活。票汇业务流程与电汇和信汇稍有不同,如图 3-8 所示。

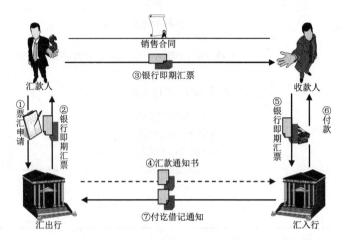

图 3-8　票汇业务流程

图示说明:

①汇款人填写汇款申请书,交款项、汇费,并在申请书上说明使用票汇方式;②汇出行作为出票行,开立银行即期汇票交给汇款人;③汇款人将汇票寄收款人;④汇出行将汇款通知书,又称票根,即汇票一式五联中的第二联寄汇入行。汇入行凭此联与收款人提交的汇票正本核对。近年来,银行为了简化手续,汇出行已不再寄汇款通知书了,汇票从一式五联改为一式四联,取消汇款通知书联;⑤收款人提示银行即期汇票要求付款;⑥汇入行借记汇出行账户,并解付款项给收款人;⑦汇入行将付讫借记通知书寄给汇出行,通知汇出行款项已解付完毕。

(二)票汇与电汇、信汇业务程序的不同

(1) 第二步不同,后两者是回执,这里开出的是银行即期汇票(见附式 3-4)。

附式 3-4　银行即期汇票

```
                    BANK OF CHINA
  Not Negotiable                              NO. _____
                  This draft is valid for one
                  year from the date of issue  AMOUNT _____

 TO: _____           ——  ,  ——
   PAY TO _____
     THE SUM OF _____
                  PAY AGAINST THIS DRAFT TO THE
                  DEBIT OF OUR ACCOUNT
                                    BANK OF CHINA, BEIJING
```

(2) 第五步不同,收款人主动提示汇票,要求银行付款。

(3) 由于银行即期汇票是可以转让流通的,所以票汇项下的收款人是不确定的;而后两者收款人可以肯定。

(三)票汇业务的特点

1．取款灵活

电汇、信汇的收款人只能向汇入行一家取款;而票汇项下,汇票的持票人可以将汇票卖给任何一家汇出行的代理行,只要该行有汇出行的印鉴,能核对汇票签字的真伪,确认签字无误后,就会买入汇票。汇票可以由汇款人自行携带或邮寄,并在有效期内随时可以取款。

2．手续简便

汇入行不负通知债权人取款之责,不必花时间、人力去通知收款人,节省了手续。

3．风险较大

自行携带或邮寄使得汇票遗失或损毁的可能性增加,背书转让又可能引起纠纷,这一切都增加了风险。

4．银行可无偿占用资金

因汇票的出票、邮寄、携带或者转让需要一定时间,银行在此期间可以无偿占用客户的资金。

> **案例点击**
>
> 中国 H 公司向新加坡 K 公司出口一批货物转运德国。新加坡商人向当地某银行购买了一张银行即期汇票寄给 H 公司作为货款,但该汇票的付款货币为欧元。H 公司向中国银行提示,因中国银行不代垫头寸,收妥结汇及汇票的货币为欧元,还需等待中国银行将汇票背书转让给德国某银行,除了正常的邮程,加上各银行的合理工作时间,该笔贷款在四个多月后才到达中国 H 公司。
>
> (资料来源:姚新超. 国际结算与贸易融资. 北京:北京大学出版社,2010)
>
> **[点石成金]**
>
> 在本案中,如果票汇使用的货币不是汇款人和收款人所在国或地区的货币而是第三国货币,收汇的速度更慢。汇票因需多次背书转让,与汇票使用的结算货币有关,索偿路线复杂,汇款银行为了达到长时间占用汇款头寸的目的,有时故意在账户银行中选择使用收款方式最慢的银行作为付款银行,因此,票汇收款的速度有时很慢。出口商最好要求使用电汇方式。

四、电汇、信汇、票汇三种汇款方式比较

(一)使用支付工具的比较

电汇使用电报、电传或通过 SWIFT 方式,用密押证实;信汇使用信汇委托书或支付委托书,用印鉴或签字证实;票汇使用银行即期汇票,用印鉴或签字证实。

(二)汇款人的成本费用比较

电汇因其使用现代化通信设施且银行不能占用客户资金,所以其成本费用较高;而信汇、票汇费用较电汇低。

(三)安全方面比较

电汇因在银行间直接通信,能短时间迅速到达对方,减少了中间环节,其安全性较高;信汇必须通过银行和邮政系统来完成,信汇委托书有可能在邮寄途中遗失或延误,影响款项的及时性;票汇虽有灵活的优点,但有丢失或毁损的风险,背书转让带来一连串的债权债务关系,容易陷入汇票纠纷,汇票遗失以后,挂失或止付的手续比较麻烦。因此信汇、票汇的安全性不及电汇。

(四)汇款速度的比较

电汇因使用现代化手段且优先级较高,一般均当天处理,交款迅速,成为一种最快捷的汇款方式。尽管其费用较高,但可用缩短资金在途时间的利息来抵补。目前实务中,电汇在整个汇款业务笔数中,有比例增大的趋势;信汇方式由于其资金在途时间长,手续多,所以日显落后,在实务中已基本不用;而票汇的速度不及电汇,但因其灵活简便的特点,其使用量仅次于电汇。

电汇、信汇、票汇三种方式比较如表 3-3 所示。

表 3-3 电汇、信汇、票汇三种汇款方式比较

项目	电汇	信汇	票汇
使用支付工具	电报、电传或 SWIFT,用密押证实	信汇委托书或支付委托书,用印鉴或签字证实	银行即期汇票,用印鉴或签字证实
成本费用	高	低	低
安全性	高	次于电汇	易丢失或毁损
汇款速度	最快捷	慢	次于电汇

知识拓展

西联汇款与速汇金

传统的外贸公司在结算上通常使用银行汇款(T/T)、托收(D/P 或者 D/A)或信用证(L/C)的方式,近几年随着外贸 B2C 的发展,国际小额贸易迅速发展起来,出口贸易结算方式也逐渐多元化。国外客户定样品或者下小额定单时,常常使用 PayPal 或者信用卡这样的在线

支付工具，也有少量客户使用较电汇更为快捷的西联汇款和速汇金等线下支付工具。

西联汇款(Western Union)和速汇金(MoneyGram)业务是小额贸易货款支付常用的线下支付工具。这些结算之所以能够替代传统的外贸收款方式如电汇、信用证、托收，主要是由于传统结算收费较高且速度太慢，不太适用于小额付款。

西联国际汇款公司(Western Union)是世界上领先的特快汇款公司，迄今已有150年的历史。它拥有全球最大最先进的电子汇兑金融网络，代理网点遍布全球近200个国家和地区。西联汇款在中国的合作伙伴有邮政储蓄银行、农行及光大银行，在中国拥有超过2.5万个服务网点。速汇金(MoneyGram)的原理与西联汇款大致相同，速汇金目前在全球190多个国家和地区有近1.76万个网点，已与工行、交行、中信、兴业、盛京银行等多家金融机构展开合作。

二者的运作模式都是在指定的代理点填写汇单，指定收汇人城市、姓名和一个收款用的密码等几个简单步骤就能完成汇款手续，几分钟就可以到账，收汇人凭本人身份证和取款密码就能在代理点取到现金。

与银行电汇相比，通过西联、速汇金办理小额境外汇款较省钱。通过西联汇款或速汇金汇款，手续费仅在汇出时按汇款金额相应档次缴纳，汇出后无中间行扣费。而银行汇款一般需要支付的费用包括电报费和手续费，如果是持外钞，银行还将收取一定的"钞转汇"费。

(资料来源：王炳焕. 国际小额贸易支付工具的种类与比较分析. 对外经贸实务. 2011(2))

第四节 汇款头寸的划拨与退汇

汇出行在办理汇款时，只有通过划拨行为才能最终解付给汇入行。而汇款在解付前还可能因汇款人或收款人某一方的要求而发生退汇。

一、汇款头寸的划拨

汇款作为取代运送现金的一种结算方式，汇出行委托汇入行解付汇款不是无条件的。汇出行在办理汇出业务时，应及时将汇款金额拨交给其委托付款的汇入行，这种行为称为汇款的偿付(reimbursement of remittance cover)，俗称"拨头寸"。每笔汇款都必须注明拨头寸的具体指示。根据汇出行和汇入行账户的开设情况，头寸的拨付方式有以下几种。

(一)汇出行与汇入行有账户关系

1. 汇出行在汇入行开有账户

汇出行在委托汇入行解付款项时，应在信汇委托书或支付委托书上注明拨头寸的指示："Please debit our a/c with you." 或 "In cover, we authorized you to debit the sum to our a/c with you."（"请借记"或"授权借记"）汇入行收到信汇委托书或支付委托书，即被授权凭以借记汇出行账户，同时可以拨付头寸解付给收款人，并以借记报单(注明"your a/c debited")通知汇出行。此笔汇款业务即告完成，如图3-9所示。

图 3-9　授权借记方式头寸拨付流程

2．汇入行在汇出行开有账户

汇出行在委托汇入行解付款项时，应在信汇委托书或支付委托书上注明拨头寸的指示："In cover, we have credited the sum to your a/c with us."（"已贷记"或"主动贷记"）汇入行收到信汇委托书或支付委托书，表明汇款头寸已拨入自己的账户，即可使用头寸解付给收款人，如图 3-10 所示。

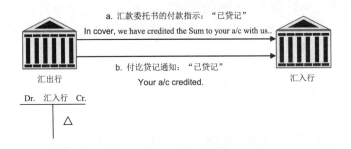

图 3-10　主动贷记方式头寸拨付流程

在汇出行和汇入行双方互开账户的情况下，汇出行会选择第一种方式。因为从汇出行收到付款人支付的款项到汇入行借记汇出行的账户，其间的资金被汇出行所占用，对汇出行有利，所以在实务中，"请借记"或"授权借记"这种方式较多用。

（二）汇出行与汇入行没有直接的账户关系

（1）汇出行与汇入行有共同的账户行，即双方在同一家银行开有账户，通过该银行进行转账。为了偿付款项，汇出行一方面向汇入行发出委托解付汇款的通知，其中拨头寸指示为："In cover, we have authorized X Bank to debit our a/c and credit your a/c with them."另一方面向共同账户行发出银行转账通知书(bank transfer)，要求其先借记汇出行的账户，然后再贷记汇入行的账户，将头寸拨付汇入行在该账户行的账户。汇入行收到汇出行的电汇拨头寸指示及 X 账户行的贷记报单，即可解付给收款人。这种方式手续较前者复杂，一笔业务需要有两个信息传递时间，如图 3-11 所示。

（2）汇出行和汇入行没有共同的账户行，即双方在不同银行开有账户，必须通过两家或两家以上的银行进行转账。为了偿付，汇出行在汇出汇款时，主动通知其账户行将款拨给汇入行在其他代理行开立的账户。同时汇出行向汇入行委托解付汇款的通知，其中拨头寸指示为："In cover, we have instructed X Bank to pay / remit the proceeds to your a/c with Y

Bank." 汇入行在收到 Y Bank 贷记报单后，即可解付，如图 3-12 所示。

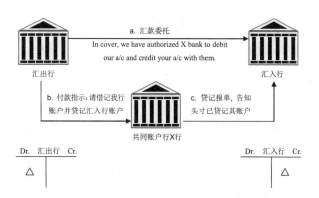

图 3-11　共同账户行头寸拨付流程

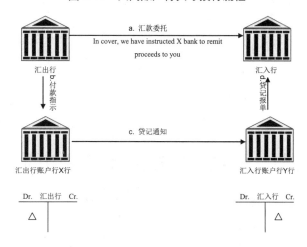

图 3-12　各自同账户行头寸拨付流程

二、汇款的退汇

退汇是指汇款在解付以前的撤销。退汇可能由收款人提出，也可能由汇款人提出。

(一)收款人退汇

收款人退汇比较方便，在电汇、信汇时，只要他拒收电汇、信汇，通知汇入行，汇入行可以将汇款委托书退回汇出行。必要时说明退汇的原因，然后由汇出行通知汇款人前来办理退汇，取回款项。在票汇时，收款人退汇，只要将汇票寄给汇款人，然后汇款人到汇出行办理退汇手续。

(二)汇款人退汇

汇款人退汇处理手续比较复杂。退汇的原则是须在汇入行解付款项之前。票汇方式下，汇票已寄给收款人或估计汇票已在市场上流通，则汇款人就要直接找收款人交涉。汇款人退汇较为常见，其程序如图 3-13 所示。

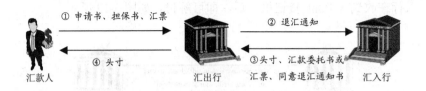

图 3-13 退汇程序

具体说明如下：

(1) 汇款人向汇出行填交退汇申请书，详细说明退汇理由，必要时提交担保书(票汇下出具，担保若发生重付，由汇款人负责)。如果票汇退汇，须将汇票背书后交汇出行。

(2) 汇出行对申请书进行审查，确认退汇理由合理后，向汇入行发出退汇通知，并要求退回汇款时已划拨的头寸。

(3) 汇入行核对退汇通知书的印押，查清汇款确未付款后，退回汇款头寸，并寄回汇款委托书、汇票等，且一并寄上退汇通知。

(4) 汇出行收到退回头寸后，将其退给汇款人。有关汇票上加盖退汇图章注销。

(三) 汇入行退汇

在电汇和信汇方式下，若收款人迟迟不来取款，过了一定时期，汇入行有权主动通知汇出行注销，办理退汇。

第五节　汇款方式在国际贸易中的应用

在国际贸易中，使用汇款方式结清买卖双方债权债务，主要有预付货款、货到付款和交单付现三种方式。

一、预付货款

预付货款(Payment in Advance)是指买方先将货款通过银行汇交卖方，卖方收到货款后，根据买卖合同规定，在一定时间内或立即将货发运至进口商的一种汇款结算方式。在采用电汇方式时，预付货款又俗称"前 T/T"。预付货款是对进口方而言的，对出口方来说，就是预收货款，又称"先结后出"。

这种方式对卖方最为有利，他甚至可以无偿占用进口商的资金，做一笔无本生意，根本没有什么风险，掌握了货物出口的主动权。

但对进口商是不利的，不仅进口商的资金被占用，会造成利息损失，影响自身资金周转；而且进口商在付款后要承担不能按时、按量、按质收到合同规定的货物的风险。

因此，进口商有时为了保障自身利益，可以规定汇入行解付汇款的条件，如卖方收取货款时，必须提供银行保函，由银行担保卖方如期履行交货义务，保证提供全套装运单据，否则担保行负责退还预收货款，并加付利息等。

进口商之所以愿意采用这种方式，原因在于：

(1) 出口商的商品是国内外市场上紧俏商品，进口商迫切需求以取得高额利润。

(2) 进出口商双方关系十分密切，有的买方是卖方在国外的联号。

(3) 出口商的货物旺销，进口商为了保证购到货物，以预先付款为附加条件来吸引出口商成交。

(4) 在成套设备、大型机械、大型运输工具如飞机船舶等，或者在工程承包交易中，或者在专为进口商生产的特定商品交易中，出口商往往要求预付一定比例的预付货款(down payment)作为定金(earnest/earnest money)，或采用分期付款方式，定金和分期支付的款项采用汇款方式。

知识拓展

预付款与定金的区别

预付款，英文为 down payment，是某宗交易成交之后的首期付款(a partial payment made at the time of purchase, with the balance to be paid later)。

定金，英文为 earnest money，是与预付款完全不同的概念，有时译为诚意金或保证金。签订合同时支付定金，用以确保交易顺利安全地进行(money paid in advance as part payment to bind a contract or bargain)。

案例点击

2007年3月初，武汉某进出口公司Y与美国洛杉矶进口商J公司签约8万打乳胶手套，出口总价5.76万美元，付款方式是先以电汇预付30%货款作为"定金"(给付定金的一方不履约，无权要求返还定金；收受定金的一方不履约，应双倍返还定金)，其余70%货款装运后10天内付款。(The buyer should prepay 30% of amount as earnest by T/T to reach the seller's A/C before May 10, 2010，and pay 70% of amount as balance within 10 days after shipment of goods by T/T also.)

5月份初，Y公司在收到定金后按期装运货物，并及时将全套单据的复印件传真给了J公司以便预办海关申报、商检等手续。十天后，J公司并没有汇到余款而是在来电中称近期美国乳胶手套的市场行情急剧下跌，乳胶手套已是垃圾价(garbage price)，要求Y公司降价40%。

虽然事先Y公司也曾通过媒体的报道了解到有关乳胶手套的国际市场情况，但是考虑有合约在先，一开始并不同意J公司的要求，还向J公司透露出要将货物运回的想法。这时时间已到5月底货物快到LA港口。后经Y公司再三考虑：①时间紧迫，单据是否寄去以便J公司提货；②夏季已到，乳胶手套在集装箱内暴晒，温度过高容易变质老化发黏；③如果就地转卖，由于整个市场行情下滑，同样卖不了原价；④如果运回，国内没有市场，而且将得不偿失。最后协商的结果是Y公司降价25%，在J公司通过T/T汇付了45%的余款后，Y公司将全套单据用国际特快专递寄达J公司。

(资料来源：国际结算方式——汇款与托收. 百度文库，
http://wenku.baidu.com/view/6d8e3ac30c22590102029d8a.html)

〖点石成金〗

该案例中，要说结算方式还比较安全，正常情况下不会出现什么变数，谁知市场变幻莫测。其实，如果Y公司在美国还有其他客户可以接受这一批货物，则最好的办法是转卖他人，由于预付的 30%定金可以不退还 J 公司，即便转卖他人降价 40%，也就损失 10%；如果转卖他人降价 30%，恰恰不赔不赚；如果转卖他人降价 25%，反而还多卖了 5%。

二、货到付款

货到付款(Payment after Arrival of the Goods)是出口商先发货，进口商收到货物后，立即或在一定期限内将货款汇交出口商的一种汇款结算方式。它实际上属于赊账交易(open account transaction)，具有延期付款(deferred payment)性质。在采用电汇方式时，货到付款又俗称"后 T/T"。

对进口商有利：①进口商不承担风险，货不到或货不符合要求就不付款，在整个交易中占据主动；②往往在收到货后过一段时间再付款，所以可以占用出口商的资金。

对出口商不利：①先发货，要承担买方不付款的风险；②货款往往不能及时收回，资金被占用，造成一定损失。

货到付款在国际贸易中有售定和寄售两种方式。

(一)售定(Sold out)

售定是买卖双方签订合同，在合同中明确规定了货物的售价及付款时间等条款，进口商按实收货物数量将货款汇交出口商的一种汇款结算方式。

售定在我国是对港澳地区出口鲜活商品的一种特定的结算方式，由于鲜活商品出口时间性较强或以实收货物数量结算，出口商就采取先发货，出口单据随同货物直接交给进口商，待收到货物时，进口商按实收货物数量、规定的价格、期限将货款通过银行汇交出口商，所以售定方式又称"先出后结"。

(二)寄售(Consignment)

寄售指出口方(委托人，寄售方)将货运交给进口国的约定代销人(受托人)，暂不结算货款，仅委托其按照双方约定的条件和办法代为销售的方式。当商品售出后，所得货款，由代销人扣除佣金和其他费用后交给寄售方，这种方式货价和付款时间均不确定。出口商承担的风险很大，能否收回货款取决于国外受托人的营销能力。因此采用寄售方式时十分重视受托人的资信和经营能力。一般寄售方式只适用于推销新产品、处理滞销品或一些不看实物难以成交的商品。

> **案例点击**
>
> 2014 年 11 月底，我大陆 A 公司与台湾地区 B 公司签订一份出口各式打火机合同，总价值 10 118.00 美元，数量为 111 000 只(为 1×20'集装箱)，规定从上海运往基隆港(Kelung)，到港时间不得晚于 12 月 17 日，支付方式为 B 公司收到目的港的代理的接货通知书后 48 小时内将全部货款办理电汇(T/T)给 A 公司。由于装运期较为迫切，我方立即准备货物，并预定了 12 月 10 日船期(预计整个航程共需 7 天)。货物如期装船后，正本提单寄 B 公司。但因货物途经高雄时多停靠了 2 天，于 12 月 19 日才抵达目的港，客户于次日提货后，提出暂时拒付全部货款，待货物销完后再付，原因是货物未能如期到港，致使这批货物无法赶上

当地圣诞节的销售高潮，其部分客户已纷纷取消订单，造成此批货物大量积压，给他带来巨大经济损失。A公司多次电告B公司，告知货物未能如期到港(延误2天)，我方是无法预料与控制的，再者，因备货时间短，我方已尽力将货物装上最早船期。A公司多次要求B公司办理付款，B公司均不予理睬。2个月后，A公司只好请台湾地区某一友好客户C与B公司协商，B公司才开始有所松口，条件是要求我方降价30%后才同意给予付款(客户称约有价值30%货物积压仓库)。经我方一再努力与之协商，最终才以我方降价15%告终，此案中我方直接损失1500多美元。

〖点石成金〗

此案虽已了结，但给我们留下深刻的教训。

(1) 在签订合同时是否接受客户提出的特殊条款，应以我方能否保证这一条款的实现为前提，切不可掉以轻心，盲目接受。所谓特殊条款，一般是指非我方销售确认书(S/C)上原有或应有的，而是对方在签约时提出的对我方带有限制性的条款。本案中客户要求我方保证货物不得晚于2005年12月17日到达目的港，应属于客户的特殊条款。根据国际贸易海洋运输惯例，船方(或船代)可向托运人提供大约到港日(即为ETA)，但并不负有法律责任，仅供托运人参考，因为货物在整个运输过程中受到各种自然和社会因素影响，船方(或船代)对整个航程是无法准确预计的，更何况作为托运人的A公司。另外，本案交货时间很紧，签约后仅十来天，我方又无法提前装运，更是无法保证这一条款的实现。在实际业务中，客户经常会对质量、运输、检验和支付方式等问题提出特殊条款，我方应谨慎对待，切勿盲目接受。

(2) 要谨慎选择支付方式。在本案中，我方接受了货物到港后对方付款(电汇)，实属赊销(O/A)，是我方收汇风险最大的一种方式，因我方已先行发货，且正本提单已寄客户，完全丧失物权，客户若借故拒付，是相当容易的。因此，可以这样说，我方选择了这一方式，为客户的日后拒付创造了条件。所以，在不了解对方资信或大宗交易的情况下，尽量避免用赊销方式，最好采用预付款(即先收款后发货)、信用证，或两者并用，这样在一定程度上可避免收汇风险。

(资料来源：林俐，鲁丹萍，陈俊. 国际贸易实务. 北京：清华大学出版社，2006)

三、交单付现

(一)交单付现的概念

交单付现(Cash against Documents，CAD)又称凭单付汇，是进口商通过银行将款项汇给出口商所在地银行(汇入行)，并指示该行凭出口商提交的货运单据即可付款给出口商的一种结算方式。

(二)交单付现的特点

1. 有条件的汇款

一般汇款都是无条件的，而交单付现则是有条件的汇款。即买方汇付货款，卖方收取货款以装运交单为前提条件。

2. 风险较均衡

对于预付货款的买方和货到付款的卖方，一旦付了款或发了货就失去了制约对方的手段，届时，买方能否顺利地收到符合合同规定的货物，或卖方能否顺利地收回货款，完全取决于对方的信用。所以在预付货款和货到付款下，买卖双方风险的承担是极不平衡的。

而交单付现下，由于卖方交单时才能收取货款，所以对进口商而言可以防止在预付货款下可能出现的出口商支取货款后不及时交货的风险；对出口商而言，只要及时交货，便可立即支取全部的货款，避免了在货到付款下可能出现的发了货后收不回款的风险。所以这种结算方式对买卖双方都有一定的保证作用，对进出口商都显公平，易被双方所接受。

(三)交单付现的影响

对于进口商来说，交单付现相当于预付货款，会造成资金占用；同时要防止出口商以假单据、假货进行诈骗的风险。因此，加强对交易对方的资信调查是必要的。

对于出口商来说，交单即可收汇。但汇款是可撤销的，在汇款尚未被支取之前，汇款人随时可以通知汇款行将汇款退回，所以出口商在收到银行的汇款通知后，应尽快发货，尽快交单收汇。

案例点击

国内某出口企业 A 公司向希腊买家出口一批总金额为 172 320 美元的化工产品，包括：15 000 美元的林丹，支付方式为 D/A90 天；157 320 美元的乐果，按照 50%CAD、50%D/A90 天方式支付。货物出运后，买方在支付了 39 320 美元的货款后拒付余额。由于 A 公司投保了出口信用保险，遂将上述逾期应收账款余额 133 000 美元委托中国出口信用保险公司进行海外追偿。经中国出口信用保险公司海外追讨，买方只承认 78 660 美元的债务总金额，并以 A 公司承诺的合资、进口等问题均未解决为由，欲追究 A 公司责任；债权和债务抵扣后，买方最终提出以 40 000 美元了结债务。

〖点石成金〗

初看本案，似乎案情比较清晰，损失(至少是部分损失)看似仅仅源于买方信用问题和买卖双方的贸易纠纷。但经过以下分析，我们可以看出，出口企业业务人员对国际贸易结算的了解程度直接影响到出口收汇损失的多少。

先看 157 320 美元的乐果，按照 50%CAD、50%D/A90 天的方式支付。无论支付方式如何，货物只此一批，承运人只签发一式三份的提单。由于货值的一半要按照 CAD 方式支付，也就是说买方要在付清一半的乐果货款给代收行或其他金融中介机构，并且承兑另一半货款汇票的情况下才可以取得货运单据，提取货物。

其次，由于 15 000 美元的林丹是和 157 320 美元的乐果一同出运的，使用的是同一张提单、发票和报关单，也就是说，买方必须同时承兑总金额为 78 660 美元与 15 000 美元之和，即 93 660 美元的汇票，才可以取得乐果和林丹的货权。

因此，如果 A 公司严格按照合同规定的结算方式进行操作的话，债务余额应该为：出运金额 172 320 美元扣除 50%CAD 付款赎单部分 78 660 美元和债务人已还款金额 39 320 美元后的余额，即 54 340 美元，而非 A 公司损失的 133 000 美元。

经询问，A 公司对此的解释是："我公司与许多国外客户都采取 CAD 的付款方式，习惯上我们与国外客户交易视其为 T/T 付款方式。因此涉及 CAD 成交时，所有单据并不通过银行交单和邮寄，而是自行寄单，客户见单付款。所以我公司和客户均认为 CAD 与 T/T 的付款方式一致。"很明显，A 公司对 CAD 支付的概念与 OA 放账支付的概念发生了混淆。

本案中，A 公司把 CAD 误作为 OA 放账操作，自寄单据(这些单据中当然也包括了提单)给买方，丧失了通过银行等中介协助控制货权的有利地位，加大了收汇风险，使唾手可得的 USD78 660 货款付之东流。而且，由于没有通过银行等中介机构进行托收，也就没有了买方承兑的汇票，间接造成了 A 公司对债权总额的举证困难，同时也丧失了依据票据法追究买方责任的可能。

CAD 是近年来才逐渐出现的一种做法。目前尚无国际惯例可依循，一旦出现纠纷、诉诸法庭，对各方都有不可测的风险，所以在实际业务中应尽量避免采取这种方式，银行在办理此类业务时亦应谨慎。

(资料来源：CAD 付款方式及案例. http://www.duomeili.com/p_o_s_t_s_info_zcfu_list_28648.html)

第六节　汇款方式的特点与风险防范

由于汇款方式属于商业信用，而且对于付了款或发了货的一方而言就丧失了制约对方的手段，存在很大的风险，因此，如何防范汇款方式下的风险成为买卖双方共同关心的问题。

一、汇款方式的特点

(一)以商业信用为基础的基本结算方式

汇款结算方式是以银行作为中介来结算进出口双方的债权债务关系。它可以单独使用，也可以与其他结算方式结合使用。即使在使用其他结算方式时，资金的实质性划拨最终也是以汇款方式完成的，所以它是基本的结算方式。同时它是建立在商业信用的基础上的结算方式。银行在款项汇出的全过程中承担收付委托款项的责任，并因此享受汇款费用。但一般银行并不介入买卖双方的合同的履行，不对其中的任何一方的责任、义务提供任何的担保。因此它属于商业信用。

(二)风险大

对于预付货款的买方和货到付款的卖方而言，一旦付了款或发了货就失去了制约对方的手段，他们能否收货或收款，完全依赖对方的信用，如果他们信用不好，很可能使对方钱货两空。

(三)资金负担不平衡

对于预付货款的买方和货到付款的卖方而言，资金负担较重，整个交易过程中需要的资金，几乎全部由他们来提供。

(四)手续简便,费用少

手续最简便,费用也最少,只有一笔数额很小的汇款手续费。因此在交易双方相互信任的情况下,或在跨国公司的不同子公司之间,用汇款方式是最理想的。

案例点击

浙江某五金进出口公司Z公司,与俄罗斯E公司签约,出口两个20'FCL的后出水的水龙头,合同约定分两次装运,交货的时间间隔为30天;合同还约定装运后30天付款(Payment by T/T within 30 days after shipment of goods);合同还约定出口商收到汇款后再将单据通过国际快递邮寄给进口商(宁波港至圣彼得堡的航程为45天左右)。看来万无一失,Z公司并无太大的风险。

Z公司按照销售合同条款如期安排工厂生产,并将第一个20'FCL的货物在宁波港装船,此后向E公司发出了S/A(装船通知)。30天付款的日子眼看快到了,Z公司发去电文催E公司汇付货款,E公司自称为进口代理,也在催促其用户付款,后来Z公司几次催促E公司付款,起初E公司还敷衍,后来干脆就回避,最后索性连电话也不接、电文也不回了。显然是由于俄罗斯的市场发生变化,进口代理无奈毁约了。

好在Z公司没有寄出海运提单,还持有物权的凭证,虽然没有造成货款两空,但是由于找不到其他客户转卖货物,只好在货到圣彼得堡港两个月后联系了一家船公司将货物运回。由于货物在目的港的CY的码头费、搬运费、往返运费、保费、报关费等,使Z公司经济损失惨重。更加糟糕的是第二个20'FCL的货物也如约安排工厂生产,而且国内水龙头大都用于出口,出口转内销都有问题。两个TEU价值300多万元人民币的货物成为库存商品。

(资料来源:国际结算方式——汇款与托收.百度文库,
http://wenku.baidu.com/view/6d8e3ac30c22590102029d8a.html)

〖点石成金〗

(1) 如果在销售合同中Z公司要求E公司预付20%的定金,结局将会完全两样。一方面E公司不会放弃定金,会补上80%的余额,以换取提单;一方面即便E公司放弃定金,Z公司也可以因此减少部分损失。

(2) 初次交往的客户不该在第一批货物的款项还没有收妥时,就将第二批货物备妥待运。

(3) 特别是那些无法出口转内销的货物(阿拉伯袍、美军军服、美洲和日本的家电),需要格外了解客户的资信、注意结算方式的运用(托收和信用证)、贸易术语的选择等。

(4) 采取措施以降低风险,如采取办理出口信用保险、保理或包买票据(福费廷)等办法来转嫁出口商的风险。

二、汇款方式的风险防范

汇款方式应用的增多有其特殊的原因。因为其他结算方式如信用证结算方式等是以社会经济结构稳定、经济秩序良好、银行体系完善、企业经营正常为前提。在缺乏上述前提时,即缺乏银行信用时,只能使用商业信用。这一现象在最近几年来的中俄贸易中比较突出。在这些年的中俄贸易中信用证的使用可谓是凤毛麟角。自 1991 年苏联解体以来，俄罗斯处在经济转轨时期，市场经济还不成熟、完善，银行信用体系存在缺陷，特别是 1998 年 8 月金融危机爆发后俄罗斯最大的几家商业银行突然破产，致使银行信用更加下降，以银行信用为基础的信用证业务难以开展起来。而同中国往来的大部分是中小企业，其资力有限，难以开出信用证，所以更多地使用汇款结算方式。

从贸易角度来看，如果双方缺乏信任，则采用该方式风险很大。因此，企业对汇款风险的防范首先在于加强信用风险管理；同时，为了保障其权益，减少风险，可以在买卖合同中规定保障条款，以获得银行信用担保或第三方的商业信用加入。例如：在买卖合同中可约定卖方收取货款时，必须提供银行保函，由银行担保卖方如期履行交货义务，保证提供全套装运单据等。

从银行角度来看，国际资金偿付作为银行的基本业务在整个业务流程中环节较多，涉及面广，加强风险防范与控制，是一项非常重要的基础工作。银行收到付款指示时，由电脑系统自动识别与控制，对指示行所有的付款指示在确认已收妥相应的头寸后方予以解付，以避免头寸风险的发生。对于经常发生头寸风险问题的国外汇款银行，应格外注意。当退汇时，银行要注意按国际惯例办事，防范头寸风险。

复习思考题

1．什么是顺汇法？什么是逆汇法？
2．什么是汇款方式？其主要当事人有哪些？
3．汇款方式的种类有哪些？其中在目前实务中最常用的是哪一种？有何特点？
4．汇款的头寸划拨是如何进行的？在汇出行和汇入行互开账户的情况下，有关银行会选择哪种方式拨付头寸？为什么？
5．有关银行如何处理退汇？
6．汇款在国际贸易中的运用方式有哪几种情况？
7．阐述三种汇款方式的不同。

技能训练题

我国外贸公司 A 拟汇出一笔押金 GBP1000.00 给英国某商人 B，A 委托广州中国银行代为办理。

(1) 广州中国银行拟以伦敦的 X 银行作为解付行。因为广州中行在该行开有 GBP 账户。
(2) 汇入行为 Y 行，由于双方无账户关系，头寸通过伦敦中行划拨。
(3) 汇入行为 Z 行，由于广州中行与 Z 行间无账户关系，广州中行通过其联行伦敦中行将头寸划到 Z 行的代理行 Midland Bank Ltd.。

请你说出以上三种情况下的关系人名称，并代表广州中国银行发付款指令。

第四章 托收结算方式

【本章学习要求】

通过本章学习,要求学生了解托收项下的国际惯例 URC522 的相关条款;理解托收方式的风险、风险的防范及进出口商的资金融通方式;掌握跟单托收方式的概念、种类、当事人及流程;熟练掌握即期付款交单托收业务、远期付款交单托收业务、承兑交单托收业务的流程及托收项下银行间头寸的划拨办法。

【本章重点】

- ◆ 跟单托收方式的种类、业务流程
- ◆ 比较远期付款交单与承兑交单的异同
- ◆ 出口商的风险及其防范
- ◆ 银行对进出口商的融资方式
- ◆ 银行间托收头寸的划拨

【本章难点】

- ◆ 涉及 URC522 相关条款的理解与掌握
- ◆ 银行间托收头寸的划拨

【章前导读】

某外贸公司与某美籍华人客商做了几笔顺利的小额交易,付款方式为预付。后来客人称销路已经打开,要求增加数量,可是,由于数量太多,资金一时周转不开,最好将付款方式改为 D/P AT SIGHT。当时我方考虑到采用 D/P AT SIGHT 的情况下,如果对方不去付款赎单,就拿不到单据,货物的所有权归我方所有。结果,未对客户的资信进行全面调查,就发出了一个 40 尺货柜的货物,金额为 3 万美元。事情发展极为不顺。货物到达目的港后,客户借口资金紧张,迟迟不去赎单。10 天后,各种费用相继发生。考虑到这批货物的花色品种为客户特别指定,拉回来也是库存,便被迫改为 D/A 30 天。可是,客户将货提走之后,就再也没有音信。到涉外法律服务处与讨债公司一问才知道,到美国打官司费用极高,于是只好作罢。

(资料来源:采用 D/P AT SIGHT 损失案. 国际商报,2001)

【关键词】

托收　跟单托收　付款交单(D/P)　承兑交单(D/A)　凭信托收据借单

第一节　托收方式概述

托收,也是国际贸易中较为常用的一种结算方式,它实质上是为交易双方提供的介于延期付款和预付货款之间的一种结算方式。尽管同汇款一样也属于商业信用,但由于在托收业务中,结算工具的传递方向与资金的流动方向相反,因此又不同于汇款,而属于逆汇。

一、托收的定义

(一)国际贸易项下托收的定义

托收(Collection)是由债权人(出口商)提交凭以收款的金融票据或商业单据,委托银行(出口国的银行)通过其在国外的分行或代理行,向债务人(进口商)收回款项的一种国际结算方式。

从定义可以看出,银行在托收业务中只是受托代理人,只提供完善的服务,并不保证收回货款。所以托收方式与汇款方式一样,都基于商业信用,能否收回货款,完全靠买卖双方商业信用。但同样是商业信用,汇款方式因不能银货当面两讫而存在较大风险,而跟单托收方式项下,出口商将作为物权凭证的货运单据(商业单据)与汇票(金融单据)一起,通过银行向进口商提示,进口商必须在付款之后或向银行书面表示负责付款,即承兑后才能掌握货权。所以托收方式实际上就是一手交钱一手交货的交易形式,大大降低了交易的风险。

托收是国际结算的基本方式之一,其业务流程如图 4-1 所示。

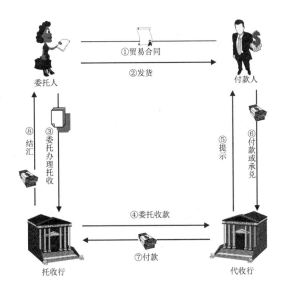

图 4-1 托收业务基本流程

如图 4-1 所示，在托收业务中，资金的流动方向与结算工具的传递方向相反，因此，托收是逆汇方式。托收业务流程比汇款复杂，所费时间也更长。

(二)国际商会的《托收统一规则》(URC522)及其对托收的定义

URC522 第二条对托收的定义是：

a. Collection means the handling by banks of documents as defined in sub article 2(b), in accordance with instructions received, in order to:

(1) obtain payment and / or acceptance, or

(2) deliver documents against payment and / or against acceptance, or

(3) deliver documents on other terms and conditions.

b. Document means financia do cuments.and/or Commercial documents

翻译：托收意指银行根据所收到的指示处理金融单据或商业单据，其目的是：

(1) 取得付款和/或承兑；

(2) 或者凭付款和/或承兑交付单据；

(3) 或者按其他条款和条件交单。

所谓金融单据(financial documents)是指汇票、本票、支票或其他用于取得付款的类似凭证；商业单据(commercial documents)是指发票、运输单据、物权单据或其他类似单据，或者一切不属于金融单据的其他单据。

URC522 的定义是对托收方式的广义概括，适用于国际贸易结算和非贸易结算。本章主要介绍国际贸易项下的托收方式。

二、托收方式的当事人

(一)委托人

委托人(principal)是将单据委托银行向国外付款人收款的人，即委托银行办理托收业务的当事人。他要受两个合同的约束：①作为出口商，他应履行与进口商签订的贸易合同的责任；②作为委托人，他应履行与托收行签订的委托代理合同的责任，如向托收行提出明确的托收指示、提交相关的单据以及向托收行交付所应承担的托收费用等。他可以是出口商(exporter)、卖方(seller)、出票人(drawer)、托运人(consignor)，也可以是托收汇票上的收款人(payee)。

(二)托收行

托收行(remitting bank)又称为寄单行，是指受委托人的委托而办理托收的银行，它是出口方银行(exporter's bank)。托收行一方面受委托人委托，受理托收业务；另一方面，通过寄单委托其国外联行或代理行，代向付款人收款，它可以作为托收汇票的收款人，也可以作为托收汇票的被背书人。

(三)代收行

代收行(collecting bank)是指受托收行的委托，参与办理托收业务的银行，也是受委托向付款人收取款项的银行。代收行是进口方银行(importer's bank)。它可以是托收汇票的收款人，也可以是托收汇票的被背书人。

(四)付款人

付款人(drawee)是指代收行接受托收行的委托向其收取款项的人，也是委托人开立汇票的受票人。在他未兑付托收业务中的汇票票款之前，也就是汇票的受票人。在国际贸易中，他还是进口商(importer)、买方(buyer)。

(五)提示行

提示行(presenting bank)是指向付款人提示汇票和单据的银行。它也是进口方银行。若代收行与付款人有直接的账户往来，则提示行与代收行是同一家银行。这种情况在实务中常见。否则，代收行使用它选择的一家银行作为提示行，这时提示行与代收行分别是两家银行。

(六)需要时的代理人

需要时的代理人(customer's representative in case of need)是指委托人指定的在付款地的代理人。托收结算方式对于出口商来说意味着先发货后收款，一旦发生受票人对代收行提示的汇票拒付，货物到达目的港后就可能会因无人照料而受损(如延长了在进口国海关仓库存放时间而增加了仓储费用等)。为避免这一情况的发生，出口商可以在付款地事先指定一代理人，由代理人在发生拒付事件后代为料理货物存仓、投保、运回或转售等事宜。委托人在向托收行提交托收申请书时必须注明此代理人的权限。一般出口商直接请代收行作为需要时的代理人。

在托收方式的有关当事人中，委托人与托收行之间的关系是委托代理关系，托收行与代收行同样也是委托代理关系。其间存在着两个契约关系：①委托人与托收行之间以托收申请书(见附式4-1:托收委托书[①])为代表的契约关系。托收申请书是委托人对托收行的指示,构成了委托人与托收行之间的委托代理合同,其指示力求明确具体。②托收行与代收行之间原先订立代理业务关系。具体的业务办理以相关的托收指示为约定,托收申请书是托收指示的依据,托收指示在内容上必须与托收申请书一致,如图4-2所示。

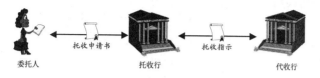

图 4-2 托收业务中的当事人之间的契约关系

附式 4-1 托收委托书

托收委托书

COLLECTION ORDER

致:中国银行　　　　　　　　　　日期:2011-08-31

托收行(Remitting Bank):	代收行(Collecting Bank)
中国银行 上海市人民大道170号	名称: THE BANK of TOKYO-MITSUBISHI, LTD. 地址: 2-10-22 Kayato Bldg 4F, Akebonocho Tachikawa Shi, Tokyo
委托人(Principal): 艾格进出口贸易公司 中国上海市北京西路嘉发大厦2501室 电话: 86-21-23501213	付款人(Drawee): 名称: RIQING EXPORT AND IMPORT COMPANY 地址: P.O.BOX 1589, NAGOYA, JAPAN 电话: 81-3-932-3588
付款交单 D/P　　　　承兑交单 D/A √ 发票号码: IV0002161 金额: [JPY][4950000]	国外费用承担人: √付款人　　委托人 国内费用承担人: 付款人　√委托人

单据种类	汇票	商业发票	海运提单	航空运单	保险单	装箱单	数量重量证书	健康证	植物检疫证书	品质证书	原产地证	普惠制产地证			
份数	4	4	4		4	4						4			

付款指示:

请将收汇款原币划入我司下列账上:

开户行: 中国银行　　　　　　　账号: 61010000198601

联系人姓名: 张艾格

电话: 86-21-23501213　　传真: 86-21-23500638

---

① "托收申请书"在实务中往往叫"托收委托书",也叫"客户交单联系单"。除了可以适用于托收方式外,还可以适用于信用证方式。

案例点击

江苏某出口公司在与香港的进口商签订合同时,商定进出口双方的银行费用由出口商承担,但出口商在填写"托收委托书"时,考虑到这笔生意利润很小,一厢情愿地希望托收行把双方的银行费用向付款人收取,因此擅自将银行费用改成由付款人(进口商)承担。由于这个原因,导致互相扯皮,最后出口商不仅一个多月后才收到货款,而且还承担了额外的双方银行的往来电报费50多美元。可以说"赔了夫人又折兵"。

【点石成金】

由于"托收委托书"是委托人与银行办理托收业务的契约,因此委托人必须全面而准确地表达自己的意图和要求。凡是要求银行托收的一切内容均需详细据实填列,有商业合同或其他意向约定的,应按合同条款和其他约定填列,不能随意选择对委托人有利的填写,否则,最后待付款人根据合同和其他约定审单后发现不符而拒绝付款,就会产生纠纷,以致不能顺利收汇。

(资料来源:庄乐梅. 国际结算实务精讲. 北京:中国海关出版社,2013)

第二节 托收的种类与办理

托收分为光票托收、跟单托收和直接托收,在实际业务中应用最广泛的是跟单托收。

一、托收的种类

托收结算方式分为光票托收、跟单托收和直接托收。

(一)光票托收

光票托收(clean collection)是指金融单据的托收,即卖方仅开立汇票而不附带任何货运单据,委托银行收取款项的一种托收结算方式。它不涉及货权的转移或货物的处理,处理比较简单。一般只用于贸易从属费用和非贸易款项的收取。托收中所使用的汇票式样参见附式4-2。

附式4-2 托收汇票

```
                        BILL OF EXCHANGE
    No._____
    Documents against PAYMENT/ACCEPTANCE
    For                               Due date
    At_____sight of this FIRST Bill of Exchange (SECOND being unpaid) pay to
    _____
    Value received and charge the same to account
    To _____
       _____
       _____         AUTHORIZED SIGNATURE
```

(二)跟单托收

跟单托收(documentary bill for collection)是指伴随货运单据的托收,可能使用汇票,也可能因进口商为避免印花税的负担而不使用汇票。跟单托收最实质的要件是代表物权的货运单据。国际贸易中货款的托收大多采用跟单托收。

根据银行交单条件的不同,跟单托收可分为付款交单和承兑交单两种。

1. 付款交单

付款交单(Documents against Payment,D/P)是指被委托的代收行必须在进口商付清票款以后,才能将货运单据交给进口商的一种托收方式。付款交单的特点是先付款后交单,付款人付款之前,出口商仍然掌握着对货物的支配权,因此其风险较小。

根据托收汇票付款期限的不同,付款交单又有即期和远期之分。

1) 即期付款交单

即期付款交单(D/P at sight)指委托人开立即期汇票(向欧洲大陆国家的托收免开汇票,以发票替代),在代收行向付款人提示汇票后,付款人只有立即付清货款才能获得货运单据,其业务流程如图4-3所示。

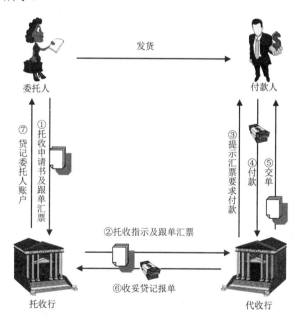

图4-3 即期付款交单业务流程

2) 远期付款交单

远期付款交单(D/P at ×× days after sight)是指委托人开立远期汇票,代收行在向进口商提示汇票时,进口商立即承兑汇票,代收行收回汇票并掌握货运单据,直至到期日,代收行再提示,进口商付款后,代收行才交出货运单据,其业务流程如图4-4所示。

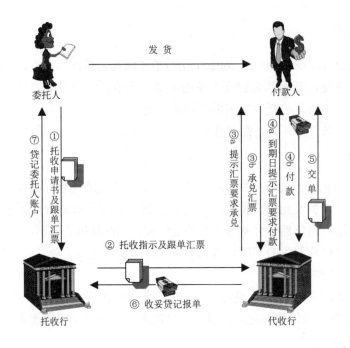

图 4-4 远期付款交单业务流程

远期付款交单有其产生的原因——交易双方相距较远，在通常情况下，单据以航空挂号信方式传递，要比货物以海运或铁路等运输方式早较多的时间到达进口方。以即期付款方式结算，可能造成进口商资金被占压。于是，进口商为了避免资金被占压，就自然要求推迟付款时间，即实行远期付款交单。但这种交单方式在实务中往往会引起许多问题，例如：货先到而付款期限未到，进口商因不能付款赎单而由此产生了由谁负责办理货物的提取、存仓、保险等种种手续和相关费用的支付问题。为此，URC522 第 7a 条规定："托收不应该含有远期付款汇票而同时又指示商业单据需在付款后交给付款人"；第 7c 条进一步指出："如果托收包含在将来日期付款的，以及托收指示注明商业单据凭付款而交出，则单据实际只能凭这样付款才可交出，代收行对产生于延迟交单的任何后果不负责任。"可见，国际商会明确表示不赞成远期付款交单的安排。

另外，有些国家或地区在法律中规定，将进口远期付款交单以承兑交单方式处理，从而增加了出口商的风险。因此，对使用远期付款交单应十分谨慎，可在托收指示中特别注明："付款后才能交单"(deliver documents only after payment was effected)。

案例点击

×月×日，我国 A 公司同南美客商 B 公司签订合同，由 A 公司向 B 公司出口货物一批，双方商定采用跟单托收结算方式了结贸易项下款项的结算。我方的托收行是 A′ 银行，南美代收行是 B′ 银行，具体付款方式是 D/P 90 天。但是到了规定的付款日，对方毫无付款的动静。更有甚者，全部单据已由 B 公司承兑汇票后，由当地代收行 B′ 银行放给 B 公司。于是 A 公司在 A′ 银行的配合下，聘请了当地较有声望的律师对代收行 B′ 银行，因

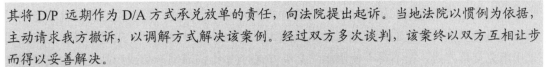

其将 D/P 远期作为 D/A 方式承兑放单的责任，向法院提出起诉。当地法院以惯例为依据，主动请求我方撤诉，以调解方式解决该案例。经过双方多次谈判，该案终以双方互相让步而得以妥善解决。

〖点石成金〗

托收方式是一种以商业信用为基础的结算方式，这种结算方式显然对一方有利，对另一方不利。鉴于当今世界是买方市场这一情况，作为出口商的我方想通过支付方式给予对方优惠来开拓市场，增加出口，这一做法本无可厚非，问题是在采用此种结算方式时，我们除了要了解客户的资信以外，还应掌握当地的习惯做法。

在这一案例中托收统一规则 URC522 与南美习惯做法是有抵触的。据 URC522 第 7 条 a 款：托收不应含有凭付款交付商业单据指示的远期汇票；b 款：如果托收含有远期付款的汇票，托收指示书应注明商业单据是凭承兑交付款人(D/A)还是凭付款交付款人(D/P)。如果无此项注明，商业单据仅能凭付款交单，代收行对因任何迟交单据产生的后果不负责任；c 款：如果托收含有远期付款汇票，且托收指示书注明凭付款交付商业单据，则单据只能凭付款交付，代收行对于因任何迟交单据引起的后果不负任何责任。

从中不难看出，国际商会托收统一规则，首先不主张使用 D/P 远期付款方式，但是没有把 D/P 远期从 URC522 中绝对排除。倘若使用该方式，根据 URC522 规则，B′银行必须在 B 公司 90 天付款后，才能将全套单据交付给 B 公司。故 B′银行在 B 公司承兑汇票后即行放单的做法是违背 URC522 规则的。

但从南美的习惯做法看，南美客商认为，托收方式既然是一种对进口商有利的结算方式，就应体现其优越性。D/P 远期本意是出口商给进口商的资金融通。而现在的情况是货到南美后，若按 D/P 远期的做法，进口商既不能提货，又要承担因货压港而产生的滞迟费。若进口商想避免此种情况的发生，则必须提早付款从而提早提货，那么这 D/P 远期还有什么意义？故南美的做法是所有的 D/P 远期均视作 D/A 对待。在此情况下，B′银行在 B 公司承兑后放单给 B 公司的做法也就顺理成章了。

启示：

在处理跟单托收业务时，原则上我们应严格遵守 URC522。托收行在其托收指示中应明确表明按 URC522 办理，这样若遇有当地习惯做法与 URC522 有抵触时，可按 URC522 办理。

当然我们在具体操作时，也应尊重当地的习惯做法。将来凡货运南美地区的托收业务，我们可采用 D/P 即期或 D/A 的付款方式，避免使用 D/P 远期，以免引起不必要的纠纷。倘若非用 D/P 远期不可，则远期的掌握应该以从起运地到目的地运输所耗费的时间为准。

(资料来源：案例：D/P 远期付款方式的掌握. 国际贸易结算案例 汇集贴(110 例). 福步外贸论坛, http://bbs.fobshanghai.com/thread-1160118-1-1.html)

2. 承兑交单

承兑交单(Documents against Acceptance，D/A)是指被委托的代收行根据托收指示，于付款人承兑汇票后，将货运单据交给付款人，付款人在汇票到期时履行付款责任的一种托收方式。它适用于远期汇票的托收。这种方式因为出口商在进口商承兑汇票后就不能控制单据而风险较大，承兑的期限越长，风险越大。在实际出口业务中，应避免或者严格控制采用承兑交单方式，在不得不使用承兑交单方式时(如推销滞销产品或产品竞争力较差等情况)，也应尽可能缩短承兑的期限，其业务流程如图4-5所示。

客户(出口商)向银行提交单据或汇票时，要在银行事先印就的空白的"托收委托书"上填写相关的事项，并交给银行，银行凭此单点收客户所提交的单据和按客户所选择的结算方式办理相关的业务手续。托收委托书的格式可参见附式4-1。

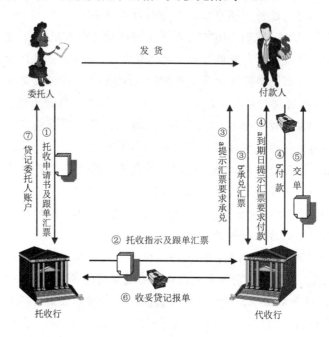

图4-5 承兑交单业务流程

案例点击

我国沿海一家进出口集团公司与澳大利亚B公司有3年多的合作历史，双方一直保持着良好的贸易关系。合作初期，B公司的订单数量不大，但是该公司的订货很稳定，且付款情况也较好。后来，随着双方之间的相互了解和熟悉，我进出口公司为B公司提供了优惠付款条件，由最初的信用证即期、D/P即期、D/A60天到D/A90天，而双方的贸易额也由每年的六七万美元增加到七八十万美元。

2013年9月，B公司又给我进出口公司下放了一批订单，货物总值25万美元，价格条件为CIF墨尔本，而我进出口公司在未对该客户进行严格信用审核的情况下，同意给予对方D/A180天的信用条件。2013年11月，全部货物如期出运，我进出口公司也及时向银行议付了单据。

2014年5月，汇票承兑日到期时，B公司以市场行情不好，大部分货物未卖出为由，要求延迟付款。之后，我进出口公司不断给B公司发传真、E-mail等，要求该公司付款或退货。B公司对延迟付款表示抱歉，并答应尽快偿付。2014年11月，B公司以资金困难为由，暂时只能偿付我进出口公司 3 万美元。我进出口公司表示同意，并要求马上汇款。即使这样，B 公司一会儿说其财务人员有病，一会儿又称其主要负责人休假，继续拖欠付款。

2015 年 1 月，B 公司总经理 K 先生辞职，在此之前，我进出口公司与 B 公司的所有交易都是经由 K 先生达成的。以后，B 公司对我进出口公司的所有函件没有任何答复。到 2007 年 3 月，我进出口公司与 B 公司失去联系。

2015 年 5 月，东方国际保理中心受理此案，通过调查得知，B 公司已于 2015 年 3 月申请破产。东方国际保理中心为我进出口公司及时申请了债券，尽力争取把我进出口公司的损失降到最低。但是，根据当地清算委员会的最初报告，保理中心了解到，B 公司是债务总额为其资产总额的三倍，且该公司 90%以上的资产已经抵押给银行。不言而喻，我进出口公司将蒙受巨大的坏账损失。

〖点石成金〗

通过以上案例可以看出，当一笔海外应收账款没有及时收回的时候，企业最大的风险莫过于因对方破产而带来的坏账损失，即使对方的信用状况较好，有时候，遭受这种风险的可能也在所难免。通过对大量的拖欠案例的分析，客户在破产前会有一些迹象，请进出口企业注意观察如下征兆，必要时，应及时采取措施加以防范。

(1) 客户突然要求大量增加订单数量。
(2) 客户改变惯用的付款方式。
(3) 客户财务状况不好，资金不足，周转困难。
(4) 客户不断地变换拖延、拒付货款理由。
(5) 客户长时间不答复债权人的函电。
(6) 客户不提供书面的还款计划或承诺付款声明。
(7) 客户公司的管理层内部发生重大变化。

(资料来源：承兑交单(D/A)项下产生的拖欠. 温州大学精品课程网，http://jpkc.wzu.edu.cn/gjjs/uploads/down/anli3-3.doc)

(三)直接托收

直接托收(direct collection)是指委托人从托收行获得空白的托收指示格式后，自行填制，连同其他单据直接寄给代收行，由代收行向付款人提示，以代收款项，即绕开托收行办理托收业务。代收行将直接托收项下由委托人直接寄送的单据视同由托收行寄出的单据，即视同为正常的托收业务来处理。从理论上讲，这种托收最大的好处在于缩短了办理托收业务所经过的途径，可节约办理所需的时间。但是，在直接托收方式中存在一系列具体的问题难以解决。

(1) 委托人与代收行之间没有代理协议之类的契约，委托人难以把握代收行的资信及代收行与付款人的关系。

(2) 按许多国家的法律规定，都不允许本国企业私自在境外银行开立账户，则在直接托收方式下，即使代收行愿意接受委托办理收款，在付款人支付了有关的票款后，代收行也无法直接将所收得的款项贷记委托人账户，而仍然要通过汇款方式，汇交委托人的账户银行，才能入账。

(3) 直接托收无相应的银行惯例可循，各项跟单托收指示都可以注明"本项业务根据国际商会的《托收统一规则》(URC522)办理"。但是，国际商会第 522 号出版物不涉及直接托收，这就使得在直接托收的指示中，即使也做相应记载，事实上仍无法从国际商会的规则中找到业务办理的依据。这就大大增加了有关各方产生异议时缺乏协商、调解或仲裁基础的风险。事实上，可以认为，国际商会的托收规则不对直接托收做出规定的本身，就表明国际商会不赞成直接托收的做法。

二、托收指示

(一)托收指示的定义

托收指示(collection instruction)是托收行寄送托收单据给代收行的寄单面函(covering letter)。根据 URC522，要求托收的所有单据必须伴随着托收指示，注明托收受到《托收统一规则》的约束，并做出完全和准确的指示，银行仅被允许根据该项托收指示所做出的各项指示和按照国际商会出版物第 522 号办理。除非托收指示另有授权，代收行将不会理会除向其发出托收的一方/银行以外的任何一方/银行的任何指示。因此，托收行的主要责任就是严格按照委托人的托收申请书缮制托收指示，做到托收指示的内容与托收申请书的内容严格一致。

(二)托收指示的内容

根据 URC522 第四条规定，托收指示应包括下列各项适用的内容。

(1) 托收行、委托人、付款人、提示行(如有)的详情，包括全称、邮政地址和 SWIFT 地址(若有)、电传、电话、传真号码。

(2) 托收金额及货币种类。

(3) 所附单据及每一项单据的份数。

(4) 取得付款及/或承兑的条款和条件。据以交单的条件：付款和/或承兑；其他条件，并有责任确保交单条件表述清楚、意思明确。

(5) 要求收取的费用，注明是否可以放弃。

(6) 如有应收利息，应注明下列内容：利率、计息期、所适用的计息基础，并注明可否放弃。

(7) 使用何种付款方法及通知付款的方式。

(8) 发生拒绝付款、拒绝承兑和/或与其他指示不符时的指示。

托收指示的样式，见附式 4-3。

附式 4-3 托收指示

(三)托收指示的重要性

国际商会《托收统一规则(URC522)》指出，托收指示的重要性主要有以下三点。
(1) 所有托收业务都必须附有一个单独的托收指示，该项托收业务离不开该托收指示。
(2) 代收行仅被托收指示中载明的指示所引导。
(3) 代收行不从其他地方(包括托收委托当事人之外的其他人和托收委托当事人在托收

指示之外的其他地方所提出的指示)寻找指示,也没有义务审核单据以获得指示;即使个别单据上带有指示,银行也不予理会。

托收指示应包含 URC522 第四条所规定的内容,同时必须注明"本项托收业务按照国际商会的第 522 号出版物的规定办理(This collection is subject to Uniform Rule for Collection—1995 Revision ICC. Publication No.522)。否则由于容易引发各当事人之间的异议纠纷,而使对方不愿意接受办理该项托收业务。

三、托收汇票

在即期付款交单方式下,托收汇票不是必要单据。例如对于欧洲大陆国家的托收,进口商为了避免负担印花税,一般均要求出口商不开立汇票,而以商业发票替代汇票的使用,这时应注意发票上加列交单方式,以便代收行掌握和日后查考。而在远期付款交单和承兑交单方式下,汇票则是必不可少的。

托收汇票通常是跟单的商业汇票,它除了具备一般汇票的 8 个必要项目外,还应加注以下内容。

(1) 交单条件(在付款期限前注明 D/A 或 D/P)。

(2) 出票条款(通常以 "Drawn against shipment of (merchandise) for collection" 为固定格式),以表明开立汇票的原因,见附式 4-4。

附式 4-4　出票人为抬头人的汇票

```
Exchange for USD5000.00                    Hong Kong   10 July, 2010

    At    sight   pay this first bill of exchange (second unpaid) to the order of ourselves the sum of five
thousand US dollars only

    Drawn against shipment of (merchandise) for collection.


    To buyer or importer


       London.                                       For seller or exporter
                                                         Hong Kong.
                                                         Signature
```

托收汇票的出票人是出口商或卖方,付款人是进口商或买方,收款人可以有三种形式表示:出票人抬头、托收行抬头和代收行抬头。

1. 出票人抬头

出票人抬头,即以委托人或出口商为收款人,如附式 4-4 所示。

(1) 委托人向托收行提交全套单据时可做成空白背书(如附式 4-5 第一部分所示)或以托收行为被背书人的记名背书。

(2) 托收行将单据寄给代收行时,应以代收行作为被背书人,做成托收背书。如附式 4-5 第二部分所示。

附式 4-5

```
(汇票背面)
            Seller's name, place
            ___signature___   (第一部分)

For collection Pay to the order of
collecting bank, place
                    For remitting bank, place
                    ___signature___   (第二部分)
```

出票人为抬头人的汇票流通如图 4-6 所示。

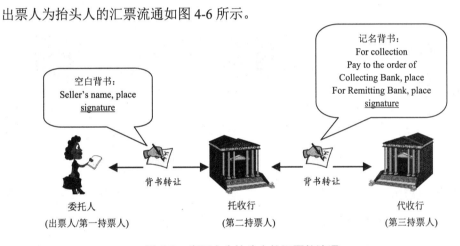

图 4-6　出票人为抬头人的汇票的流通

2．托收行抬头

托收行抬头,如附式 4-6 所示。

附式 4-6　托收行为抬头人的汇票

Exchange for USD5000.00　　　　　　　　　　Hong Kong　　10 July, 2010

D/P　At 30 days sight pay this first bill of exchange (second unpaid) to the order of remitting bank the sum of five thousand US dollars only

Drawn against shipment of (merchandise) for collection.

To buyer or importer
London.　　　　　　　　　　　　　　　　　For seller or exporter
　　　　　　　　　　　　　　　　　　　　　　Hong Kong.

　　　　　　　　　　　　　　　　　　　　　　Signature

寄单时汇票由托收行做成托收记名背书，背书给代收行，如附式 4-7 所示。

附式 4-7

(汇票背面)
For collection Pay to the order of collecting bank, place
For remitting bank, place
_____signature_____

托收行为抬头人的汇票，其流通过程如图 4-7 所示。

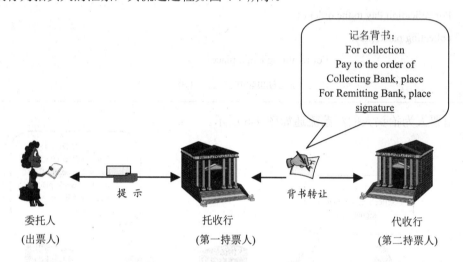

图 4-7　托收行为抬头人的汇票的流通

3. 代收行抬头

代收行抬头，即直接以代收行为收款人，如附式 4-8 所示。

附式 4-8　代收行为抬头人的汇票

Exchange for USD5000.00　　　　　　　　　　Hong Kong　 10 July, 2010

　D/P　At 30 days sight pay this first bill of exchange (second unpaid) to the order of collecting bank the sum of five thousand US dollars only

Drawn against shipment of (merchandise) for collection.

To buyer or importer
London.
　　　　　　　　　　　　　　　　　　　　　For seller or exporter
　　　　　　　　　　　　　　　　　　　　　　　　Hong Kong.

　　　　　　　　　　　　　　　　　　　　　　　　Signature

这种抬头方式可以避免背书。代收行为抬头人的汇票，其流通过程如图 4-8 所示。

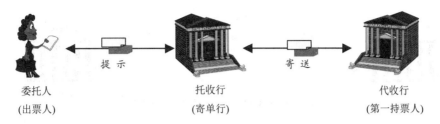

图 4-8　代收行为抬头人的汇票的流通

四、托收方式下的运输单据

鉴于托收方式是建立在商业信用基础上的结算方式，银行只是受委托办理有关款项的转移，因此，银行应该避免更多地介入与款项无关的事项中，例如提货或保管货物等。

国际商会 URC522 第十条就此做了明确规定：

a 款：未经银行事先同意，货物不得直接发至银行或运至银行或其指定人。

b 款：银行没有义务对于跟单托收有关货物采取任何行动，包括货物的储存和保险，即使接到特殊指示要求这样做；在个案中，只有当银行同意这样做时，它们才将采取行动。

c 款：银行采取任何行动保护货物发生的任何费用及/或花费应由发出托收当事人负担。

因此，出口商为保证在进口商未承兑/付款情况下对货物的控制，托收项下的运输单据应做成空白抬头、空白背书，而不应该做成银行或银行的指定人抬头，或者进口商抬头。

另外，对出口商来说，交易中使用的贸易条件应选择 CIF 为好，由出口商投保，万一货物出险进口商不付款时，保险赔偿归出口商受益。同时注意加保出口信用险，以保障出口商的利益。

第三节　托收项下头寸的划拨和银行的资金融通

根据托收行与代收行之间账户设置的情况的不同，头寸划拨的情况也有所不同。另外，进口商和出口商都可以在托收方式下获得融资。

一、托收指示中的收款指示

收款指示是托收指示中除交单条件外的另一重要内容，所要解决的是双方银行间的头寸划拨问题。根据托收行与代收行之间账户设置的情况的不同而采用不同的收款指示，常用的有以下三种。

(一)托收行在代收行开立账户

托收行在出口托收指示中收款指示是："收妥款项，请贷记我行在你行账户，并以航邮或电报通知我行。"(Upon collection, please credit the proceeds to our a/c with you under airmail/cable advice to us.) 当代收行将收妥的款项贷记托收行账户，并发出贷记报单，托收行收到贷记报单，得知款项已收妥后，即可贷记委托人账户，完成此笔托收业务，如图 4-9

所示。

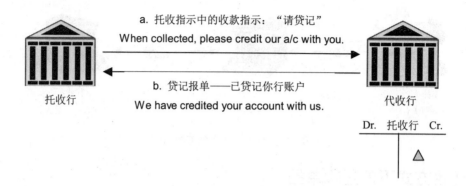

图 4-9 托收行在代收行开立账户时的头寸划拨

(二)代收行在托收行开立账户

托收行在出口托收指示中收款指示是："请代收款项并以航邮或电报授权我行借记你行在我行的账户。"(Please collect the proceeds and authorize us by airmail/cable to debit your a/c with us.)代收行收妥款项后，向托收行发出支付委托书(payment order)，授权托收行借记其账户。托收行收到支付委托书后，先借记代收行的账户，再贷记委托人账户，完成此笔托收业务中的头寸划拨，如图 4-10 所示。

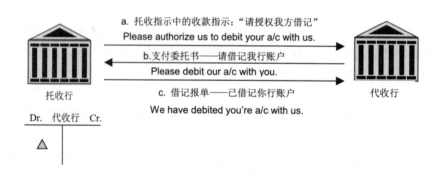

图 4-10 代收行在托收行开立账户时的头寸划拨

(三)托收行与代收行之间没有账户往来，头寸通过托收行的账户行进行划拨清算

托收行与代收行之间没有账户往来，头寸通过托收行的账户行进行划拨清算是由托收行指示代收行将收妥的款项交指定的托收行的账户行贷记。这时托收行在出口托收指示中的收款指示是："请代收款项并将款项汇至×银行贷记我行在该行的账户，并请该行以航邮或电报通知我行。"(Please collect and remit the proceeds to × Bank for credit of our account with them under their airmail / cable advice to us.)代收行收妥款项汇交×银行贷记托收行账户并通知托收行。托收行收到×账户行贷记报单后，即可贷记委托人账户，完成此笔托收业务，如图 4-11 所示。

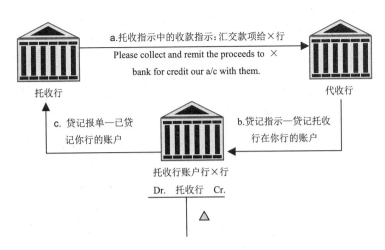

图 4-11 托收行与代收行之间没有账户往来时的头寸划拨

二、托收方式中银行对进出口商的融资

(一)对出口商的融资

1. 托收出口押汇(collection bills purchased)

托收出口押汇是指银行有追索权地向出口商购买跟单汇票的行为，是托收行向出口商提供的一种资金融通方式。其基本做法是：银行凭出口商开立的以进口商为付款人的跟单汇票以及所附的商业单据为质押，将货款扣除利息及费用后，净额付给出口商。托收行成为跟单汇票的持票人，又称押汇行。等到代收行收妥款项并将头寸拨给托收行，托收行叙做托收出口押汇的垫款才得以归还。如果出现拒付，押汇行有权向出口商追索票款及利息。

由于托收方式属于商业信用，托收项下的付款人是进口商。对于押汇行而言，其垫款能否收回取决于进口商的资信，银行叙做托收出口押汇实际上是将原来由出口商承担的风险转移到托收行，因此风险较大，一般银行都不太愿意做。在实务中，银行对托收出口押汇的要求较高，如要求进口商的资信良好、押汇单据必须是全套货运单据、必须取得出口信用保险、出口货物是畅销的等，此外还要求收取较高的押汇利息和手续费用。

2. 出口贷款(advance against collection)

出口商在其流动资金不足的情况下可以要求托收行发放少于托收金额的贷款，等其到期时还贷。它相当于以部分货款做押汇。

3. 使用融通汇票贴现融资(accommodation bill for discount)

出口商利用开立带有质押的融通汇票，由托收行承兑后，通过贴现公司贴现融资。具体地，出口商可事先与托收行或其他银行订立承兑信用额度协议(acceptance credit agreement)，货物出运后，出口商开立一张远期融通汇票，以订立协议的银行(即托收行)作为受票人，以出口商作为出票人和收款人，金额略低于托收汇票，期限略长于托收汇票，并以托收跟单汇票作为融通汇票的质押品，一起交给托收行，托收行在对融通汇票承兑后，送交贴现公司贴现，出口商即可得到净款融资。托收行将托收跟单汇票寄代收行，收取货款后，向贴现公司付融通汇票到期日应付的票款，其业务流程如图4-12所示。

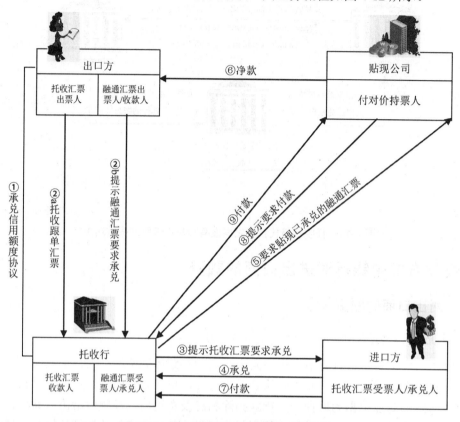

图4-12 带有质押的融通汇票的业务流程

(二)对进口商的融资

1. 信托收据(Trust Receipt，T/R)融资

信托收据融资是进口商表示愿意以代收行受托人的身份代银行提货，承认货权属于银行，并保证在汇票到期日向银行付清货款的一种书面文件，它是在远期付款交单条件下代收行向进口商提供的资金融通方式。这种融资有一定的风险，其业务流程如图4-13所示。

凭信托收据借得货物运输单据所提取的货物，其所有权并不随货物的转移而转移。进口商的义务是：①将信托收据项下的货物与其他货物分开保管；②售得的货款应交付给代收行，或暂代代收行保管，并在账目上与自有资金明确分开；③不得将信托收据项下的货物抵押给他人。代收行是信托人，其权利是：①可以随时取消信托，收回货物；②可随时向进口商收回已经售出货物的货款；③若进口商倒闭破产清理，对该信托收据项下的货物和货款有优先债权。

若在托收指示中注明"D/P at ×× days after sight to issue trust receipt in exchange for documents, 简称 D/P，T/R"(远期付款交单凭信托收据借单)，是出口商允许进口商以开立信托收据方式借得货运单据提货，则到期进口商不向代收行缴清货款的风险由出口商自己承担；若代收行在未得到出口商的授权时，自行给进口商提供这项融资，则风险应由代收行承担。

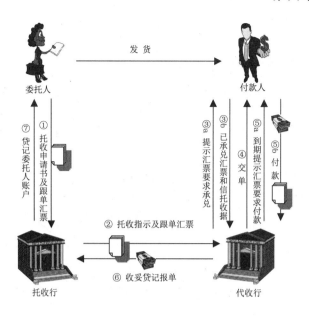

图 4-13 D/P·T/R 业务流程

📖 案例点击

我某轻工进出口 A 公司与新西兰 B 公司达成一项出口矿产品的合同,付款条件为 D/P60 天付款。当汇票及所附单据通过托收行寄抵进口地代收行后,B 公司及时在汇票上履行了承兑手续。货抵新西兰某目的港后,代收行借得单据,先行提货转售。在汇票到期时,B 公司由于经营不善,失去偿付能力。代收行以汇票付款人拒付为由通知托收行,并建议由我公司直接向 B 公司索取货款。对此,A 公司应如何处理?

〖点石成金〗

本案例是有关在托收项下银行对进口商的资金融通问题。在案件中,代收行允许进口商在付款前开立信托收据,凭以借出货运单据先行提货以便出售。这完全是代收行给予进口商的资金融通,一切后果应由代收行负责,与出口商没有任何关系。

(资料来源:冷柏军. 国际贸易实务. 北京:对外经济贸易大学出版社,2005)

2. 融通汇票融资

进口商利用开立不带有质押的融通汇票,由代收行承兑后,通过贴现公司贴现融资。具体地,进口商可事先与代收行或其他银行订立承兑信用额度协议,当进口商收到代收行的通知书要求他付款时,可开立一张远期融通汇票,以订立协议的银行(即代收行)作为受票人,以进口商作为出票人和收款人,要求代收行在对融通汇票承兑后,送交贴现公司贴现,进口商即可得到净款用来支付给代收行。待融通汇票到期,进口商将提取的进口货物销售所得的货款归还融通汇票到期的票款,其业务流程如图 4-14 所示。

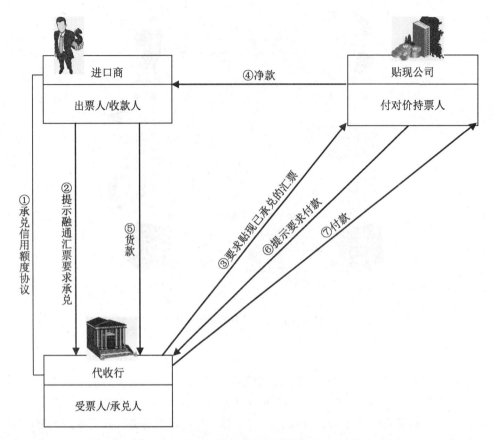

图4-14 不带有质押的融通汇票的业务流程

第四节 托收项下的风险及其防范

一、托收方式的特点

(一)商业信用

托收方式与汇款方式一样，都属于商业信用，即进出口商双方能否取得合同规定的货物或按期收到合同规定的货款分别取决于对方的资信，没有第三者的保证。托收项下的银行只是接受委托办理收款业务，与当事人之间的关系是委托代理关系，他们对于托收过程中遇到的一切风险、费用和意外事故等不承担责任。

(二)较汇款方式安全

托收方式比汇款方式安全。首先，对于出口商来说，进口商必须在付款之后，或进口商向银行书面表示负责付款，即承兑后，才能掌握货权，所以托收方式使得出口商在控制货权、安全收回货款方面比货到付款更有保证，比货到付款或赊销安全；其次，对于进口商来说，出口商按合同装运货物，进口商被提示单据时，说明了货物确实已经装运，才能付款或承兑。这样与预付货款下进口商先付款后收货相比，其利益更有保障。而且在承兑交单方式下,对进口商更为有利,因为承兑后即可赎单提货。等到到期日,用销售所得款项支付出口商的货款,不必另筹资金,这等于出口商给予进口商全额资金融通,对进口商加速资金周转很有利。

(三)资金负担仍不平衡

托收项下,进出口商的资金负担仍不平衡。表现在:在进口商支付货款之前,货物占用的资金全部由出口商承担,所以出口商的资金负担较重,而进口商基本不负担资金。但在进口商支付货款之前,货物的所有权属于出口商的,出口商可以凭物权单据向银行申请融资,办理出口押汇,以减轻资金负担过重的压力。

(四)手续较杂、费用较高

从托收和汇款方式的流程来看,托收的业务流程要比汇款更复杂,手续稍多些,费用自然要高些。

二、托收项下的风险

托收仍是出口商先出运商品后收款,所以是相对有利于进口商,不利于出口商的一种结算方式。托收项下的风险主要指出口商面临的风险,有以下几点。

(一)进口商经营风险

进口商经营风险来自进口商破产或倒闭,丧失支付能力的风险。

(二)市场风险

市场风险来自国际市场行市下跌,买方借故不履约,拒不付款的风险;或进口商利用不赎单给卖方造成被动,借此压低合同价格的风险。

(三)进口国国家风险

进口国由于政治或经济的原因,加强外管,使进口商无法领到进口许可证或申请不到进口所需的外汇,造成货抵进口国无法进口,或不能付款带来风险。

(四)其他风险

如由以上情况所导致的货到目的地后发生的提货、存仓、保险费用和货物变质、短量的风险;转售货物可能发生的价格损失的风险;货物转运的费用负担以及因储存时间过长被当地政府拍卖的风险。

三、托收项下风险的防范

鉴于托收方式对出口商风险大,为了保证收汇安全,应采取相应的防范措施。

(一)加强对进口商的资信调查

托收是出口商先出运商品后收款的结算方式,出口商能否顺利地收回货款完全依赖于进口商的资信状况,所以出口商必须事先详细地调查进口商的资信和经营状况,成交的合同金额不宜超过其经营能力和信用程度。

(二)选择适当的商品采用托收方式

采用托收的出口商品种类,应是那些市场价格相对平稳、商品品质稳定、交易金额不大的商品或是向国际市场推销(试销)的新产品。

(三)选择合理的交单条件

出口商应尽量地选择即期付款交单方式。如果一定要使用远期付款交单方式,应把握好付款期限,一般应掌握在不超过从出口地到进口地的运输时间,不宜过长。应尽可能地避免使用承兑交单方式。不过,在我国的对外加工装配和进料加工业务中,往往对进口料件采用承兑交单方式付款。

知识拓展

托收方式在对外加工装配业务中的应用

我国在来料来件加工装配业务中,即期付款交单与承兑交单往往是结合起来使用的。国外委托加工方来料来件的结算通常使用承兑交单条件结算,我加工方交付成品则以即期付款交单条件结算,以承兑交单的代收行作为即期付款交单的托收银行,这样,只要能够在汇票到期日及时交货,我加工方就可以不动用外汇资金而赚取外汇。

(四)选择好价格条款

应争取以 CIF 签订合同。因为 CIF 项下由卖方投保,万一货物出事,买方拒付,出口商仍然掌握货运单据,控制货物的所有权,出口商可凭保险单向保险公司索赔,直接获得赔款,不至于造成重大损失。

(五)了解进口国的有关规定

出口商应随时注意了解进口国的有关贸易法令、外管条例等方面的内容,避免货到目的地不准进口或收不到外汇的损失。

(六)投保出口信用险

现在很多国家都开办了出口信用保险业务,即对买方不付款和买方国家因国家风险导致不能如期付款的损失进行保险。如我国出口商可以向中国出口信用保险公司投保"短期出口信用保险",这项保险业务适用于以付款交单和承兑交单为结算方式,且期限不超过 180 天的出口合同。投保该险后,如果进口商无力支付货款、不按期支付货款、违约拒收货物,或因进口国实行外汇和贸易管制、发生战争和骚乱而给出口商造成的损失,保险公司将予以赔偿。

复习思考题

1. 托收结算方式的基础是什么？
2. 托收方式的当事人有哪些？其各自的责任和权利分别是什么？
3. 目前，在国际上办理托收业务遵循的是什么规则？
4. 跟单托收有哪些种类？其各自工作程序如何？
5. 为什么国际商会不赞成远期付款交单的托收方式？
6. 付款交单和承兑交单同为托收方式，对于出口商来说，哪一种方式风险较大？为什么？
7. 为什么以托收方式结算贸易货款，出口商要争取以 CIF 价格成交？
8. 在托收方式下，双方银行通常以怎样的方式办理资金划拨？在双方银行互相开有账户的情况下，往往以什么方式来划拨托收的头寸？
9. 简述托收结算方式下银行对进口商和出口商的融资方式。
10. 为什么《托收统一规则》要规定："未经银行事先同意，货物不得直接发至银行或托运至银行或其代理人"？

技能训练题

1. 根据下列资料填制汇票：

在一笔远期付款交单托收条件下，出口商：A Co. Beijing；进口商：B Co. New York ；托收行：Bank of China, Beijing Branch；代收行：Bank of China, New York Branch。

(1) 请你将下列托收汇票填制完整(以托收行为抬头人)。

Exchange for USD2000.00　　　　　　　　　　Beijing, 1 March, 2010

At 30 days after sight of the First of Exchange (Second of the same tenor and date unpaid) pay to the order of ＿＿＿＿＿＿＿＿＿＿＿＿＿＿＿＿＿＿＿＿

the sum of USD two thousand only

Drawn against shipment of 1000 bales of toy contract No.1234 from Beijing to New York ＿＿＿＿＿＿＿＿＿＿＿＿＿＿＿＿＿＿

　To ＿＿＿＿＿＿＿＿＿＿＿＿＿＿＿＿
　　　＿＿＿＿＿＿＿＿＿＿＿＿＿＿

　　　　　　　　　　　　　　　For ＿＿＿＿＿＿＿＿＿＿＿＿＿＿
　　　　　　　　　　　　　　　　　　　　　　　(signature)

---

(2) 托收行寄单索汇时，对这张汇票如何处理？

2. 请设计方案，使得利用托收结算方式，负责加工装配方能在不动用外汇的情况下，可以完成对外加工装配业务，并获得加工费收入。

第五章 信用证结算方式

【本章学习要求】

通过本章的学习，了解跟单信用证的内容、形式，跟单信用证项下有关当事人及其权责关系；理解各种信用证的定义、识别方法，信用证项下的偿付条款和索汇路线；掌握付款、承兑、议付、远期、即期、可转让、背对背、对开、预支和循环信用证的流程和具体运用；熟练掌握跟单信用证的概念、特点、融资作用、信用证业务流程中各个环节的工作要点及UCP600有关条款。在正确理解信用证的基本知识和UCP600条款的基础上，掌握信用证业务的实务操作技能，并能在出现国际贸易和国际结算纠纷时运用国际惯例解决实务问题。

【本章重点】

- ◆ 信用证的定义、特点及作用
- ◆ 信用证业务流程的各个环节的工作要点
- ◆ 各种信用证的识别、流程和具体运用
- ◆ 涉及UCP600的相关条款的理解与掌握

【本章难点】

- ◆ 涉及UCP600的相关条款的理解与掌握
- ◆ 信用证项下头寸的索偿
- ◆ 信用证业务流程的各个环节的工作要点

国际结算(第2版)

【章前导读】

2015年，进口商A公司从美国进口一批货物，分两批装运。7月5日，开证行应进口商A公司的要求，开出一张以美国B公司为受益人的可分批装运的即期信用证，金额为1 250 000美元。7月25日，收到寄来的第一批单据，金额为780 000美元，经开证行审单，单据与信用证相符，进口商付款赎单。付款后一个月，第一批货物到港，进口商A公司验货，发现质量与合同规定严重不符。9月12日，开证行收到寄来的第二批单据，金额为470 000美元，经开证行审单，单证相符，进口商A公司要求扣除第一批货物因质量问题应赔付给进口商A公司的损失后将余款支付。开证行拒绝了进口商的要求，并于到期日对外付了款。尽管后来进出口双方根据合同规定，自行解决了问题，但是信用证的相对独立性原则也给进口商A公司留下了深刻的教训。

【关键词】

信用证 UCP600 议付 相符交单 DOCDEX

第一节 信用证概述

信用证结算方式是以银行信用为基础的结算方式，其产生与运用解决了贸易双方互相不够信任的问题。对出口商而言，采用信用证结算方式对安全收汇有保障；对进口商而言，由于支付货款是以取得符合信用证规定的单据为条件，避免了预付货款所需承担的风险，从而大大拓展了贸易的范围，促进了国际贸易的发展。因此，信用证成为国际商品贸易中经常被交易双方选用的结算方式。

一、信用证的概念

(一)定义

国际商会(International Chamber of Commerce，ICC)第600号出版物《跟单信用证统一惯例》(Uniform Customs and Practice for Documentary Credits 600，UCP600)第二条规定，"信用证是指一项不可撤销的安排，无论其名称或描述如何，该项安排构成开证行对相符交单予以承付的确定承诺。承付(Honour)指：

(1) 如果信用证为即期付款信用证(Sight Payment)，则即期付款(Pay at sight)；

(2) 如果信用证为延期付款信用证(Deferred Payment)，则承诺延期付款，并在承诺到期日付款(Undertaking+Pay at maturity)；

(3) 如果信用证为承兑信用证(Acceptance)，则承兑受益人开出的汇票，并在汇票到期日付款(Accept+Pay at maturity)。"

这一定义的表述比较复杂，如图5-1所示，主要是考虑法律上的严谨和完整。国际商会在《跟单信用证业务指南》中解释了这一定义："信用证是银行有条件的付款承诺。"这里的"银行"指开立信用证的银行，"条件"是指受益人交来的单据与开证行开出的信用证中所要求的内容相一致，即"相符交单"(complying presentation)，"付款承诺"就是开证行自己或授权另一家银行对受益人进行付款、承兑、保证、议付。

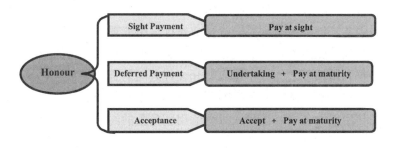

图 5-1 承付的含义

🔖 **知识拓展**

承付、承兑与议付

承付(honour)——用于规定开证行和被指定银行的付款责任，属于"终局"付款，无追索权。

承兑(acceptance)——付款人承诺兑付远期汇票的票据行为，前提是必须要有汇票

议付(negotiation)——被指定银行(议付行)的汇票/单据买卖行为，属于"非终局"付款，有追索权。

有一句话较好地说明了议付和承付的不同，即"开证行的行为永远不能称为议付，议付行的行为也永远不能称为承付，两者不能混用"

(资料来源：李金泽. UCP600适用与信用证法律风险防控. 中国法律图书有限公司，2007)

简而言之，信用证(Letter of Credit，L/C)是开证银行应申请人要求，向受益人开立的有条件的付款承诺。在信用证业务中，开证行将根据开证申请人(进口商)与出口商(受益人)的商务合同的规定，对出口商提出提交相关的单据形式，证实其严格履行合同的各项要求，从而保证了开证申请人的利益；而出口商则在提交全套符合信用证规定单据的条件下，得到开证行确定的付款承诺。这样，开证银行就成了交易双方很好的中介：以信用证条款体现进口商的要求和利益，又以出口商满足信用证要求为条件，使出口商的利益也得到保障。因此，跟单信用证方式，是在商品交易双方商业信用的基础上，加上了开证银行的信用。在保兑信用证业务中，则还加上了保兑银行的信用，从而增强了这一结算方式的可靠性。当然，真正落实，还需要验证信用证的真实性和开证银行的支付能力，以及出口商的资信。

信用证通俗地说就是：列明了交易事项条款要求，由银行居中做担保，卖方拿到信用证以后，只要按照信用证的要求交货并准备好信用证上规定的所有单证，交给银行，就能安全顺利拿到货款。

在跟单信用证业务中，代表资金收付关系的汇票及/或发票的流动方向，与资金的流动方向相反。因此，信用证结算属于逆汇方式。

(二)信用证的基本特点

1. 信用证是一项独立的或自足的文件，不依附于贸易合同

信用证是一项独立文件，或者说，是一项自足的文件，它不依附于贸易合同。

UCP600 第四条规定："就性质而言，信用证与可能作为其开立基础的销售合同或其他合同是相互独立的交易，即使信用证中含有对此类合同的任何援引，银行也与该合同无关，且不受其约束。因此，银行关于承付、议付或履行信用证项下其他义务的承诺，不受申请人基于其与开证行或与受益人之间的关系而产生的任何请求或抗辩的影响。""受益人在任何情况下，不得利用银行之间或申请人与开证行之间的合同关系。""开证行应劝阻申请人试图将基础合同、形式发票等文件作为信用证组成部分的做法。"

简言之，在信用证业务中，当事人只受信用证条款的约束，不受贸易合同条款或开证申请书的约束。信用证与合同的关系如图 5-2 所示。

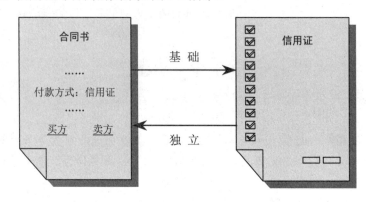

图 5-2　信用证与合同关系

案例点击

某进出口业务，约定分两批装运，支付方式为即期不可撤销信用证。第一批货物发运后，买方办理了付款赎单手续，但收到货物后，发现货物品质与合同规定严重不符，便要求开证行通知议付行对第二批信用证项下的货运单据不要议付，银行不予理睬。后来，议付行对第二批信用证项下的货运单据予以议付。议付行议付后，付款行通知买方付款赎单，遭到买方的拒绝。问：银行的做法合适吗？买方应如何处理此事？

【点石成金】

银行的处理方法是合适的。本案凭即期不可撤销信用证支付方式结汇。在信用证结算方式下，信用证是一种自足文件，银行在办理信用证业务时，只根据信用证的有关规定审核出口商提交的单据，只要"单单一致"、"单证一致"，银行就承担第一性的付款责任。本案中议付行对第二批货物的议付，是符合信用证业务的做法的。

买方在付款赎单后，马上与出口商取得联系，共同商讨如何解决货物品质与合同严重不符的问题。

知识拓展

信用证独立性原则的欺诈例外

根据信用证独立性原则，只要单据表面上符合信用证规定，开证行即予付款，而不受买卖合同的制约。但是，正是该原则的这种只审单不验货的特性，构成了信用证独立性原则的固有缺陷。信用证独立性原则本身，对信用证受益人在银行只审单据做法的掩盖下所进行的欺诈行为，未予、也不能设防，这就使欺诈者有空可钻，而这个空子依靠信用证独立性原则本身是无法封堵的。

一些英美法系国家的法律和判例对信用证的这一弊端做出了积极反应。一方面，它们承认信用证独立原则是信用证交易的基石；另一方面，它们指出这一原则的适用不能无视国际商业交易的实际情况，在受益人欺诈的情形下信用证独立原则的充分、绝对适用应当受到限制，买方可以请求法院颁发禁止支付令，阻止银行付款。美国法院 1941 年在 Szteijn(斯泰金)诉 J.Henry Schroder Banking Company(J.亨利·施罗德银行公司)案中第一次确立了信用证交易的欺诈例外(fraud exception)理论，确立了开证行拒付原则。在该案中开证申请人即原告向法院提出，从印度供应商处运来的货物非所定购猪鬃，而全部是垃圾，请求法院宣布信用证无效并颁布禁止令禁止银行付款。由于原告能够提出足够的证据，证明受益人的欺诈行为，因而法院接受了其请求，颁布禁止令禁止银行付款。1983 年英国 United City Merchants V. Royal Bank of Canada(联合城市商人(投资)有限公司诉加拿大皇家银行)案中，这一原则得到进一步完善。《美国统一商法典》5-114 条 2 款及 1-115 条对此均有明文规定。但是，为了保护本国银行的对外信用，尊重信用证独立性，英美两国的法院在签发禁止令时十分谨慎，严格坚持下面四个原则：①坚持信用证的独立性，法院不能因为与信用证无关的事件而干预信用证的运作；②信用证交易的侵权之诉应当是和欺诈有关的，必须证明明显存在欺诈成分，而且银行知情；③禁止令不损及善意第三人的利益；④禁止令必须在银行付款或承兑之前发出。

然而，在特定情形下，即使存在信用证欺诈，司法机关亦不得止付信用证，即"信用证欺诈例外之例外"，又称"信用证欺诈例外豁免"(immunization of fraud exception)。最高人民法院于 2005 年 10 月 24 通过了《关于审理信用证纠纷案件若干问题的规定》，其中第十条规定了不得止付的四种情形：(一)开证行的指定人、授权人已按照开证行的指令善意地进行了付款；(二)开证行或者其指定人、授权人已对信用证项下票据善意地做出了承兑；(三)保兑行善意地履行了付款义务；(四)议付行善意地进行了议付。不过，2009 年《最高人民法院关于当前人民法院审理信用证纠纷案件应当注意问题的通知》(法明传(2009)499 号)又明确规定："《关于审理信用证纠纷案件若干问题的规定》第十条规定的目的在于保护善意第三人，根据该条第二项的规定，在存在信用证欺诈的情况下，即使开证行或者其指定人、授权人已经对信用证项下票据善意地做出了承兑，而如果没有善意第三人存在，亦不属于信用证欺诈例外的例外情形，人民法院在符合其他相关条件的情况下仍然可以裁定中止支付信用证项下款项。"

2. 开证行(保兑行，若有)负第一性付款责任

开证行负第一性付款责任是指出口商交来的单据要符合信用证条款，开证行不管进口商是否能够付款，在相符交单的条件下都必须付款给受益人或被指定银行。开证行承担了第一性的、首要的付款责任，而不能以开证申请人的情况为由，拒绝付款；而且，开证行对受益人的付款是终局性的，没有追索权，从而体现了信用证的银行信用。UCP600 第七条

b 款规定:"开证行自开立信用证之时起,即不可撤销地承担承付责任。"

在保兑信用证业务中,则由保兑银行承担第一性付款责任。UCP600 第八条规定:"保兑行自对信用证加具保兑之时起,即不可撤销地承担承付或议付的责任","只要规定的单据提交给保兑行,或提交给其他任何指定银行,并且构成相符交单,保兑行就必须:承付或无追索权地议付。"

因此,信用证结算方式是以开证行(保兑行,若有)的银行信用增强交易双方的商业信用。

案例点击

某贸易公司以 CIF 大阪向日本出口一批货物。4 月 20 日由日本东京银行开来一份即期不可撤销信用证,信用证金额为 5 万美元,装船期为 5 月,证中还规定议付行为银行业中信誉较好的 A 银行。我方中行收到信用证后,于 4 月 22 日通知出口公司,4 月底该公司获悉进口方因资金问题濒临倒闭。在此情况下,我方应如何处理?

〖点石成金〗

由于信用证支付方式是银行信用,开证银行承担第一性的付款责任。信用证项下的付款是单据的买卖。因而,只要受益人提交的单据符合信用证的规定,开证行就应履行付款义务。本案中,我方凭即期不可撤销信用证与日本客商签约出口货物,尽管我方出运前获悉进口方因资金问题濒临倒闭,但因有开证行第一性的付款保证,且开证行是一家资信较好的银行。所以,我方可根据信用证规定装运货物出口,及时缮制一整套结汇单据在信用证的有效期内到议付行办理议付手续。当然,我方也可根据实际情况将货物出售给第三方。

3. 信用证业务的处理是以信用证条款为准,以信用证规定的单据为对象,而不是以货物为对象

UCP600 第五条规定:"银行处理的是单据,而不是单据可能涉及的货物、服务或履约行为。"只要受益人交来的单据符合信用证条款,指定的银行就必须付款。因此,信用证交易把合同的货物交易转变成只管单据是否相符的单据交易。在保兑信用证业务中,保兑银行向受益人的付款依据,也只能是信用证和信用证项下的单据,不能是开证行或开证申请人或其他任何的情况。

正是由于信用证的这一性质,UCP600 第十四条 g 款规定:"提交的非信用证所要求的单据将不予理会,并可被退还交单人。"同条 h 款规定:"如果信用证含有一项条件,但未规定用以表明该条件得到满足的单据,银行视为未作规定并不予理会。"如果一份信用证上出现上述 h 款所指出的条款,则该条款就被称为"非单据条款"。通知行、议付行乃至受益人可以不理会这样的非单据条款。

案例点击

某日,受益人向议付行交来全套单据,经审核,议付行认为单单、单证一致,于是一面向受益人办理结汇,一面单寄开证行取得索偿。开证行经审核后,认为议付行交来的全套单据不能接受,因为提单上申请人的通信地址的街名少了一个 g。(正确的地址为:Sun

Chiang Road，现写成：Sun Chian Road)

获此信息后，受益人即与申请人取得联系，要求取消此不符点，而申请人执意不肯。事实上，开证申请人已通过借单看过货物后才决定拒绝接受货物，并由此寻找单据中的不符点，以此为借口拒绝付款。

〖点石成金〗

这是一起由于单证不符遭到拒付的案例，按 UCP600 的规定，银行审单遵循"严格相符"的原则，也即受益人提交的单据必须做到"单据与信用证规定一致"和"单据与单据一致"，银行才会接受单据并付款。对"轻微瑕疵"的认定，即何种程度的不符才能构成银行拒付的理由，UCP600 没有作明确的规定，法院或仲裁庭有很大的自由裁量权。

因此，受益人和议付行一定要本着认真、负责的态度对每笔单子把好关，以把各个不符合尽可能扼杀在萌芽状态。如本案，若我们及早发现、及早更改，是完全可以做到单单、单证一致的。我们决不能存有侥幸心理。当然在具体处理时，我们作为议付行也可据理力争，多找一些有利于我方的判例，争取得以圆满解决。

(资料来源：案例 12：单据轻微瑕疵. 国际贸易结算案例 汇集贴(110 例). 福步外贸论坛，http://bbs.fobshanghai.com/thread-1160118-1-1.html)

(三)信用证的作用

跟单信用证具备了一种结算方式被广泛使用的三个条件：能使买卖双方的债权、债务得以安全迅速的清偿；能使买卖双方获得公平对待；为进出口商提供融通的便利。因而在国际结算中发挥了重要作用。跟单信用证具有付款保证和资金融通作用。

1. 对进口商的作用

(1) 保证取得物权单据：在信用证方式下，银行都要对单据进行审核。因此，可以保证进口商付款后，可以取得代表物权的单据，从而凭以提货。

(2) 保证如质、数、按期地收货：进口商可通过信用证的条款控制出口商装货期限(B/L)，保证装船前的货物的数量和质量(品质证、数量证、产地证)，使他所收到的货物在一定程度上能符合合约的规定。他是 L/C 下的间接受益人，这是托收项下的进口商得不到的好处。L/C 可促使出口商履行已承诺的交货责任(交单)，进口商付款后能取得真实的货运单据，增强了买卖双方的安全性和可靠性。

(3) 开证时交少量的保证金，甚至不交，避免资金大量积压。

(4) 筹资困难时可凭 T/R，先提货，后交款。

(5) 买方远期信用证：进出口双方以即期付款方式签订合约后，进口商要得到资金融通，可请求银行开立买方远期信用证。使用这种信用证，既符合即期付款合同的要求，使出口商得到即期十足收款，进口商则通过支付低于贷款利率的贴息获得了延期付款的优惠融资。

2. 对出口商的作用

(1) 保证凭单收汇：L/C 项下直接得到利益的是出口商，所以他是受益人。只要相符的单据交到开证行，出口商的货款就得到确实的保障。

(2) 保证在外汇管制下可以不受影响地收汇：与托收项下相比，在进口国的进口管制和外汇管制的情况下，出口商可不受影响地装货收款，因为，在实行外汇管制的国家，开证行开出信用证都须贸易、外汇管理机构的批准，所以出口商得到信用证就可避免进口国禁止或限制外汇转移所产生的风险。

(3) 装船前可申请打包放款：在装船前，要进货、制造、加工、包装、运输、报关，都需要资金周转，出口商可持证向银行申请低利、条件优惠的打包放款(Packing credit)或其他装船前贷款(Preshipment credit)。

(4) 装船后可凭单叙做押汇，取得货款：装船后可向银行申请办理议付即出口押汇，以便加速资金周转。

(5) 避免钱货两空：万一开证行不能付款，出口商虽然在货款上受到严重损失，但由于仍掌握货物所有权的单据，亦可减少损失。

3. 对开证行(进口地银行)的作用

开证行为进口商开立信用证时，它所贷出的是信用，而不是资金，还可收取开证手续费；同时，开证行提供信用是有条件的，开证时先要求进口商提交一定数额的押金，并在出口商交来符合信用证条款的货运单据作为保证后才付款，从而减少了提供信用的风险。

4. 对通知行/议付行(出口方银行)的作用

在办理了审证和通知信用证的手续后，通知行可以向受益人收取通知费。由于有开证行的信用保证，只要出口商交来的单据符合信用证条款的规定，出口方银行就可办理议付买单收取议付费和垫款贴息，然后向开证行或其指定的偿付行要求偿付归垫，风险较小。

5. 对保兑行的作用

保兑行可以通过向开证行收取保兑费增加自己的收益，同时，可以由于对其他银行开立的信用证加具保兑提高自己在国际银行界的信誉。当然，在开证行出现财务困难等情况下，保兑行也承担了一定的风险。UCP600 第八条 d 款规定："如果开证行授权或要求另一银行对信用证加具保兑，而该银行不准备照办时，它必须毫不延误地通知开证行，并仍可通知此份未经加具保兑的信用证。"因此，一家银行在接到其他银行对其所开立的信用证加具保兑的要求时，应严格审查开证行的情况，再审慎决定是否应邀加保。

二、信用证业务的当事人及其权责

(一)信用证业务中的三组合同关系

跟单信用证业务的起因是进出口双方签订贸易合同。随着信用证的开立，形成了三组合同关系：进出口商双方的商品贸易合同关系，进口商(开证申请人)与开证银行的以开证申请书为标志的开立信用证的合同关系和开证银行与出口商(受益人)之间的以信用证为标志的合同关系。信用证一经开立,这三组关系就各自独立。信用证中的三角契约关系如图 5-3 所示。

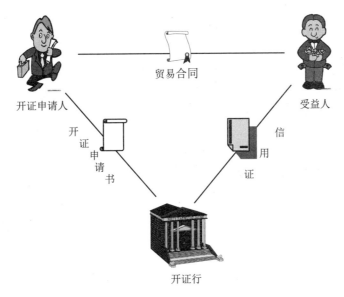

图 5-3 信用证中的三角契约关系

(二)信用证业务的主要当事人及其主要权责

鉴于上述信用证业务中三组合同关系,信用证业务的当事人应分为主要当事人和其他当事人两类。主要当事人是开证行和受益人,在保兑信用证业务中还有保兑行。

1. 开证行

开证行(Issuing bank)是指接受开证申请人的要求和指示或根据其自身的需要,开立信用证的银行。开证行一般是进口商所在地银行。开证行是以自己的名义对信用证下的义务负责的。

具体地说,开证行的责任是:①按照开证申请书的内容,开立信用证;②受益人提交符合信用证规定的单据,由自己或者指定银行履行付款、承兑和/或延期付款;③在开证申请人或受益人提出修改信用证的要求,并认为其要求可接受的情况下,出具信用证修改书,并自修改书出具之时,就受修改书的约束,除非受益人拒绝了修改书;④在其他银行根据其开立的信用证,办理了议付、付款之后,向这些银行偿付。

开证行的权利是:①向开证申请人收取开证手续费和开证保证金;②对不符合信用证条款规定的单据,有权拒绝付款;③在受益人提交了符合信用证条款规定的单据情况下,若开证申请人未交或者未交足开证保证金却破产或进入破产程序,则开证行在向受益人付款后,有权处理该信用证项下的单据,以补偿自己对受益人的付款。

2. 受益人

受益人(Beneficiary)是指信用证上所指定的有权使用该证的人,即出口人或实际供货人。

受益人的权利是:①有权审查信用证及信用证修改书的内容,并对其中认为不可接受的条款向开证行要求修改或删除;②有权依照信用证条款和条件提交汇票及/或单据要求取得信用证的款项；③受益人交单后，如遇到开证行倒闭，信用证无法兑现，则受益人有权向进出口商提出付款要求，进口商仍应负责付款。

受益人的责任是：必须提交符合信用证条款规定的全套单据。

3. 保兑行

对其他银行开立的信用证加具保兑的银行通常称为保兑行(Confirming bank)，UCP600第二条规定："保兑行指根据开证行的授权或要求对信用证加具保兑的银行。""保兑指保兑行在开证行承诺之外做出的承付或议付相符交单的确定承诺。"未接受开证行对其开立的信用证加具保兑请求的银行，不能称为保兑行。

保兑行的权利是：①向开证行收取保兑费；②决定是否将自己的保兑责任扩展到开证行出具的修改书的条款，但必须把自己的决定通知开证行和受益人；③审查受益人提交的单据是否符合信用证的要求；④在单据符合信用证规定、并向受益人支付了款项后，有权向开证行要求偿付所付款项以及有关的利息。

保兑行的主要责任是：①接受受益人提交的符合信用证条款规定单据，并向受益人终局性地支付信用证所承诺的款项；②通过通知行向受益人传递信用证修改书，若在通知修改书时，未特别声明其保兑责任仅限于信用证原条款范围，则表明其保兑责任已延展到所通知的修改书条款。

案例点击

某公司向国外 A 商出口货物一批，A 商按时开来不可撤销即期议付 L/C，该证由设在我国境内的外资 B 银行通知并加具保兑。该公司在货物装运后，将全套合格单据交 B 银行议付，收妥货款。但 B 银行向开证行索偿时，得知开证行因经营不善已宣布破产。于是 B 银行要求该公司将议付款退还，并建议该公司直接向买方索款。问该公司应如何处理？为什么？

[点石成金]

B 银行的要求是毫无道理的。理由如下：按照《跟单信用证统一惯例》的规定，对信用证加具保兑的银行，在遵守信用证一切条款的条件下，对受益人承担付款、承兑的责任。保兑行在信用证业务中，承担第一付款人的责任。因此就本案例来讲，B 银行为信用证的保兑行，它也就承担了首先付款的责任，对受益人提交的符合信用证要求的单据无追索权地承担付款责任。

(三)信用证的其他当事人

在信用证的开立和随后的业务办理过程中，还有以下一些当事人。

1. 开证申请人

开证申请人(Applicant)，或简称为申请人，是指向银行申请开立信用证的人，即进口人或实际买方。

开证申请人的责任是：①完整、明确地填写开证申请书，即向开证行明确地指示所要开立的信用证的条款内容；②按照开证行的要求缴纳开证手续费和开证保证金；③若未交足开证保证金，则在开证行依全套符合信用证规定的单据向受益人付款后，向开证行补足所差款项，并赎得全套单据。

开证申请人的权利是：①要求开证行严格按照信用证要求审查受益人提交的单据，并仅对符合信用证规定的单据付款；②在有关情况发生较大变化时，可以要求开证行向受益人发出信用证修改书。

2．通知行

通知行(Advising bank)是指受开证行的委托将信用证通知受益人的银行。通知行是受益人所在地的银行。

通知行的责任是：①验核信用证的真实性并及时澄清疑点。②及时向受益人通知或转递信用证。如通知行不能确定信用证的表面真实性，即无法核对信用证的签署或密押，则应毫不延误地告知从其收到指示的银行，说明其不能确定信用证的真实性。如通知行仍决定通知该信用证，则必须告知受益人它不能核对信用证的真实性。③若决定不通知信用证，则必须毫不延误地将该决定告知开证行。

通知行的权利是：①向受益人收取通知费；②在开证行在信用证或其面函中要求通知行对信用证加具保兑时，可根据自己的考虑，决定是否接受该项要求，并将决定告知开证行。

3．议付行

议付行(Negotiating bank)是指根据开证行的授权买入或贴现受益人提交的符合信用证规定的汇票及/或单据的银行。

议付行的责任是：①按照信用证条款的规定，审查受益人提交的全套单据；②在确认受益人提交的单据符合信用证条款规定后，向受益人办理议付；③在办理议付后，向开证行、或保兑行、或信用证指定的银行寄单索偿。

议付行的权利是：①向受益人收取议付费；②如果开证行发现有单据不符合信用证要求的情况存在，拒绝偿付，则议付行向受益人行使追索权。

4．付款行

付款行(Paying bank)是开证行授权进行信用证项下付款或承兑并支付受益人出具的汇票的银行。通常，付款银行就是开证行，也可以是开证行指定的另一家银行。如果开证行资信不佳，付款行有权拒绝代为付款。但是，付款行一旦付款，即不得向受益人追索，而只能向开证行索偿。

5．偿付行

偿付行(Reimbursing bank)是开证行指定的对议付行或付款行、承兑行进行偿付的代理人。为了方便结算，开证行有时委托另一家有账户关系的银行代其向议付行、付款行或承兑行偿付，偿付行偿付后再向开证行索偿，偿付行的费用以及利息损失一般由开证行承担。偿付行不接受和审查单据，因此如事后开证行发现单证不符，只能向索偿行追索而不能向偿付行追索。如果偿付行没有对索偿行履行付款义务，开证行有责任向索偿行支付索偿行向受益人支付的款项及有关的利息。

6. 承兑行

远期信用证如要求受益人出具远期汇票的，会指定一家银行作为受票行，由它对远期汇票做出承兑，这就是承兑行(Accepting bank)。如果承兑行不是开证行，承兑后最后又不能履行付款，开证行应负最后付款的责任。若单证相符，而承兑行不承兑汇票，开证行可指示受益人另开具以开证行为受票人的远期汇票，由开证行承兑并到期付款。承兑行付款后向开证行要求偿付。

(四)信用证有关当事人之间的相互关系

开证申请人与受益人之间受买卖合同约束，申请人有义务按合同要求按时向受益人开出信用证。

开证行与开证申请人之间受开证申请书约束，根据《跟单信用证统一惯例》第十八条规定，开证行开立信用证和委托其他银行协助完成此项业务，都是为了执行开证申请人的指示，是代申请人办理的，申请人应支付所有的银行费用，并承担银行为他提供服务时所承担的风险。

开证行与受益人之间受信用证的约束，开证行在受益人交来的单据与信用证要求一致时，承担付款责任，而受益人必须严格按信用证的要求来交单。

通知行与开证行之间是银行业务上的代理关系，通知行只负责传递信用证及辨认真伪的责任。

通知行与受益人只是通知关系，通知行负责核对信用证的印鉴或密押以判定真伪。

议付行与开证行之间是独立的，议付行只是受到开证行开出信用证的邀请，没有必须义务的责任，而且开证行议付邀请也可能是不向特定人发出的。

受益人与议付行是简单的业务关系，议付行有权决定是否对受益人进行议付。

议付行与付款行是索偿关系。

保兑行与开证行的关系就是一种担保关系，保兑行有权决定是否按开证行要求加具保兑，但保兑行一旦对其他银行开立的信用证加具保兑，便对该信用证承担第一性付款的责任。

案例点击

甲国 A 公司与乙国 B 公司签订了一份木材买卖合同。双方在合同中约定，如果 A 公司不能在约定期间内装船，B 公司有权取消该部分的买卖。合同采用信用证付款方式，但信用证的开证银行 C 银行按 B 公司要求开出的信用证上并未表明在买卖合同所规定的 8 月份装船的条件，而 A 公司实际上在 9 月 20 日才装船。B 公司根据合同的约定，取消这批交易，并拒收货物。但是，C 银行已取得了与信用证上要求相符的全套单据，并已对 A 公司付款，因而拒绝赎单。问：①买方 B 公司拒绝赎单是否正确，为什么？②在信用证法律关系上，开证行负有合同义务吗？

〖点石成金〗

这是关于信用证独立性及各方当事人的典型案例。信用证独立于买卖合同，虽然买卖合同是开立信用证的基础，但信用证一经签发，即与买卖合同分离而独立，不受买卖合同的约束。本案中，信用证中未表明在买卖合同中所规定的装船日期的条件，A 公司提交的单证完全符合信用证要求，开证行付款是正确的，而 B 公司拒绝付款赎单的行为是不正确的，B 公司只能根据买卖合同向 A 公司主张权利。此外，开证银行有义务合理小心地审核一切单据，以确定单据表面上是否符合信用证条款，但银行对于任何单据形式、完整性、准确性、真实性、伪造或法律效力，或单据上规定的或附加的一般及特殊条件，概不负责；而且对于单据中的有关货物的品质、数量、价值以及对于发货人、承运人、保险人等的诚信与否、清偿能力、资信情况亦概不负责。

(资料来源：冷柏军. 国际贸易实务. 北京：对外经济贸易大学出版社，2005)

三、信用证的内容与开证形式

(一)信用证的内容

信用证的模样，就是 A4 纸大小，四五页甚至十几页不等的一份英文文件。里面的内容繁杂，既有交货及制单要求指示，也有银行间协作的条款等。信用证上记载的事项必须明确、完整，否则会导致当事人之间的纠纷。现在各开证行的开证格式，基本参照 ICC516 "标准跟单信用证格式"(见附式 5-1)。

信用证主要包括以下二十五项内容。

(1) 开证行名称。

(2) 信用证类型。UCP600 第七条规定，从 2007 年 7 月 1 日 UCP600 实施起，从形式上讲，不能再有可撤销信用证。

(3) 开证行的信用证编号。凡随后有关该信用证的文件、单据等，都应加注信用证的号码，以便于查对和办理相关手续。

(4) 开证地点和日期。开证地点是指开证行所在地；开证日期是指信用证开立的日期。

(5) 有效日期和地点。①有效日期：即受益人提交单据的最后期限，超过这一期限开证行就不再承担付款责任，也称为到期日，所有信用证都应规定到期日。信用证若未规定其有效期限，则该信用证无效。此外，信用证还应规定最迟装运日和最迟交单。若信用证中未规定最迟交单日，可默认为装运(以运输单据签发日为凭)后 21 天内交单，但必须是在信用证有效期内。国际商会认为，一份信用证规定的最迟装运日期到信用证有效到期日之间的天数，正好是该信用证规定的最迟交单期，则该信用证是好的信用证。②有效地点：即交单地点，也称到期地，它是单据必须在到期日或之前进行提示的地点。一般为开证行指定的银行所在地。最好是出口地银行，以便受益人掌握交单取款的时间。如果有效地点是开证行，受益人应考虑能否接受该规定，因为受益人必须在到期日前，使单据到达开证行，但受益人很难控制单据的邮寄时间，也就有可能造成信用证过期失效。

(6) 申请人。申请人的名称和地址。

(7) 受益人。可使用信用证出口商品并提交相关单据向开证行要求付款的当事人的名称和地址。

(8) 通知行。此处填写将信用证通知给受益人的银行名称和地址，参考编号下面不应填写任何其他内容(此处仅供通知行使用)。

附式 5-1　标准跟单信用证格式(ICC516)

致受益人

Name of Issuing Bank：开证行	Irrevocable Documentary Credit　Number 不可撤销跟单信用证　　号码
Place and Date of Issue： 开证地点、日期 Applicant：申请人	Expiry date and Place for Presentation of documents Expiry Date：到期日 Place for Presentation：到期地点
Advising Bank：Reference No. 通知行　　　业务备查号	Beneficiary：受益人
	Amount：金额
Partial shipments □allowed 分运　　　　　　□not allowed Transshipments □allowed 转运　　　　　　□not allowed □ Insurance will be covered by buyers 投保人	Credit available with Nominated Bank：付款方式 □by payment at sight □by deferred payment at： □by acceptance of drafts at： □by negotiation
Shipment as defined in UCP 500 Article 46 From：起运港 For transportation to：目的港 Not later than：最迟装船期	Against the documents detailed herein：汇票 □and Beneficiary's draft(s) drawn on：
单据要求 	

Advice for the Beneficiary

Documents to be presented within □ days after the date of shipment but within the validity of the Credit．交单期

　　We hereby issue the Irrevocable Documentary Credit in your favour. It is subject to the Uniform Customs and Practice for Documentary Credit(1993 Revision, International Chamber of Commerce, Paris, France, Publication No.500) and engages us in accordance with the terms thereof. The number and the date of the Credit and the name of our bank must be quoted on all drafts required. If the Credit is available by negotiation, each presentation must be noted on the reverse side of this advice by the bank where the Credit is available.

开证行保证付款条款；议付金额背批条款

　　　　　　　　　　　　　　　　　　　　　　　　　　　　开证行签名
　　　　　　　　　　　　　　　　　　　　　　　Name and signature of the Issuing Bank

This document consists of □ signed page(s)

致通知行

Name of Issuing Bank：开证行	Irrevocable Documentary Credit　　　　　　　　　　Number 不可撤销跟单信用证　　　　　　　　　　号码
Place and Date of Issue： 开证地点、日期 Applicant：申请人	Expiry date and Place for Presentation of documents Expiry Date：到期日 Place for Presentation：到期地点
Advising Bank：　　Reference No. 通知行　　　　　　业务备查号	Beneficiary：受益人
	Amount：金额
Partial shipments ☐allowed 分运　　　　　☐not allowed Transshipments ☐allowed 转运　　　　　☐not allowed ☐Insurance will be covered by buyers 投保人 Shipment as defined in UCP 500 Article 46 From：起运港 For transportation to：目的港 Not later than：最迟装船期	Credit available with Nominated Bank：付款方式 ☐by payment at sight ☐by deferred payment at： ☐by acceptance of drafts at： ☐by negotiation Against the documents detailed herein：汇票 ☐and Beneficiary's draft(s) drawn on：
单据要求	

Documents to be presented within ☐ days after the date of shipment but within the validity of the Credit. 交单期

We hereby issue the Irrevocable Documentary Credit in your favour. It is subject to the Uniform Customs and Practice for Documentary Credit (1993 Revision, International Chamber of Commerce, Paris, France, Publication No. 500) and engages us in accordance with the terms thereof. We request you to advise the Beneficiary:
☐Without adding your confirmation　　　☐adding your confirmation
☐adding your confirmation, if requested by the beneficiary
Bank to Bank instruction:
开证行保证付款条款，保兑指示条款

　　　　　　　　　　　　　　　　　　　　　　　　　开证行签名
　　　　　　　　　　　　　　　　　　　　Name and signature of the Issuing Bank

This document consists of ☐ signed page(s)

（侧注：Advice for the Advising Bank）

（9）金额。包括货币名称和具体金额。金额应分别有大写和小写表示，在整数大写金额后面，要加"only"，以防涂改。货币名称使用标准化国际三字符代码，如 USD、GBP、

JPY 等。若金额前有 About、Approximately、Circa 等词语，表示允许有 10% 的增减幅度。

案例点击

> 信用证规定某商品 600 000 件，总金额 USD600 000.00，允许分批装运。规定其中 A 级 400 000 件，金额 USD400 000.00，B 级 200 000 件，金额 USD22 000.00。在交单议付时，商业发票表示实装 A 级 400 008 件，金额 USD400 008.00，B 级装 199 992 件，金额 USD199 992.00，问是否能议付？
>
> 〖点石成金〗
>
> 不能。根据《跟单信用证统一惯例》规定，如交货数量、金额或单价允许增减各不超过 10%。但在此例中，并无"约"字，而是明确规定了交货件数。因此，商业发票的数量和金额应严格按照信用证的规定。否则，银行不予议付。

（10）指定银行及信用证的可用性。信用证在此处要表明指定银行及其可用性的细节。①指定银行。指定银行可以是保兑行、付款行、承兑行或议付行。②信用证类型。信用证类型是按信用证的使用方式即受益人兑现信用证的方式划分的。所有的信用证必须清楚地表明，该证适用于即期付款、延期付款、承兑或议付的其中一种。方法是在所选中项目的小方格加注"×"来表示。③受益人的汇票。如果信用证的条款明确要求出具汇票，在此小方格标上"×"，同时表明汇票的受票人和汇票的到期日。有一点非常重要，即汇票的受票人不应是开证申请人。

（11）分批装运。可以在允许或不允许的方格内标上"×"，以表明申请人对受益人装运货物时的要求。

（12）转运。UCP600 第十九条"涵盖至少两种不同运输方式的运输单据"的 b 款规定："转运指在从信用证规定的发送、接管或发运地点至最终目的地的运输过程中，从某一运输工具上卸下货物，并装上另一运输工具的行为(无论其是否为不同的运输方式)。" c 款规定："i.运输单据可以表明货物将要或可能被转运，只要全程运输由同一运输单据涵盖；ii.即使信用证禁止转运，注明将要或者可能发生转运的运输单据仍可接受。" UCP600 第二十三条 b、c 款和第二十四条 d、e 款也分别对空运单据和公路、铁路或内河水运单据有相同意思的条款。

UCP600 从第十九条到第二十七条用了大量的篇幅规定了各种运输单据及对运输单据内容的处理规范。特别应注意有关转运和分期装运的定义及其应用的条文。

（13）买方投保。仅在信用证不要求提交保险单据，而且申请人表示他已经或将要为货物投保时，方可在此方格内标上"×"。根据国际商会的《2000 年国际贸易术语解释通则》的解释，在交易采用海洋运输方式时双方选择 FAS、FOB 或 CFR 价格、或采用其他运输方式时双方选择 EXW、FCA 或 CPT 价格情况下，都应该由进口商自行办理货物运输的投保手续。在这些情况下，信用证的这一栏目中，就应该在方格内标上"×"。

（14）信用证中的装运条款通常是：

起运地(From)……

运至(For Transportation to)……

不得迟于(Not Later than)……

起运地指发货人将货物交给承运人或其代理人的地方。当货物从一个内陆国家运出或起运地为内陆时，及货物采用联合运输、空运、陆运和邮包形式运送时，起运地不应规定一个海港装运，而要根据 UCP600 的条款处理。目的地必须清楚、避免缩写、避免模糊用语。要求起运地和目的地必须使用全称，因为不是每个人都道"P.R.C.(中国)"的含义。也不能使用诸如 main ports、west European ports 等表达不具体的港口。"Not later than"的意思是"on or before"，即包括所指定的日期在内；若信用证用"from"、"before"或"after"，按 UCP600 第三条的解释，分别表示"从……开始"、"在……之前"或"在……之…后"，则都不包括所提到的日期。而根据 UCP600 第三条的解释，"to"、"until"、"till"、"from"及"between"等词语用于确定发运日期时包含所提及的日期；"on or about"或类似用语则应视为规定的事件发生在指定日期的前后五个日历日之间，起讫日期计算在内。

对于实际装运日期的认定，UCP600 第十九条 a 款第 2 项规定"运输单据的出具日期将被视为发运、接管或装船的日期"；UCP600 第二十条 a 款第 2 项也规定"提单的出具日期将被视为发运日期"；随后的第二十一条关于不可转让的海运单、第二十二条的关于租船合同提单、第二十三条关于空运单据、第二十四条关于公路、铁路或内陆水运单据和第二十五条关于快递收据、邮政收据或投邮证明，都有相应的规定：相关的单据签发日期将被视为发运日期。

案例点击

> 某公司接到国外开来的信用证，规定：于或约于 5 月 15 日装船。该公司于 5 月 8 日装船，并向银行提交了一份 5 月 8 日签发的提单，但却遭到银行拒绝付款，原因是什么？
>
> **【点石成金】**
>
> 按照《跟单信用证统一惯例》的规定，如果信用证对装运日期使用"约或大约"，应视作规定日期前后各 5 天的时间内装运，起讫日期包括在内。因此，本例中信用证规定"于或约于 5 月 15 日装船"，按上述规定，实际装运日期应是 5 月 10 日—5 月 20 日。而卖方于 5 月 8 日装船并提交 5 月 8 日签发的提单，开证银行当然可以"单证不符"为由拒收单据，拒付货款。

(15) 货物描述。①货物描述应尽可能地简洁明了，货物描述不应罗列过多细节。应避免在信用证中所要求的单据无法获得，或规定的细节不能在一种或几种单据中实现。②数量和价格。货物数量前面有 About、Approximately、Circa 或类似词语，则数量有 10%增减幅度，如以重量、长度、容积作为数量，则有 5%增减幅度。相关的贸易术语，例如：CIF Rotterdam，CFR New York，FOB Hamburg 应作为信用证条款和条件的一部分加以规定，且最好包括在货物描述中。

(16) 规定的单据。信用证一般列明需要提交的单据，分别说明单据的名称、份数和具体要求(正本还是副本、出单人、有关内容等)。单据应按下述顺序列出：商业发票、运输单据、保险单据、其他单据，例如：产地证明书、分析证明书、装箱单、重量单等。

(17) 商业发票。除非信用证另有规定，必须表面看来系由信用证指定的受益人出具，必须以申请人的名称为抬头，且无须签字；必须表明货物描述与信用证的描述相符。

(18) 运输单据。UCP600 第十九条至第二十七条明确了对各种运输单据的要求，以及可接受或拒受何种运输单据的理由。

(19) 保险单据。①保险单据种类。UCP600 第二十八条规定，保险单据，例如保险单或预约保险项下的保险证明书或者声明书，必须看似由保险公司或承保人或其代理人或代表出具并签署的。如果保险单据表明其以多份正本出具，所有正本均须提交。从长期的业务中看，凡信用证要求提交保险单，受益人就不能以保险凭证替代；如果要求提交保险凭证，受益人则可以提交保险单或保险凭证两者中的任何一种。但暂保单将不被接受。保险金额，除非信用证另有规定，保险单据必须使用与信用证同样的货币，其最低投保金额是：货物的 CIF 价(成本、保险费和运费)或 CIP 价(运费和保险费付至指定目的地)之金额加 10%，但这仅限于能从单据表面确定 CIF 或 CIP 的价值的情况。否则，银行将接受的最低投保金额为信用证要求付款、承兑或议付金额的 110%，或发票金额的 110%，两者之中取金额较大者。申请人可有理由另行规定，例如，他可以希望：要求不同的最低百分比，确立一个固定的百分比，确立一个最低和最高的百分比。②险别。按照 UCP600 第二十八条，如果规定保险单据，信用证应规定所投保的险别及附加险。如果信用证使用诸如"通常险别"或"惯常险别"以及类似的不明确的用语，则无论是否有漏保的风险，保险单据将被照样接受。信用证规定"投保一切险"时，开证行就应知道，按 UCP600 第三十六条规定，银行将接受下列保险单据：含有任何"一切险"的批注或条文，无论是否带有"一切险"的标题，即使保险单据表明不包括某种险别，银行对于没有投保的任何险别概不负责。

(20) 其他单据。对上述单据之外的其他单据的要求，如商品检验证书、产地证、装箱单、重量单、已装运通知等。

(21) 特别条件。在实务中开证行使用特别条款说明与 UCP600 精神相悖的一些特别要求，信用证特别条款通常表示：银行费用由谁承担条款、有关装运的特别规定，如限制某国籍船只装运、装运船只不允许在某港口停靠或不允许采取某航线、佣金条款等。但这些条件应当是要求受益人提交相应单据或者在某特定单据上必须对这样特别条件有所说明。否则，这样的条款将被视为"非单据条款"而不被理会。

(22) 交单期限。UCP600 第六条 d 款第 1 项规定：信用证必须规定一个交单的截止日。规定的承付或议付的截止日将被视为交单的截止日。UCP600 第十四条 c 款规定："如果单据中包含一份或多份受第十九、二十、二十一、二十二、二十三、二十四或二十五条规定的正本运输单据，则须由受益人或其代表在不迟于本惯例所指的发运日之后的 21 日历日内交单，但是在任何情况下都不得迟于信用证的截止日。"

(23) ①通知指示(仅用于"致通知行的通知书")。"×"标注将放在三个小方格中的一个，表示通知行是否被要求在通知信用证时：[1]不要加上它的保兑；[2]加上它的保兑；[3]如受益人要求时，它被授权加上其保兑。UCP600 第八条 d 款规定："如果开证行授权或要求另一银行对信用证加具保兑，而其并不准备照办，则其必须毫不延误地通知开证行，并可通知此信用证而不加保兑。"

②银行间的指示(仅用于"致通知行的通知书")。[1]开证行应在此处表明，依照 UCP600 第十三条 a、b 及 c 款的规定，信用证所指定的付款、承兑或议付的银行向何处、如何及何时获得偿付，例如：a. 借记我行开设在你行的账户；b. 我行将贷记你行开设在我行的账户；c. 向×行索偿(开证行的代理行，即偿付行)。[2]如果付款、承兑或议付银行为另一家银行索偿时，应注意 UCP600 第十三条的规定。

(24) 页数。开证行必须注明所开出信用证的页数。

(25) 签字开证行在"致通知行的通知书"和"致受益人的通知书"上都要签字。

信用证的内容尽管较为繁杂,但概括起来一般都包含以下六个方面的内容。
- 关于 L/C 本身的条款(about L/C):包括号码、种类、金额、开证日期、当事人等条款;
- 关于汇票的条款(about draft):包括汇票的当事人、金额、期限和主要条款等;
- 关于货物的条款(about goods):商品品名、规格、数量、价格和包装等条款;
- 关于装运的条款(about shipment):包括装运港、目的港和转运港、是否允许分批和转运、装运日期等条款;
- 关于单据的条款(about documents):包括要求受益人提交的单据种类、份数以及要求等条款,是跟单信用证的核心条款;
- 其他条款:①关于特殊条款(about additional conditions):对于较为复杂的信用证,一般均有这个条款,比如对装运、单据等的特殊要求;②开证行保证付款的文句(about issuing bank's undertaking);③关于给议付行的指示(about banking instructions)。

(二)信用证的开证形式

根据信用证开立方式不同,可将信用证分为信开信用证和电开信用证。

1. 信开信用证

信开本信用证就是开证行缮制成信函格式、并通过邮寄方式送达通知行的信用证。信开信用证是开证的通常形式。信用证的英文名称为"Letter of credit",就是因为信用证初创时采用信函形式开立的。信开信用证一般是开立正本一份,副本数份,其中正本和一份副本以邮寄方式寄给通知行,经通知行审证后,其中正本交付给受益人,供其办理随后各项手续所用,副本供通知行存档备查。另一份副本交申请人供其核对,以便发现有与开证申请书不符或其他问题时,可及时修改。

2. 电开信用证

电开信用证就是用电讯方式开立和通知的信用证,电开信用证所用电讯方法一般可以是电报、电传或 SWIFT 方式。通知行收到电开信用证,需复制一份作为副本存档备查。电开信用证可分为简电开本和全电开本。

1) 简电开立信用证

简电开立信用证(brief cable)即将信用证金额、有效期等主要内容用电文预先通知出口商,目的是使出口商早日备货。

传统的电开信用证发出后,开证行往往还通过通知行,向受益人发出一份"电报证实书(Cable Confirmation)",供受益人核对原先的简电开证。通知行应在收到的电报证实书上显眼处加盖"电报证实书"的印戳,提醒受益人不能将电报证实书错当又一份信用证,而重复出运货物。

由于通信技术的发展和电讯费用的降低,一般电开本信用证记载的内容也日趋完整全面,因此,UCP600 第十一条 a 款规定:"以经证实的电讯方式发出的信用证或信用证修改即被视为有效的信用证或修改文据,任何后续的邮寄确认书应被不予理会。如电讯声明'详情后告'(Full details to follow)等类似用语或声明以邮寄确认书为有效的信用证或修改,则该电讯不被视为有效的信用证或修改。开证行必须随即不迟延地开立有效的信用证或修改,其条款不得与该电讯矛盾。"

  2) 全电开立信用证

  全电开立信用证(full cable)是开证行以电文形式开出的内容完整的信用证。开证行一般会在电文中注明"This is an operative instrument no airmail confirmation to follow."后面不注有"随寄证实书"字样。这样的信用证有效，可以凭以交单议付。

  由于电讯技术的发展，在实务操作中，信用证大多都是采取电开形式。但是 Telex(电传)开具的信用证费用较高，手续烦琐，条款文句缺乏统一性，容易造成误解。SWIFT 信用证内容具有方便、迅速、安全、格式统一、条款明确的特点，特别是各国从事国际结算的中等以上的商业银行基本上都参加了 SWIFT，SWIFT 全电开证已经成为普遍使用的方式。SWIFT 信用证见附式 5-2。

附式 5-2   SWIFT 信用证

```
MT 700              ISSUE OF A DOCUMENTARY CREDIT
SEQUENCE OF TOTAL       : 27:   1 / 1
FORM OF DOC.            : 40A:  IRREVOCABLE
CREDIT
DOC. CREDIT             : 20:   WLQ-ZY119
NUMBER
DATE OF ISSUE           : 31C:  081125
DATE AND PLACE OF       : 31D:  DATE   090115  PLACE   MALAYSIA
EXPIRY
APPLICANT               : 50:   FOODWAY TRADING CO., LTD.
                                ROOM 1605, 16 FLOOR, FINANCE BUILDING,
                                KUALA LUMPUR , MALAYSIA
ISSUING BANK            : 52A:  MAY BANK
                                11.BLK 10.JLN 31C/31B. R/PANJANG SRI SEGMAMBUT 52000
                                KUALA LUMPUR MALAYSIA
BENEFICIARY             : 59:   QINHUANGDAO  GOLDEN SEA  IMP & EXP CO., LTD.
                                NO. 256 HAINING ROAD, BEIDAIHE ZONE
                                QINHUANGDAO, CHINA
AMOUNT                  : 32B:  CURRENCY USD  AMOUNT 1, 200 000.00
AVAILABLE WITH/BY       : 41D:  BANK OF COMMUNICATIONS
                                BY NEGOTIATION
DRAFTS AT ...           : 42C:  30 DAYS AFTER SIGHT FOR FULL INVOICE VALUE
DRAWEE                  : 42A:  MAY BANK
                                11.BLK 10.JLN 31C/31B. R/PANJANG SRI SEGMAMBUT 52000
                                KUALA LUMPUR MALAYSIA
PARTIAL SHIPMTS         : 43P:  NOT ALLOWED
TRANSSHIPMENT           : 43T:  ALLOWED
PORT OF LOADING         : 44E:  QINHUANGDAO
PORT OF DISCHARGE       : 44F:  SINGAPORE
LATEST DATE OF          : 44C:  081230
SHIPMENT
```

DESCRIPTION OF GOODS	: 45A:	500 METRIC TONS CUMIN SEEDS AT USD2500 PER M/T CIF SINGAPORE
DOCUMENTS REQUIRED	: 46A:	+ SIGNED COMMERCIAL INVOICE IN TRIPLICATE SHOWING FOB VALUE AND FREIGHT CHARGES, TOGETHER WITH BENEFICIARIES' DECLARATION CONFIRMING THAT ONE SET OF NON-NEGOTIABLE DOCS. HAS TO BE SENT TO THE APPLICANT. + PACKING LIST/WEIGHT MEMO IN TRIPLICATE. + GSP FORM A CERTIFIED IN DUPLICATE ISSUED AND SIGNED BY COMPETENT AUTHORITIES . + FULL SET (3/3) OF CLEAN "ON BOARD" OCEAN BILLS OF LADING MADE OUT TO ORDER OF FOODWAY TRADING CO. LTD. MARKED FREIGHT COLLECT AND NOTIFY ACCOUNTEE. + MARINE INSURANCE POLICY IN DUPLICATE, ENDORSED IN BLANK FOR 120% OF THE INVOICE VALUE AGAINST ALL RISKS & WAR RISKS SUBJECT TO THE OCEAN MARINE CARGO CLAUSES OF P.I.C.C. DATED 1/1/1981 CLAIMS TO BE PAYABLE IN U.S.A. IN CURRENCY OF THE DRAFT. +SHIPMENT ADVICE SHOWING THE NAME OF THE CARRYING VESSEL, DATE OF SHIPMENT, MARKS, QUANTITY, NET WEIGHT AND GROSS WEIGHT OF THE SHIPMENT TO APPLICANT WITHIN 3 DAYS AFTER THE DATE OF BILL OF LADING.
ADDITIONAL CONDITION	: 47A:	+ THE NUMBER AND THE DATE OF THIS CREDIT AND THE NAME OF ISSUING BANK MUST BE QUOTED ON ALL DOCUMENTS. + SHIPMENT MUST BE EFFECTED BY FULL CONTAINER LOAD. B/L TO SHOW EVIDENCE OF THIS EFFECT IS REQUIRED. + ALL PRESENTATIONS CONTAINING DISCREPANCIES WILL ATTRACT A DISCREPANCY FEE OF GBP40.00 PLUS TELEX COSTS OR OTHER CURRENCY EQUIVALENT. THIS CHARGE WILL BE DEDUCTED FROM THE BILL AMOUNT WHETHER OR NOT WE ELECT TO CONSULT THE APPLICANT FOR A WAIVER.
CHARGES	: 71B:	ALL CHARGES AND COMMISSIONS ARE FOR ACCOUNT OF BENEFICIARY INCLUDING REIMBURSING FEE.
PERIOD FOR PRESENTATION	: 48:	DOCUMENTS MUST BE PRESENTED WITHIN 15 DAYS AFTER THE DATE OF SHIPMENT, BUT WITHIN THE VALIDITY OF THIS CREDIT.
CONFIRMATION	: 49:	WITHOUT

开立 SWIFT 信用证的格式代号是 MT700 和 MT701(701 格式是在 700 格式不够用时补充使用)。

MT700 开立跟单信用证的电文格式如表 5-1 所示。

表 5-1 MT700 开立跟单信用证的电文格式

M/O	Tag(代码)	Field Name(项目名称)
M	27	Sequence of Total(页次)
M	40A	Form of Documentary Credit(跟单信用证类别)
M	20	Documentary Credit Number(信用证号码)
O	23	Reference to Pre-Advice(预通知的编号)
O	31C	Date of Issue(开证日期)
M	40E	Applicable Rules(适用的规则)
M	31D	Date and Place of Expiry(到期日及地点)
O	51a	Applicant Bank(申请人的银行)
M	50	Applicant(申请人)
M	59	Beneficiary(受益人)
M	32B	Currency Code, Amount(币别代号、金额)
O	39A	Percentage Credit Amount Tolerance(信用证金额浮动范围)
O	39B	Maximum Credit Amount(最高信用证金额)
O	39C	Additional Amounts Covered(可附加金额)
M	41a	Available With …By…(向……银行押汇,押汇方式……)
O	42C	Drafts at …(汇票期限)
O	42a	Drawee(付款人)
O	42M	Mixed Payment Details(混合付款指示)
O	42P	Deferred Payment Details(延迟付款指示)
O	43P	Partial Shipments(分批装运)
O	43T	Transshipment(转运)
O	44A	Place of Taking in Charge/Dispatch from.../Place of Receipt(货物监管地/发货地/收货地点)
O	44E	Port of Loading/Airport of Departure(装货港或装货机场)
O	44F	Port of Discharge/Airport of Destination(目的港或到达机场)
O	44B	Place of Final Destination/ For Transportation to.../Place of Delivery(最后目的地/货物运至地/交货地)
O	44C	Latest Date of Shipment(最迟装运日)
O	44D	Shipment Period(装运期间)
O	45A	Description of Goods and /or Services(货物描述及/或交易条件)
O	46A	Documents Required(应提交的单据)
O	47A	Additional Conditions(附加条件)
O	71B	Charges(费用)
O	48	Period for Presentation(提示期间)
M	49	Confirmation Instructions(保兑指示)
O	53a	Reimbursing Bank(清算银行)
O	78	Instructions to the Paying/Accepting/Negotiating Bank(对付款/承兑/议付银行之指示)
O	57a	"Advise Through" Bank(收讯银行以外的通知银行)
O	72	Sender to Receiver Information(银行间的通知)

注:① M/O 为 Mandatory 与 Optional 的缩写,前者指必选项目,后者为可选项目。
② 页次是指本证的发报次数,用分数来表示,分母分子各一位数字,分母表示发报的总次数,分子则表示这是其中的第几次,如"1/2",其中"2"指本证总共发报 2 次,"1"指本次为第 1 次发报。

四、国际商会《跟单信用证统一惯例》简介

国际商会编写的《跟单信用证统一惯例》(Uniform Customs and Practice for Commercial Documentary Credits—UCP)已经被世界各国广泛接受。《跟单信用证统一惯例》是在长期的国际结算实践中,不断修订完善的。早在1929年,国际商会就曾制定了编号为UCP74号的《跟单信用证统一惯例》。由于这一版本由法国人执笔、基本上是依据法国的做法制定的,在国际商会公布后,只有法国和比利时采用。鉴此,国际商会自1931年着手修订,并于1933年公布了第二版的《跟单信用证统一惯例》,编号为UCP82。随后多次修订,依次是1951年版,编号UCP151;1962年版,编号UCP222;1974年版,编号UCP290;1983年版,编号UCP400;1993年版,编号UCP500。现行被各国采用的,是国际商会银行技术与惯例委员会于2006年10月25日通过的版本,编号为UCP600。这是《跟单信用证统一惯例》的第八个版本。这一版本自2007年7月1日起正式施行。

UCP600大幅度调整UCP500的49个条款为39条。其中第一至五条为总则部分,规定了UCP的适用范围、定义、解释规则、信用证的独立性等;第六至十三条规定了信用证的开立、修改、各当事人之间关系与各自责任等;第十四条至第十六条规定了审单标准、单证相符或不符的处理办法;第十七条至第二十八条规定了对商业发票、运输单据、保险单据等商品单据的要求及掌握的原则;第二十九条至第三十二条规定了款项支取办法;第三十三条至第三十七条规定了银行免责条款;第三十八条规定了可转让信用证;第三十九条规定了款项让渡办法。

与UCP500相比,UCP600对跟单信用证的业务处理做了一系列重大改变或调整,也使得其他相关的规则有了相应的改变。

知识拓展

eUCP

eUCP,即《〈跟单信用证统一惯例〉电子交单补充规则》,是国际商会2000年5月24日提出的规范电子交单等的一个补充规则,它是在现行的UCP500的基础上提出的,以适应电子商务在国际贸易领域的广泛应用,并为此成立工作组,2002年4月1日生效。《〈跟单信用证统一惯例〉电子交单补充规则》补充了《跟单信用证统一惯例》只提交纸制单据的规定,从而既可以用电子记录单独提交也可以与纸制单据联合提交。因此,当信用证表明受eUCP约束时,eUCP作为UCP的补充适用。

eUCP之前的版本为1.0版,eUCP1.1版是专门对UCP600所做的升级版本,之所以使用1.1版本的名称,为的是以后修订的方便,例如,今后技术发展而需要修订,可以早于UCP600而单独进行修改。在电子交单或电子和纸制单据混合方式提交单据时,要同时使用eUCP和UCP两个规则。该规则明确规定,受eUCP约束的信用证("eUCP信用证")也应受UCP的约束,而无须明确订入信用证中。但如果适用eUCP和UCP而产生不同的结果时,则优先适用eUCP。如果eUCP信用证允许受益人在交单时选择纸制单据或电子记录,受益人选择仅提交纸制单据的,或者eUCP信用证只允许提交纸制单据,则该交单只适用UCP。

eUCP全文共十二条,主要条款包括适用范围、eUCP与UCP的关系、定义、格式、交

单、审核、拒绝通知、正本与副本、出单日期、运输、交单后电子记录的损坏、eUCP 电子交单的额外免责。

eUCP1.1 与 UCP600 的关系如下。

(1) 受 eUCP 约束的信用证("eUCP 信用证")也适用 UCP，而无须将 UCP 明确纳入信用证。

(2) 当信用证表明受 eUCP 约束时，eUCP 作为 UCP 的附则适用。

(3) 当 eUCP 适用时，如其与适用 UCP 产生不同结果，应以 eUCP 规定为准。

(4) 如果 eUCP 信用证允许受益人在提交纸单据或电子记录两者之间进行选择，而其选择了只提交纸单据，则该笔交单仅适用 UCP。如果 eUCP 信用证只允许提交纸单据，则仅适用于 UCP。

第二节　信用证的业务流程

本节以即期付款跟单信用证为例说明信用证的业务流程，且信用证所使用的货币是开证行所在国货币，出口商所在地有银行在开证行开有该货币的账户。信用证业务流程如图 5-4 所示。

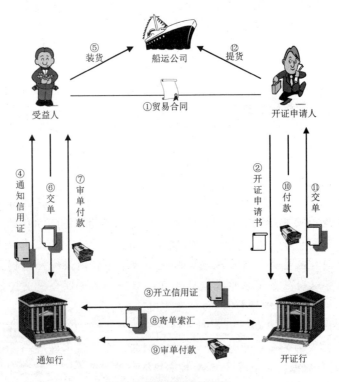

图 5-4　信用证业务流程

一、进出口商双方经洽商签订交易合同

进出口商双方经洽商签订合同。合同除规定交易的商品种类、数量、品质、价格条件、

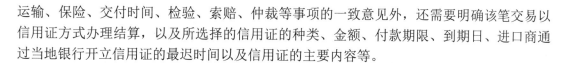

运输、保险、交付时间、检验、索赔、仲裁等事项的一致意见外,还需要明确该笔交易以信用证方式办理结算,以及所选择的信用证的种类、金额、付款期限、到期日、进口商通过当地银行开立信用证的最迟时间以及信用证的主要内容等。

二、进口商向当地银行申请开立信用证

进口商必须在合同所要求的、或合同签订后的合理期限内,向当地信誉良好的商业银行申请开立以出口商为受益人的信用证。在这个环节上,进口商(开证申请人)要办理以下手续。

(一)确定申请开立信用证的前提条件

申请开立信用证的前提条件是本笔业务须符合国家的贸易管制政策和外汇管制政策。例如,进口商品属于我国许可证管辖范围内的,应提供许可证或登记证明、机电产品登记表等;申请人属于外汇管理局需要进行"真实性审查"的企业,或不在外汇管理局公布的"进口单位名录"的企业,需要提供国家外汇管理局或其分支机构出具的备案表等。

(二)选择开证行、填写开证申请书

进口商一般是在自己的开户行中选择信誉较好的银行作为开证银行,这样做,容易被受益人接受,减少可能产生的费用。

开证申请书(Application for issuing Letter of Credit),既是开证行开立信用证的根据,又是开证行与开证申请人之间法律性的书面契约,它规定了开证申请人与开证行的责任。

开证申请书主要依据贸易合同中的有关主要条款填制,申请人填制后最好连同合同副本一并提交银行,供银行参考、核对。但信用证一经开立则独立于合同,因而在填写开证申请时应审慎查核合同的主要条款,并将其列入申请书中。开证申请书见附式 5-3。

(三)填写开证担保书

开证时申请人必须与开证行签订"开证担保协议"。"开证担保协议"一般由开证银行根据信用证业务的惯例,事先印就格式供申请人需要时填写。

三、开证行开出信用证和修改信用证

开证行如接受申请人的开证申请,就必须在合理的工作日内开出信用证,信用证交通知行通知受益人。

(一)开证银行审查开证申请人的申请开证文件

1. 审查开证申请书

审查开证申请书时重点审核:①申请书的内容有无违反国际惯例的条款;②申请人的英文名称与所递交申请的企业名称是否相符;③受益人名称地址是否齐全;④申请开证的金额大小写是否一致;⑤货物描述中的单价、货量及总价是否相符合;⑥货物名称及规格

是否齐全；⑦申请书中所要求的单据条款有无自相矛盾之处；⑧严格审核信用证申请书上的附加条款及其他特别需要说明的条款；⑨审核申请书中有无公章、法人代表章和财务专用章；⑩开证申请人是否填明全称、地址、邮政编码以及联系电话、联系人等。

鉴于信用证是以规定的单据为业务办理的对象，UCP600 第四条 b 款指出："开证行应劝阻申请人试图将基础合同、形式发票等文件作为信用证组成部分的做法。"UC600 第十四条 h 款还规定："如果信用证含有一项条件，但未规定用以表明该条件得到满足的单据，银行视为未作规定并不予理会。"因此，开证行在审查开证申请书时，应要求申请书对信用证条款内容都应有相应的单据或相应单据需体现的内容为要求，而剔除没有达到上述要求的内容。

开证申请书如附式 5-3 所示。

附式 5-3 开证申请书

IRREVOCABLE DOCUMENTARY CREDIT APPLICATION

TO: ×**BANK** Date:

Beneficiary (full name and address)	L/C NO. Ex-Card No. Contract No.
	Date and place of expiry of the credit
Partial shipments ☐allowed ☐not allowed	Transshipment ☐allowed ☐not allowed	☐Issue by airmail ☐With brief advice by teletransmission ☐Issue by express delivery
Loading on board / dispatch / taking in charge at / from	☐ Issue by teletransmission(which shall be the operative instrument)
Not later than for transportation to	Amount (both in figures and words)
Description of goods:	Credit available with ☐ by sight payment ☐ by acceptance ☐ by negotiation ☐ by deferred payment at against the documents detailed herein ☐ and beneficiary's draft for % of the invoice value At on
Packing:	☐ FOB ☐ CFR ☐CIF ☐ or other terms

Documents required: (marked with x)
1. (　) Signed Commercial Invoice in 　 copies indicating invoice no., contract no.
2. (　) Full set of clean on board ocean Bills of Lading made out to order and blank endorsed, marked "freight (　) to collect / (　) prepaid (　) showing freight amount" notifying
3. (　) Air Waybills showing "freight (　) to collect / (　) prepaid (　) indicating freight amount" and consigned to ＿
4. (　) Memorandum issued by ＿＿＿＿＿ consigned to ＿＿＿＿
5. (　) Insurance Policy / Certificate in 　 copies for 　% of the invoice value showing claims payable in China in currency of the draft, blank endorsed, covering (　) Ocean Marine Transportation / (　) Air

Transportation / (　) Over Land Transportation) All Risks, War Risks.

6. (　) Packing List / Weight Memo in 　　 copies indicating quantity / gross and net weights of each package and packing conditions as called for by the L/C.
7. (　) Certificate of Quantity / Weight in 　　 copies issued an independent surveyor at the loading port, indicating the actual surveyed quantity / weight of shipped goods as well as the packing condition.
8. (　) Certificate of Quality in 　　 copies issued by (　) manufacturer / (　) public recognized surveyor / (　)
9. (　) Beneficiary's certified copy of FAX dispatched to the accountee with 　　 days after shipment advising (　) name of vessel / (　) date, quantity, weight and value of shipment.
10. (　) Beneficiary's Certificate certifying that extra copies of the documents have been dispatched according to the contract terms.
11. (　) Shipping Company's Certificate attesting that the carrying vessel is chartered or booked by accountee or their shipping agents:
12. (　) Other documents, if any:
  a) Certificate of Origin in 　　 copies issued by authorized institution.
  b) Certificate of Health in 　　 copies issued by authorized institution.

Additional instructions:
1. (　) All banking charges outside the opening bank are for beneficiary's account.
2. (　) Documents must be presented with 　　 days after the date of issuance of the transport documents but within the validity of this credit.
3. (　) Third party as shipper is not acceptable. Short Form / Blank Back B/L is not acceptable.
4. (　) Both quantity and amount 　　 % more or less are allowed.
5. (　) prepaid freight drawn in excess of L/C amount is acceptable against presentation of original charges voucher issued by Shipping Co. / Air line / or it's agent.
6. (　) All documents to be forwarded in one cover, unless otherwise stated above.
7. (　) Other terms, if any:

Advising bank:
Account No.: 　　　　　 with _____(name of bank)
Transacted by: 　　　　　　　　　　 Applicant: name, signature of authorized person)
Telephone no.: 　　　　　　　　　　　　　　 (with seal)

2. 审查开证申请人的资信情况

开证申请人的资信好坏，直接关系到开证银行受理该笔业务后，能否按照国际惯例顺利付款，以及开证银行自身资信会不会受到影响等。银行通过审核申请人的基本材料，可以了解申请人资信的基本情况。这些材料主要有：申请人的营业执照；进出口业务批件；企业组织机构代码；税务登记证；企业的各种印鉴，包括公章、法人章、财务专用章、业务专用章等。

3. 查验进口开证应提供的有效文件

检查根据国家有关外汇、外贸管理的规定，进口商应提交的有关文件及其文件的有效性和可靠性。

(二)审查该笔业务的贸易背景

银行在开立信用证前，对于该笔业务贸易背景进行认真审核。一般情况下，开立信用证需要有贸易背景。要特别注意无贸易背景的信用证、热门商品及开立无货权凭证的信用证。

(三)落实开证抵押

开证抵押的方法主要有以下三种。

1. 收取保证金

开证申请人申请开证时，开证行通常收取一定额度或一定比例的现款保证金，为减少开证申请人的资金被占压，同时降低开证行垫付资金的风险。对此类保证金，通常计付活期利息。若申请人在开证行有存款，则可以用存款作抵押。

2. 以出口信用证作抵押

用自有外汇支付货款的开证申请人，如果其资信较好，又有经常性的金额较大的出口业务，开证行可以用其出口信用证作抵押。但应注意的是，出口信用证的金额应当大于需支付的进口金额，且收款时间即信用证的效期也必须早于付款时间。

3. 凭其他银行保函

开证行向申请人收取押金，目的是为了避免付款后得不到偿还的情况发生。因此，倘若申请人能够提交其他银行为其出具的保函，开证行也可以开证。

(四)开立跟单信用证

1. 正确选择国外通知行

开证行根据本身的代理行协议，正确选择国外通知行。为了有利于及时验核信用证的真实性和通知信用证，开证行应选择自己在受益人所在地的联行或代理行为通知行。

2. 开证前登记

开证之前每笔信用证都应在信用证开证登记本上进行登记、编号，登记内容包括：信用证号码、开证日期、开证货币及金额、通知行、开证申请人、合同号等。

3. 缮打信用证

根据申请人开证方式要求及开证申请书内容，选择正确的开证方式，并缮打信用证。

4. 复核信用证

完成缮制信用证后，应根据开证申请书的内容，逐一仔细审核，确保信用证内容完整、准确。经部门经理核签后，以 SWIFT 方式开出信用证。

第五章　信用证结算方式

5. 信用证的修改

由于交易的有关情况发生变化、或者开证申请书条款与交易合同存在不一致、或者信用证开立出现失误等原因，申请人或受益人可能要求开证行对已经开出的信用证进行修改。开证行接受这一要求并修改信用证，应注意以下情况。

1) 信用证修改的生效

(1) UCP600 第十条 b 款规定："开证行自发出修改之时起，即不可撤销地受其约束。"

(2) 同一条款还规定："保兑行可将其保兑扩展至修改，并自通知该修改之时起，即不可撤销地受其约束。但是，保兑行可以选择将修改通知受益人而不对其加具保兑。若然如此，其必须毫不延误地将此告知开证行，并在其给受益人的通知中告知受益人。"

以上条款表明，在开证行发出信用证修改和保兑行表明其保兑扩展至修改起，只要受益人未明确表示拒绝修改，则开证行和保兑行就受修改条款的约束。

(3) UCP600 第十条 c 款规定："在受益人告知通知修改的银行其接受修改之前，原信用证(或含有先前被接受的修改的信用证)的条款对受益人仍然有效。受益人应提供接受或拒绝修改的通知。如果受益人未能给予通知，当交单与信用证以及尚未表示接受的修改的要求一致时，即视为受益人已做出接受修改的通知，并且从此时起，该信用证被修改。"

(4) UCP600 第十条 f 款规定："修改中关于除非受益人在某一时间内拒绝修改，否则修改生效的规定应不被理会。"这就明确否定了曾经有过的所谓"默认接受"的说法。

以上条款表明，若受益人表态接受修改，则修改成立，开证行应按照修改后的信用证(即信用证上未被修改的条款仍然有效，被修改的条款则以修改后的条款为准)审查单据；若受益人拒绝修改，或者受益人未表示是否接受修改，则修改无效，开证行只能按照信用证原条款审查单据。

(5) UCP600 第十条 e 款规定："对同一修改的内容不允许部分接受，部分接受将被视为拒绝修改的通知。"如果受益人收到的修改书中有多项修改内容，受益人只愿接受其中部分，则必须通过通知行，向开证行表示拒绝该份修改，同时希望开证行另行开立一份修改，这后一份修改将只包含受益人愿意接受的修改条款。如果开证行按照受益人的要求，再次开立修改书，并传递给了受益人，为受益人所接受，则前一份修改不生效，而后一份修改生效。

(6) UCP600 第三十八条 f 款规定：对于可转让信用证，"如果信用证转让给数名第二受益人，其中一名或多名第二受益人对信用证修改的拒绝，并不影响其他第二受益人接受修改。对接受者而言该已转让的信用证即被相应修改，而对拒绝修改的第二受益人而言，该信用证未被修改。"在出现这样的情况下，开证行面临的随后审查不同的第二受益人提交的单据所依据的信用证条款就将有所不同：对接受修改的第二受益人所提交的单据，要依据修改后的信用证条款，而对拒绝或未接受修改的第二受益人所提交的单据，则只能依据原信用证条款。这就说明，开证行开立可转让信用证的责任将明显增加。

(7) UCP600 第九条 a 款指出："非保兑行的通知行通知信用证及修改时不承担承付或议付的责任。"

2) 信用证修改的传递

信用证的修改必须通过原信用证的通知行通知受益人；UCP600 第十条 d 款规定："通

知修改的银行应将任何接受或拒绝的通知转告发出修改的银行。"

案例点击

中方某进出口公司与加拿大商人在 2015 年 1 月 3 日按 CIF 条件签订出口 10 万码法兰绒合同，支付方式为不可撤销即期信用证。加拿大商人于 2015 年 5 月通过银行开来信用证，并经审核与合同相符，其中保险金额为发票金额加 10%。我方正在备货期间，加拿大商人通过银行传递给我方一份信用证修改书，内容为将投保金额改为按发票金额加 15%。我方按原证规定投保、发货，并于货物装运后在信用证有效期内，向议付行提交全套装运单据。议付行议付后将全套单据寄开证行，开证行以保险单与信用证修改书不符为由拒付。那么，开证行拒付的理由合理吗？

(资料来源：国际结算案例分析. 豆丁网, http://www.docin.com/p-70086923.html)

〖点石成金〗

开证行拒付的理由不合理。UCP600 第九条规定，在受益人向通知修改的银行表示接受修改之前，原信用证的条款对受益人仍然有效。本案中，我方对信用证修改书并未表示接受，故原证条款仍然有效，开证行不得拒付贷款。

四、通知行审证及将信用证通知受益人

当通知行收到开证行信开或电开的信用后，应做好如下工作。

(一)受理来证

通知行收到国外开来的信用证应立即核验印鉴或密押，并签收登记。一经核符，立即通知受益人。

UCP600 第八条 c 款规定："通知行可以通过另一银行('第二通知行')向受益人通知信用证及修改。第二通知行通知信用证或修改的行为表明其已确信收到的通知的表面真实性，并且其通知准确地反映了收到的信用证或修改的条款。"之所以需要"第二通知行"，是因为有时开证申请人会应受益人的提请，向开证行提示通知行的名称，但该通知行并非开证行的代理行。为了有效地传递信用证，同时尊重申请人的指示，开证行就在选择自己的代理行的同时，嘱其再通过开证申请人指示的通知行将信用证传递给受益人。这时，信用证就将出现"advise through"另一家银行传递信用证的情况，这就表示，开证行授权第一通知行通过第二通知行(second advising bank)向受益人传递信用证。第二通知行的责任与第一通知行责任完全相同。

(二)审证

1. 信用证可接受性的审核

信用证可接受性的审核主要包括以下 3 个方面。

(1) 审查来证国家是否与我国建立正式外交关系及对我国的政治态度。

(2) 审查开证行资信、实力、经营作风，要求开证行必须是我国银行的代理行或海外分行。对有风险的、信用证金额超过对其授信额度的来证，应分别情况，建议受益人向开

证行提出以下要求：①由第三家银行加保；②加列允许电索条款；③由偿付行确认偿付；④要求改为分批装运；⑤向通知行缴纳保证金；⑥修改有关条款。所谓"授信额度"是指信用证金额与开证行的资产总额的比例。为了规避风险，一家银行所办理的任何一笔业务的金额都不应该超过其资产总额的一定比例。

(3) 审查信用证有无软条款。如发现有"软条款"，应对其划线以提请受益人注意和要求开证行修改或删除，使信用证正式生效和开证行确认自己的第一性付款责任。

知识拓展

信用证"软条款"

信用证中经常出现各种限制信用证生效的条款、有条件的付款条款和限制出口人履约、交单等的条款，极大地损害了出口人的利益，这些条款通常被称为"软条款"。审证遇到此类条款时，应该申请修改信用证，删除此类条款。

实务中常见的软条款如下。

(1) 限制信用证生效的条款，如："本证生效须由开证行以修改书形式另行通知"；"本证是否生效依进口人是否能取得进口许可证"；

(2) 限制出口人装运的条款，如："货物只能待收到申请人指定船名的装运通知后装运，而该装运通知将由开证行随后以信用证修改书的方式发出。受益人应将该修改书包括在每套单据中议付"；

(3) 限制出口人单据的条款，如："受益人所交单据中应包括：由开证申请人或其代表签署的检验证书一份"。

2. 信用证可操作性的审核

信用证可操作性的审核主要包括：①审核正、副本信用证号是否一致。②来证货币是否为我国有外汇牌价的可兑换货币。大小写金额是否一致。③来证条款之间、要求的单据之间是否存在矛盾。要求受益人提交的单据是否合理，受益人能否出具或在当地获得，如信用证要求受益人提交领事发票，若保留这一条款，受益人就不仅要增加许多费用——因为外国的大使馆都集中在首都，而大多数地方没有进口国的领事馆，受益人为得到进口国的领事发票就将增加不少费用支出，而且还很难掌握获得领事发票的准确时间，这就可能影响按时交单。④信用证的兑用方式，即信用证属于即期付款、延期付款、承兑或议付信用证中的哪一种。⑤信用证的有效到期地点。正常情况下，信用证的有效到期地点应在受益人所在国，即确认受益人在信用证规定的有效到期日在其所在地向指定银行交单为有效。⑥对出口地银行寄单方式、索汇/索偿的线路安排是否明确而合理。避免索汇线路迂回而延长索汇或索偿的时间，无形中减少本应得到的收益。⑦信用证上是否注明该证依据国际商会《跟单信用证统一惯例(UCP600)》开立。在信用证上说明开立依据，已成为各国银行普遍做法。⑧注意开证行对通知行加具保兑的安排。通知行应在全面审证的基础上，加强考核开证行的经营情况，权衡加具保兑的风险，以决定是否应开证行或受益人的要求加具保兑；一旦决定保兑与否之后，应尽快通知开证行和受益人。

案例点击

某市中国银行分行收到新加坡某银行电开信用证一份,金额为 100 万美元,购 5 万吨大理石,目的港为巴基斯坦卡拉奇。证中有下述条款:①检验证书于货物装运前开立并由开证申请人授权的签字人签字,该签字须由开证行检验;②货物只能待开证申请人指定船只并由开证行给通知行加押电修改后装运,而该加押电修改必须随同正本单据提交议付。那么,该信用证能被接受吗?

(资料来源:案例 59:国际贸易实务案例分析汇总,中顾国际贸易网,http://news.9ask.cn/gjmy/bjtj/201005/565794.html)

〖点石成金〗

此为"软条款"欺诈信用证,不能接受。由开证申请人验货并出具检验证书及开证申请人指定装船条款,实际上是开证申请人操控了整个交易,受益人(中国出口公司)处于受制于人的地位,信用证项下开证行的付款承诺是毫不确定和很不可靠的。后来经调查,该开证申请人名称中有"AGENCIES"字样,是一家代理商公司,开证申请人是一家仅有 3 万元的皮包公司。

(三)通知信用证

1. 编号与登记

信用证审核无误后,应编制信用证通知流水号,并在信用证上加盖"×银行信用证专用通知章",同时对信用证作接收登记。

2. 通知信用证

完成上述审查信用证后,缮制通知面函,并在一个工作日内通知受益人。

五、受益人按信用证的要求向指定银行交单

在审核信用证无误后,或者在开证行修改了原先信用证中受益人不能接受的条款后,受益人即可根据信用证要求在规定的期限内发货、制作单据。受益人缮制和备妥信用证规定的单据后,即可到银行交单。

受益人向银行交单,除了应按信用证规定的单据种类、份数都备齐外,还特别要注意信用证对交单时间的规定。举例如下:某信用证规定的信用证有效到期日为某年的 8 月 14 日,有效到期地点为受益人所在国家(城市),最迟装运日期为当年的 7 月 31 日,最迟交单期为货物装运后 14 天,并且不能晚于信用证的有效到期日。受益人于当年 7 月 20 日完成货物装运,并得到承运人当天签发的运输单据。那么,该项信用证业务中,受益人向当地银行交单的最后日期只能是当年 8 月 3 日。

UCP600 第二十九条 a 款规定:"如果信用证的截止日或最迟交单日适逢接受交单的银行非因第三十六条所述原因(不可抗力——编者注)而歇业,则截止日或最迟交单日,视何者适用,将顺延至重新开业的第一个营业日。"b 款要求:"如果在顺延后的第一个银行工作日交单,被指定银行必须在其致开证行或保兑行的面函中声明是在根据第二十九条 a 款顺

延的期限内提交的。"c款规定，上述的情况不适用于对最迟装运日的确定。

受益人在确认全部单据备齐后，可填写银行提供的空白的交单联系单，并附上全部单据向银行交单。

案例点击

中国A公司与美国B公司签订了一份国际货物买卖合同，由A公司向B公司销售一批工艺品，双方在合同中约定采用信用证方式付款。合同订立后，B公司依约开来信用证。该信用证规定，货物最迟装运期至9月30日，提单是受益人A公司应向银行提交的单据之一，信用证到期日为10月15日，信用证未规定交单期。A公司于9月12日将货物装船并取得提单，提单的日期为9月13日。10月5日 A公司向银行交单议付，银行以已过交单期为由拒绝付款。请分析银行拒付有没有道理？

(资料来源：案例分析：信用证的到期日与交单期. 中华外贸学习网，
http://waimao.100xuexi.com/HP/20100428/DetailD994283.shtml)

〖点石成金〗

信用证的到期日是银行承担付款、承兑及议付货款责任的最迟的期限，也是约束信用证的受益人交单议付的期限。信用证的受益人若晚于信用证规定的到期日提交单据的，银行有权拒付。信用证的交单期是针对要求提交运输单据的信用证而言的。根据UCP600第十四条的规定，信用证除规定一个交单到期日外，凡要求提交运输单据的信用证，尚须规定一个在装运日后按信用证规定必须交单的特定期限。如果未规定该期限，银行将不予接受迟于装运日期后21天提交的单据。但无论如何，交单期不得迟于信用证规定的到期日。即，此时受益人的交单要受信用证的到期日与交单期这两个日期的约束。信用证对交单期的规定是为约束受益人，促使其在出运后及时交单以保障开证申请人的利益。如果受益人出运后不及时交单，会影响开证申请人及时提货转售，贻误商业时机。

本案中，信用证的到期日是10月15日，A公司交单议付的期限本应是10月15日，但因该信用证要求提交运输单据——提单，且未规定装运日后必须交单的特定期限，所以A公司应在装运日期后21天以内向银行提交单据，即A公司最迟应在10月4日交单议付。A公司实际到10月5日才交单，违反了装运日期后21天提交单据的规定，银行有权拒付。

六、出口地银行审查受益人提交的单据并向开证行寄单索汇

(一)出口地银行接受受益人提交的单据

出口地银行受理单据。面对受益人提交的单据，出口地银行对照"客户交单联系单"上的记载，进行一一清点并登记，特别是正本单据的种类和各自份数。UCP600第三条规定："单据可以通过书签、摹样签字、穿孔签字、印戳、符号表示的方式签署，也可以通过其他任何机械或电子的证实方法签署。"在点收了受益人提交的单据的同时，要对照同时提交的信用证及修改(若有，并被受益人接受)，确认两者之间不存在矛盾。然后可以在客户交单联系单上做相应的批注。客户交单联系单见附式5-4。

附式 5-4　交单联系单

客户交单联系单

致：招商银行

<table>
<tr><td rowspan="3">信用证</td><td colspan="5">开证行：</td><td colspan="3">信用证号：</td></tr>
<tr><td colspan="2">信用证附</td><td>次修改</td><td colspan="2">提单日期：</td><td colspan="2">效期：</td><td>交单期限：</td><td>天</td></tr>
<tr><td colspan="8"></td></tr>
<tr><td rowspan="3">无证托收</td><td colspan="8">付款人全名及详址：</td></tr>
<tr><td colspan="8">代收行外文名称及详址(供参考)：</td></tr>
<tr><td colspan="4">交单方式：( )D/P ( )D/A</td><td colspan="5">付款期限：</td></tr>
</table>

发票编号：		核销单编号：		金额：	

单据	名称	汇票	发票	海关发票	装箱单/重量单	产地证	GSP FORM A	数量质量重量证	检验/分析证	出口许可证	保险单	运输单据	受益人证明	船公司证明		
	份数															

委办事项(打"×"者)

( )上述单据我司申请办理押汇；

( )上述单据系代理出口项下业务收妥后请原币划＿＿＿＿＿＿＿＿＿＿＿＿

开户行：＿＿＿＿＿＿＿＿＿＿＿＿＿＿＿＿账号：＿＿＿＿＿＿＿＿＿＿＿＿＿＿＿＿

( )单据中有下列不符点：( )请向开证行寄单，我司承担一切责任；

( )请电询开证行同意后寄单；

( )请征询我公司意见；

( )＿＿＿＿＿＿＿＿＿＿＿＿＿＿＿＿＿＿

公司联系人：	联系电话：	公司签章：

银　行记　录专　栏	业务编号		接单日期：	
	银行费用：议付/托收：	邮费：	电费：	小计：
	费用由　　　承担	索汇方式：	寄单方式：	

审单记录：

	银行经办：	银行复核：
	审单日期：	审单日期：

(二)出口地银行审单

1. 审单的步骤

审单的步骤包括以下几个方面：①信用证有效性的审核。审核出口商随单据提供的信用证是否系信用证正本(对副本或复制信用证一律不予接受)，信用证修改书及其附件是否齐全、有效期是否已过、金额是否用完。②清点单据。清点随信用证提供的单据种类、正本份数，以确认所提供的单据符合信用证要求。③以信用证为中心，按信用证条款从上到下，从左至右逐条对照单据，仔细审核，以确定信用证内容能在单据上得到体现。审单过程中，若发现有不符点，应及时记录，并根据其具体情况联系修改或采取其他安全收汇措施。④以发票为中心，审核其他单据，确保单单相符。

2. 审单的标准

UCP600 第十四条 a 款规定："按指定行事的被指定银行、保兑行(若有的话)及开证行须审核所提交的单据，并仅基于单据本身确定其是否在表面上构成相符交单。" UCP600 第二条规定："相符交单指与信用证条款、本惯例的相关适用条款以及国际标准银行实务一致的交单"(Complying presentation means a presentation that is in accordance with the terms and conditions of the credit, the applicable provisions of these rules and international standard banking practice)。这是《跟单信用证统一惯例》第一次对于相符交单进行了清晰的定义。特别值得注意的是，这一定义与传统上人们对于相符交单的理解存在着较大的差异。传统上，在银行从事国际结算工作的员工以及进出口企业的单证人员对于相符交单的理解是所谓的"八字真言"，即"单证一致、单单一致"；而在 UCP600 的规则之下，相符交单的含义被扩大了：受益人提交的单据不但要做到"单证一致、单单一致"，而且要做到与 UCP 的相关适用条款相一致，还要做到与国际标准银行实务(简称 ISBP)一致，只有同时符合以上三个方面的要求，受益人所提交的单据才是相符单据，如图 5-5 所示。以下我们通过几个实例来具体解读一下什么叫相符交单(Complying presentation)。

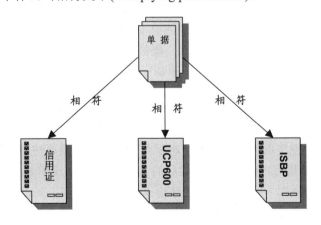

图 5-5 "相符交单"图示

1) 情形之一：单证一致，单单一致

(1) 单证一致，就是以信用证及修改(若有，并被受益人接受)条款为依据，逐一地审查其规定受益人提交的单据，要求这些单据的种类、份数、具体内容以及交单的行为都符合信用证及修改(若有的话)条款的规定。这是银行的纵审。

假如信用证中包含以下条款：Insurance policy/certificate in duplicate for 130 percent of the invoice value showing claim payable in China in currency of the drafts blank endorsed covering ocean marine transportation all risks and war risks，那么受益人必须要按照信用证规定的投保比例即 130%向保险公司投保，而不是按照 UCP600 第二十八条按照 110%的比例投保。也就是说，当信用证中规定的条款与 UCP600 的条款出现冲突时，信用证条款具有优先权，单据制作以信用证条款为准。

(2) 单单一致，就是以商业发票为中心，审核各项商业和金融单据，要求同一份信用证项下的所有单据的相关内容一致或不矛盾。这是银行的横审。比如货物名称、数量、金额、包装、唛头等，必须在表面上相同或一致，不得相互矛盾。

需要注意的是，UCP600 第十四条第 d 款强调，单证之间、单单之间及单内的信息无须"完全等同"(identical)，仅要求"不得冲突或矛盾"(must not conflict with)即可。这与 UCP500 的审单标准"单证相符，单单不得互不一致"(not inconsistent with)相比，体现了审单标准宽松化的趋势，如图 5-6 所示。因为此前的"严格相符"导致了大量的拒付，从而严重影响了信用证业务的进行。

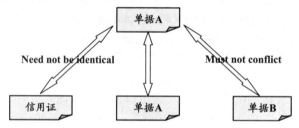

图 5-6　UCP600 审单标准的宽松化

2) 情形之二：交单须与 UCP600 的相关适用条款保持一致

众所周知，一份信用证的背后往往存在着一份由进出口商双方签订的销售合同，但信用证与其所可能依据的销售合同在法律上是完全独立的两份法律文件，UCP600 第二条对于信用证的定义是：信用证是指一项不可撤销的安排，无论其如何命名或描述，该项安排构成开证行对相符交单予以承付的确定承诺。既然如此，信用证不可能也没有必要完完整整地把基础合同中的条款全部反映到信用证条款中来，开证申请人(进口商)通常只是有选择性地在信用证中规定那些证明受益人履行其各项义务的单据。这就可能出现下述情形：在信用证对某些事项未做出明确规定的情况下，受益人应当如何办理呢？这时 UCP600 中的"相关适用条款"就发生效力了。例如，当信用证规定了受益人需提交正本运输单据，却未明确规定受益人装运后提交单据的期限，这时受益人或其代表就要按照 UCP600 第十四条(单据审核标准)中 c 款的规定，在不迟于装运后的 21 个公历日内交单。这就是说，当信用证条款未有明确规定时，按照 UCP600 的相关适用条款办理。

3) 情形之三：交单须与国际标准银行实务保持一致

在实务中，我们往往还会遇到这样的情形，信用证和 UCP 都未对某些事项做出明确规定，这时，国际标准银行实务即 ISBP 就开始产生效力。例如，当信用证要求提交 Form A 产地证，同时要求提单须做成 To order of shipper 或 To order of issuing bank 这类指示性抬头，在这种情况下，Form A 产地证上的第二栏收货人信息应如何显示呢？ISBP 对此做出了明确的规定：如果信用证要求运输单据做成"凭指示""凭托运人指示""凭开证行指示"

"凭指定银行(或议付行)指示"或"货发开证行"式抬头,则原产地证明可以显示收货人为信用证中除受益人以外的任何一个具名实体。

知识拓展

新版 ISBP(ISBP745)简要介绍

ISBP(国际标准银行实务)具有国际结算领域信用证审单的"圣经"之称。它不仅是各国银行、进出口公司信用证业务单据处理的统一标准,也是法院、仲裁机构处理信用证纠纷案件的重要依据。2013 年 4 月 17 日,国际商会银行工作委员会在里斯本春季年会上通过了最新的国际标准银行实务 ISBP745。这是继 ISBP645 和 ISBP681 之后的第三个国际商会 ISBP 出版物版本。也是 UCP600 项下的第二个版本。较 ISBP681 作了重大修订,定义更加全面、措辞更加严谨、条理更加清楚、示例更加丰富。ISBP745 包含总则部分和分项单据部分,涉及 16 类单据。

1. ISBP745 与 UCP600 的关系

UCP600 是关于信用证的国际惯例,ISBP745 对 UCP600 的内容与规定进行了大量的补充与解释,反映了审单实务的发展和变化,更完善,更贴近实务。ISBP745 应当结合 UCP600 进行解读,不应孤立解读。它是 UCP600 标准的具体体现,是对 UCP600 所涉及的信用证审单实务的最佳解释,ISBP 的变化反映了实务的变化和发展。

2. ISBP745 的新变化

(1) 明确了信用证的非单据化条件。

非单据条件给信用证结算方式带来诸多有关不符点的争议。根据 UCP600 第十四条 h 款,银行对非单据化条件将视为未作规定并不予理会,即如果未提供相应的单据或在单据上未表明满足该"非单据条件",银行也不能将其视为不符点。UCP600 及 ISBP681 对此并没有补充规定。ISBP745 Para A26 对此进行了进一步的明确:即当信用证包含一项条件但未规定表明该条件得以满足的单据("非单据化条件")时,无须在任何规定单据上证实以满足该条件。但是规定单据上所显示的数据不应与非单据化条件相矛盾。

(2) 重新解释了分期装运。

UCP600 第 32 条对分期装运的规定:"如信用证规定在指定的时间段内,任何一期未按信用证规定期限发运时,信用证对该期及以后各期均告失效。"但是,UCP600 和 ISBP681 并未规定什么形式的分期时间表才是受 UCP600 第 32 条的制约分期时间表。ISBP745 Para C15 则重新解释了分期装运,C15 ai 和 bi 款明确将其分为特定期间和其他时间表。特定期间为"given periods"即每期装运为一组日期或时间序列,既有开始日期又有结束日期。其他时间表是指只有结束没有开始的分期。常见的其他时间表有两种:一用"before"分期,二用"latest"分期。

(3) 新增了装运港、卸货港无须显示国别。

根据 UCP600 的规定提单应当显示信用证规定的装运港、卸货港。但是提单的装运港、卸货港能否不显示国别名称,对此 UCP600 和 ISBP681 并未规定。ISBP745 Para E6 和 E9 规定了提单的装运港及卸货港可以显示所在的国别,也可以不显示所在的国别。

(4) 改变了"仓至仓"条款用于认定保险生效日期的规定。

ISBP745 Para K10 a 款明确规定了保险责任的生效日期不得晚于装运日期。这与 UCP600 第二十八条 e 款规定一致。ISBP745 Para K10 b 款进一步规定:"当保险单据显示出具日期晚于(UCP600 第 19 条至第 25 条所定义的)装运日期时，应当以附注或批注的方式清楚地表明保险生效日期不晚于装运日期。"ISBP745 修改了"仓至仓"条款用于认定保险生效日期的规定。K10 c 款规定了"保险单据显示保险基于"仓至仓"或类似条款已经生效，如出具日期晚于装运日期，并不表示保险生效日期不晚于装运日期。"此规定明确了"仓至仓"条款不属于 ISBP745 Para K10 b 款规定的批注。本规定推翻了以往国际商会曾经发表过的意见，即保险单据上的"仓至仓"或类似条款，对保险生效日期没有追溯力。

(资料来源：周箫.ISBP 审单标准的新变化.对外经贸实务，2014(9)：54-56)

以上我们对 UCP600 规定的"相符交单"进行了详细分析，需要说明的是，在实际的信用证交易中，即使受益人提交的单据符合信用证、UCP 以及 ISBP 的规定，但仍不能保证这样的单据一定能够获得开证行的付款。比如，UCP 与一般的信用证中都没有汇票必须由出票人签字的规定。但是一张没有出票人签字的汇票肯定是不合格的，根据票据法，没有这项要式内容，票据不成立。所以，合格的单据还必须符合法规(Legally acceptable)以及常规(Commonsense)，比如毛重应大于净重(除非是"以毛作净"，即 gross for net)，否则进口商或开证行有权拒付。此外，按照 UCP600 的最新规定，"单据必须满足其功能"需要。

另外，交单时间也要符合信用证的规定。信用证对受益人履约的时间规定了以下三点：①信用证的有效到期日；②受益人最迟装运日期；③受益人向指定银行最迟提交单据的日期。前两项具体规定了某年、月、日，第三项则包括两点：一是在信用证的有效期内；二是货物装运后(以运输单据签发日期为据)次日起算的若干天内。举例说明，某信用证规定，该信用证的有效到期日为某年 4 月 30 日(有效到期地点为受益人所在地)，最迟装运期为当年 4 月 16 日，要求受益人在货物装运后的 14 天内向银行交单。若受益人较早已备好货并联系好装运，货物于当年 4 月 5 日完成装运，并得到承运人签发的正本运输单据，则该受益人必须在当月 19 日之前向银行提交全套合格的单据，若到当月 20 日或迟于当月 20 日向银行交单，即使没有超过信用证的有效到期日(当月 30 日)，由于交单日期距离完成货物装运日期超过了 14 天，虽然各项单据的种类、正本的份数以及单据上的文字记载都符合信用证规定，仍然要被判断为没有满足"相符交单"的要求。审单的方法如图 5-7 所示。

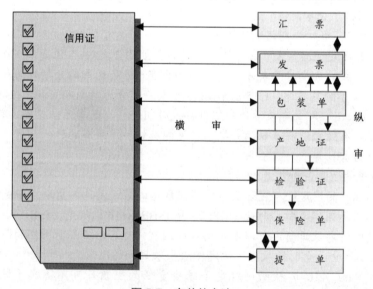

图 5-7　审单的方法

第五章 信用证结算方式

在横审和纵审中，一旦发现单据中存在不符点，应及时记录到审单记录表上。

3. 发现单据不符点后的处理

出口地银行在审核单据中，如果发现存在与信用证条款不一致、或信用证的规定不能在单据上得到证实、或单据之间彼此矛盾等现象，都将被视为单据存在不符点。在实务操作中，有些不符点是可以避免或通过更正或重制，使其满足相符的要求。但由于客观情况的变化，例如船只误期、航程变更、意外事故等，使得差错无法避免，以及存在不符点的单据并非受益人制作。这种不符点无法通过采取上述手段消除。这时可供选择的方案如下。

1) 由受益人授权寄单

由受益人授权寄单是指在受益人授权下，将带有不符点的单据以等待批准方式寄送给开证行(保兑行——若有的话)。由开证行(保兑行)审查单据后决定是否接受单据。

2) 电提方式

如果不符单据已无法更改，单据涉及金额较大，出口地银行可以用电讯方式向开证行提出不符点，征询开证行的意见，电文中要求开证行迅速复电是否同意接受单据，这就是电提。常见的电提不符点有：起运港或装运港有误、金额有出入、货物品名与信用证略有不同，提单上有批注，唛头有误等。如果开证行复电表示同意接受带有不符点的单据，并在电文中说明"if otherwise in order"，即认定单据在其他方面已达到"相符"的要求。电提方式的特点是解决问题快，并且单据由出口地议付行掌握，对出口方而言较为稳妥，即使在未获议付授权的情况下，出口方也可及时处理货物及有关问题。但是往来的电报费用均由出口方承担。国际商会第 535 号出版物案例研究的第 4 个案例指出：开证行接受不符点，授权出口地银行按信用证原规定的向受益人兑付的方式办理，即可认为开证行视同不符点已做必要修改或补充，从而满足相符交单的要求。电提方式适用于金额较大、分别向两地寄单、向付款行或偿付行索汇等情况。

3) 表提方式

若单据中的不符点已无法更改，涉及的金额较小，受益人(出口方)可事先将单据中的不符情况通知开证申请人(进口方)，若申请人同意接受单据时，则申请人向出口地银行出具担保书。出口地银行凭担保书议付寄单，并在寄单面函中具体指出不符点所在。表提方式适用于金额较小、来证规定单到开证行付款的情况，对于向付款行、偿付行索汇者亦可酌情采用。

4) 凭保兑付

在受益人或受益人的往来银行提供担保的条件下，按照信用证原有的安排，向受益人办理相应的兑付，而由受益人承担有关的各项费用和利息，并保留对受益人的追索权。

5) 改作托收寄单

如果单据不符点较多或单据中有严重不符点(如超过最迟装运期、超过信用证效期、货物溢装、金额超出信用证规定)时，可以考虑改作托收寄单，出口地银行在寄单面函中将单证不符点一一向开证行说明。当议付单据改为托收寄单时，出口方货款的收回已失去了银行保障。能否将货款收回只能取决于进口方信用。这种方式只能在不得已的情况下采用。

4. 银行审单的时间

UCP600 第十四条 b 款规定："按指定行事的被指定银行、保兑行(若有的话)及开证行各有从交单次日起的至多五个银行工作日用以确定交单是否相符。这一期限不因在交单日当天或之后信用证截止日或最迟交单日届至而受到缩减或影响。"

例：根据信用证条款计算出的最迟交单日为 7 月 6 日，信用证有效期为 7 月 7 日，单据于 7 月 1 日交到开证行，则开证行仍然有从 7 月 4 日起算的最长 5 个银行工作日来审核单据，即该行最迟可于 7 月 8 日确定是否接受单据。这一日期不能因为此时已过最迟交单日和信用证有效期，而被缩短至 7 月 6 日或 7 月 7 日。

日期	周五（交单日）	周六	周日	周一	周二	周三	周四	周五	周六
7月	1	2	3	4	5	6	7	8	9
工作日	0	×	×	1	2	3	4	5	

(三) 向开证行或保兑行(若有的话)寄单索汇

在信用证业务中，由于开证银行(保兑银行——若有)在受益人相符交单条件下，承担第一性付款责任，银行间的头寸划拨安排，要比汇款、托收方式下的银行间头寸划拨更复杂。国际商会为此专门制定了《跟单信用证项下银行间偿付统一规则》(Uniform Rules for Bank-to-Bank Reimbursements Under Documentary Credits，URR525)。UCP600 实施后，为了使 URR 与 UCP600 相适应，国际商会对 URR525 作了一些修订，于 2008 年 7 月公布了新版《跟单信用证项下银行间偿付统一规则》，即 URR725，于 2008 年 10 月 1 日实施。

在确认受益人满足"相符交单"要求，或者经修改、补充后满足"相符交单"的要求后，出口地银行就可以寄单索汇了。

1. 寄单行寄单索汇的基本要求

寄单行在寄单索汇时，要注意：①仔细阅读信用证的"寄单指示"和"偿付条款"；②熟悉有关账户的分布情况；③采用迅速快捷的方法寄单索汇。

信用证项下偿付条款通常有单到付款、向偿付行索汇、主动借记和授权借记等方式。

第一，单到付款：议付行向开证行寄单索汇，开证行审单无误后才付款，即开证行见单付款。信用证上偿付条款措词通常是：Upon receipt of the documents in compliance with credit terms, we shall credit your a/c with us/remit the proceeds to the Bank named by you.

第二，向偿付行索汇：有些信用证指定了第三家银行代为偿付，这家银行即偿付行(一般是信用证货币的发行国)。开证行在信用证上的指示：In reimbursement of your negotiation under this credit, please draw on our a/c with ABC Bank(reimbursing bank).

第三，主动借记：指开证行(或其总行)在议付行开有账户，信用证规定议付行在办理议付后可立即借记其账。Please debit our a/c with you under your cable/airmail advice to us.

第四，授权借记：指开证行在议付行开有账户，议付行只有在开证行收到正确单据并授权其账户行借记时，才借记开证行的账户。Upon receipt of the shipping document in compliance with the terms of L/C, we shall authorize you to debit our a/c with you.

2. 信用证项下的寄单路线

信用证项下的寄单路线一般有两种情况：①汇票寄偿付行，其余单据寄开证行。国外开证行在信用证中授权另一家银行作为信用证偿付行时，往往要求将汇票寄往该偿付行。寄单索汇时，应根据信用证要求将汇票寄往偿付行，其余单据寄往开证行。②全部单据寄开证行。如果信用证规定将全部议付单据寄往开证行，则应根据规定照办无误。不符点出单时，无论信用证的寄单路线如何规定，都应将所有单据寄往开证行。在保兑信用证项下，则应该将全部单据分成两封航空挂号信寄给保兑行。

3. 寄单方式

通常，信用证项下的寄单方式有两种：①一次寄单，即将全套单据放入一个信封一次性寄出；②二次寄单，即将全套议付单据分为两部分，分别寄出。实务中，多采用第二种方式，以避免一次性寄单万一遇到该航班途中发生事故，影响单据的安全送达。两次寄出的单据中，分别应至少包括每一种单据的正本一份(若正本单据不止一份的话)。如果某一种单据只有一份正本，则应在第一次寄单时寄出。分两次寄单的目的是倘若第一次所寄单据遗失，可以凭第二次寄出的单据办理结算。

七、开证行或保兑行审单付款

(一)开证行或保兑行审单

开证行或保兑行审单的标准与出口地银行审单的标准是一样的，即"单证相符，单单相符。符合法律，符合常规"。

UCP600 第十四条 b 款规定："按指定行事的被指定银行、保兑行(若有的话)及开证行各有从交单次日起至多五个银行工作日用以确定交单是否相符。这一期限不因在交单日当天或之后，信用证截止日或最迟交单日到期受到缩减或影响。"

(二)发现单据存在不符点时的处理

UCP600 第十六条 a 款规定："当按照指定行事的被指定银行、保兑行(若有的话)或者开证行确定交单不符时，可以拒绝承付或议付。"

同条 b 款规定："当开证行确定交单不符时，可以自行决定联系申请人放弃不符点。然而，这并不能延长第十四 b 款所指的期限。"

同条 c 款规定："当按照指定行事的被指定银行，保兑行(若有的话)或者开证行决定拒绝承付或议付时，必须给予交单人一份单独的拒付通知。该通知必须声明：ⅰ.银行拒绝承付或议付；及ⅱ.银行拒绝承付或议付所依据的每一个不符点；及 ⅲ.(a)银行留存单据听候交单人的进一步指示；或者(b)开证行留存单据直到其从申请人处接到放弃不符点的通知，并同意接受该放弃，或者其同意接受对不符点的放弃前，从交单人处收到其进一步指示；或者(c)银行将退回单据；或者(d)银行将按之前从交单人处获得的指示处理。"

同条 d 款规定："第十六条 c 款要求的通知必须以电讯方式，如不可能，则以其他快捷方式，在不迟于交单之翌日起第五个银行工作日结束前发出。"

同条 e 款规定："按照指定行事的被指定银行、保兑行(若有的话)或者开证行在按照第十六条 c 款 iii 项(a)点或(b)点发出了通知之后，可以在任何时候将单据退还交单人。"

同条 f 款规定："如果开证行或保兑行未能按照本条行事，则无权宣称交单不符。"

根据 UCP600 的上述规定，若认为单据未满足相符交单要求，开证行或保兑行必须在收到单据的次日起，五个银行工作日内一次性、清晰明确地向受益人提出全部的不符点，并在拒付通知中说明对不符单据的处理办法。如果这项通知无法采用电讯方式发出，则应该采用其他快捷方式发出。这是构成有效的拒付的要求。

若开证行或保兑行未能按照 UCP600 第十六条的规定行事，则无权宣称交单不符。

(三)确认相符交单后的处理

根据 UCP600 第十六条的规定，开证行和保兑行必须在收到单据次日起的五个银行工作日内判断其收到的单据是否满足了相符交单的要求，如果确认单据已满足要求，就必须按照信用证所约定的方式向受益人办理付款、延期付款或承兑。

开证行或保兑行对受益人的付款都应是无追索权的，即终局性的。

八、开证行请申请人付足款项并将单据交申请人

开证行通过寄单行向受益人付款后，若申请人原先已经交足了开证保证金，即可向申请人交单；若申请人原先未交足开证保证金，则应马上通知申请人赎单，开证行赎单通知称为"AB 单"(Accepted Bill)。申请人在接到开证行的赎单通知后，必须立即到开证行付款赎单。申请人在赎单之前有权审查单据，如果发现不符点，可以提出拒付，但拒付理由一定是单单之间或单证之间表面不符的问题，而不是就单据的真实性、有效性以及货物质量存在的问题提出拒付。实务中有时尽管存在不符点，如果不符点是非实质性的，申请人也愿接受单据，就不能是有条件的，而且必须在合理时间付款。

申请人向开证行付款赎单后，在该项贸易选择以海洋运输方式下，即可凭海运提单向有关承运人提货；在该项交易选择其他运输方式时，则分别按该方式的相关提货要求办理提货。至此，该项交易的结算过程结束。

第三节 信用证的种类

信用证种类很多，可以从不同的角度来划分。一份信用证可以具有多种信用证的特征。如一份信用证它可以同时具备即期的、不可撤销的、加具保兑的、可转让的、可循环的特征。每一种信用证都是与进出口业务的实际需要紧密联系在一起的，在实际应用中注意选择适用。

一、光票信用证和跟单信用证

信用证按用途及是否附物权单据，可分为光票信用证和跟单信用证。

(一)光票信用证

光票信用证(Cash/Clean Credit)是指不随附单据的信用证，其主要用于非贸易项下，随

着国际结算方式的不断演变和发展,其功能已被旅行支票和信用卡取代,现在已经很少见到。光票信用证的主要内容是:申请人向银行申请开立信用证,并交受益人,受益人可在信用证有效期内,在信用证总额的范围内,一次或数次向指定银行凭汇票或支取收据支取现金。

(二)跟单信用证

跟单信用证(Documentary Letter of Credit)是指在付款、承兑和议付时,需要随附商业发票、商品检验证书、产地证、装箱单、保险单(若交易双方以 CIF、CIP 等由出口方办理货物运输保险手续)、运输单据等商业单据,并视情况决定是否需要汇票的信用证。国际贸易结算中使用的信用证绝大多数是跟单信用证。跟单信用证的核心是单据,银行通过掌握物权单据来掌握货权,通过转移物权单据转移物权,根据单据提供贸易信贷,保证付款,促进国际贸易的发展。

二、不可撤销信用证

不可撤销信用证(Irrevocable L/C),是指信用证一经开出,即使开证申请人提出修改或撤销的要求,如果未征得开证行、保兑行(如有)以及受益人同意,信用证既不能修改也不得撤销。对于不可撤销信用证而言,在其规定的单据全部提交指定银行或开证行,并符合信用证条款的条件下,便构成开证行一项确定的付款保证,即只要受益人提供与信用条款相符的单据,开证行必须履行其付款责任。不可撤销信用证较好地体现了跟单信用证作为一项合同,其当事双方——开证行与受益人的平等地位,对受益人收取货款较有保障,在国际贸易中,当选择信用证结算方式时,普遍要求使用不可撤销信用证。因此,UCP600 中只承认不可撤销信用证,即使信用证中没有加上相关字句说明,信用证仍然是不可撤销的,而 UCP500 在规定了不可撤销信用证的同时,还承认可撤销信用证。

但要注意信用证业务的实践,确实有一些信用证在形式上是"不可撤销"的,但却包含了"软条款",或使信用证生效受限,或使开证行不承担本应由其承担的信用证责任。

对于信用证中所有的"软条款",受益人都必须要求开证行删除或修改,以确认信用证的不可撤销性。

三、保兑信用证和不保兑信用证

信用证按是否有另一银行加以保证兑付,可以分为保兑信用证和不保兑信用证。

(一)保兑信用证

保兑信用证(Confirmed L/C),是指开证行开出的信用证,由另一家银行保证对符合信用证条款规定的单据履行付款义务。换句话说,一份信用证上除了有开证银行确定的付款保证外,还有另一家银行确定的付款保证。这家参加保兑、承担保兑责任的银行称为保兑行,保兑行通常是通知行,但也可以是其他银行。

保兑信用证的产生,主要是由于受益人一般在对开证行的资信不够了解或不信任,或对进口国家的政治或经济形势有所顾虑时,很可能提出保兑要求;另外,有的开证行,由于自身实力有限,担心自己所开出的信用证不被受益人接受或不易被其他行议付,可能主动要求另一家银行对该信用证加具保兑。被授权对信用证加具保兑的银行可以不保兑该信用证,但必须将自己的决定及时告知开证行。信用证经另一家银行保兑后,对出口方受益人而言,就取得了两家银行的付款保证。按 UCP600 第八条 b 款规定,信用证一经保兑,即构成保兑行在开证行以外的一项确定承诺。UCP600 第八条 a 款规定,保兑行对信用证所负担的责任与信用证开证行所负担的责任相当。即当信用证所规定的单据提交到保兑行或任何一家指定银行时,在完全符合信用证规定的情况下则构成保兑行在开证行之外的确定承诺。保兑行在付款后,即使开证行倒闭或无理拒付,保兑行对受益人也没有追索权。UCP 第八条 c 款规定:"其他指定银行承付或议付相符交单,并将单据转往保兑行之后,保兑行即承担偿付该指定银行的责任。无论另一家被指定银行是否到期日期前,已经对相符提示予以预付或者购买,对于承兑或延期付款信用证项下相符交单的金额的偿付在到期日办理。保兑行偿付另一家被指定银行的承诺独立于保兑行对于受益人的承诺。"

信用证加保兑的做法如下。

(1) 开证行在给通知行的信用证通知书中授权另一家(通知行)在信用证上加保。例如:

☒ Adding your confirmation

(2) 通知行以加批注等方法列入信用证条款,以示该信用证具有保兑功能。

This Credit is confirmed by us.

银行只能对不可撤销信用证加具自己的保兑。

保兑行有权决定是否将自己的保兑责任延展到信用证的修改书条款,并将自己的决定在传递修改书的同时,通知开证行和受益人。因此,受益人要注意保兑行的保兑责任是否延展到修改书的条款。

若保兑行是出口地银行,则受益人必须向保兑行交单;若保兑行不是出口地银行,则受益人在向出口地银行交单时应提请接受交单的银行,必须向保兑行寄单索偿或索汇,而不能绕开保兑行、径向开证行寄单索汇或索偿。

(二)不保兑信用证

不保兑信用证(Unconfirmed L/C),是指没有另外一家银行加以保证兑付的信用证,即仅有开证行承担付款责任。在国际上使用的信用证中绝大多数是不保兑信用证,因为只要开证行信誉好,付款是有保证的。加保兑只是非正常情况下的变通做法。

四、即期付款信用证、延期付款信用证、承兑信用证和议付信用证

信用证按兑付方式,可分为即期付款信用证、延期付款信用证、承兑信用证和议付信用证。

(一)即期付款信用证

即期付款信用证(Sight Payment Credit)是指定一家银行凭受益人提交的单证相符的单据立即付款的信用证。这种信用证一般有"L/C is available by payment at sight"等类似词句,或者开证行在信用证上表明支付方式的栏目"by payment at sight "前的框格中打上"×"

号。即期付款信用证的受益人将单据交给指定付款行,经审核单据相符付款。

由开证行充当付款银行的即期付款信用证被称为"直接付款信用证(straight credit)"。这种信用证所使用的货币通常是开证行所在国的货币。当信用证使用货币并非开证行所在国货币时,开证行就需要指定其本身在该货币结算中心的账户行作为被指定的付款银行。如果付款行不是开证行时,付款行在付款后寄单给开证行索偿或按规定方式索偿款项,该付款的银行也可称为代付行。即期付款信用证可以规定需要或不需要汇票。如需要提供汇票,则汇票付款人应是开证行或被指定的付款行。开证行验单后对受益人的付款是无追索权的。被指定的付款行凭受益人的汇票付款后,也没有追索权,但可以用快捷的办法向开证行索偿,且应于索偿同日起息。

即期付款信用证的业务程序在第二节已做详细介绍。

(二)延期付款信用证

延期付款信用证(Deferred Payment Credit),是指开证行在信用证上规定货物装运后若干天付款或交单后若干天付款的信用证。这种信用证一般有"L/C is available by deferred payment at ×× days after date of or sight..."等类似词句,或者开证行在信用证上表明支付方式的栏目"by deferred payment at..."前的框格内打上"×"号。

使用这种信用证是基于买卖双方签订的远期合同。延期付款信用证不要求受益人开立汇票。这是开证申请人为了避免承担其国内印花税的负担而提出的。但因此,受益人就不可能利用远期票据贴现市场的资金,如需资金只能自行垫款或向银行借款。由于银行贷款利息高于贴现利率,这种信用证的货物成交价要比银行承兑远期信用证方式的货价略有提高。

为了预防可能的被欺诈风险,未经开证行授权,在延期付款信用证项下,被指定银行不宜对受益人提供融资。而受益人则可通过要求开证行提供另一家银行(如在不由开证行担任付款行时的付款行或偿付行)对该延期付款信用证加具保兑来降低风险。

案例点击

根据申请人要求,开证行 BANQUE PARIBAS(简称 PARIBAS)开立了一份以 BAYFERN LIMITED 为受益人,金额为 2030 万美元的跟单信用证。该证规定"在单证相符的条件下,提单日后 180 天由开证行办理延期付款"。通知行 BANCO SANTANDER SA(简称 SANTANDER)根据开证行的请求对信用证加具了保兑。

随后,受益人提交了证下单据。经过审核,SANTANDER 银行接受了金额为 2030 万美元的单据,到期日为 1998 年 11 月 27 日。根据与受益人签订的有关协议,SANTANDER 银行凭一份款项让渡书贴现了远期付款款项。贴现后不久,受益人被指控欺诈。因此,开证行在到期日拒绝偿付保兑行,其理由是:在到期日前发现了欺诈;而根据跟单信用证统一惯例,开证行没有义务偿付 SANTANDER 在到期日前对受益人叙做的融资。经交涉无果,保兑行遂起诉开证行,要求开证行履行偿付责任。

假设作为法官,你认为应该如何审理这起诉讼案件?

(资料来源:有关延期付款信用证的风险问题. 世贸人才网, http://www.wtojob.com/wtojob_21218.shtml.2007-07-24)

【点石成金】

此案例按 UCP500 和 UCP600(2007 年 7 月 1 日生效)将有截然不同的结果,以下为当时英国法院的审理,其中的思辨以及法官的逻辑推理仍对大家有一定的启发。

根据 UCP500,对于延期付款信用证,开证行及/或保兑行所承担的责任是到期付款。在本信用证下,SANTANDER 本该有权而且事实上应该在到期日拒绝向受益人付款。当 SANTANDER 作为保兑行支付了其原本应该没有义务支付的款项时,开证行显然没有义务对 SANTANDER 予以偿付。因此,SANTANDER 依据 UCP500 要求开证行给予偿付的请求将不予理会。另一方面,因 SANTANDER 已经对本案信用证进行了融资,它就成为该证下受益人索偿权利(如有)的受让人。尽管如此,SANTANDER 基于这一权利让渡而向开证行索偿仍然不能给予支持,原因是:假定受益人实施了欺诈,他就不应该再有任何权利要求开证行付款,而根据权利让渡的一般原则,受让人通常不能获得优于让渡人的权利。因此,尽管 SANTANDER 在叙做融资时并不知道受益人欺诈的事实,但他作为受让人,不可能获得比受益人(也就是让渡人)可能获得的补偿更多的权利。在这份保兑信用证中,开证行对保兑行做出的基本授权是:到期付款。开证行相应的偿付责任是:到期偿付。如果在到期前确定发生欺诈,那么保兑行则不再承担付款责任,开证行亦不承担偿付责任。尽管在欺诈发现之前保兑行已接受了单据并对受益人进行了付款,开证行仍然有权采取拒付行动。

但在 UCP600 第七条 c 款关于开证行的责任规定,指定银行承付或议付相符交单并将单据转给开证行之后,开证行即承担偿付该指定银行的责任。对承兑或延期付款信用证下相符交单金额的偿付应在到期日办理,无论指定银行是否在到期日之前预付或购买了单据。开证行偿付指定银行的责任独立于开证行对受益人的责任。在本案例中 SANTANDER 在到期日之前预付受益人的单据,向受益人提供了融资,那么无论是否存在欺诈,开证行在信用证下相符交单时必须到期偿付保兑行。

(三)承兑信用证

承兑信用证(Acceptance Credit)是指规定出具远期汇票,受益人将远期跟单汇票提交给汇票付款行,经审单相符,该行在汇票上履行承兑行为,并在确定的到期日付款的信用证。开证行在信用证上表明支付方式的栏目"by acceptance of draft at…"前的框格内打上"×"号,就表明该信用证为承兑信用证。承兑信用证项下,受益人必须签发汇票,信用证应在随后条款中明确汇票的受票人和付款时间等内容,而受票人不能是开证申请人。

承兑信用证的特点是在承兑前,银行对受益人的权利与义务是以信用证为依据,承兑后单据与汇票脱离。承兑银行成为汇票的承兑人,按票据法的规定,应对出票人、背书人、持票人承担付款的责任。如果承兑行不是开证行,承兑行则单寄开证行索偿,说明汇票承兑及到期日,于到期日付款。如果受益人急需资金,可以提前要求承兑行贴现取得货款,但要扣除贴现息。承兑信用证的开出往往是基于买卖双方的远期付款的合同。

在实务中,信用证所指定的付款行在承兑该信用证所要求的汇票后,并不将已承兑的汇票通过寄单行寄还出票的受益人,而是向受益人发出承兑通知书或承兑通知电,并自行保存汇票于承兑到期日付款,以避免已承兑汇票的寄送过程中可能发生的遗失等事故给最终付款造成困难。受益人收到承兑电或承兑书后,如欲加速资金周转,可以凭承兑电或承兑书向商业银行或贴现公司办理贴现,但相关的商业银行或贴现公司却无法利用这样的承兑电或承兑书办理再贴现。

(四)议付信用证

1. 议付与议付信用证

UCP600 第二条规定："议付意指被指定银行在其应获偿付的银行工作日当日或之前，通过向受益人垫付或者同意垫付款项的方式，购买相符交单项下的汇票(其付款人为被指定银行之外的银行)及/或单据的行为。"UCP600 对"议付"的定义可从以下四个方面理解。

(1) 议付的前提是相符交单(complying presentation)。关于"相符交单"，UCP600 中有明确定义。UCP600 下，以往实践中经常发生的在不相符交单情况下办理的信用证项下的融资并不构成议付，交单行也不能获得议付行地位。

(2) 议付是一种汇票/单据买入(purchase)行为。相对于 UCP500 的"付出对价"概念，UCP600 所采用的"汇票/单据买入"的概念更为准确。因此，UCP600 下指定银行是否具备议付行地位也更加容易确定。

(3) 议付是指定银行对受益人提供的一项融资——垫付或同意垫付款项。在 UCP600 第十二条还新增了融资许可条款：开证行指定一银行承兑汇票或做出延期付款承诺，即为授权该指定银行垫付或购买其已承兑的汇票或已做出的延期付款承诺。这一改变明确了有一定争议的远期议付信用证存在的合理性，同时也将指定银行对受益人的融资行为纳入国际惯例的保护范围。

(4) 议付不局限于议付信用证。UCP500 下只有议付信用证才能构成"议付"，在 UCP600 下不局限于议付信用证，议付信用证、即期付款信用证、延期付款信用证和承兑信用证均有可能构成"议付"。

议付信用证(Negotiable Credit)是指受益人在发运货物后可将跟单汇票或不带汇票的全套单据交给银行，请求其垫付票款的信用证。开证行在信用证上表明支付方式的栏目"by negotiation"前的框格内打上"×"号，即表明该信用证为议付信用证。议付信用证项下，若开证申请人要规避其国内印花税的需求，则要求受益人不签发汇票。

出口地银行经审单确认受益人已满足相符交单的要求，即可根据受益人的申请购买汇票、单据，垫款扣除从议付日到预计收款日的利息、议付费、单据邮寄及电讯等费用(若该信用证在此前也由议付行通知受益人，而暂未向受益人收取信用证通知费，则此时应一并收取)后将净款付给受益人，并背批信用证，然后按信用证规定单寄开证行，向开证行或偿付行索偿。当开证行以确凿的理由说明受益人提交的单据存在不符点时，议付银行对受益人的议付有追索权。但如果保兑行议付，则对受益人无追索权。议付后，银行根据信用证规定寄出汇票、单据索偿。

 知识拓展

议付与押汇

"押汇"或出口押汇是指在出口业务中，出口商将全套出口单据交给银行，双方签订押汇合同，由银行按照票面金额的一定比例给予出口商提供短期融资的一种借贷行为。"押汇"和 UCP600 所定义的"议付"是两个不同的概念。人们往往把议付与押汇混淆，其实

二者尽管有相似之处，但并不是一回事。

1. 议付和押汇的相似点

(1) 业务背景。办理出口议付/出口押汇的贸易背景均可以是信用证出口业务。

(2) 操作流程。议付行/押汇行在办理出口议付/出口押汇时，均有相似的融资操作流程，一般都要通过审查、审批、融资、融资后管理等融资环节。

(3) 融资行为。均为议付行/押汇行对出口商基于交单后的一种短期融资行为。

(4) 对受益人的追索权均需通过合同约定。在不同银行的合同文本中，追索权条款差别很大，每个银行关于出口议付和押汇的追索权的约定都不一样。

2. 议付和押汇的主要区别

(1) 适用范围不同。议付只适用于信用证方式，而押汇不仅适用于信用证方式，还适用于托收、保理等非信用证方式。"议付"必须满足：议付行地位确立、相符交单、汇票/单据买入，适用于指定银行在相符交单情况下的单据买入，而"押汇"(信用证下)主要适用于出口信用证下的贷款，单据是否相符、单据是否抵押并不是制约押汇行办理押汇的主要因素。由此可见，"押汇"比"议付"的适用范围要宽。

(2) 单据要求不同。"议付"要求必须构成"相符交单"，否则不能构成议付行为。"押汇"则不要求相符交单，在不构成相符交单或对相符交单难以把握时，按出口押汇办理。

(3) 占用额度不同。"议付"一般占用国外开证行、保兑行、承兑行在议付行的金融机构额度，此情况下无须出口商提供额外担保，开证行、保兑行、承兑行在议付行无金融机构额度时，占用出口商的综合授信。"押汇"根据出口商在押汇行的综合授信办理。

(4) 本质和法律关系不同。议付本质上是议付行对汇票及/或单据权利的买入行为，议付双方当事人是一种汇票/单据买卖的关系。押汇的本质则是建立在信用证项下汇票/单据质押或其他担保基础上的一种借贷行为，双方当事人的关系为借贷关系。

(5) 适用法律或惯例不同。议付是国际惯例中的一个基本概念，在 UCP600 中有明确的定义。议付作为一项融资行为纳入国际惯例的调整范畴。当然，在国际惯例调整之外也受国内法律的约束。押汇则属于国内法调整的范围。

(6) 银行的法律地位不同。在议付中，当开证行无理拒付时，银行可以以"议付行"的身份向开证行或保兑行追索，也可以以正当持票人身份或依据约定向受益人追索。在押汇业务中，银行不能获得"议付行"地位，不能据以向开证行或保兑行追索，只能依据与受益人之间的押汇合同的约定向受益人追索。

(7) 银行的法律责任不同。议付行在 UCP600 规则下有审单义务，而押汇行在 UCP600 规则下并无明确的审单义务。一般来说，银行在议付中承担的审单责任要大于押汇业务。

(资料来源：梁建伟. 浅析 UCP600 下的"议付". 金融理论与实践, 2008(11))

2. 议付信用证的种类

1) 限制议付信用证和自由议付信用证

按是否限定由某一家被指定的银行议付，议付信用证可分为限制议付信用证和自由议付信用证。

(1) 限制议付信用证(restricted negotiable L/C)，是指只能由开证行在信用证中指定的银行进行议付的信用证。限制议付信用证通常有如下类似文句:"This credit is restricted with ××× bank by negotiation"。产生限制议付信用证的原因可能是多方面的,其中最主要一点是开证行为了给自己在受益人所在国家的分支机构、联行或代理行带来业务收入。限制议付信用证使受益人丧失了自由选择议付行的权利,对受益人不利;不仅如此,若开证行指定的限制议付的银行远离受益人所在地,将给受益人带来许多不便,增加了受益人的成本和费用,还可能延误交单。一家银行经常开立限制议付信用证,也可能导致未被其选择为议付行的代理行采取"投桃报李"的对待,结果将影响正常的与代理行的业务往来。因此,实务中,限制议付信用证使用有限。

(2) 自由议付信用证(freely negotiable L/C),是指可以在任何银行议付的信用证,也被称为公开议付信用证(open negotiable L/C)。信用证中通常有如下文句:"This credit is available with any bank by negotiation"。根据自由议付信用证,受益人可持其相关单据就近向任何办理国际结算的商业银行提交,委托其办理结算。这对受益人很方便,因此,在贸易洽商时,若双方选择以议付信用证方式办理结算,出口商可要求进口商申请开立自由议付信用证。

2) 即期议付信用证和远期议付信用证

按议付行向受益人实际预付信用证规定款项的时间划分,根据UCP600第二条中对"议付"所下的定义,包括了"向受益人垫付或者同意垫付款项,购买相符交单项下的汇票及/或单据的行为"两种情况,则议付信用证可分为即期议付信用证和远期议付信用证。这是UCP600对UCP500相关规定的一项变动,UCP600不再像UCP500那样强调"仅审核单据而未付给对价并不构成议付"。

跟单议付信用证工作流程如图5-8所示。

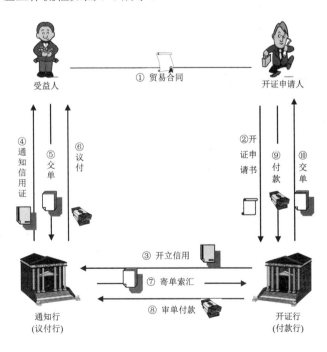

图5-8 跟单议付信用证工作流程

四种信用证的比较如表 5-2 所示。

表 5-2 四种信用证比较

条件 \ 种类	即期付款信用证	延期付款信用证	承兑信用证	议付信用证
汇票	需要或不需要	不需要	需要	需要或不需要
汇票期限	即期	——	远期	即期或远期
受票人	指定付款行	——	指定承兑行	开证行或议付行以外的其他银行
付款给受益人的时间	即期	延期	远期	即期付款但要扣减利息
起算日期		装运日、交单日或其他	承兑日、见票日或出票日	
非保兑行的指定银行有无追索权	无	无	无	有
使用信用证的银行	开证行、通知行或其他行	开证行、通知行或其他行	开证行、通知行或其他行	开证行承付，通知行或其他行议付

五、假远期信用证

假远期信用证(Usance Credit Payable at Sight)，是指在买卖双方商定以即期信用证付款的交易中，开证申请人出于某种需要，要求受益人开具远期汇票，但受益人可以即期收到足额款项，由开证申请人承担贴现利息和有关费用的信用证。因此，假远期信用证也被称为买方远期信用证(Buyer's Usance L/C)。判断一个信用证是否为假远期信用证，通常是根据信用证是否具有"远期信用证可即期议付"等内容的条款来确定，信用证中通常有以下类似内容的条款：

"Usance draft can be negotiated at sight, discount and acceptance fee will for account of the applicant"；

"Usance draft can be negotiated at sight, interest will be bore by the buyer"；"Usance draft under this credit can be negotiated at sight"；

"Draft at 180 days after sight …This credit must be negotiated at sight basis"。

1. 假远期信用证与普通远期信用证和即期信用证、远期信用证的区别

(1) 假远期信用证项下的买卖合同规定的支付条件一般为即期信用证付款。远期信用证的买卖合同的支付条件则明确规定以远期信用证方式付款。

(2) 假远期信用证和远期信用证均要求开立远期汇票，即期信用证则规定开立即期汇票或不使用汇票。

(3) 假远期信用证规定汇票的贴现利息及承兑手续费等费用，概由开证申请人负担。远期信用证的远期汇票由于收汇而产生利息、贴现息等一般由受益人负担，即期信用证没有贴现利息等问题。

(4) 假远期信用证和即期信用证能即期收汇，而远期信用证不能即期收汇。

(5) 即期信用证项下，申请人即期付款赎单，远期信用证和假远期信用证项下，申请人在到期日付款。

2. 使用假远期信用证的原因

(1) 一些国家的银行利息一般较商人之间的借贷利息为低，进口商使用假远期信用证，就是充分利用银行信用和较低的贴现息来融通资金，减轻费用负担，降低进口成本。

(2) 一些国家由于外汇较紧张，外汇管理条例规定进口交易一律须远期付款。因此，银行只能对外开立远期信用证。在即期付款的交易中，进口商就采用远期信用证，而愿意承担贴现息、利息和费用的假远期做法。

3. 使用假远期信用证应注意的问题

(1) 要审核来证中假远期条款。如来证明确规定开证银行负责即期付款或远期汇票可以在国外贴现，所有贴现利息及费用均由开证申请人或开证银行负担的，一般可以接受。

(2) 有的来证虽规定开证申请人负担利息及有关费用，但远期汇票不能贴现，待汇票到期一并收取本息，由于这种信用证实质是"远期加利息"而非"假远期"，特别是利息率不明确的，应该慎重考虑。

(3) 如来证仅规定受益人可以即期收汇而没有明确何方负担有关费用，应要求开证申请人明确责任后，再给予考虑。

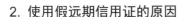

中国A出口公司与外商B公司成交一批出口货物。合同约定买方申请开立并由买方承担贴现息和有关费用、由开证银行负责贴现的远期信用证。但来证中却规定："Discount charges for payment at 45 days are borne by the buyers and payable at maturity in the scope of this credit." 该信用证是假远期信用证吗？出口商可以接受吗？

【点石成金】

在本案中，该信用证不是真正的假远期信用证，因为上述条款没有说明远期汇票由开证银行负责贴现，也没有表明出口商可以即期获得全部货款。若出口公司贸然接受，在不能贴现时，则必须要等45天后才能收汇。而45天内汇率可能会有较大变化，因而对出口商而言存在潜在的风险。

(资料来源：姚新超. 国际结算与贸易融资. 北京：北京大学出版社，2010:146)

六、可转让信用证和不可转让信用证

信用证根据受益人对信用证的权利是否可转让，可以分为可转让信用证和不可转让信用证。

(一)可转让信用证

可转让信用证(Transferable L/C)是指信用证的受益人(第一受益人)可以要求授权付款、承担延期付款责任、承兑或议付的银行(统称"转让行")，或当信用证是自由议付时，可以要求信用证中特别授权的转让行，将该信用证全部或部分转让给一个或数个受益人(第二受益人)使用的信用证。

在国际贸易实务中，可转让信用证的第一受益人通常是中间商，他们利用其国际交往关系向国外进口商出售商品，自己并非实际供货人。中间商与国外进口商成交后，将信用证转让给实际供货人办理装运交货，以便从中赚取差价利润。中间商要求国外进口商开立可转让信用证，是为了转让给实际供货人。但是，信用证的此类转让并不等于销售合同的转让，倘若信用证的受让人(即第二受益人)不能按时交货，或提交的单据有不符点，第一受益人仍应对销售合同规定的卖方义务负连带责任。

1. UCP600 第三十八条对可转让信用证的规定

(1) 银行无办理信用证转让的义务，除非其明确同意。

(2) 只在开证行在其开立的信用证中明确注明可转让("transferable")的信用证才能转让，类似文句有："This Credit is Transferable 或 Transfer to be Allowed"；可转让信用证可应受益人(第一受益人)的要求，通过银行办理转让，转为全部或部分由另一受益人(第二受益人)兑用。

(3) 信用证中若使用诸如"Divisible"、"Fractionable"、"Assignable"、"Transmissible"等用语，并不能使信用证可转让，因此银行可不予理会。

(4) 信用证通常只能转让一次，即由第一受益人转让给第二受益人；已转让信用证不得应第二受益人的要求转让给任何其后受益人。第一受益人不视为其后受益人。而且，只要信用证不禁止分批装运或分批支款，可转让信用证可以分为若干部分分别转让，这些转让的总和将被视为只构成信用证的一次转让。

(5) 可转让信用证必须通过银行办理，而不能由第一受益人自行转让给第二受益人。应第一受益人要求办理可转让信用证转让手续的银行被称为转让行。开证行可以特别授权某银行办理信用证转让，也可以由自己担任转让行。既非开证行、也非保兑行的转让行没有对该信用证承担付款或议付责任。

(6) 信用证只能按原证中规定的条款转让，但对于信用证金额、货物单价、信用证的到期日、最后交单日、装运期限这 5 项中的任何一项或全部均可以减少或提前；而对于必须投保的保险金额比例可以增加。此外，还可以用第一受益人名称代替原证中的开证申请人名称，但若原证中明确要求原申请人的名称应在除发票以外的单据上出现时，必须要求照办。

(7) 若信用证允许部分支款或部分发运，该信用证可分部分地转让给数名第二受益人。

(8) 在信用证转让后，第一受益人有权以自己的发票替换第二受益人的发票，其金额不得超过信用证规定的原金额；若信用证规定了单价，应按原单价开具发票。经替换发票后第一受益人可以在信用证项支取其自己的发票与第二受益人之间的可能差价。第二受益人或代表第二受益人的交单必须交给转让行。

(9) 如果第一受益人应提交其自己的发票和汇票(若有的话)，但未能在第一次要求时照办，或第一受益人提交的发票导致了第二受益人的交单中本不存在的不符点，而其未能在第一次要求时修正，转让行有权将从第二受益人处收到的单据交开证行，并不再对第一受益人承担责任。

(10) 除非另有约定，第一受益人必须承担转让信用证的有关各项费用；并且在第一受益人未付清这些费用之前，转让行没有办理转让的义务。

(11) 可转让信用证转让给多个第二受益人之后，如有修改，则一个或多个第二受益人接受或拒绝对信用证的修改，不影响其他第二受益人拒绝或接受对信用证的修改；换言之，若某一已转让信用证有两个或多个第二受益人，则允许这些第二受益人对该信用证的修改持有不同的态度：接受或拒绝。

在实务中，可转让信用证上一定要加"THIRD PARTY DOCUMENTS ACCEPTABLE"，

这样受让人(第二受益人)的名称、地址就可以出现在单据里。如果受让人是国内的一家出口商,提单上也可以作为 SHIPPER,在产地证上也可以作为 SHIPPER,就可以办理产地证。

2. 可转让信用证业务流程

可转让信用证业务处理中,涉及的当事人及业务流程相对复杂。基于转让行就是通知行或议付行、并且由转让行兼做第二受益人的通知行或议付行的情况下,可转让信用证的业务流程大致有下列几个环节(如图5-9所示):

(1) 中间商分别与进口商和实际供货人签订贸易合同;
(2) 进口商根据合同规定,申请开立可转让信用证;
(3) 开证行开出可转让信用证;
(4) 通知行将可转让信用证通知中间商(第一受益人);
(5) 中间商(第一受益人)向转让行提出转让信用证;
(6) 转让行将信用证转让并通知实际供货人(第二受益人);
(7) 实际供货人(第二受益人)将货物出运后,备齐单据向议付行交单;
(8) 议付行通知中间商(第一受益人)替换发票和汇票;
(9) 中间商(第一受益人)替换发票和汇票要求议付;
(10) 议付行向开证行交单索汇;
(11) 开证行对单证审核无误后付款或偿付;
(12) 开证行通知进口商付款赎单。

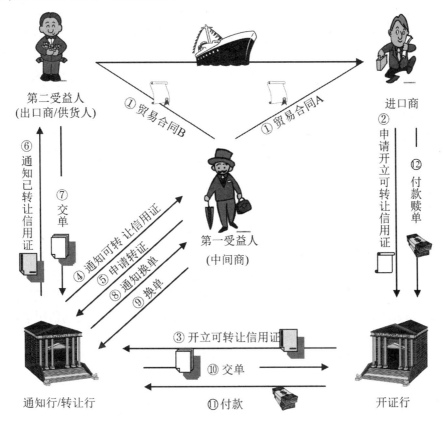

图 5-9 可转让信用证流程图(通知行为转让行)

(二)不可转让信用证

不可转让信用证(Non-Transferable L/C)是指信用证项下的权利只能是受益人本人享有,不能以转让形式给他人使用。若受益人不能执行信用证条件,信用证只能作废。凡未注明"可转让(transferable)"字样的信用证都是不可转让信用证。

案例点击

中国某出口公司与国外某进口公司签订一笔买卖合同,约定将国内制造商所生产的产品卖给进口公司,并约定使用信用证付款。当出口公司接到进口公司开来的并无记载"Transferable"的信用证之后,将其作为购买国内制造商产品的付款方式交给制造商使用。但国内制造商并未对该信用证提出异议。后因货物价格上涨,约定的交货期限已过,国内制造商才以出口公司所交付的信用证未记载"Transferable"字样,是不可转让信用证,不能作为出口结汇使用为由,拒绝交货。但出口公司则认为,在交货期限届满前,早已将信用证交付给制造商,制造商对该信用证并未提出异议,现在又未依约定交货,属于违约行为,应承担损害赔偿责任。

〔点石成金〕

依据 UCP600 第三十八条,可转让信用证必须注明"Transferable"字样,否则信用证为不可转让。在本案中,出口公司有过失,即将不可转让的信用证转交制造商,导致其无法使用,因此,出口公司接到信用证后,应对其审查,若无记载"Transferable"字样,则应立即要求修改信用证;同样,制造商也有过失,可能要承担违约责任,视其余出口公司之间的合同而定。

(资料来源:姚新超. 国际结算与贸易融资. 北京:北京大学出版社,2010:156)

七、背对背信用证

背对背信用证(Back to Back L/C),又称为对应信用证(Counter L/C),是指中间商收到进口方开来的、以其为受益人的原始信用证(Original L/C,又称为主要信用证 Master L/C)后,要求原通知行或其他银行以原始信用证为基础,另外开立一张内容相似的、以其为开证申请人、开给另一受益人的新的信用证(称为对背信用证 Back L/C)。在国际贸易中,主要是在信用证不允许转让的情况下,或者实际供货人不接受买方国家银行信用证作为收款保障时,出口中间商凭以他为受益人的、国外开立的信用证作为抵押品,要求他的往来银行开立以实际供货人为受益人的信用证。例如,香港地区中间商收到了一出口孟加拉国的纺织面料的信用证,但真正的供货商在内地,于是,香港中间商以该孟加拉国的信用证作抵押,向香港某银行申请要求开立以自己为开证申请人、内地的供货商为受益人的信用证,新证的内容与孟加拉国的来证内容相似,该新证就是背对背信用证。

对应信用证与原始信用证相比较,所要求的商品是同样的,一般都要求使用中性包装,以便中间商做必要改装或再加工;若该商品属于易损商品,则数量上可能略多,以备若有损耗,可以满足原始信用证的要求。就两证本身比较,对应信用证金额和商品单价均应低于原始信用证,以便中间商有利可图;对应信用证有效期、最迟装运期和最迟交单期都应早于原始信用证,以便中间商的再加工和办理商品转口手续。

可转让信用证与背对背信用证的区别如下。

(1) 可转让信用证是将以出口商为受益人的信用证全部或一部分转让给供货人,允许供货人使用。可转让信用证是一份信用证。而背对背信用证则与原证完全是两个独立的信用证,两者同时存在。

(2) 可转让信用证的权利转让要以开证申请人及开证银行准许为前提;而背对背信用证的开立则与原证开证申请人及开证银行无关。可转让信用证的受让人,即第二受益人,与第一受益人居于同等地位,均可获得开证银行的付款保证;而背对背信用证的受益人不能获得原证开证行的付款保证,只能得到背对背信用证开证银行的付款保证。

(3) 可使用可转让信用证的银行如果开出新证,不因信用证转让而改变该行的地位或增加其责任;而背对背信用证如果经通知行开立,则其地位即改变为背对背信用证的开证行。

(4) 国际商会的 UCP600 第三十八条对可转让信用证的限制,对背对背信用证就起不了作用。背对背信用证一般用于由于某些限制而不能开立可转让信用证的情况,或者是用于当开证申请人不打算开立可转让信用证的情况。

(5) 可转让信用证的转让条款内容受到原信用证的一定约束,而背对背信用证的条款可变动的幅度则大得多。

背对背信用证的信用证开立、传递流程如图 5-10 所示。

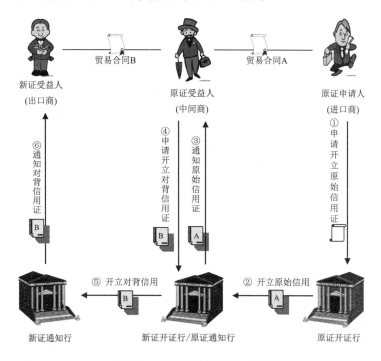

图 5-10　背对背信用证业务流程

八、对开信用证

对开信用证(Reciprocal L/C)是指两张信用证的开证申请人互以对方为受益人而开立的

信用证。开立这种信用证是为了达到贸易平衡,以防止对方只出不进或只进不出。第一张信用证的受益人就是第二张信用证(也称回头证)的开证申请人;同时,第一张信用证的开证申请人就是回头证的受益人,其信用证的通知行也往往就是回头证的开证行。

这种信用证一般用于来料加工、补偿贸易和易货交易。当对开信用证用于易货贸易时,两张信用证的金额相等或大体相等,而且两证的种类一样,两份信用证的有效期、最迟装运期和最迟交单期一样或相近,以督促双方同时或在相近时间内出运货物和向银行交单,通过相互对抵,完成结算。若对开信用证用于加工贸易,则两证金额必然有一定的差距,这差距就是受委托加工方的加工费的毛收入。两证要求规定对方受益人出运商品的最迟装运期和交单期必然有先有后,而信用证本身又要同时到期,以便对抵后由委托方向加工方支付加工费——即两份信用证金额的差额,因此,这两份信用证规定的期限种类必然不同,如加工方通过银行向委托方开出的是远期信用证,而委托方开出的则是即期信用证。对开信用证两证可同时互开,也可先后开立。

对开信用证的生效方法是:①两张信用证同时生效。第一证先开出暂不生效,俟对方开来回头证,经受益人接受后,通知对方银行,两证同时生效。②两张信用证分别生效。第一证开立后立即生效,回头证以后另开,或第一证的受益人,在交单议付时,附有一份担保书,保证在若干时间内开出以第一证开证申请人为受益人的回头证。分别生效的对开信用证只有在易货双方互相信任的情况下才会开立,否则先开证的一方要承担对方不开证的风险。对开信用证的流程如图5-11所示。

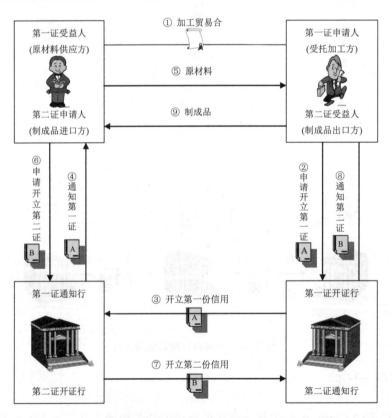

图 5-11 对开信用证业务流程

对开信用证与背对背信用证有某些类似之处：各有两份信用证，其中，某一份信用证的受益人又是另一份信用证的开证申请人。但两者区别也是显而易见的。

(1) 贸易背景不同。背对背信用证通常在中间商参与的转口贸易下使用；而对开信用证通常在易货贸易或者加工贸易中使用，并且一般不存在中间商的参与，是进出口双方的直接贸易；

(2) 信用证中货物的名称不同。背对背信用证中，前后两个信用证的货物名称相同，只是装运期、有效期等与货物本身无关的条款，以及货物的单价、总价格等不同；而对开信用证前后两个信用证的货物不同；

(3) 信用证生效的要求不同。背对背信用证，前后两个信用证的生效时间是确定的，只要开立信用证，就已生效，而对开信用证的生效时间是不确定的，开立了信用证，未必一定生效，需要根据信用证的条款规定来判断生效时间。换言之，背对背信用证是彼此相关、但又互相独立的两份信用证，而对开信用证则是彼此互相依存的两份信用证。

(4) 对开的两份信用证申请人分别就是对方申请开立的信用证的受益人，而背对背信用证只有中间商才既是原始信用证的受益人，又是对应信用证的申请人，最初的出口商和最终的进口商则分别只是对应信用证的受益人和原始信用证的申请人。

九、循环信用证

循环信用证(Revolving L/C)，是指信用证的全部或部分金额使用后，仍可恢复原金额继续多次使用的信用证。国际贸易中买卖双方订立长期合同，分批交货，进口商为节省开证费用和减少手续，常利用循环信用证方式结算。它对出口商来说，也可以减少逐笔催证和审证手续，保证收回全部货款。循环信用证的特点是：信用证被出口商全部或部分利用后，能够重新恢复原信用证的金额而即可再使用，周而复始，一直到规定的循环次数或规定的总金额达到为止。

循环信用证有按时间循环和按金额循环两种。

按时间循环的信用证是受益人在一定时间内(如一个月)可支取信用证规定的金额，支取后在下次的一定时间内仍可再次支取。

按金额循环的信用证是受益人在一定的金额使用完毕后，仍可在信用证规定的条件下，恢复支取一定的金额。

此外，循环信用证还可分为积累循环信用证和非积累循环信用。即上次未用完的余额可以移至下次合并使用的信用证为积累循环信用证(Cumulative Revolving L/C)；上次余额不能移至下次合并使用的信用证为非积累循环信用证(Non-Cumulative Revolving L/C)。其具体的循环方式有以下 3 种。

(1) 自动循环使用：出口商可按月(或按一定时期)支取一定金额，不必等待开证行的通知，信用证就可在每次支款后自动恢复到原金额。

(2) 非自动循环使用：出口商每次支取货款后，必须等待开证行的通知，才能使信用证恢复到原金额，再加以利用。

(3) 半自动式循环使用：出口商每一次支取货款后，经过若干天，如果开证行未提出不能恢复原金额的通知，信用证即自动恢复原金额。

十、预支信用证

预支信用证(Anticipatory Credit)允许出口商在装货交单前可以支取部分或全部货款。由于预支款是出口商收购及包装货物所用,预支信用证又叫打包放款信用证(Packing L/C)。申请开立预支信用证的进口商往往需要开证行在信用证中加列预支条款。根据允许预支货款的条件的不同,部分预支信用证可分为红条款信用证(Red Clause L/C)和绿条款信用证。其有关允许受益人预支信用证部分金额的条款分别以红色或绿色书写或打印,使之更醒目。红条款信用证提供预支款项的方式可以是以货款垫付或以议付方式预先购买受益人的单据。待受益人向垫款的银行提交信用证规定的单据时,垫款的银行可从正式议付金额中扣回原先垫款及垫款期间的利息,将所余的净额付给受益人。若受益人届时不能向垫款的银行提交信用证规定的单据,垫款的银行可向开证银行追索垫付的款项。绿条款信用证要求受益人在货物装运前以提供预支款项的银行的名义,将货物存入仓库,并将存仓单据交给垫款银行,以支取预支款项。银行则凭受益人开立的汇票(或收据)及货物存仓单,向受益人垫款。若受益人届时不能向垫款的银行交单,则银行可以通过处理上述的存仓单,收回所垫付的款项。

银行按信用证规定应受益人请求预支款项后,往往要求受益人把正本信用证交出,以控制受益人向该行交单。如果受益人预支了款项却未发货交单,预支行可以要求开证行偿付。开证行偿付后再向开证申请人追索。由于有这种风险,进口商只有对出口商资信十分了解或在出口商是可靠、稳定的贸易伙伴时,才会向开证行提出开立预支信用证的要求。

十一、快速信用证

快速信用证(Quick L/C)是指受益人将全套正本单据直接寄给开证申请人,议付行凭副本单据议付、开证行仅凭议付行的单证相符的加押电进行付款的一种跟单信用证。快速信用证是近期北欧一些银行创办的一种新的跟单信用证,这种跟单信用证改变了传统的跟单信用证项下,由银行控制单据的做法,缩短了单据处理和传递的时间,保证买方及时办理提货和卖方早日收妥货款。

快速信用证的运作程序如下(如图 5-12 所示)。

(1) 申请人要求开立跟单信用证。
(2) 开证行开出快速信用证并经指定银行通知受益人。
(3) 受益人审核并按快速信用证发货制单。
(4) 受益人将全套正本单据直接寄给开证申请人(运输单据的收货人如果是开证行,一般寄交银行)。
(5) 受益人向指定银行交单议付,所交单据包括:寄给申请人的正本单据的全套复印件;受益人出具的证明,证明信用证规定的单据已用快件邮寄给申请人,所提交的副本单据与直接寄给申请人的正本单据一致;正本货运单据(如运输单据上的收货人为开证行);向申请人寄单的邮局快递收据。
(6) 指定银行审核单据后,在付款前用 SWITF 或加押电报通知开证行,证明受益人所提交的副本单据与信用证条款和条件相符,如有不符点,必须报告。

(7) 开证行付款。开证行的付款仅凭指定银行的单证相符的加押电,而不需要再次审单,快速信用证可规定将向指定议付行提交的副本单据保留在指定行,也可以寄给开证行。

(8) 申请人接到受益人的单据后,到开证行支付货款,办理担保提货或副本提单背书手续后提取货物。通常快速信用证中规定货运提单的收货人为开证行,因而无论申请人从受益人处得到正本或副本货运单据均需开证行背书,才能得到货权。

如果开证行付款后,申请人收到受益人直接寄来的单据与信用证不符,开证行可以要求指定行将副本单据寄给开证行核对。如有欺诈行为可采取法律行动,因为受益人作过声明。

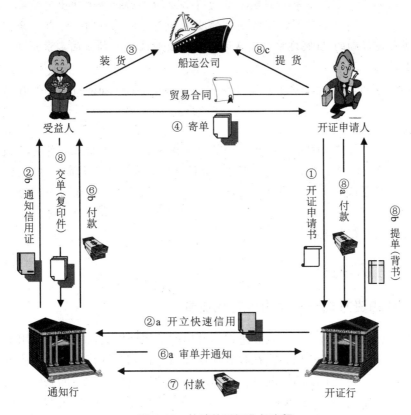

图 5-12 快速信用证业务流程

快速信用证适用于大宗货物交易,双方有长期合作,开证行与指定行关系良好,这样就可免去开证行重复审单的环节,由受益人直接向开证申请人寄送正本单据,从而缩短了单据流转的时间,避免了延期提单带来的压船、压货和不能及时出售货物的风险和费用。快速信用证取消了开证行审核和控制单据的环节,减少了银行的费用,从而使该种信用证更具竞争力。不过,使用快速信用证的机会相对较少,因为无论受益人还是开证行都可能面临着"钱货两空"的风险,除非买卖双方是长期合作伙伴,关系良好,相互信赖,除非申请人向开证行交纳了足够的保证金或信誉极佳。

第四节　信用证方式下的贸易融资

案例点击

> 沿海某进出口企业的总经理老王最近经常处于喜忧参半的状态。喜来自于企业产品的国际市场需求日渐扩大，市场部拉来的订单一天比一天多，看见这么大的市场和利润，每天见到销售总监老王都想给他涨工资。但是每天经过隔壁的财务室，老王的心里就一沉，生意多了，钱反而不够了，订单的突然增多使得企业的流动资金运转出现困难，原料采购无法拖款，产品生产周期要时间，国际交易的货运和支付也要时间，一算下来剩下的流动资金只够支撑目前接到的 20%订单的正常运转，而企业又没有什么固定资产可以向银行贷款，这下老王发愁了。
>
> （资料来源：信用证融资"全攻略"．经理人网，http://www.sino-manager.com/201091_18759.html，2010-9-1)

〖点石成金〗

上面的情况是中国许多中小型进出口企业的共同困扰。中小企业对外贸易额占全国进出口贸易总额的六成，中小型进出口企业的产业链融资在中国越来越成为令人关注的问题，其融资难题迫切希望被解决，而国际上动辄几百万美元的买卖，对于千万家资本少但是又希望运转快的中小企业来说，不啻于是一个个的千斤重担。但如果巧妙运用一些财技，这个千斤重担也不是不能用四两解决。

一、出口信用证融资

(一)出口商融资方式一：信用证打包贷款

信用证打包贷款，是出口商在收到进口商开出的信用证以后，凭借此信用证向银行进行贷款的业务，主要的功能是出口商在收到信用证后一直到备好货装船的过程中的资金缺口，使得出口企业在资金不足的情况下仍可以顺利地开展信用证项下的采购、生产等活动(信用证打包贷款具有专款专用的特点，即贷款必须用于信用证项下的采购、生产等活动，通常贷款金额不超过打包的信用证金额的 80%)。

案例点击

> A 企业接到一笔国外订单向 A 企业采购一批电子元件，A 企业需要采购 60 万的原材料进行生产，但此时 A 企业仅有 30 万流动资金可供采购，A 企业决定用该笔订单的进口商开出的信用证向本地银行借款 30 万进行采购，并用最后的合同收入归还本金和利息。
>
> **〖点石成金〗**
>
> 通过信用证打包贷款，A 企业解决了从收到信用证到备货装船过程中的资金缺口，成功用 30 万自有资金和交给银行的短期利息，得到了 60 万投入才能得到的利润。

材料解析

打包贷款与预支信用证比较

打包贷款与预支信用证两者都是在装运前由出口方银行对出口商融资；两者都要求出口商必须出运货物，交单议付，从议付款扣除放款垫款；两者都必须向融资银行交单议付。但仍存在诸多区别，如表5-3所示。

表5-3　打包贷款与预支信用证的区别

	打包贷款	预支信用证
出口商获得放款或垫款的依据不同	出口商凭着一般的不可撤销信用证和销售合同，申请打包贷款	凭进口商申请开证行开出的预支信用证和出口商一定出口保函预支款项
出口商如不能装运出口，责任承担者不同	出口商如不能装货出口，应由出口商负责在放款到期日还款	出口商如不能装货出口，议付行垫款，最后由进口商负责归还
开证行与开证申请人承担的责任不同	打包贷款不增加开证行和进口商(申请人)的责任	预支信用证增加开证行和进口商(申请人)的责任
资金的性质不同	发放出口国本币资金贷款	预支信用证货币资金

(二)出口商融资方式二：出口押汇

出口押汇指的是出口商在备好货装船之后一直到收妥结汇这段时间内，出口商将货物到港后向进口商收款的权利交给银行，向银行换取货物在出口地装船之后立刻兑现的权利。通俗来说，就是用未来的现金，换取现在的现金，更快收到货款。押汇一般有180天或者更多的时间期限。

出口押汇对于出口企业具有多种节省财务成本的功能。

第一，加快了资金周转，应收账款提前转化成现金，而且不占用银行授信额度，可以腾出流动资金的贷款规模，缓解资金供求矛盾。

第二，由于办理出口押汇后从银行取得的外汇款项可以办理结汇手续，对于处于人民币对美元升值的长期预期下的中国出口企业，可以避免或降低未来汇率变动导致的外汇贬值给企业带来损失。

第三，而在外汇贷款利率较低的时期，押汇取得资金所付的利息，还有可能小于同期人民币贷款利率下同等数额借款所应支付的利息，这就降低了财务费用支出。

第四，出口押汇所需要的银行利息也较低，手续较简单，因此出口押汇也成为许多出口企业加速周转、规避汇率风险的财务工具。

案例点击

A公司有流动资金60万元人民币，近期接到一笔价值100万元人民币的玩具订单(人民币对进口方外汇汇率1∶4)，需要将60万元人民币全部用于购买原材料，生产完工后A公司已按时按量备货装船，由于这期间A公司另接到一笔抱枕订单，急需向原料商订货，而原料商要求必须先款后货，若原料不能及时到位，则可能延误 A 公司对外交货，导致违约产生滞纳金并影响企业信誉。而此时由于 A 公司流动资金全部投入 100 万元人民币的玩具订单的采购，若要等装船到岸并且进口方付款起码需要 10 天时间，必将导致延误抱枕订单交货期。于是 A 公司向银行提出办理出口押汇，用今后向进口商收款的权利作为抵押，提前将当期汇率下 400 万外币中的 240 万结汇获得 60 万元人民币，完成了抱枕订单的采购。

(资料来源：信用证融资"全攻略"．经理人网，http://www.sino-manager.com/201091_18759.html，2010-9-1)

〖点石成金〗

上述案例中 A 公司付出了：出口押汇的短期贷款利息和服务费。但是得到了：一笔抱枕订单的成功。

由于出口押汇不占用授信额度，A 公司在该银行拥有的 60 万元人民币的授信额度不受影响，使得 A 公司能够充分利用自己的授信额度进行信用证打包贷款，完成了另一笔抱枕订单的采购与生产。

在办理出口结汇后，直至收到进口商付款的 10 天时间，A 公司发现进口商用于支付的外汇对人民币贬值了 5%，A 公司若未办理出口结汇，则最后只能收到 95 万元人民币。而 A 公司提前通过出口押汇办理了 60 万元人民币的结汇(相当于 10 日前外币 240 万)，因此外汇贬值对于 A 公司的影响仅限于未结汇外币的 160 万部分，即除 60 万元人民币贷款以外，还能收取 38 万元人民币，总共 98 万元人民币。出口押汇提前结汇为 A 公司节省了 3 万元人民币。

(三)出口商融资方式三：福费廷

福费廷(英文 Forfaiting)，是一种出口商把经进口商承兑的,并按不同的定期利息计息的,通常由进口商所在银行开具远期信用证，无追索权地售予出口商所在银行的一种资金融通方式。简单来说，就是出口商把应收账款卖给银行，先拿回现金，并且不欠银行钱。其与出口押汇的不同点在于，出口押汇属于贷款，因此出口商仍拥有应收账款所有权，同时也负有还款给银行的责任，而福费廷的情况下银行买断了应收账款，因此对出口商没有追索权。

福费廷对于出口企业的意义基本与出口押汇相同，可以加速资金回笼，同时避免或减小汇率变动的风险。同时，福费廷比出口押汇有两点优势所在：一是可以起到改善财务报表的作用，因为用福费廷融到的资金在表上体现为应收账款减少与银行存款增加，而不同于押汇的短期借款增加；二是采用福费廷业务后，卖方可立即获得核销单，可加快办理退税流程。

但在福费廷业务中，由于银行承担的风险较大，因此相应的对办理该业务的出口企业资质审核也很严格。关于福费廷，我们在后面的第六章"其他结算方式"中详细介绍。

二、进口信用证融资

(一)进口商融资方式一：授信开证

授信开证是指银行在授信额度内减免保证金为企业开出信用证，以减少企业的资金占用。进口企业在申请开证的时候，可以向开证行申请以授信额度抵扣部分保证金。假设某企业在银行内拥有 100 万美元的开证授信额度，他在申请开立 100 万美元信用证的时候，可以只向开证行缴纳 30 万美元的开证保证金，然后再提取 70 万美元的开证授信额度作为保证。通过这样的方式，企业既能充分利用银行信誉，又能减少资金占用，充分合理有效地提高了资金的运用效率。

案例点击

A 公司通过竞争得到一笔铝罐头的急单，要完成该笔订单需要价值 100 万元的电解铝来作为生产原料，但 A 公司手头只有 30 万元流动资金作为该笔订单的预算，且无存货，而有一笔 70 万元的应收账款预计于 10 日之后才能收到，而若等该笔款项收回则要铝罐头的拖延交货时间而为此付出滞纳金。此时，A 公司负责人想到自己企业在本地 X 银行有信用证融资额度 100 万元，于是决定从国外 B 公司进口电解铝并通过 X 银行向 B 公司所在地银行开出即期信用证，而 A 公司向 X 银行缴纳 30 万元作为信用证保证金。10 日后这批电解铝到港，A 公司也正好收回 70 万元的应收账款，于是向银行支付 70 万元赎单付款从而获得该批电解铝，从而得以按时完成订单交货时间。

(资料来源：黄宽，张桢. 信用证融资"全攻略". 公司金融，2010)

〖点石成金〗

该案例中，A 公司以银行信用证融资的利息作为代价，换来了一笔大单生意的成功，并且避免了延期交货产生的滞纳金。此过程中，信用证起到天然的资金融通作用，主要体现在企业只需要缴纳相当于信用证担保合同金额的 20%~30% 作为保证金(不同银行额度不同)，即可避免在申请开立信用证至付款赎单这段时间相当于合同金额 70%~80% 的资金占用，这无疑对于企业的资金周转带来较大的空间。

(二)进口商融资方式二：进口押汇

进口押汇是指进口商的开证行收到出口方提交的信用证项下单据并审核无误后，开证申请人(即进口商)出现资金困难无力按时对外付款时，由开证银行先行代其付款，使客户取得短期的资金融通。进口商办理了进口押汇后，信用证项下的货物所有权即归银行所有，进口商作为银行的受托人代银行保管有关货物，同时保证在规定期限内用销售收入归还全部银行垫款。

进口押汇会占用企业的授信额度。根据情况，银行可以给进口商一个总的进口押汇额度，申请人每次使用后还清银行垫款即可循环使用。银行也可以按单笔信用证业务与进口商签订单项进口信用证押汇协议。

进口押汇是短期融资，期限通常不超过 3 个月。押汇银行从垫付之日起开始收取押汇利息，利率根据押汇时间长短分几个不同的利率，时间愈长，利率愈高。

在以下几种情况下，可以考虑办理进口押汇。

情况一：由于一笔应收账款未能收回，进口商出现流动资金周转困难，此时可向银行申请进口押汇，以换取资金运转的空间。

情况二：由于公司发现一稳定可靠的投资机会，其 90 天内可以周转一次且回报率超过银行进口押汇利率，则可以申请进口押汇。

情况三：从汇率风险防范的角度看，进口押汇可以通过推迟企业购汇时间，避开汇率的高点，先由银行垫付资金对外付汇，待汇率下跌时再购汇归还银行本息，从而降低购汇成本。

案例点击

> 如某企业A于3月15日需对外付汇100万欧元，进口合同确定的欧元兑人民币汇率为993.8/100，付汇当日汇率为1007.6/100，是近期最高点。企业财务人员通过查看近1个月以来的汇率走势，发现欧元兑人民币汇率波动区间为983.2/100～1007.6/100，而且波动剧烈，因此决定办理进口押汇融资业务，先行付款，待利率回调时再买入欧元，归还银行贷款。
>
> 可行性分析的结果：银行当期欧元流动资金贷款利率为3.2%，月利率为2.67‰。因此一个月内只要出现一次欧元汇率下调超过2.67‰的情况，融资就有收益。从近期欧元汇率波动来看，日波动幅度最大达到2.42%，波动幅度超过1%的天数超过8天，因此融资是可行的。
>
> 最终企业办理了一个月期限的全额进口押汇，利息为2666.67欧元，到4月10日欧元汇率下调至990.8/100，企业立即买进1 002 666.67欧元，共支付人民币993.44万元，较直接购汇付汇节省人民币100×1007.6/100-993.44=14.16(万元)。
>
> （资料来源：进口企业利用进口押汇的案例，新浪博客，http://blog.sina.com.cn/s/blog_5393945d01009e6h.html）

【点石成金】

> 进口押汇的法律本质是利用即期信用证转化为银行的流动资金外汇贷款，在贷款期限内取得了一个期权，即选择期限内汇率低点购买外汇的权力，如果汇率单边下跌，则可在期限内的最后一天购汇，如果汇率有波动，则可在期间的某一点购汇，此点购汇的汇率差可以弥补贷款利息并有节余。

(三)进口商融资方式三：提货担保

当正本货运单据未收到而货物已到达进口商所在地时，信用证开证申请人(即进口商)可向银行申请开立提货担保保函，交给承运单位先予提货，待取得正本单据后，再以正本单据换回原提货担保保函。简单来说，提货担保就是能在货物到港以后立马提货，而不是货物到港以后还要等待出口商发出的货物单据再去提货，从而能避免压仓、减少仓储成本，防止不必要的经济损失。

第五节 DOCDEX规则

当发生关于信用证如何执行、不符点是否成立等方面的纠纷时，一般首选协商解决，但有关当事人往往各执一词，很难达成和解。而诉讼所花费的金钱和时间过多，甚至有可能得不偿失，且由于各国法院与律师对国际贸易惯例与规则的理解和适用存在差异，误判的情况在所难免，也不易使当事人信服。当然，如果当事人在合同中订立了仲裁条款，由于仲裁的中立性、保密性、灵活性以及裁决易于执行等特点，使上述大部分困难得以克服。但正如法院诉讼一样，仲裁有时也是非常棘手，而且容易使得当事人争论不休。解决信用证纠纷费时耗力，影响了信用证业务正常运作，甚至削弱了有关当事人使用信用证进行贸易结算的信心。而 DOCDEX 的实施为国际商界有效解决信用证纠纷又提供了一种可供选择的渠道。令人遗憾的是 DOCDEX 的独特解决机制并没有引起国内银行界、外贸界、法律界的足够重视，迄今为止国内真正了解 DOCDEX 的机构并不多见，通过 DOCDEX 程序解决信用证纠纷的个案更是寥寥无几。很多企业甚至在收到含有指定 DOCDEX 作为纠纷解决方式条款的信用证时，仍然不知其为何物。

一、什么是 DOCDEX 规则

DOCDEX，全称为"国际商会跟单票据争议专家解决规则"(ICC Rules for Documentary Instruments Dispute Resolution Expertise，ICC Publication No.811)，是由国际商会的银行技术与惯例委员会(ICC Commission on Banking Technique and Practice，简称"银行委员会")制定并于 1997 年 10 月公布实施的，原来叫"跟单信用证纠纷专家解决规则"(Documentary Credits Dispute Resolution Expertise，ICC Publication No.577)，主要解决由于适用"跟单信用证统一惯例"(Uniform Customs and Practice for Documentary Credits，UCP)和"跟单信用证项下银行间偿付统一规则"(Uniform Rules for Bank-to-Bank Reimbursements under Documentary Credits，URR)而引发的争议。

根据此规则，信用证当中的任何一方当事人与其他当事人就信用证产生了争议时，可以向国际商会设在法国巴黎的国际专业技术中心(International Centre for Expertise，简称"中心")提出书面申请，由该中心在银行委员会提名的一份专家名单中指定三名专家，根据当事人陈述的案情和有关书面材料，经与银行委员会的技术顾问(Technical Adviser)协商后，就如何解决信用证争议以该中心的名义做出决定，称为 DOCDEX 裁定(Decision)。

为适应新的形势要求，银行委员会于 2002 年 3 月对 DOCDEX 进行了修订。将 DOCDEX 的适用范围由原来的 UCP、URR 扩展到其他的国际商会规则，包括"托收统一规则"(Uniform Rules for Collection，URC)和"见索即付保函统一规则"(Uniform Rules for Demand Guarantees，URDG)，以使得用户可从中获益。截至 2008 年 1 月 DOCDEX 已解决了 270 个跟单信用证和其他票据纠纷。[①]

DOCDEX 有以下特点。

1. 程序简便快捷、费用合理

DOCDEX 程序以一方当事人提出书面请求开始，中心在收到请求和标准费用后，将通知对方当事人在规定的时间内提交答辩。全部程序只通过书面进行。规则要求专家在收到全部材料 30 天内提出专家意见，然后经与银行委员会的技术顾问协商后，作为 DOCDEX 裁定出具。整个程序不过两三个月时间，标准费用为 5000 美元。如果涉及的信用证金额超过 50 万美元且案情复杂，可加收最高不超过 5000 美元的附加费，因此最高费用为 1 万(美元)。

---

① 李道金. DOCDEX 裁定有助于信用证纠纷的快速解决. 宁波市对外经济贸易企业协会，http://www.nbeafert.cn/infodetail.php?infor_id=1674，2008-04-05.

2. DOCDEX 裁定不具法律约束力，但具有很高的权威性

根据 DOCDEX 规则的规定，除非当事人之间另有约定，DOCDEX 裁定对各当事人是不具法律上的约束力的，只代表一种专家意见。但由于它同时也代表了国际商会银行委员会的意见，而且那些专家在相关领域都具有丰富的经验和渊博的知识，在案件审理过程当中要求所指定的专家做到独立、公正、及时，并不允许与有关当事人接触，审理该案件的专家的姓名等情况对当事人都是严格保密的，因此 DOCDEX 决定具有很高的权威性。这也是 DOCDEX 规则赖以解决争议的基础。国际商会督促银行在自愿的基础上尊重 DOCDEX 裁定。即使当事人之间的争议走到诉讼或仲裁的地步，DOCDEX 裁定也会得到法官或仲裁员的尊重，进而可能被采纳为法官的判决或仲裁员的裁决而具有法律上的约束力。正因为如此，DOCDEX 决定通常都能得到当事人的遵守。

3. 管辖灵活

无须当事人之间有专门解决争议的协议，即可将争议提交中心按照DOCDEX规则解决。无论对方当事人是否同意，中心最后都会按 DOCDEX 规则和程序做出裁定。而不像仲裁协议是仲裁管辖权的来源和基础，以及避免了诸如在诉讼中大量出现的管辖权冲突等问题。

国际商会通过其中心及银行委员会向世人展示了一种以专业技术来解决纠纷的新的模式，这种专业技术为一些复杂的问题提供了灵活的解决方案，而且有理由相信在未来一定会获得成功。

DOCDEX 与商事仲裁比较如表 5-4 所示。

表 5-4　DOCDEX 与商事仲裁比较

	DOCDEX	商事仲裁
适用范围	因适用国际商会规则而引发的争议，包括 UCP、URR、URC 和 URDG	除法定不具可仲裁性的事项以外的所有商事纠纷
管辖依据	无须当事人之间有专门解决争议的协议	当事人在自愿基础上的仲裁协议是仲裁管辖权的来源和基础
裁断人产生	三人专家小组的人选由国际专业技术中心从银行委员会管理的专家名单中指定，争议当事人对此并没有发言权，而且不会被告知专家小组的名单和身份	当事人有权指定仲裁员。一般是由争议双方在仲裁机构的仲裁员名册中各自指定一名仲裁员，或委托仲裁机构指定。第三名仲裁员(首席仲裁员)由双方当事人共同选定或者共同委托仲裁机构指定
审理程序	书面审理。对时间限定很严，前后用时一般不会超过 2～3 个月	通常开庭审理。前后历时半年至一年不等，有时则更长
裁决的效力	除非当事人另有约定，其裁定不具强制约束力	仲裁裁决具有法定约束力，且不得上诉
收费	每笔案件的标准费用(含管理费和专家费用)为 5000 美元，最高费用为 1 万美元。费用由申请人支付，且不可返还	根据涉案金额确定一个比例。费用一般是由申请人预交，仲裁庭有权在裁决中决定最终的费用分担

案例点击

欧洲 E 开证行与南京 C 交单行就信用证项下的一不符点,即 CCIC 的附件上没有出单人签字的纠纷从 2007 年 8 月一直争议到 11 月中旬进入 DOCDEX 裁定程序为止,来往 SWIFT 报文达到数十份,单据也被相互退回达两次。受益人 F 公司请有关专家仔细审读信用证、合同、双方的 SWIFT 报文及单据,并认真研究 ISBP681,最后坚决认为 E 银行提出的不符点不成立,加之,后来从 F 公司处获悉 E 银行拒付的主要原因应是开证申请人已与我国的另外供应商以较低的价格成交了同样的货物,遂坚信申请 DOCDEX 的胜诉还是有很大的把握的,于是竭力主张申请裁定。F 公司勇敢地接受了有关专家的建议。不到 60 天后,国际商会就对该案做出了裁定,裁定不符点不成立,E 银行应当付款。事后,F 公司的负责人感慨地说若没有及时申请 DOCDEX 裁定,那么只得就地低价转卖或运回货物了,那样的话可就要产生严重的亏空了。

(资料来源:李道金. DOCDEX 裁定有助于信用证纠纷的快速解决. 宁波市对外经济贸易企业协会,http://www.nbeafert.cn/infodetail.php?infor_id=1674,2008-04-05)

【点石成金】

DOCDEX 具有高效率、低成本、权威性、管辖灵活等优点,是解决票据尤其是跟单信用证的纠纷的很好选择。无论是银行还是企业却对其知之甚少。实践中多数银行或企业放弃了本应通过裁定可能挽回经济损失的权利。因此,有关人员还是应该熟悉和掌握 DOCDEX 规则,对其实际意义有足够的认识,并在必要时果断地申请裁定或在遇到对方的申请裁定时积极地进行答辩。本案中 F 公司积极申请 DOCDEX 裁定的行为值得我们学习。

二、DOCDEX 规则的运作程序

依据 DOCDEX 规则解决争议,一般要经过申请(Request)、答辩(Answer)、指定专家以及做出裁定等几个环节。

(一)申请

争议当事人(申请人,Initiator)向中心提出书面申请,要求对其纠纷做出 DOCDEX 裁定。可以是争议当事人之一单独提出申请,也可以由争议的多个乃至所有的当事人共同提出一个申请。申请书及其所有附件材料须做成一式四份提供给中心。

申请书应详细具体,并包含如下所有必要信息。

(1) 申请人的全称和地址,及其在信用证、托收或担保业务中的角色。

(2) 如果不是由争议各方共同提出申请,则须注明被申请人(Respondent)的全称和地址,及其在信用证、托收或担保业务中的角色。

(3) 一份正式要求根据国际商会第 811 号出版物做出 DOCDEX 裁定的声明。

(4) 一份案情概要,包括申请人的主张,并明确所有相关的事项及所适用的国际商会规则。

(5) 信用证、托收指示或担保函及其修改件的副本,及其他所有相关材料的副本。

(6) 一份寄送声明,声明申请人已经将一套申请书及其所有附件材料的副本寄送给了申请书中所列明的每一个被申请人。

(二) 答辩

被申请人可针对申请书提出书面答辩,答辩可由申请书中列明的一个或多个被申请人单独或共同提出。答辩书及其所有附件材料须做成一式四份在规定的时间内提供给中心。

答辩书应详细具体,并包含所有必要信息,包括:

(1) 申请人的名称和地址;
(2) 相关申请书的日期;
(3) 一份正式要求根据国际商会第 811 号出版物做出 DOCDEX 裁定的声明(如无,则最终的 DOCDEX 裁定不会针对该被申请人做出);
(4) 一份被申请人的主张概要,并明确所有相关的事项及所适用的国际商会规则;
(5) 所有必要附加材料的副本;
(6) 一份寄送声明,声明被申请人已经将一套答辩书及其所有附件材料的副本寄送给了申请书中所列明的申请人和其他被申请人。

(三) 指定专家

中心收到申请和标准费用并决定受理后,即从银行委员会的专家名单中指定三名专家组成专家小组,并指定其中一人担任主席。专家小组采取匿名制,小组与当事人之间的联系通过中心中转,对案件进行书面审理。

专家小组主席必须在收到所有相关材料翌日起的 30 天内向中心提交裁定意见。

(四) DOCDEX 裁定

中心收到专家小组的意见后,该意见须经银行委员会的技术顾问审查,以确定其与所适用的国际商会规则及其解释相符。技术顾问的修改意见须得到专家小组的多数同意。然后以中心的名义向有关当事人出具 DOCDEX 裁定。除非当事人另行约定,该裁定不具法律约束力。

DOCDEX 裁定一般用英文做出,并必须包括以下内容。

(1) 申请人和被申请人的名称。
(2) 案情概述。
(3) 决定事项并简要陈述理由。
(4) 出具日期以及中心的签章。

该 DOCDEX 裁定被视为于出具之日在法国巴黎由中心做出。

(五) 费用

每笔案件的标准费用(含管理费和专家费用)为 5000 美元,该费用在申请人提交申请时一并支付。如果涉案金额超过 50 万美元,中心可根据争议复杂程度决定向申请人收取最高不超过标准费用 100% 的附加费。

所有费用以美元向巴黎的国际商会支付,可采用银行转账、支票或信用卡三种支付方式。以上费用均不可返还。

案例点击

2006年年初,第二受益人L公司通过国内C银行提交的单据被德国某转让行以FORM A 证书背面是中文为由拒付,原因是按信用证的规定所有单据须是英文制作的。C银行认为不符点不成立,与转让行进行了多次交涉,但转让行坚持不符点的存在。这样双方相互扯皮数月,单据最终没有能够邮寄给原开证行。后来有人建议L公司申请DOCDEX裁定,但是L公司因考虑到在没有收到货款的情况下,还得交付5000美元的DOCDEX裁定费用,从心理上接受不了,便没有听从这一建议,随后依其法律顾问的安排,在当地法院起诉了。然而由于德国银行就管辖权问题提出了异议,最终该案移交到北京某法院审理,到目前为止,除了去年的第一次开庭外,仍然没有任何结果。而货物早已在目的港腐烂,L公司理应赔偿船公司在目的地发生的滞港费等费用。至于L公司为本案支付的诉讼费、差旅费和律师费等费用早已超出5000美元了。

(资料来源:李道金. DOCDEX裁定有助于信用证纠纷的快速解决. 宁波市对外经济贸易企业协会,http://www.nbeafert.cn/infodetail.php?infor_id=1674,2008-04-05)

〖点石成金〗

DOCDEX程序以案件收费为主,每件争议的标准收费是固定的。DOCDEX程序中除必要的邮寄费用外,亦不会产生其他额外费用。这种相对固定的费用可以让当事人对争议成本有较好的预见性,而对信用证金额大的争议来说,以一万美元为限的收费显然是不高的。上述案例中倘若L公司要求DOCDEX裁定,那么可想而知问题早就可以在2006年3月底前得到解决了,而费用充其量就是5000美元,顶多额外支付些其他零星费用,况且胜诉的把握是颇大的。

复习思考题

1. 跟单信用证的定义是什么?其结算的基础是什么?
2. 跟单信用证的特点是什么?
3. 跟单信用证的主要当事人有哪些?其各自的责任与权利分别有哪些?
4. 跟单信用证有哪些作用?
5. 银行在受理开证申请时应注意哪些事项?
6. 通知行在受理信用证时,应注意哪些事项?
7. 银行在审查信用证项下单据时掌握的原则是什么?
8. 信用证业务中,银行间的有关头寸拨付有哪些情况?
9. 对开信用证、背对背信用证、循环信用证、可转让信用证分别适用于哪些贸易方式?
10. 信用证方式下,银行对进、出口商的融资分别有哪些方式?
11. 规范跟单信用证业务的国际惯例是什么?规范信用证项下银行间偿付业务的国际惯例又是什么?
12. 信用证项下银行间偿付的条款主要有哪些?
13. 什么是DOCDEX规则?它与协商、仲裁、诉讼相比有何优点?

技能训练题

根据合同审核信用证。

(1) 买卖双方签订的合同如下：

托普纺织品进出口公司

TOP TEXTILES IMP AND EXP CORPORATION

127 Zhongshan Road East One, Shanghai P. R. of China

No. 28CA1006
Date: 20080306

销售确认书

SALES CONFIRMATION

Messrs: THOMSON TEXTILES INC.
        3384 VINCENT ST.
        DOWNS VIEW, ONTARIO
        M3J, 2J4, CANADA

Article No.	Commodity and Specification	Quantity	Unit Price	Amount
77111	DYED JEAN FABRIC, COTTON 70% POLYESTER 30% 112/114CM WIDTH, 40M CUT LENGTH		CIF TORONTO	
	Colour	Quantity (M)	USD/M	USD
	RED	4,000	1.56	6,240.00
	SILVER	4,000	1.32	5,280.00
	DK NAVY	4,200	1.62	6,804.00
	WINE	2,800	1.62	4,536.00
	DK BLUE	4,800	1.44	6,912.00
	BLACK	4,200	1.62	6,804.00
		TOTAL 24,000M		USD36,576.00

10% MORE OR LESS BOTH IN AMOUNT AND QUANTITY ALLOWED.
PACKING: FULL WIDTH ROLLER ON TUBES OF 1.5 INCHES IN DIAMETER IN CARTONS.
SHIPMENT: ON OR BEFORE APR. 30 2008
DELIVERY: FROM SHANGHAI TO TORONTO PARTIAL SHIPMENT AND TRANSSHIPMENT ALLOWED.
INSURANCE: TO BE EFFECTED BY THE SELLER COVERING ICC (A) DATED 01/01/1982 FOR 110% OF THE INVOICE VALUE W/W CLAUSE INCLUDED.
PAYMENT: BY 100 PCT IRREVOCABLE L/C AVAILABLE BY DRAFT AT SIGHT TO BE OPENED IN SELLERS FAVOUR 30 DAYS BEFORE THE DATE OF THE

SHIPMENT AND TO REMAIN VALID IN CHINA FOR NEGOTIATION UNTIL THE 15th DAY AFTER THE DATE OF SHIPMENT.

Buyer Signature
Charles Brown

Seller Signature
李 明

(2) 进口国开来的信用证如下：

ZCZC AHS302 CPUA520 S9203261058120RN025414394

P3 SHSOCICRA

TO 10306 26BKCHCNBJASH102514

FM 15005 25CIBCCATTFXXX05905

      CIBBCCATTFXXX

      *CANADIAN IMPERIAL BANK OF COMMERCE

      *TORONTO

MT 701 02

27 SEQUENCE OF TOTAL:　　1/1

40A FORM OF DOC. CREDIT: IRREVOCABLE

20 DOC.CREDIT NUMBER:　T-017641

31C DATE OF ISSUE:　　　20080325

31D DATE AND PLACE OF EXPIRY: 20080505 CANADA

50 APPLICANT:　　　　　THOMSON TEXTILES INC.

                      3384 VINCENT ST

                      DOWNS VIEW，ONTARIO

                      M3J.2J4 CANADA

59 BENEFICIARY:　　　　TOP TEXTILES IMP AND EXP COMPANY

                      127 ZHONGSHAN ROAD EAST ONE

                      SHANGHAI P. R. OF CHINA

32B AMOUNT AND CURRENCY:　USD 36，576.00

39A POS/NEG TOL (%):　　05/05

41D AVAILABLE WITH/BY: AVAILABLE WITH ANY BANK IN CHINA

                      BY NEGOTIATION

42C DRAFTS AT:　　　　30 DAYS AFTER SIGHT

42D DRAWEE:　　　　　CIBE，TORONTO TRADE FINANCE CENTRE TORONTO

43P PARTIAL SHIPMENTS:　PROHIBITED

43T TRANSSHIPMENT:　　PROHIBITED

44E PORT OF LOADING:　SHANGHAI

44F PORT OF DISCHARGE:　TORONTO

44C LATEST DATE OF SHIP: 20080430

45A SHIPMENT OF GOODS: DYED JEAN FABRIC，AS PER S/C NO. 82CA1006

                      CIF TORONTO

46A DOCUMENTS REQUIRED:
+ COMMERCIAL INVOICE IN QUADRUPLICATE
+ CERTIFICATE OF ORIGIN FOR TEXTILES
+ FULL SET CLEAN ON BOARD BILLS OF LADING MADE OUT TO SHIPPERS ORDER BLANK ENDORSED MARKED FREIGHT PREPAID NOTIFY APPLICANT
+ INSURANCE POLICY OR CERTIFICATE ISSUED BY PEOPLES INSURANCE COMPANY OF CHINA INCORPORATING THEIR OCEAN MARINE CARGO CLAUSES ALL RISKS AND WAR RISKS FOR 110 PERCENT OF CIF INVOICE VALUE WITH CLAIMS PAYABLE IN CANADA
+ DETAILED PACKING LIST IN TRIPLICATE

47A ADDITIONAL CONDITIONS:
THE NUMBER AND THE DATE OF THIS CREDIT AND THE NAME OF OUR BANK MUST BE QUOTED ON ALL DRAFTS REQUIRED.
AN ADDITIONAL FEE OF USD 80.00 OR EQUIVALENT WILL BE DEDUCTED FROM THE PROCEEDS PAID UNDER ANY DRAWING WHERE DOCUMENTS PRESENTED ARE FOUND NOT TO BE IN STRICT CONFORMITY WITH THE TERMS OF THIS CREDIT.

71B: DETAILS OF CHARGES:
ALL BANKING CHARGES OUTSIDE CANADA ARE FOR THE BENEFICIARY'S ACCOUNT AND MUST BE CLAIMED AT THE TIME OF ADVISING.

48: PRESENTATION PERIOD:
WITHIN 5 DAYS AFTER THE DATE OF ISSUANCE OF THE SHIPPING DOCUMENTS BUT WITHIN THE VALIDITY OF THE CREDIT.

49: CONFIRMATION: WITHOUT

78: INSTRUCTIONS:
UPON OUR RECEIPT OF DOCUMENTS IN ORDER WE WILL REMIT IN ACCORDANCE WITH NEGOTIATING BANK'S INSTRUCTIONS AT MATURITY.

MAC/OBTDE84E
DLM
SAM
=03261058
NNNN

第六章　其他结算方式

【本章学习要求】

通过本章学习，了解其他结算方式产生的原因、发展的必要性，BPO 的概念、特点与优势，银行保函的概念、特点和种类，备用信用证的概念、性质及其使用；理解银行保函、备用信用证与跟单信用证的不同，福费廷和国际保理业务与传统结算方式的优势比较；掌握福费廷和国际保理业务的概念、特点及业务流程；熟练掌握福费廷和国际保理业务作为融资方式在国际贸易中的具体运用。了解出口信用保险的特点与作用，并学会运用出口信用保险这一重要的政策工具；掌握各种结算方式的选择与综合运用技巧。

【本章重点】

◆ BPO 的特点与运用

◆ 银行保函、备用信用证与跟单信用证的不同点

◆ 福费廷、保理业务的特点、业务流程及具体运用

◆ 出口信用保险的作用与承保风险

【本章难点】

◆ 各种新型结算方式的具体运用

◆ 各种结算方式的结合使用

【章前导读】

很多中小出口企业在参加广交会时有一个比较头疼的问题,就是不知道该使用何种结算方式跟外商洽谈,因为以往它们一直坚持使用信用证,结果一些眼看到手的生意因结算方式无法达成一致而泡汤了。杨先生是浙江大学英语专业毕业生,从事国际结算工作16年,曾分别担任过银行国际结算部进口保函科、出口科和外汇与风险管理科的科长。他经常跟参加广交会的朋友聊起这件事,他认为信用证固然风险小,但比较烦琐,去银行开立信用证还占用它的授信,还要银行手续费,特别是中小出口企业不一定有固定的单证人员,制单能力不强,就很有可能造成信用证项下的不符点。因此建议企业考虑采用新的结算方式,他提出若干方案供参考:后 T/T 加出口信用保险,出口信用保险有国家做后盾,保障程度高;保函,有的外商(比如希腊)习惯采用保函,其实保函和信用证一样,都是银行出具的,有的保函条款比信用证更清晰、简单,在制单上的压力更小,还是有保障的;另外还可以选择做保理,保理主要是针对赊销方式开发的一种产品,用保理,保理商可以代你去催,保理商还有保理商协会,不付款有不良记录,今天在我这里有不良记录,那你以后要在我这里做生意可能不会给你做。

(资料来源:根据把贸易结算用活1:3大结算方式介绍.阿里巴巴贸易资讯,
http://info.china.alibaba.com/news/detail/v5003008-d5664854.html.2009-01-06 07:00)

【关键词】

BPO　银行保函　备用信用证　国际保理　福费廷　出口信用保险

第一节　BPO

BPO 是近年兴起的一种新型的国际贸易结算方式,集合了信用证的安全性与赊销的快捷,具有业务自动化操作、无纸化处理、便捷、高效、低成本、低风险等特点。

一、BPO 的概念

BPO(Bank Payment Obligation),即银行付款责任。2013 年实施的国际商会《银行付款责任统一规则》(Uniform Rules for Bank Payment Obligations,URBPO)给出了相应定义:"Bank Payment Obligation" or "BPO" means an irrevocable and independent undertaking of an Obligor Bank to pay or incur a deferred payment obligation and pay at maturity a specified amount to a Recipient Bank following Submission of all Data Sets required by an Established Baseline resulting in a Data Match or an acceptance of a Data Mismatch。即银行付款责任是一项不可撤销的独立承诺,在接收行(Recipient Bank)提交的数据包与基础交易框架的数据匹配或接受不匹配的情况下,由债务行(Obligor Bank)付款或承担延期付款责任并在到期日将相关款项支付给接收银行。BPO 产品适用于赊销贸易,以银行信用代替了商业信用,为银行开发新的融资产品提供了可能。

第六章 其他结算方式

数据化是 BPO 的核心特点。贸易双方签订合同后,买卖双方分别向加入 TSU(Trade Services Utilities)平台的银行提交提取自货物订单中的关键数据,债务行(Obligor Bank,通常是买方银行)和接收行(Recipient Bank,通常是卖方银行)就来自客户基础合同的关键数据通过 TMA(Trade Matching Application)进行订单信息匹配,并达成交易框架。卖方装船发货后,向银行提交发票和运输等重要单据的关键数据,TSU 系统中的 SWIFT 云应用 TMA 将这些单据数据与之前的订单数据进行匹配,数据一旦匹配成功,开立 BPO 的银行就承担付款责任并按先前约定对外付款。BPO 的具体业务流程可参见下文"二、BTO 的业务流程"及图 6-1。

知识拓展

TSU

SWIFT 组织是由各国主要银行组成的一个国际银行电讯服务的权威专业组织,由该组织管理的 SWIFT 报文系统是目前国际银行间业务信息传递的主要媒介。TSU,即贸易服务设施系统(Trade Services Utilities,TSU),是 SWIFT 组织针对近年来国际贸易支付方式的变化以及供应链管理和融资需求的发展趋势而专门设计开发、并于 2007 年 4 月份正式投入运行的一个新的贸易服务系统。该系统通过集中化数据处理和工作流引擎支持银行间及时准确地核实和共享贸易项下相关交易信息,从而使银行能够在各个贸易环节更好地为客户提供全方位的国际结算及贸易融资服务。

(资料来源:中国银行正式加入 SWIFT 组织贸易服务设施系统. 中国银行,
http://www.boc.cn/bocinfo/bi1/200809/t20080921_3474.html)

案例点击

2010 年,D 省 A 公司与 J 国 B 公司签订了交易合同,货物标的为春季服装,考虑季节因素,A、B 公司均希望尽快完成贸易流程。于是,两家公司分别找到本国的 TSU 成员银行 S 银行和 C 银行,B 公司向 S 银行提交合同中货物订单数据,A 公司向 C 银行提交了数据建议,S 银行和 C 银行将数据输入 TSU 平台进行匹配后将匹配结果反馈给 A、B 公司,经过一次数据修改,最终匹配成功,S 银行承担有条件(条件为数据匹配相符)付款责任。随后,A 公司将货物托运,将单据副本提交至 C 银行,C 银行将船期、索偿金额等核心信息输入 TSU 平台进行匹配,数分钟后,S 银行就收到成功匹配报告。银行核实贸易背景后,A 公司收到 S 银行付汇,从发货到结清款项,耗时为 3 天。

〔点石成金〕

从该案例可以看出,与跟单信用证相比,BPO 有诸多优势。

(1) 货物交付速度更快。BPO 没有信用证开立、邮递单据、审核单据过程,通过特殊网络进行核心数据匹配,减少了贸易处理环节,实现了无纸化。

(2) 收汇保障更强。跟单信用证项下,进口方向银行需要对所有单据进行审核,任何单据,不管重要与否,只要与信用证不符,即应对外拒付,但实务中,买方以存在不符(尽管该不符点无足轻重)为由要求卖方降低货物价格的现象屡见不鲜,这就极易损害卖方合理利益,BPO 就大大减少了这种可能。另外,BPO 中,债务行的付款责任更容易明确,这就降低了卖方收汇风险。

(3) 降低了交易成本。从银行来说,无须再耗费大量人力审核单据,减少了操作成本,至于由此减少的审单费收入可以再转移到其他环节;从贸易双方来说,降低了制单成本和行政成本,以及由于分歧产生的纠纷诉讼成本。

(4) 拓展了融资创新空间。不管是福费廷还是押汇,跟单信用证所具备的融资功能来源于开证行的付款承诺,即收汇预期。BPO 同样有这一特征,那就是只要单据信息匹配成功,债务行就承担付款责任。银行实践也证明这点,中国的 TSU 会员银行,已经开发了 TSU 项下订单融资、TSU 项下国内商业发票贴现等融资业务。并且,BPO 是依托电子化网络进行处理,变革了整个货物供应链,对企业金融负债、企业产品生产周期、企业存货和物流管理都会产生深远影响,这样自然就为银行提供更多更好的金融服务和产品提供了广阔空间。

(资料来源:BPO,跟单信用证结算的终结者?.中国对外贸易,
http://www.ccpit-cft.net.cn/a/yingwenzazhi/falvzaixian/2013/0716/630.html)

BPO 简单快捷,又代表银行信用,这为企业在国际市场进行采购增加了筹码,提高了谈判地位。BPO 业务具有以下几个主要特点。

(1) 数据化处理。与信用证处理单据不同,BPO 处理的是数据。数据化是 BPO 的核心特点。BPO 的关键在于两次数据的匹配:一是卖方银行及买方银行录入基础贸易信息数据相匹配,建立基线(Baseline);二是卖方银行录入的贸易单据信息与已建立的基线相匹配,或虽不匹配但买方银行接受不匹配(Mismatch)。在整个过程中,银行仅根据买方或卖方提供的数据进行录入,不对买方或卖方提供数据的来源、真实性、准确性负责,也不需要审查或传递相关贸易单据。

(2) BPO 结算属于金融机构间的银行信用。与信用证不同的是,BPO 业务的受益人是卖方银行而非卖方,BPO 是买方银行对卖方银行的付款责任。因此,与 UCP600 等国际惯例不同,URBPO 中并未对买方、卖方、船公司等贸易的实际参与方的相关权利义务关系进行表述,仅规范银行等金融机构之间的权、责、利关系。银行与买方、卖方之间的关系需要另行通过法律文本约定,不在 URBPO 的管辖范围之内。

(3) 速度快、成本低、保障强。首先,BPO 没有信用证开立、邮递单据、审核单据的过程,通过特殊网络进行核心数据匹配,减少了贸易处理环节,实现了无纸化。也正是基于此,BPO 拥有媲美 T/T 的处理速度。据 ICC 统计,使用信用证结算,即使是即期付款信用证,从交单到收汇,平均每单交易耗时也要将近 11 天,而使用 BPO 则通常 3~5 天就可以。其次,降低了交易成本。对银行来说,无须再耗费大量人力审核单据,减少了操作成本。对贸易双方来说,降低了制单成本和行政成本,以及由于单据分歧产生的纠纷及诉讼成本。最后,BPO 收汇保障更强。跟单信用证实务中,尽管某些不符点无足轻重,但买方以存在不符点为由要求卖方降低货物价格或拖延付款期限的现象屡见不鲜。这就极易损害卖方的利益。BPO 大大减少了这种可能。另外,BPO 中债务行的付款责任更明确,这也降低了卖方收汇风险。

表 6-1　BPO 与其他结算方式比较

结算方式 项目	BPO	货到付款	信用证	保函	保理
信用等级	银行信用	商业信用	银行信用	银行信用	银行信用
操作复杂度	简单	简单	专业	专业	专业
付款时效性	快，出货后	慢，货到后	较慢，出货寄单后，加寄单和审单 5 个工作日	慢，货到未得到付款后，加寄单和偿付时间	较快，出货后可获得保理融资
风险平衡性	卖方风险小，买方风险较大	卖方风险大，买方风险小	买卖双方风险较平衡	买卖双方风险较平衡	双保理下买卖双方风险较平衡
收费	预计较低	低	中等	高	高
对进口方的融资	授信开立 BPO，可以办理 BPO 下进口融资	可做预付款融资和 TT 融资	授信开证，进口押汇等	授信开立保函	进口保理融资
对出口方的融资	可在 BPO 项下办理出口融资	可做出口订单融资和发票融资	信用证保兑，出口押汇和贴现等	无	出口保理融资
进口方银行可否实际控制物权	不可	不可	信用证要求物权单据，银行为收货人的情况下可以	不可	发票让渡给进口保理商的情况下可以
供应链融资	控制资金流和信息流	无	控制资金流、物流和信息流	无	控制资金流、物流和信息流

(资料来源：BPO 产品分析及在贸易金融市场的发展前景展望. 福步外贸论坛，http://bbs.fobshanghai.com/thread-5405967-1-1.html)

二、BPO 的业务流程

BPO 的业务流程大致可以分为三步：即基础交易数据匹配、货运单据数据匹配与资金划转，如图 6-1 所示。

1. 基础交易数据匹配

买卖双方签订贸易合同，并在合同中约定采用 BPO 方式结算。然后，买方提供 PO (Purchase Order)数据给买方银行，买方银行在 TSU 平台上录入数据；卖方提供 SO(Sales Order)数据给卖方银行，卖方银行在 TSU 平台上录入数据；PO/SO 数据匹配成功后，建立基线(Baseline)，达成基础交易框架。

2. 货运单据数据匹配

基础交易数据匹配成功后,卖方装船发货。卖方发货后,将货物发运等相关数据息(Data Set)告知卖方银行,卖方银行在 TSU 平台录入数据;卖方银行将第二次录入的数据与先前录入的基础交易数据进行比对,确认是否匹配。

3. 资金划转

匹配成功后,买方银行付款或承兑,并借记买方账户,卖方银行贷记卖方账户。

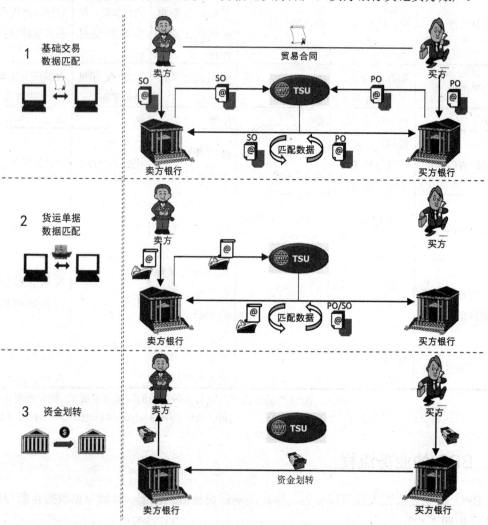

图 6-1 BPO 业务流程

三、BPO 的产生背景

BPO 产生的背景主要可以归纳为以下几个方面。

(1) "大数据"时代发展的需要。进入 21 世纪以来,全球国际贸易中,以赊销方式结算的占比持续上升。据统计,赊销方式结算的占比目前已超过 80%,严重影响了银行传统的跟单信用证业务的发展。尤其是 2008 年金融危机以来,一方面,全球贸易总量多年来一直在下降;另一方面国际银行监管却更加严格,再加上《巴塞尔协议Ⅲ》的实施及金融电子化的飞速发展而产生的海量数据信息,都对商业银行传统的国际结算和贸易融资业务提出了新要求。在这种形势下,商业银行不得不在贸易金融业务领域进行经营模式的创新。

(2) 顺应全球供应链迅速发展的需要。新世纪以来,全球化和物流运输行业的发展,大幅缩短了企业的周转时间,国际竞争愈演愈烈。正如英国著名供应链管理专家马丁·克里斯托弗所言:"真正的竞争不是企业与企业之间的竞争,而是供应链与供应链之间的竞争。"在新形势下,企业从材料的采购到生产制造,再到货物运输和服务送达,货物供应链的效率已经远超过仍然停留在烦琐、缓慢的实物文件处理阶段的金融供应链。为了顺应实物供应链迅速发展的需要,环球同业银行金融电讯协会(SWIFT)和 ICC 合作,推出了《银行付款责任统一规则》(Uniform Rules for Bank Payment Obligation,URBPO),通过引入电子交易数据,把供应链贸易金融服务与实物供应链紧密结合起来,以提高融资效率,加速供应链流转速度。

(3) 业务竞争的需要。新形势下,为了节约交易成本,国际结算方式越来越多地从信用证转向赊销、汇款等方式。虽然近年来的金融危机以及欧洲持续低迷的经济形势,使得部分欧美客户转而寻求介于信用证和赊销之间的、既能节约交易成本又能够有效抵御违约风险的其他贸易金融工具,但跟单结算的比例逐步减少却是不争的事实。对于银行来说,如何赢回这些因弃用信用证而转向赊销的客户,如何赢回被部分预付款、付款担保以及信贷保险瓜分掉的业务份额,就成为国际结算业务在新时期能否实现可持续发展的关键。而 BPO 正好提供了一种可有效应对这些挑战的解决方案。

知识拓展

银行付款责任统一规则(URBPO)

2013 年 4 月,国际商会(ICC)与环球同业银行金融电讯协会(SWIFT)合作制定了银行付款责任统一规则(Uniform Rules for Bank Payment Obligations,URBPO),是规范银行付款责任(BPO)业务的纲领性文件,于 2013 年 7 月 1 日起正式在全球范围内实施。

URBPO 共 16 条,阐述了 BPO 规则的适用范围、适用对象,BPO 规则中涉及的专用术语的概念,划分了使用 BPO 的各方当事人的责任、权利与义务,界定了 BPO 的效期,解释了与 BPO 相关的数据、单据、货物、服务或履约行为的关系,并对 BPO 的修改、不可抗力、适用法律、款项让渡等方面均进行了详尽表述与规定。

URBPO 的适用范围与应用要求

URBPO 的第 1 条和第 2 条对它的适用范围及应用要求予以规定与阐释。

URBPO 为 BPO 提供使用框架范围。BPO 是一项不可撤销的独立承诺,即卖方银行提交的数据包与基础交易框架的数据匹配条件下,买方银行承担付款责任。每个 BPO 均与买卖双方的基础交易相关,但银行也仅处理与交易相关的数据,而不处理可能涉及的单据、货物、服务或履约行为。所有涉及的参与银行均同意通过使用相同的交易匹配应用平台(Transaction Matching Application, TMA)参与到一个建立好的基本框架(Baseline)中来履行 BPO 项下各自的责任与义务。

URBPO 并不提供决定数据匹配或数据不匹配发生的基础，数据匹配或不匹配发生的基础由适用的交易匹配应用平台(TMA)的功能以及每个参与银行应用该 TMA 的条件决定。

URBPO 适用于所有在设定的基础交易框架中明确表明适用该规则的 BPO，或者当每个参与银行在一个独立的协议中表明同意某 BPO 适用于 URBPO 时，该 BPO 将受此规则约束。除非设定的基础交易框架或独立的协议明确做出修改或排除，该规则各条文对每一个参与银行均具有约束力。

URBPO 要求使用正确的信息传递标准是 ISO 20022，该标准为在国际标准组织登记注册的贸易服务管理(Trade Services Management, TSMT)信息报文，使用任何其他类型的信息报文将不适用于此规则，只有适用于 BPO 的 TSMT 报文才适用于此规则。

URBPO 中的术语定义与解释

URBPO 的第 3～7 条对 URBPO 中提及的各专业名词或相关术语进行了定义，并对相关事项进行了解释与澄清。

其中，第 3 条中的概念包括银行付款责任(Bank Payment Obligation)、银行工作日(Banking Day)、基础交易框架(Baseline)、买方银行(Buyer's Bank)、数据匹配(Data Match)、数据不匹配(Data Mismatch)、数据包(Data Set)、设定框架(Established Baseline)等 19 项，这些概念在本规则中均被给予了明确而清晰的定义，都可以从字面上加以理解，无须深入解释。

URBPO 的第 4 条对一些主要报文术语进行了解释，也包括了 19 条报文术语。

URBPO 的第 5 条声明，此规则中如情形适用，单数词包含复数含义，复数词包含单数含义。一家参与银行在不同国家的分支机构被视为不同的银行。

URBPO 的第 6～7 条分别说明银行付款责任独立于合同，参与银行处理的是数据，而不处理可能涉及的单据、货物、服务或履约行为。

BPO 实务相关场景及参与银行的权责

URBPO 的第 8 条表明 BPO 必须规定失效日期；第 9 条讲述各参与银行的作用；第 10 条则对承担付款责任的银行之具体责任进行了细致详尽的解析；第 11 条讲述 BPO 的修改；第 12 条是数据有效性的免责情形；第 13 条阐述不可抗力情形及该情形下参与银行的权责；第 14 条讲述的是交易匹配应用平台不可用情形下参与银行的免责；第 15 条对 BPO 的适用法律进行了界定；第 16 条对款项让渡的生效条件及让渡行为进行了说明。

BPO 实务场景中，贸易双方及各参与银行的运作必须遵循 URBPO 并在其规则架构范围内行事。

(资料来源：URBPO 主要条款解读. 中国贸易金融网, http://www.sinotf.com/GB/136/1361/2014-11-13/xMMDAwMDE4MzQxMg.html)

四、BPO 的应用与实践

在 BPO 产生后的短短几年间，发展十分迅猛。截至 2014 年上半年，已有 45 个国家的 225 家银行加入 TSU 系统，55 家银行和 25 家公司接受 BPO，目前共有 7 家银行开始进行 BPO 的实际运作，13 家银行具备上线条件。7 家实际运作 BPO 的银行包括中国银行、东京三菱银行、韩国外换银行、渣打银行、华南银行、泰国汇商银行和曼谷银行，其业务目前在本行国内或本行各国分支机构内部开展，目前多在亚太和中东地区，基础交易涉及零售、大宗商品、化工等产业。如渣打银行为 (BP Chemicals) 英国石油化工公司和 OCTAL 公司提供支付担保，韩国外换银行为 Automotive industry 提供 BPO 服务，日本东京三菱 UFJ 银行为 Seven-Eleven 公司提供 BPO 服务等。

案例点击

日本 Seven-Eleven 公司是一家创立于 1973 年的集团公司，其旗下业务包括便利店、百货和金融等。其中，仅便利店在日本就有七千多家，年销售额超过 2 兆日元。销售货物的多样性为 Seven-Eleven 公司创造了不菲的收益，但也带来了经营难题。以服装为例，公司可能每天采购来自国内外供应商的上百个服装品种，每个品种数个尺码，每个尺码又有不同的价格和颜色。在这种情况下，传统的信用证支付方式往往由于银行处理单据时间过长而错过了最好的销售时机。特别是伴随着日本经济的不景气，国内消费者指数下降导致 2011 年该公司销售额减少了 2.5%。因此，Seven-Eleven 公司希望直接向海外采购服装类产品的同时，通过创新结算方式来发挥集团优势以节省成本、提高竞争力。

〖点石成金〗

BPO 方式由于兼具电汇、信用证、托收的优势，同时又克服了传统结算方式的缺点，高效、便捷、风险低、费用少，从而有望给国际贸易结算融资方式带来深刻变革。根据 Seven-Eleven 公司的相应需求，东京三菱 UFJ 银行为其提供了 BPO 服务，将其庞杂的商品信息实行文件夹式的管理，进行数据化处理后与接收行(代表出口商)提供的信息在 TSU 平台进行匹配，大大降低了时间和文件处理成本。只要信息匹配成功，Seven-Eleven 公司便可以提前向上游厂家支付。这对货物供应商具有很大的吸引力，大大提升了其在谈判中的优势。

(资料来源：王桂杰. 把握 BPO 商机. 中国外汇，2013(12))

总体而言，我国国际结算的电子化进程发展较为缓慢。中国内地有 11 家银行加入了 TSU，但只有中国银行、交通银行、中国民生银行和中信银行 4 家银行正式采用了 BPO。2002 年 9 月，招商银行首开先河，在青岛开出了国内第一张人民币电子信用证，开启了国内银行业电子交单的大门。2010 年 4 月 2 日，中国银行则成为国内在国际贸易中第一家开立真正的 BPO 的银行。其第一笔真正意义上的 BPO 交易，就是用以替代国内信用证。但此后，由于各种原因，除了中国银行在这一领域略为活跃外，其他中资银行和企业在国际或国内信用证中使用电子交单或采用 BPO 处理国际和国内结算的却一直不多。

对于商业银行和企业而言，应该把握 URBPO 出台的有利市场契机，大力推进 BPO 业务。由于 BPO 同时兼具赊销的快捷和信用证的安全性，采用 BPO 创新结算方式一定能在未来几年给交易双方带来双赢的效果，也必将给当下的国际贸易结算方式带来深刻的变革。当然，BPO 在应用中也存在一定的问题和挑战。

一个是 URBPO 给卖方银行带来的挑战。BPO 的受益人为卖方银行，即卖方银行是未来获得买方银行付款的权利人。在这一制度安排下，卖方银行要面临两个核心问题：一是卖方的接受程度问题。在实际贸易中，卖方作为贸易合同的供货方无疑具有最终向买方或其银行收款的权利。在信用证等传统结算方式项下，卖方也是不二的受益人，而 URBPO 则将这一权利赋予了卖方银行。虽然卖方银行与卖方之间的关系可以通过 URBPO 框架之外的合同另行约定，但这在一定程度上仍然会影响卖方对叙做 BPO 业务的意愿。二是法律的适用性问题。URBPO 无仲裁条款，银行间通过约定适用法律作为出现争议后的法律依据。在某些法律体系(比如我国)下，卖方银行必须向卖方支付相应对价，如为卖方提供买断类融资等，以获得 BPO 业务项下的"合法"受益人地位。这一方面会增加卖方银行与卖方签订合同的法律风险；另一方面无形中"绑架"了银行融资，使得卖方银行难以仅仅作为中介协助卖方完成贸易款项回收操作。

还有一个是 URBPO 给买方银行带来的挑战。URBPO 制度安排的核心之一，是要规范买方银行的责任，即明确约定在满足条件时，买方银行即承担独立的、不可撤销的第一性付款责任，不论买方银行是否能够从买方得到偿付。因此，买方银行责任重大。相比之下，URBPO 对卖方银行的相关责任则没有明确的要求，也不要求其对数据的真实性、准确性负责。在这种重点"保护"卖方银行的制度安排下，买方银行很可能在完全见不到单据的情况下就已承担了对外付款责任，对贸易背景的控制相对于信用证等传统结算方式要弱很多。因此，买方银行的业务风险除了来自客户的信用风险外，还会面临一定的卖方及卖方银行的风险：①卖方为确保 BPO 成立，向卖方银行提交虚假或与实际发货情况不符的数据；②卖方银行操作失误导致数据录入错误或卖方银行恶意录入虚假数据。

因此，银行要充分领会 URBPO 的核心要点，认清 URBPO 对银行业务实践的挑战，更好地运用 URBPO 这一有力武器。同时，应重点关注现行 URBPO 框架下自身业务所面临的主要风险，确保在实现风险可控的前提下，把握 BPO 业务发展所带来的市场机遇。

第二节 银行保函

在国际经济交往中，往往由于交易双方缺乏信任和了解，给交易的达成和合同的履行造成一定的障碍。为促使交易双方顺利达成交易，使国际经济活动正常进行，就出现了由信誉卓著的银行或其他机构充当担保人，为一方(申请人)向另一方(受益人)提供书面担保文件，担保人以自己的资信向受益人保证申请人履行双方签订的商务合同或其他经济合同项下的责任与义务。原则上，担保可以由任何有能力独立履行经济义务的机构、个人或法律实体签发。从保函的受益人角度来看,由于银行或保险公司以外的实体资信状况不确定,其签发的担保的安全性要低一些。因此,受益人一般都要求由信誉良好的银行签发担保函。鉴于此,银行开立的保函,即银行保函(Banker's Letter of Guarantee)。

一、银行保函的概念

保函(Letter of Guarantee, L/G or Bonds)又称保证书,是指银行、保险公司、担保公司或个人(担保人)应申请人的请求,向第三方(受益人)开立的一种书面信用担保凭证,保证在申请人未能按双方协议履行其责任或义务时,由担保人代其履行一定金额、一定期限范围内的某种支付责任或经济赔偿责任。其中,由银行签发的担保书就称为银行保函。

依据保函项下受益人取得担保人偿付的条件,或担保人履行其担保责任的条件,或保函与其基础业务合同(如商务合同)的关系,保函可以分为从属保函和独立保函两种。两者的比较如表 6-2 所示。

表 6-2 从属保函与独立保函比较

	从属保函	独立保函
担保人责任的独立性	附属性	独立性
责任的第一性和第二性	第二性的付款责任	首要付款责任
担保人对基础合同抗辩的援引	有权援引所有的抗辩	无权援引任何基础合同项下的抗辩
单据条件和事实条件	以基础合同项下债务人违约为事实条件	凭保函中规定的单据付款
担保人拒付理由	基础合同项下抗辩 申请书项下抗辩 单据不符点 欺诈 滥用合同权利 不公平索款	单据不符点 欺诈 滥用合同权利 不公平索款

从属保函是商务合同的一个附属性契约,其法律效力随商务合同的存在而存在,随商务合同的变化而变化。在从属性保函项下,银行承担第二性的付款责任(Secondary Obligation),即当受益人索赔时,担保人要调查申请人履行其基础合同的事实,确认存在申请人违约情节时,担保银行才依据被担保人的违约程度承担相应的赔偿责任。从属性保函的上述情况增加了受益人实现其保函项下权益的复杂性和相关的手续,使用难免不便;而且,在从属性保函项下,担保银行收费不多,却容易被卷入贸易纠纷,影响自己的声誉。这就产生了对独立性保函的要求。

独立保函是根据商务合同开出,但开出后,即不依附于商务合同而存在的具有独立法律效力的法律文件,即自足性契约文件。在独立性保函下,担保行承担第一性的偿付责任

(Primary Obligation)，即当受益人在独立保函项下提交了书面索赔要求及保函规定的单据时，担保行就必须付款，而不管申请人是否同意付款，担保行也无须调查商务合同履行的事实。与从属性保函相比较，独立性保函使得受益人的利益更有保障，并简化了受益人主张其合同权利的手续，担保行也可避免陷入商务纠纷之中，因此，现代保函以独立性保函为主。

案例点击

P 与 B 签订了一份销售货物给 B 的合同，并按照合同规定，要求 G 银行开立了一份以 B 为受益人的保函，以防止 P 不能在合同规定的装运期内发运与销售合同相符的货物。该保函仅表明其开立与所述销售合同相关，并保证凭首次书面要求向 B 支付最高不超过 5000 法郎的款项。P 向 B 发了货，而 B 却声称 P 所发货物与合同不符，并且迟装。P 对此提出异议。但 B 凭保函提出要求，G 银行如何处理？

〖点石成金〗

G 银行必须按照保函的承诺付款，因为开立保函后银行并不关心基础销售合同，即使保函中提及该合同也是如此，只要 B 提交了与保函相符的书面要求，G 银行就必须付款。

独立保函主要由银行签发。由银行签发的保函通常被称为银行保函。担保银行根据保函的规定承担绝对付款责任，故银行保函一般为见索即付保函。所谓见索即付保函(Demand Guarantee)，根据国际商会制定的 2010 年 7 月 1 日生效的《见索即付保函统一规则》(简称为 URDG758)第二条的规定，是"无论其如何命名或描述，指根据提交的相符索赔进行付款的任何签署的承诺"。见索即付保函一般结构如图 6-2 所示。而所谓的"相符索赔(Complying Demand)，指满足'相符交单'要求的索赔"。"保函项下的相符交单(Complying Presentation)，指所提交单据及其内容首先与该保函条款和条件相符，其次与该保函条款和条件一致的本规则有关内容相符，最后在保函及本规则均无相关规定的情况下，与见索即付保函国际标准实务相符。"据此，见索即付保函的担保行对受益人承担的是第一性的、直接的偿付责任。

知识拓展

URDG758

《见索即付保函统一规则 2010》(The Uniform Rules for Demand Guarantees ICC Publication No.758. 2010 Edition)，国际商会第 758 号出版物，简称 URDG758，是国际商会在实施了长达 18 年的《1992 年见索即付保函统一规则》即 URDG458 基础上，借鉴近年来保函及相关业务实践发展经验，引入全新的术语体系修订的，2009 年 12 月 3 日公布，于 2010 年 7 月 1 日正式实施。作为保函领域商业惯例汇总的最新规则，URDG758 更为强调保函的独立性，即担保人无须对受益人违约声明的真实性进行评估，也无须考虑纠纷涉及的事实或法律问题，仅只管据表面相符而不管与单据有关的商务。可以说，URDG758 不仅仅是对 URDG458 的更新，更是立足当前实务需要和着眼未来而制定的一套新规则。

URDG758 主要变化特点可以归纳为：更加清晰，即采用全球广泛使用的 UCP600 的起草风格，体例基本一致；更加明确，对 URDG458 中诸如"合理时间""合理审慎"及审查索赔的时限、不可抗力情况下保函的展期、或展期或付款的处理时间等予以明确规定；更加完备，增加了保函通知、修改、转让、审单标准、索赔、付款货币、生效机制及在未规定失效日或失效事件时有效期的确定等方面内容，同时配备了保函和反担保函的标准参考模板并提供了不同种类保函的备选条款；更加平衡，URDG758 在 URDG458 的基础上对于各方利益平衡进行了进一步的完善。例如，在受益人提交相符索赔的情况下，担保人应予付款而无须征得申请人的同意；在发生不可抗力、担保人营业中断，而在此期间保函失效，URDG758 纠正了原来没有涉及的受益人向担保人追索的权利；同时担保人的独立性更加明确，并且仅仅基于单据来判断，担保人需要勤勉尽责独自决定展期、付款或拒付。此外，URDG758 还明确了申请人(指示人)有权知悉保函有关的重大事项如交单、索赔、展期等，但在相符索赔的情况下，通知申请人并不是担保人付款的前提条件。

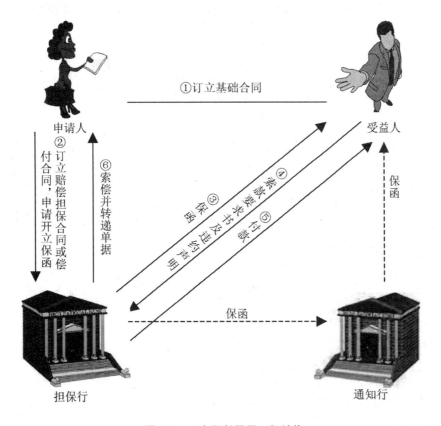

图 6-2 见索即付保函一般结构

注：虚线表示可有可无环节。

二、银行保函的当事人

银行保函的基本当事人有三个，即申请人、担保人和受益人。另外，有时还可能有通知行、保兑行和转开行。

1. 基本当事人

申请人 (Applicant)，又称委托人(Principal)，即要求银行开立保函的一方，是与受益人订立合同的执行人和债务人。在投标保函项下为投标人；在出口保函项下为出口商；在进口保函项下为进口商；在还款保函项下为定金和预付款的收受人。

担保人(Guarantor)，也称保证人，即开立保函的银行，有时也可能是其他金融机构。担保人根据申请人的申请，并在申请人提供一定担保的条件下向受益人开具保函。

受益人(Beneficiary)，即为收到保函并凭以要求银行担保的一方，是与申请人订立合同的执行人和债权人。

2. 其他当事人

通知行(Advising Party)，也称转递行(Transmitting Bank)，即根据开立保函的银行的要求将保函转递给受益人的银行。

保兑行(Confirming Bank)，即在保函上加具保兑的银行。受益人可得到双重担保。

转开行(Reissuing Bank)，即接受申请人所在国银行的要求，向受益人开出保函的受益人所在国银行。这种保函发生赔付时，受益人只能向转开行要求赔付。在国际贸易中，由于申请人与受益人分处不同国家(地区)，受益人往往对国外的银行不了解，只希望接受本国银行开立的保函，因此，申请人通常求助于本国银行，请其转托受益人所在国的银行开具保函。这家申请人所在国的银行由于要向受益人所在国的转开行发出开立保函的委托指示，往往被称为"指示人"(Instructing Party)。由于转开行开立保函以遭到索赔时由指示人担保立即予以偿付为条件，因此指示人又称反担保人(Counter Guarantor)。

三、银行保函的主要内容

根据《见索即付保函统一规则》URDG758 第八条的规定，银行保函内容应清楚、准确，但应避免列入过多细节。其主要内容如下。

(一)保函的当事人

保函应详细列出主要当事人，即申请人/委托人、受益人、担保行的名称和地址。若有通知行、保兑行或转开行，还应列明通知行、保兑行或转开行的名称和地址。

(二)开立保函的依据

保函开立的依据是基础合同。保函应在开头或序言中说明与基础合同的关系，如投标保函、履约保函、付款保函等。在保函中提出开立保函依据的基础合同，主要是为了说明提供保函的目的及防范的风险，而且也意味着根据何种基础关系对担保提出要求。关于基础合同的文字一般都很简明扼要，除了申请人、受益人的名称，还包括基础合同签订或标书提交的日期、合同或标书的编号，有时也包括对标的的简短陈述，例如货物供应等。保函指出基础合同并不会把独立性保函变成从属性保函。

(三)担保金额及金额递减条款

银行作为担保人的责任仅限于当申请人不履行基础合同时，负责向受益人偿付一定金额的款项，因此，担保合同中必须明确规定一个确定的金额和货币种类(担保的金额可以用与基础货币不同的币种表示)。对于担保行来说，明确保函项下的特定债务是十分重要的，否则将遭受难以承担的风险。一般情形下，担保金额只是所担保债务的一定比例，受益人的要求不能超过担保的最大数额，即使他能证明他所遭受的损害或应得的利息远远超过这个数额。

担保金额递减条款的作用在于随着申请人逐步履行基础合同，担保的最大数额相应减少。在预付金退还保函中，该条款普遍使用。例如，申请人的工程进度已实现了预付金的全部价值时，担保金额就递减为零。保函中一般都会规定金额递减的方法。有时，保函中没有这项规定，而是在反担保中做出相应规定。在货物供应合同中，指定出口商提交某些单据，例如，以出口商自己为受益人的跟单信用证；在建筑工程承包合同和机器设备安装合同中，当申请人提交运输单据或第三方提交单据证实货物已经到达或项目的前期阶段已经完成时，担保的金额相应减少。在履约保函中，担保金额递减条款并不常见，因为履约保函的数额通常只是整个合同价值的一定比例。

(四)先决条件条款

保函生效的先决条件是为了保护申请人的利益。这项条款规定担保在先决条件满足后才能生效，而不是自保函开立之日起生效。因此，只有先满足了与基础合同有关的某些重要的先决条件时，受益人才能对保函项下的偿付提出要求。例如，洽商中，当事人一方要求对方提交履约保函，以示谈判诚意。出口商认为在合同订立前，进口商就提交履约保函，可以表明其对交易是慎重的，其财务状况是值得信赖的。但是，对进口商来说，尽管这样做可以加强其谈判实力，但毕竟谈判尚未结束，商务合同还未订立，因而往往不愿意在这个阶段就提供履约保函。在这种情况下，折中的办法是进口商虽然按照出口商的要求开立履约保函，但是在保函中加入一个条款规定："合同缔结时本保函才生效"或者"合同中的先决条件已经满足时，本保函才能生效"。有些保函也可同时使用上述两种方法，如："本保函在我方(担保银行)收到账户方的书面确认经我方签发书面修正书后生效。"但是，银行往往不愿意接受这样的条件，因为它很难判断先决条件是否已经满足。银行、受益人和申请人在这一点上难以达成共识。解决这一问题有两种方法：一是在申请人提供的反担保中，强调银行审查先决条件是否满足的责任仅限于尽到合理的注意，或者在银行与债务人的关系方面免除银行的审查义务；二是提交某些单据来证明先决条件已经满足，最适合且最常用的单据就是来自于申请人的声明。银行往往愿意接受后一种方法。受益人则面临着先决条件已经满足、申请人却拒绝提交声明的风险。但是这种情况在实践中很少出现，因为一旦申请人拒绝提交这样的声明，也就剥夺了他自己在基础合同中的利益，这时基础合同也不能生效。

当根据基础合同的条款受益人应先支付一笔预付金或开立跟单信用证时，申请人就应将履行这项义务作为履约保函生效的先决条件。

在预付金保函和留置金保函中，一般都要规定在出口商收到预付金或承包商收到留置金以后，保函才能生效。有时预付金保函或留置金保函中明确规定预付金或留置金要转到申请人在担保银行的账户上，以保持申请人账户的收支平衡，为银行提供附属担保品。

(五)索赔条件

担保行在收到索赔书、支持声明以及保函中规定的其他文件(如有关证明书、法院判决书或仲裁裁决书)后，认为这些文件表面上与保函条款一致时，即支付保函中规定的款项。如果这些文件表面上不符合保函条款要求，或文件之间表面上不一致时，担保行可以拒绝接受这些文件。

一般来说，保函项下的任何付款条款均应是书面规定，保函规定的其他文件也应是书面的。URDG758 第八条建议明确索赔书或其他单据是否应以纸质和/或电子形式进行提交。同时，URDG758 第十四条(e)款又规定，如果保函没有标明交单是采用纸质形式还是电子形式，则应采用纸质形式交单。

(六)有效期条款

1. 保函生效日期

除非保函另有规定，否则保函自开立之日起生效。在预付金保函、履约保函和付款保函中，这意味着保函一旦生效，即使根据基础合同债务人履行合同义务的期限尚未到来，受益人也可以对担保行提出要求。为了避免这种风险，可以将保函的生效与担保的先决条件联系起来，或在保函中规定其生效条件。例如，保函规定：保函自订立之日起若干天后生效或者保函开立之日起若干天内受益人不得对担保提出索赔要求。在履约保函、维修和/或留置金保函中，在后一保函中加入生效条款，可以避免受益人同时就两个保函提出索赔要求。例如，维修保函中规定解除履约保函是维修保函生效条件。

2. 保函失效日期

在保函中应规定保函失效日期。具体方法有三种：①规定一个具体的日历日期为保函失效日期，这是最常用的方法；②将保函的有效期与基础合同直接联系起来。如将失效期限和基础合同的履行期限或投标的期限协调起来，规定合同的履行期限或投标的期限上若干个日(月)为保函的失效期(根据基础合同的性质可以加上 3～12 个月不等)。有的保函规定为从开立之日起若干个日(月)内有效。这种方法不如前一种方法明确，容易对保函的有效期产生争议；③综合前两种方法，如规定保函在基础合同履行完毕再过若干日(月)终止，但最迟不迟于某一具体的日历日期，并以两者中的较早者为准。应避免使用仅仅规定在申请人履行了合约义务后保函失效的条款。因为在这种情况下，有可能出现由于受益人破产、倒

闭等使得申请人无法履约而担保行的担保责任却无法得以解除的情况。

不管银行保函中是否规定失效条款，当保函退还给担保行或受益人书面声明解除担保行的责任时，则不管是否已将保函及其修改书还给担保行，都认为该保函已被取消。

3. 保函延期条款

投标保函与履约保函往往赋予受益人将保函有效期延长的权利，即经受益人要求，保函的有效期可以适当延长。在评标的日期或最后完成的期限难以预先确定时，或者受益人和申请人、担保人在保函的有效期难以达成一致意见的情况下，往往会使用延期条款。与受益人企图要求的无期限保函相比，延期条款有利于银行和申请人。但是，延期条款也可能使申请人处于一种危险境地，因为受益人经过请求可以使保函多次地延长。在见索即付保函中虽然没有延期条款，但申请人仍然可能因为受益人提出付款或延期的要求而面临相同的风险。

4. 退还保函条款

保函中应规定，保函到期后，受益人应将保函退回担保行。这样做既便于担保行办理注销手续，也避免发生不必要的纠纷。但在实践中，退还保函的条款有时难以奏效。如果在保函中有这样的条款，也应明确规定该条款与受益人的权利无关。

例 6-1 "Upon its expiration, this L/G shall be null and void, and please immediately return it to us for cancellation." （保函一旦到期即告失效，请将其立即退回我行注销。）

例 6-2 "If we receive no claim from the beneficiary on or before (date), then this guarantee shall become automatically null and void."（如果在某特定日期或该日以前我们没有收到来自受益人的索赔要求，本保函将自动失效。）

5. 失效期条款的欠缺

若保函中未规定失效期，除了例外情况，这意味着保函是无限期的。在某些特定情况下，也可能出现保函没有规定失效期。这些特殊情况是：以提交法院判决和裁决为付款条件的保函在开立时通常都不提及失效期，这是司法保函的一般实践；以税收机构和提供政府补助的机构为受益人的付款保函，以及为扩大信贷便利以其他银行为受益人的付款保函也可能是无期限的。在后一种情况下，保函通常规定，担保银行在向受益人发出通知后，经过一段合理的时间，可以撤销保函。这时，如果主债务人不能安排新的保函，受益人将不再继续给予先前授予主债务人的信贷便利。根据 URDG758 第二十五条(c)款的规定，如果保函未规定失效期或失效事件，那么保函将自开立之日起三年之后终止。

URDG758 附录中提供了保函和反担保函的标准模板。有利于统一操作规范，更好地指导实务。附式 6-1 中提供了 URDG758 项下见索即付保函的模板。

附式 6-1　URDG758 项下见索即付保函模板

Form of Demand Guarantee under URDG758

[*Guarantor Letterhead or SWIFT identifier code*]

To: [*Insert name and contract information of the Beneficiary*]

Date: [*Insert date of issue*]

- **Type of GUARANTEE:** [*Specify tender guarantee, advance payment guarantee, performanceguarantee, payment guarantee, retention money guarantee, warranty guarantee, etc.*]

- **GuaranteeNo.** [*Insert guarantee reference number*]

- **The Guarantor:** [*insert name and address of place of issue, unless indicated in the letterhead*]

- **The Applicant:** [*Insert name and address*]

- **The Beneficiary:** [*Insert name and address*]

- **The Underlying Relationship:** The Applicant's obligation in respect of [*Insert reference number or other information identifying the contract, tender conditions or other relationship between the applicant and the beneficiary on which the guarantee is based*]

- **Guarantee amount and currency** [*insert in figures and words the maximum amount and the currency in which it is payable*]

- **Any document required in support of the demand for payment, apparent from the supporting statement that is explicitly required from text below** [*insert any additional documents required in support of the demand for payment. If the guarantee requires no documents and the supporting statement, keep this space empty or indicate "none"*]

- **Language of any required documents** [*Insert the language of any required document. Documents to be issued by the applicant or the beneficiary shall be in the language of the guarantee unless otherwise indicate herein*]

- **Form of presentation** [*Insert paper or electronic form. If paper, indicate mode of delivery. If electronic, indicate the format, the system of data delivery and the electronic address for presentation*]

- **Place of presentation** [*Guarantor to insert address of branch where a paper presentation is to be made or, in case of an electronic presentation, an electronic address such as the Guarantor's SWIFT address. If no place of presentation is indicated in this field, the Guarantor's place of issue indicated above shall be the Place of presentation*].

- **Expiry** [*insert expiry date or describe expiry event*]

- **The party liable for the payment of any charges** [*Insert the name of the party*]

As a Guarantor, we hereby irrevocably undertake to pay the Beneficiary any amount up to the Guarantee Amount upon presentation of Beneficiary's complying demand, in the form of presentation indicated above, supported by such other documents as may be listed above and in any event by the Beneficiary's statement, whether in the demand itself or in a separate signed document accompanying or identifying the demand, including in what respect the Applicant is in breach of its obligations under the Underlying Relationship.

Any demand under this guarantee must be received by us on or before Expiry at the Place of presentation.

This guarantee is subject to the Uniform Rules for Demand Guarantees (URDG) 2010 revision, ICCPublication No. 758.

Signature(s)

四、银行保函的作用

1. 提供担保

提供担保即在主债务人违约时给予债权人以资金上的补偿。在银行担保下,受益人获得支付的权利仅依赖于保函中规定的条款和条件。银行一旦同意开立独立性保函,担保银行就为主债务人承担了对受益人的一切义务。担保银行向受益人支付了保函的款项,就取得了对主债务人的立即追索权。因此,担保银行处于一种信贷风险中,它通常要求以补偿来降低这种风险,而不是作为一个保险人行事。这种补偿通常由申请人提供抵押或另一家银行为申请人提供反担保来实现。

2. 均衡当事人所承担的风险

从广义上说,特别是从主债务人和债权人的观点来看,银行保函代表了当事人承担的风险。当事人承担风险的程度或者范围取决于付款条件的类型。在见索即付保函下,受益人只需提供表面与保函要求一致的单据就可以得到付款,而担保银行作为值得信赖的金融机构,既因为其信誉良好,也因为它有对主债务人的立即追索权,通常都会毫不延迟地付款。如果主债务人认为他自己已经正确履行了合同义务,那么他想重新取回已经支付的款项就会相当的困难。比如,一个主债务人已经正确履行了合同,但受益人凭见索即付保函,通过提交与保函表面一致的单据,向担保行索偿并得到支付。主债务人因此向法院提起诉讼或向仲裁机构申请仲裁并胜诉,但面临着以下风险:判决或裁决因受益人是一个政府机构而得不到执行。相反,如果没有这种保函,若主债务人没有正确履行合同,受益人因此向法院提起诉讼或向仲裁机构提请仲裁并胜诉,受益人要承受判决或裁决因主债务人破产或者是一个政府机构而得不到执行的风险。

3. 见索即付保函的清偿功能

受益人认为主债务人违约时,通过提交与保函要求表面一致的单据就可以得到支付,而无须首先证实主债务人的违约。见索即付保函另一个非常重要的作用是能使受益人通过实现担保对债务人施加压力,使主债务人按照他的要求完成合同。这种持续的压力对主债务人来说是促使他迅速、充分地履行义务的强制性压力。

4. 作为一种融资工具

在主债务人需要向受益人支付预付款或进行中间付款时,银行保函可以作为替代品,起到暂缓付款的作用,从而等于向主债务人提供了融资的便利。

5. 见证作用

银行保函可以证明委托人的履约能力,从一开始就把不具备资格的人排除在外。因为提供保函就意味着不可撤销的付款承诺,所以,在对债务人(委托人)的资金实力和履约能力进行全面审查并得到满意的结果前,银行是不会轻易做付款承诺的,而不能得到银行为其开立保函的交易商也不会是一个值得信赖的贸易伙伴。

另外,世界银行、亚洲开发银行以及各国政府的贷款都以得到相应的担保为前提条件。

这些贷款项下的项目，凡超过一定的金额，必须采用国际竞争性招标，无论国内或国际企业投标都要按招标书要求提交投标保函，中标签约时提供履约保函等。可见，银行保函已经成为国际贸易结算与融资的一个重要组成部分，在国际经济交易中发挥着重要作用。

第三节　备用信用证

银行保函的适用范围相当广泛，然而美国原有的《联邦银行法》规定，在美国的商业银行不得开立保函。为了规避法律对银行保函的禁止，满足客户提出的为其经营活动提供担保的要求，美国的商业银行就开立了具有保函性质的备用信用证。

一、备用信用证的概念

备用信用证是开证行根据开证申请人的申请，以自己的名义向受益人开立的承诺承担某种责任的凭证，以保证货款或预付款在到期或违约时，或某一不确定事件发生或不发生时，对受益人履行所规定责任的信用证。即，在开证申请人未能履行合同规定其应履行的责任时，受益人可提示备用信用证规定的单据(如汇票索款要求、所有权凭证、投资担保、发票、违约证明等)或证明文件，从开证行得到其承诺的偿付。备用信用证如附式 6-2 所示。

附式 6-2　备用信用证

备用信用证

　　我行兹开立号码为×××、金额为×××、以 ABC 为受益人、XYZ 为申请人、有效期为×××的备用信用证。

　　在本备用信用证项下，我行将凭议付行的加押电传或 SWIFT 付款，同时请提交受益人的声明，该声明内容为开证申请人未履行×××合同号项下的付款。

　　当收到与本备用信用证条款及条件相符的单据后，我行将按你方指示付款。

　　本信用证根据《跟单信用证统一惯例》(2007 年修订本)，国际商会第 600 号出版物开立。

　　(We open our irrevocable Standby Letter of Credit No. … in favor of ABC for account of XYZ for amount…expiry date…

　　This standby Letter of Credit is available against presentation of negotiating bank's tested telex or SWIFT to us accompanied by beneficiary's signed statement stating that the applicant did not effect payment under the contract No. …

　　Upon receipt of the documents drawn in compliance with terms and conditions of this standby Letter of Credit, we shall remit the proceeds to you in accordance with your instruction.

　　This standby Letter of Credit is subject to Uniform Customs and Practice for Documentary Credit (2007 revision), ICC publication.)

备用信用证虽然带有"信用证"的名义，也确实是以开证银行的信用加强交易的可信程度，但是，其性质则更贴近于银行保函。因此，联合国将备用信用证与独立保函一并制定公约。也正因此，备用信用证又被称为"担保信用证"或"保证信用证"(Guarantee Letter of Credit)。

二、备用信用证的性质

根据国际商会于 1998 年 4 月 6 日正式颁布、并自 1999 年 1 月 1 日生效的第 590 号出版物《国际备用信用证惯例》(International Standby Practices 1998—ISP98)，备用信用证的性质如下。

1. 不可撤销性

除非信用证另有规定，否则，备用信用证一经开立，在其有效期内，未经受益人的同意，开证行不能单方面地修改或撤销其在该备用信用证下的责任。

2. 独立性

开证行对受益人的义务，不受任何适用的协议、惯例和法律下，开证行对受益人的权利和义务的影响。

3. 跟单性

备用信用证的办理以该备用信用证规定的单据为对象。备用信用证与跟单信用证是一致的，不过，跟单信用证只适用于有形商品贸易，不同种类的跟单信用证所要求受益人提交的单据可能存在某些差别，如应开证申请人的要求，受益人开立汇票与否，或汇票的付款期限可能有所不同；保险单据的提供与否取决于交易选择价格术语的不同；检验证书的种类取决于商品的种类及进口国的法律规定，等等。但是，基本的单据如商业发票、运输单据等则是必然要求的。然而，备用信用证由于适用的范围很广，因此所要求的单据彼此差别可能很大。

4. 强制性

备用信用证一经开立，开证人即受其强制性约束，而不论开证人有否向开证申请人收取或收足开证保证金或其他形式的某种担保，也不论受益人是否收到该备用信用证。

备用信用证的这些基本性质与跟单信用证的性质基本相同。正因此，国际商会的连续三个版本的《跟单信用证统一惯例》都规定了该惯例"适用于所有在其文本中明确表明受本惯例约束的跟单信用证，在其可适用的范围内，包括备用信用证"。

三、备用信用证与一般跟单信用证的比较

可将备用信用证与一般跟单信用证的异同列举如下。

(一)主要相同点

(1) 一经开立，都是独立于基础合同之外的自足文件。

(2) 都以受益人按规定提示单据为业务审理的对象。

(3) 在受益人满足"相符交单"的条件下,开证行都承担不可撤销的第一性付款责任。

(4) 主要的当事人及其权利与责任基本相同。

(5) 主要业务的环节基本相同,如:开证、通知、修改、保兑、执行转让、议付、偿付、付款、承担延期付款、承兑汇票、可以不在开证行到期等。

(6) 由于备用信用证与跟单信用证都以信用证规定的单据为业务审理的对象,因此,①对于提交非信用证规定的单据,银行都不予理会,也无须审核;②对于非单据条款也都不予理会。

(二)主要不同点

(1) 主要使用范围不同。一般跟单信用证多用于有形商品贸易结算,而备用信用证则多用于非贸易结算或经济活动的担保及融资业务。

(2) 适用的国际惯例不完全相同。《跟单信用证统一惯例》(UCP600)完全适用于跟单信用证,而对备用信用证只能是上述与跟单信用证相同的部分适用,规范备用信用证业务的国际惯例主要还是《国际备用信用证惯例》(ISP98)。

(3) 开证行付款的前提条件不同。一般跟单信用证以受益人履约(相符交单)为前提,而备用信用证以申请人违约为前提(受益人随后提供的单据为的是说明申请人违约)。

(4) 由于开证行付款前提的不同,一般跟单信用证项下,受益人总是设法完成其商务合同和信用证项下的责任,以获得货款的收回,因此,开证行的付款基本上是必然的,而备用信用证项下,申请人的违约并非必然的,因此,开证行的付款则往往是或然的。

(5) 一般跟单信用证对单据的要求比较一致,但种类可能较多;而备用信用证对单据的要求差别可能比较大,但就某份备用信用证来说,则对单据的要求比较简单。

(6) 一般跟单信用证有明确的最迟装运期、交单期和信用证有效期的规定,有效的交单必须同时满足既在信用证有效期限内,又在信用证规定的货物装运后的最迟交单期内,而备用信用证则只有有效期的规定,没有最迟装运期和交单期的规定,因此,信用证有效期内的任何一天交单均属有效交单。

(7) 在分批装运情况下,跟单信用证业务中,若"任何一期未按信用证规定期限支款或发运,信用证对该期及以后各期均告失效";但备用信用证业务中,每次提示都具有单独性,"做出一次不符提示、收回一次提示、或未完成预定的或允许的多次提示中的任何一次,都不影响或损害做出另一次及时提示或再提示的权利"。

(8) 备用信用证项下,ISP98 要求受益人提交的所有单据必须使用信用证使用的语言,跟单信用证项下,UCP600 没有这样的要求。

(9) 银行审单及表明拒付时间规定由于 UCP600 的修改而有所不同,UCP500 和 ISP98 都规定,银行的拒付通知,必须不迟于收到单据后的次日起 7 个银行工作日结束前发出,但 UCP600 将跟单信用证项下的这一时限缩短为 5 个银行工作日。

(10) ISP98 有关于备用信用证丢失、遭窃、受损或毁坏的规定,UCP600 则没有这样的规定。

案例点击

一开证行开立一份不可撤销的备用信用证,通过 A 银行通知给受益人。信用证要求受益人提供如下单据。

(1) 申请人违约声明书,注明:按照 XXX 与 YYY 公司之间达成的第 111 号、日期为 2008 年 1 月 1 日的合同,我方已于 2008 年 2 月 2 日装运 SSS 加仑的油。发货后,我方等待 YYY 按上面提及的合同规定付款已长达 120 天之久。YYY 方没有支付应付之款,因此,YYY 方违反了合同条件。根据该备用信用证规定,我方有权支取申请人(YYY 公司)所欠 USD 的款项。

(2) 一份注明装运商品的商业发票副本。

(3) 一份证明装运了货物并表示了装运日期的运输单据副本。

根据商业合同的要求,受益人装运了货物,按照销售合同,受益人对于应付给他的款项向 YYY 方开立了发票,付款期限是 120 天。装运后第 121 天,受益人未能从 YYY 方收到全部款项。于是,受益人按照备用信用证的要求备妥单据并提交给开证行索款。开证行收到单据后,经审核认为单据不符拒绝接受,理由如下:

延迟交单。按照 UCP600 第十四条规定,单据必须不迟于装运日后 21 天内提交,装运日期是 2008 年 2 月 2 日,而单据直至 2008 年 6 月 3 日才提交,受益人的交单构成延迟交单。

请根据以上案情,分析开证行的拒付是否合理?

(资料来源: 1998 年国际备用信用证惯例. 慧聪网,
http://info.news.hc360.com/HTML/001/002/008/016/104323.html)

【点石成金】

开证行对备用信用证的上述拒付是不合理的。UCP 该条规定适用于商业跟单信用证而不是备用信用证。开立后者是为了保证申请人履约。只有在证明申请人确实违反了其与受益人之间的商业合同条款后,备用信用证才生效。其次,为了与商业合同一致,违约声明书要求受益人必须在装运之后 120 天内等待申请人付款。只有申请人违反了合同的付款规定,受益人方可使用备用信用证索款。因此,受益人在制成违约声明书之前,不可能既允许受益人给申请人装运日后 120 天的融资又同时要求受益人在装运日后 21 天内提交信用证要求的单据。因此,开证行的拒付是无理的。另外,备用信用证被认为是付款的从属方式,只能凭违约声明书使用备用信用证,且不宜在备用信用证中规定提交运输单据的副本,以免授予开证行延迟交单的把柄。为慎重起见,在要求副本运输单据的备用信用证中应注明 UCP 该条不适用。

四、备用信用证与银行保函的比较

(一)主要相同点

(1) 均为见索即付的银行保证文件。
(2) 都具有自足性,即一经开立后,其业务的办理独立于其产生所依据的基础合同。
(3) 都具有单据性,即其业务的办理仅以所规定的单据为对象,而不涉及相关的货物、服务或其他当事人(如申请人等);但对所提交的非备用信用证或银行保函规定的单据,则不予审核或理会。

(4) 都具有不可撤销性,即未经受益人同意,开证行或担保行在有效期内不能单方面宣布撤销或修改其保证文件的条款。

(5) 都要求受益人在索偿时要提交相应的索偿证明。

(二)主要不同点

(1) 适用的国际惯例不同,备用信用证适用《国际备用信用证惯例》(ISP98)的全部条款和《跟单信用证统一惯例》(UCP600)的部分条款,银行保函则适用《见索即付保函统一规则》(URDG758)。

(2) 可转让性的不同,根据 ISP98 的规则六的规定,备用信用证项下,受益人可以请求开证行或指定人向另外一个人承付,除非信用证明确禁止转让;银行保函则不能转让。

(3) 开证行或担保行的利益维护手段不同,银行保函项下,开证行可以要求申请人提交反担保来保证担保行的利益维护,备用信用证则是以向申请人收取各项有关的费用方式,让开证行得到偿付。

(4) 银行偿付的责任可能不同:备用信用证的开证行承担第一性付款责任,银行保函的担保行视保函的不同,既可能承担第一性付款责任,也可能承担第二性付款责任。

(5) 在所提交的单据之间存在不一致时的处理不同:备用信用证项下,不能将此作为拒付的理由,而银行保函项下,则可以将此作为拒付的理由。

(6) 在实务中,备用信用证已成为适用于各种用途的融资工具,其范围比见索即付保函更广泛。

第四节 国 际 保 理

国际保理是一项综合性的融资业务,具有结算功能。该项业务在全球已有数十年的发展, 在欧美市场比较成熟。在我国,国际保理业务还有很大的发展空间。我国企业尤其是中小外贸企业应充分认识到保理业务在促进资金周转、减少信用风险、扩大企业出口、开拓国际市场的重要作用。

一、国际保理的概念

国际保理(International Factoring)是指在国际贸易中出口商以赊销(O/A)、承兑交单(D/A)等商业信用方式向进口商销售非资本性货物时,由出口保理商和进口保理商共同提供的一项集出口贸易融资、销售账务处理、收取应收账款、买方信用调查与担保等内容为一体的综合性金融服务。在我国大陆,也有将这一业务称为:保付代理、托收保理、承购应收账款等。

出口商以商业信用形式出卖商品,在货物装船后即将应收账款无追索权地转卖给保理商,从而使出口商的部分或全部应收款立即转换成现金,实际上是将出口应收款贴现,或者说是将出口应收账款卖断给出口保理商。因此,保理业务从保理商角度,也被称为承购应收账款。

在国际市场竞争越来越激烈的情况下,出口商为了争得买主,必须在产品、价格和付款条件等诸多方面具有竞争力。就付款条件而言,在信用证(L/C)、付款交单(D/P)、承兑交单(D/A)和赊销(O/A)中,最受进口商欢迎的莫如 D/A 和 O/A 支付方式。但在这两种支付方式下,出口商承担的风险太大,出口商往往因此而不愿接受,从而失去贸易成交的机会。这就需要国际保理机构提供信用风险担保和融资,使进出口双方顺利达成交易。因此,国际保理业务一般是在赊销或托收方式下,为出口商提供信用担保和融资而进行的。

出口商求助于保理商承购出口货物款项有多种原因,特别是那些公司规模不够大,在国外没有设立信贷托收部,或公司的出口地分散,或公司从事不定期的出口等,使公司内部组织应收账款的托收有困难,因此寻找保理商便于避免风险,及时收回货款。国际保理对于扩大出口极为有利。

其实,国际保理业务不仅对于出口商有好处,对于进口商也有好处,如表 6-3 所示。

表 6-3 国际保理业务对进、出口商的作用

作 用	出口商	进口商
增加营业额	对于新的或现有的客户提供更有竞争力的 O/A、D/A 付款条件,以拓展海外市场,增加营业额	利用 O/A、D/A 优惠付款条件,以有限的资本,购进更多货物,加快资金流动,扩大营业额
风险保障	进口商的信用风险转由保理商承担,出口商可以得到 100%的收汇保障	因公司的信誉和良好的财务表现而获得进口保理商的信贷,无须抵押
节约成本	资信调查、账务管理和账款追收都由保理商负责,减轻业务负担,节约管理成本	省去了开立信用证和处理繁杂文件的费用
简化手续	免除了一般信用证交易的烦琐手续	在批准信用额度后,购买手续简化,进货快捷
扩大利润	因扩大出口额、降低管理成本、排除信用风险和坏账损失,利润随之增加	由于加快了资金和货物的流动,生意更发达,从而增加了利润

案例点击

经营日用纺织品的英国 Tex UK 公司主要从中国、土耳其、葡萄牙、西班牙和埃及进口有关商品。几年前,当该公司首次从中国进口商品时,采用的是信用证结算方式。最初采用这种结算方式对初次合作的双方是有利的,但随着进口量的增长,他们越来越感到这种方式的烦琐与不灵活,而且必须向开证行提供足够的抵押。为了继续保持业务增长,该公司开始谋求至少 60 天的赊销付款方式。虽然他们与中国出口商已建立了良好的合作关系,但是考虑到这种方式下的收汇风险过大,因此中国供货商没有同意这一条件。之后,该公司转向国内保理商 Alex Lawrie 公司寻求解决方案。英国的进口保理商为该公司核定了一定的信用额度,并通过中国银行通知了中国出口商。通过保理机制,进口商得到了赊销的优惠付款条件,而出口商也得到了 100%的风险保障以及发票金额 80%的贸易融资。目前 Tex UK 公司已将保理业务推广到了 5 家中国的供货商以及土耳其的出口商。

【点石成金】

正如 Tex UK 公司董事 Jeremy Smith 先生所说,该公司之所以积极寻求保理服务,是因为保理业务为进口商提供了极好的无担保迟期付款条件,解除了中国供货商的收款之忧,使双方间的赊销付款方式成为可能,从而帮助其扩大了从中国的进口量。虽然出口商会将保理费用加入进口货价中,但对进口商而言,在交易合同签订、交货价格确定的同时,进口成本也就完全确定下来了,进口商不须再负担信用证手续费等其他的附加费用。

上述案例告诉我们,尽管保理服务是面向出口商提供的,实际上对进口商也是极为有利的,是一种双赢的结算方式。因而,在交易中,进口商也应积极主动地去争取保理结算方式的运用,进而争取到对自己有利的信用销售方式。

(资料来源:国际贸易结算案例 汇集贴(110 例). 福步外贸论坛,
http://bbs.fobshanghai.com/viewthread.php?tid=1160118&extra=&page=3)

在业务实践中,中国提供国际保理业务的重要主体——商业银行对国际保理业务的本质是结算方式还是融资方式的划分也各不相同,部分商业银行的业务划分情况如表 6-4 所示。国际保理的本质是应收账款的债权让与,融资是国际保理的核心职能,而结算方式是国际保理业务功能之一的外在表现。保理商是国际贸易中债权债务清偿的第三方信用中介,应收账款的债权让与使交易能够顺利完成,而融资则使交易规模扩大成为可能和现实。

表 6-4 中国部分商业银行国际保理业务的划分类型

银行名称	国际结算方式	国际贸易融资方式
中国银行	是	
中国建设银行	是	
中国工商银行	是	
中国农业银行		是
中国交通银行		是
招商银行		是
中信银行		是
汇丰银行	单列为保理业务	
上海银行		是
光大银行		是

二、国际保理业务的运作机制与涉及的当事人

国际保理有两种做法,即国际单保理和国际双保理。单保理是指仅涉及一方保理商的保理方式。如在直接进口保理方式中,出口商与进口保理商进行业务往来;而在直接出口保理方式中,出口商与出口保理商进行业务往来。涉及买卖双方保理商的保理方式则叫作双保理,即出口商委托本国出口保理商,本国出口保理商再从进口国的保理商中选择进口保理商。进出口国两个保理商之间签订代理协议,整个业务过程中,进出口双方只需与各自的保理商进行往来。在国际保理业务运作机制中,双保理模式是最重要、运用最广泛的组织安排形式。双保理形式的基本业务流程如图 6-3 所示。

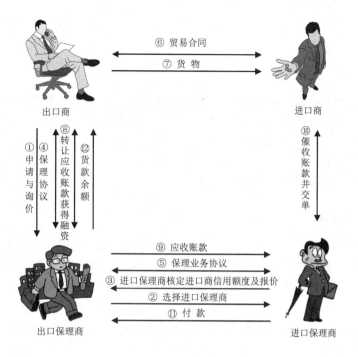

图 6-3 双保理业务流程

图示说明：
① 出口商申请与询价；
② 出口保理商选择进口保理商；
③ 进口保理商调查并核定进口商的信用额度及报价；
④ 出口保理商报价并与出口商签订保理协议；
⑤ 出口保理商与进口保理商签订该项保理业务协议；
⑥ 出口商与进口商签订贸易合同；
⑦ 出口商发货；
⑧ 出口商向出口保理商转让应收账款，并按协议从出口保理商获得货款一定比例的无追索权融资；
⑨ 出口保理商向进口保理商再转让应收账款；
⑩ 进口保理商向进口商催收账款，并在进口商付清货款后，向进口商交单；
⑪ 进口保理商扣减应得手续费后，向出口保理商划付款项；
⑫ 出口保理商向出口商支付扣减各项手续费后的货款余额。

从国际保理业务的运作机制中，我们可以看出国际保理主要涉及以下当事人。

1. 销售商

销售商(seller)即国际贸易中的出口商，对所提供货物和服务出具发票，将以商业发票表示的应收账款转让给保理商叙做保理业务。

2. 债务人

债务人(debtor)即国际贸易中的进口商，对由提供货物或服务所产生的应收账款负有付款责任。

3. 出口保理商

出口保理商(export factor)是与出口商签订保理协议，从而为出口商提供进口商资信调查，进而提供相应的信用担保，在担保的进口商信用额度内，对由出口商出具商业发票表明的应收账款叙做保理业务的一方。

4. 进口保理商

进口保理商(import factor)是根据与出口保理商的协议，为出口保理商就近调查进口商的资信，并依调查情况提出进口商的信用额度，在该额度内代收已由出口保理商转让过来的应收账款，并有义务支付该项账款的一方。

三、国际保理的功能

1. 出口贸易融资

国际保理的第一个功能是出口贸易融资(trade financing)。保理业务最大的优点就是可以为出口商提供无追索权的贸易融资，且手续方便、简单易行，既不像信用放款那样需要办理复杂的审批手续，也不像抵押放款那样需要办理抵押品的移交和过户手续。在出口商卖断单据后，能够立即预支货款，得到资金融通。若出口商资金雄厚，也可在票据到期后再向保理公司索要货款。一般保理商在票据到期日前预付给出口商 80%～90%的货款(扣除融资利息)，这样就基本解决了在途和信用销售的资金占用问题。若出口商将单据卖断给保理公司，就意味着一旦进口商拒付货款或不按期付款，保理公司只能自己承担全部风险，而不能向出口商行使追索权，因此，出口商可以将这种预付款按正常的销售收入对待，而不必像对待银行贷款那样作为自己的负债。由此改善了表示公司清偿能力的主要参数之一的流动比例(流动资产与短期负债之比)，有助于提高公司的资信等级和清偿能力。

2. 销售账务处理

国际保理的第二个功能是销售账务处理(maintenance of the sales ledger)。出口商将应收账款转让给保理商后，有关的账目管理工作也移交给了保理商。由于保理商一般是商业银行的附属机构，或是与商业银行关系密切的机构，商业银行作为公共会计机构历史悠久，拥有最完善的财务管理制度、先进技术、丰富经验和良好装备，能够提供高效率的社会化服务。保理商同样具备商业银行的上述各种有利条件，完全有能力向客户提供优良的账务管理服务。出口商将售后账务管理交给保理商代理后，可以减少财务管理人员及相应的开支和费用，集中精力于生产经营和销售。特别是一些中小企业，或者一些具有季节性的出口企业，每年出口时间相对集中，最忙的时候往往感到人员紧张，于是可以委托保理商帮助企业承办此项工作。出口商只需管理与保理商往来的总账，不必管理具体的各类销售分户账目。保理商的账务管理是专业化的、综合的，还可以根据出口商的需要，制定编制按产品、客户、时间的销售分账户统计资料，供出口商做销售预测分析。

3. 收取应收账款

国际保理的第三个功能是收取应收账款(collection from debtor)。放账销售或提供买方信用已成为国际市场竞争的必要手段，但随之而来的就是应收账款的回收和追讨。我国一些大的外贸公司自己组织对应收账款的催收，还有专门成立了"清欠办公室"，常年专门从事追账工作。有的企业由于拖欠数额巨大，这方面的人员就占全员的很大比重。而更多的出口商则难以有足够的力量追讨应收账款。面对海外的应收账款，由于在地区、语言、法律、贸易习惯等方面的差异，出口商往往心有余而力不足。因此，借助专业追账机构追讨债款，有时非常必要。国际保理就能提供这种专业服务。这方面，保理商具有四大优势：①专业优势，包括专门的技巧、方法和专业的人员；②全球网络优势，利用国际保理商联合会广泛的代理网络，在全世界多数国家和地区都有自己的合作伙伴；③资信优势，除了自身有良好的信誉外，能有效监督债务人的资信状况；④法律方面优势，与世界各地的律师机构和仲裁机构都有较密切的联系，能够随时提供一流的律师服务，对处理这类事务得心应手。因此，帮助企业进行国际商务账款的信用管理，是国际保理的一个重要服务项目。企业与保理商签订长期的委托合同，开展国际信用管理的长期合作，是目前国际上的一种发展趋势。

4. 信用控制与坏账担保

国际保理的第四个功能是信用控制与坏账担保(credit control and full protection against bad debts)。在国际贸易中，掌握客户的资信状况是为了避免和减少潜在的收汇风险。不仅需要掌握新客户资信情况，对于长期的和经常性的老客户也要密切关注其资信变化。一般中小公司有几个至几十个这样的老客户，而大公司则可以有几百个之多。跟踪调查这些客户资信，根据变化情况制定切合实际的信用销售定额和采取必要的防范措施，对公司来说极为重要。但真正做到这一点却不是那么容易的，除非公司有四通八达、渠道畅通的信息网来收集信息，还要了解各客户所在国的外汇管制、外贸体系、金融政策、国家政局等方面的变化，因为这些因素都直接影响客户资信或支付能力。而这些对绝大多数出口商来说都是力所难及的。但保理商可以解决这个问题。保理商既可以利用全球保理行业广泛的代理网络和官方及民间的商情咨询机构，也可以利用其母银行广泛的分支和代理网络，从而通过多种渠道和手段获取所需要的最新的可靠资料。而且，保理公司一般都设有专门的信息部门，拥有训练有素的专业人才，负责收集研究有关各国政治、经济和市场变化的信息资料。这就使保理商具有一般出口商所没有的优势，能够随时了解出口商每个客户的资信现状和清偿能力，使出口商在给予进口商商业信用时有所依据，确保对该客户的赊销能够得到顺利支付。

保理商根据对出口商的每个客户资信调查的结果，逐一规定出口商对客户赊销的信用额度(Credit Limit)，或称信用限额。出口商在保理商核准的信用额度范围内的销售，叫作已核准应收账款(Approved Receivables)，超过额度部分的销售，叫作未核准应收账款(Unapproved Receivables)。保理商对已核准应收账款提供百分之百的坏账担保。如进口商因财务上无偿付能力或企业倒闭、破产等原因而导致不能履行合同规定的付款义务，保理商承担偿付责任。已经预付的款项不能要求出口商退款，尚未结清的余额也必须按约定照常支付，其损失只能由保理商承担。因此，只要出口商将对客户的销售控制在已核准额度以内就能有效地消除由买方信用造成的坏账风险。但出口商必须保证这一应收账款是正当的、毫无争议的债务求偿权，即出口商必须保证其出售的商品或提供的服务完全符合贸易合同规定、无产品质量、数量、服务水平、交货期限等方面的争议。因出口商违反合同引起贸易纠纷而造成的坏账不在保理商的担保赔偿范围之内。

根据国际保理公约规定，保理商的职责是要履行上述四项中的至少两项。

四、国际保理的产生和发展

(一)保理服务起源于18世纪的欧洲

国际保理业务是一种新型的国际结算和融资方式。其形成背景可追溯到18世纪英国与北美的贸易。当时,正值资本主义工业革命时期,英国纺织工业蓬勃发展,狭小的国内市场已不能满足资本家追逐高额利润的需要,于是向海外倾销纺织品便成为资本主义初期经济扩张的必然选择。随着新大陆的开发,美国成了欧洲工业国家的主要消费品市场,尤其成为英国发达的纺织工业品销售市场。但由于英美两国远隔大西洋,信息沟通不便,英国出口商对进口商的资信和当地市场的情况知之甚少,因而他们的纺织品大多委托在美国的商务代理代办销售、收款等事项。开始时采用寄售方式,以后代理商的职能不断扩大,他们能为供货商提供货物寄存、商品推销、账目代管、催收账款、坏账担保等各项服务。随着通信与航运技术的发展,供应商亦无须采用寄售方式,代理商的职能偏重点转移到坏账担保和贸易融资,逐渐发展为现代意义上的保付代理商。这样,出口商在商品出运后,可将有关单据出售给经营保理业务的机构,以及时收回销售货款,继续并扩大再生产。

(二)现代国际保理服务的发展原因

第二次世界大战之后,现代国际保理业务有了较快发展。最近30年来,随着科学技术进步,国际保理业务的服务手段也更加先进,保理商为客户提供的服务内容不断地丰富和完善。在当前的国际贸易结算领域,国际保理的运用日益受到重视,其主要原因如下。

1. 国际贸易中普遍形成买方市场

20世纪50年代,欧洲经济迅速恢复,出口贸易竞争日益加剧,买方市场基本形成。各国出口商为了扩大自己的市场份额,纷纷向客户提供更加优惠的贸易结算条件。国际保理业务因为可以为买方减少开立信用证的费用,并且在买方资金困难,一时不足以支付货款时,获得保理商为其提供的信用担保,使买方提前获得贸易利益,而备受买方青睐。在当前国际贸易领域,欧美的进口商一般都要求卖方接受承兑交单(D/A)或赊销(O/A)的商业信用付款方式。但这种结算方式对于销售商来说,存在着很大风险。而采用保理方式,由于保理商愿意买进出口商的应收账款并提供坏账担保,正满足出口商的愿望和需求。因此,国际保理业务很快得到发展。

2. 信息产业的进步和电子通信技术得到广泛应用

由于保理业务提供的服务内容大多需要先进的信息技术作为基础手段,从国外市场的需求,客户的资信调查,到贸易伙伴国的市场规则、法律法规、交易习惯以及瞬息万变的市场行情等调查内容,都需要保理商借助先进的技术手段来完成。而传统的国际贸易方式根本无法胜任这样大量、复杂的工作,所以也就无法适应国际贸易的新发展。

3. 国际保理相关惯例规则的制定与实施

伴随着经济全球化进程的加快,为了使本国经济更好地融入全球经济发展中,各国在贸易管理法规及习惯方面,都逐渐采用国际通行的惯例规则。如,1998年5月,国际统一私法协会(International Institute for the Unification of Private Law)就通过了《国际统一私法协会国际保理公约》，以便统一各国保理商开展国际保理业务的标准。国际保理商联合会于1968年制定了《国际保理惯例规则》。这些法律和惯例的建设，保障了国际保理业务的顺利开展。

此外，经济的高速发展也要求金融行业不断创新业务，既满足客户需要，又拓展自身服务领域，培育新的效益增长点。因此，各国金融行业在巩固传统业务的同时，也在大力发展新的中间业务品种，保理业务就是各国金融机构竞相占领的服务新领域。

随着保理业务的发展，其服务产品范围不断拓展。保理商不仅对纺织品、食品和一般日用品等出口应收账款提供短期融资，而且对家具、电子产品、机械产品等出口账款也给予资金融通，并提供其他有关服务。一些保理商开始与储运公司、商检部门、港务局等有关部门联合起来向客户提供一揽子全面服务，包括商品的包装、贴标签、刷唛头、商检、租船订舱、发运、保险、仓储、交货、收款、风险担保、融资等服务，卖方只要找到了买主，其他事情均可委托这一联合体来办理。

(三)国际保理服务在全球的发展

近些年来，国际保理服务获得了巨大发展。根据国际保理商联合会(FCI)的统计，2013年全球保理业务总量对比2012年，欧洲增长了近5%，美国增长了近10%。全球保理业务总量为22300亿欧元，折合30790亿美元。这是历史上首次超过3万亿美元。国内保理业务总量达到18280亿欧元，占总量的82%。国际保理业务总量为4030亿欧元，占总量的18%。

欧洲和北美的保理业务发展较早、较快、较普遍。美国的保理业务始终处于世界领先地位。欧洲各国的保理业务发展迅速，大有超过美国之势。其中意大利发展最快，其保理业务总量约占欧洲业务总量的一半。德国、比利时、丹麦等国以及东欧的匈牙利、捷克等国的保理业务发展也较迅速。在大多数欧洲国家里，保理服务主要是提供有追索权的贸易融资和其他服务，提供坏账担保处于次要地位。这主要是因为这些国家的短期出口信用保险很普及。在欧美国家之间的交易中，保理已取代了信用证。

20世纪70年代以来，保理业务在亚洲和拉美地区也得到了较快的发展。亚太地区的日本、韩国、新加坡、马来西亚、泰国等国家和中国香港地区，都有保理公司加入该组织。东盟国家以及墨西哥、巴西、智利、厄瓜多尔、土耳其等国家和地区也都设立了保理公司并开展了保理业务。

保理业务在我国起步较晚。1995年的营业总额只有4000万元。中国银行北京分行于1989年正式开始办理保理业务，目前中行已有北京、上海、广州，以及辽宁、山东、江苏、浙江、河南、广东等地分行开展此业务。中国银行于1993年2月加入国际保理商协会，已与美国、英国、德国、荷兰、比利时、意大利、丹麦、澳大利亚、南非、日本、韩国、新加坡、马来西亚、泰国等近20个国家及中国香港地区的50多家保理公司签订了国际保理协议，开展广泛的国际保理业务合作。根据FCI统计，2008年开始，中国大陆地区已连续7年居全球出口双保理业务的首位，2014年中国大陆地区的国际双保理业务量达820.12亿元，同比增长8%。目前我国共拥有25家FCI会员，其中兴业银行、中国银行等8家银行为高级会员。伴随着深化改革和对外开放，中国已成为全球第二大经济体，在全球经贸往来中扮演着越来越重要的角色，而随着中国对外贸易中赊销业务量的扩大，国际保理在支持中国企业"走出去"、服务实体经济特别是中小企业发展等方面发挥着越来越重要的作用。

知识拓展

国际保理商联合会

国际保理商联合会(FCI)是全球最大和最具影响力的国际保理商组织,成立于1968年,致力于通过保理和相关金融服务为国际保理提供便利,可以提供业务处理系统、服务规范、仲裁规则、营销和培训,数据统计和分析等服务。现有近300家会员,分布于71个国家和地区,会员多数是世界知名金融公司、大银行或其附属保理公司。FCI会员从事的国际保理在全球跨境保理业务量中占比超过70%。

(资料来源:兴业银行晋级FCI高级会员进入国内同业第一梯队. 中国新闻网,
http://finance.chinanews.com/fortune/2014/08-14/6491865.shtml)

五、国际保理与其他结算与融资方式的比较

1. 国际保理与其他支付方式的比较

国际保理具有不少其他支付方式不具备的优点。国际保理与其他支付方式比较如表6-5所示。

表6-5 国际保理与其他支付方式比较

支付方式 项　目	国际保理	汇付(汇款)	托　收	信用证
债权信用风险保障	有	无	无	有
进口商费用	无	有	一般有	有
出口商费用	有	有	有	有
进口商银行抵押	无	无	无	有
提供进口商财务灵活性	较高	较高	一般	较低
出口商竞争力	较高	较高(指发货后汇付)	一般	较低

保理业务的收费似乎比信用证或托收的费用高一些,从而会增加出口商的成本,但其实不然。出口商如改用信用证方式,虽然可以免去自身的保理开支,降低产品价格,但却在同时增加了进口商的负担,因为进口商必须承担开立信用证的费用。更主要的原因是进口商为开证被迫存入保证金,或占用了自身的银行信用额度,从而造成进口商的资金紧张。同时,由于银行适用严格相符原则即受益人提交的单据都必须同信用证条款规定完全一致,因此,信用证变得缺乏活力。任何矛盾都可能造成严重延误。有时频繁地改证,会带来大量的费用和风险。这些都使许多进口商不愿以信用证方式办理进口结算,从而影响了出口商的竞争力。出口商若采用D/A方式,往往由于资金紧张而需要押汇,为此必须支付押汇的利息,同时进口商还要支付托收的费用,对双方都造成负担,而且出口商还失去了信用风险保障。因此,采用国际保理业务,出口商虽然可能增加一定的费用,但因此而获得的

信用风险担保、资金融通以及管理费用的降低等带来的收益足以抵消保理费用的开支,而进口商也可以免除开信用证或托收的费用,减少资金的占压,这样对双方都是有利的。

2. 国际保理融资与其他出口融资方式的比较(见表6-6)

表6-6　国际保理融资与其他出口融资方式的比较

融资方式	适用支付方式	融资期限	有无追索权	备注
贷款或透支	任何支付方式	一般不超过一年	有	
出口信用保险单抵押贷款	任何支付方式	一般不超过一年	有	优惠利率
打包贷款	信用证	一般不超过六个月	有	
出口押汇	信用证、托收(少量)	一般不超过六个月	通常有	
贴现	任何支付方式下的票据,以信用证方式下的票据最受欢迎	一般不超过一年	通常有	一般以银行为付款人的票据为主
国际保理融资	O/A 和 D/A	一般不超过一年	无	

从表6-6可以看出,国际保理融资比其他出口融资方式有更多优点。

3. 国际保理与出口信用保险的比较

出口保险公司一般要求出口商将其全部销售交易都要投保(无论哪种付款方式都要投保),而保理服务无要求。一般说来,进口商信用风险服务要比保理服务费用高。

出口信用保险项下,进口商信用风险一般由保险公司和出口商共同承担,在出现坏账时,保险公司一般只赔偿70%～90%,而且索赔手续烦琐耗时。而保理服务中,保理公司承担全部信用风险。国际保理与出口信用保险的比较如表6-7所示。

表6-7　国际保理融资与出口信用保险方式相比较

业务种类	出口保理	出口信用保险
最高信用保障(在所批准信用额度内)	100%	70%～90%
赔偿期限(从贷款到期日起)	90天	120～150天
索赔程序	简单	烦琐
坏账担保	有	有
进口商资信调查和评估	有	有
财务账目管理	有	无
账款催收追缴	有	无
以预支方式提供融资	有	无

注:关于出口信用保险,本章第六节有专门介绍。

案例点击

中国台湾美利达工业股份有限公司是世界知名自行车制造商之一。公司成立于1972年,产品出口遍布亚欧各国。由于自行车行业的技术发展已经比较成熟,业内的竞争非常激烈,客户的赊账需求不得不满足,赊账销售最让公司担心的就是客户的坏账。公司曾使用信用保险来解除坏账之忧。然而在发生坏账时，公司仍然要承担至少20%的货款损失，而且办理的手续不比开信用证简便多少。后来，公司接触了FCI成员公司Chailease金融公司，开始了解并使用保理服务。保理服务提供的客户资信资料以及全套的账务管理服务使该公司节约了不少人力。最重要的是，保理的费用比信用保险低多了。该公司的经理表示，如此一来，他们就可以从容面对竞争，放心开发新的客户了。

〖点石成金〗

采用赊账销售，对出口商而言，就必须事先考虑买方的信用风险的转嫁问题。如同本案中的出口商，长期以来，许多出口商选择出口信用保险来解决该问题。然而信用保险相对于保理业务而言，有许多逊色之处。首先，出口信用保险一般要求出口商将全部销售投保（即无论采用哪种付款方式都要投保），而保理业务中出口商可以根据风险情况有选择性地进行货物出口的保理。其次，出口信用保险费用较高，在国际上，最高保险费可达全部出口金额的4%，比保理服务佣金高得多。最后，信用保险中，进口商的信用风险一般由保险公司和出口商共同分担，保险公司一般只承保并赔偿信用额度内70%～90%的坏账，而且索赔手续烦琐、耗时，一般赔付期为货款到期日后120～150天。而在保理业务中，保理公司承担信用额度内全部的坏账风险，而且索赔手续简单、便捷，保理公司的赔付期最长不超过90天。最重要的是，出口商利用保理服务，除了能够实现买方信用风险的有效转移，还能够获得信用保险所不能够提供的诸如融资、账户管理、账款催收等其他服务，并且正如本案中出口公司的经理所言，这些服务项目也是出口商极为需要的、对出口商的业务发展极为有利的。

当前，国际货物市场已普遍形成买方市场条件。特别是一些生产技术相对成熟稳定的货物更是如此。传统的出口竞争手段如提高商品质量或降低商品价格等，由于生产工艺相对成熟、生产成本相对固定等原因，而较少发挥作用的空间。因而，许多出口商纷纷转而通过向进口商提供优越的支付条件来提升自身的竞争能力。在其他条件相当的情况下，谁提供的支付条件更优惠，比如愿意提供赊销结算便利，谁就能占有出口先机。即使像本案中的世界知名企业也同样面临这样一种竞争压力及竞争手段的选择。而保理服务是解除出口商信用销售各种后顾之忧，提升出口竞争能力的极佳选择，应该引起出口商的高度重视。

（资料来源：国际贸易结算案例 汇集贴(110例). 福步外贸论坛，http://bbs.fobshanghai.com/viewthread.php?tid=1160118&extra=&page=2）

4. 国际保理与福费廷业务的比较

保理业务与福费廷业务都属于贸易融资和结算业务，即出口商都可以在贸易合同规定收款期之前获得部分或全部货款。而且出口商获得这些融资都可以是无追索权的，只要出口商提供的债权(无论是应收账款还是应收票据)，是由正当交易引起的、不受争议的，而且符合保理商和包买商的其他规定，那么即使进口商违约或破产倒闭而产生信用风险，都由保理商和包买商承担。在融资担保和支付条件融为一体的今天，这两种新型的结算方式正被越来越广泛地应用。

由于其各自特点不同，这两种融资方式有着贸易领域和融资期限的互补性，风险承担方式也各不一样。

(1) 保理业务主要适用于日常消费品或劳务的交易,每笔交易金额相对较小;一般是经常性持续进行的,出口商可能就自己的出口商品或服务与保理商签订一个保理协议,涉及的进口商却分布在多个国家或地区;福费廷业务主要针对资本性货物的进出口贸易,金额较大,且针对一次性交易、一次或多次分期付款。

(2) 保理业务的融资期限取决于赊销期限,一般为发货后1~6个月,个别可长达1年,属于短期贸易融资;而福费廷业务的融资期限至少在6个月以上,一般长达数年,属于中长期贸易融资。

(3) 保理业务因金额小,融资期限短,保理商承担风险较小,因此以设定信用额度的办法来控制风险,不需另外提供担保;而福费廷业务因金额大,融资期限长,包买商承担风险大,必须要有第三者提供担保。因此,保理业务适用于托收项下做短期贸易融资,而福费廷业务可在信用证项下或银行担保项下做中长期贸易融资。

(4) 保理业务中,一般出口商最多只能得到发票金额90%的融资,这部分金额可以免除利率和汇率风险,但尚有部分余额需在赊账到期日支付,因此,出口商还要承担有关汇价和迟付方面的残留风险。而在福费廷业务中,出口商可按票面金额获得扣减贴息后的融资,且不承担任何风险,因为出口商是以无追索权的形式将远期票据出售给包买商的。

六、出口保理的风险防范

案例点击

我国某出口商就出口电视机到中国香港向某保理商申请100万美元信用额度。保理商在调查评估进口商资信的基础上批准20万美元的信用额度。出口商遂与中国香港进口商签订23万美元的出口合同。发货后出口商向保理商申请融资。保理商预付16万美元。到期日进口商以货物质量有问题为由拒付(理由是该批货物与以前所购货物为同一型号,而前批货物有问题)。进口保理商以贸易纠纷为由免除坏账担保责任。出口商认为对方拒付理由不成立,并进一步了解到对方拒付的实际理由是中国香港进口商的下家土耳其进口商破产,货物被银行控制,中国香港进口商无法收回货款。因此,出口方要求中国香港进口商提供质检证,未果。90天赔付期过后,进口保理商仍未能付款。出口方委托进口保理商在中国香港起诉进口商。但进口保理商态度十分消极,仅凭中国香港进口商的一家之辞就认同存在贸易纠纷,结果败诉。

【点石成金】

这是一起典型的贸易纠纷导致保理商免除坏账担保责任的保理案例。但对于引发贸易纠纷的货物质量问题是否存在,进出口双方各执一词。进口商认为货物质量有问题的理由过于牵强,根本原因是自己从下家处已无法收回货款,从而面临损失的风险。为了避免自己受损,进口商自然不会配合出口商解决贸易纠纷,对出口商提出的提供质检证的要求自然也就置之不理。进口保理商由于贸易纠纷的原因免除坏账担保责任,在90天赔付期内拒付是正当的行为,符合国际保理惯例的相关规定。但同样根据国际保理惯例的规定,进口保理商有义务尽力协助解决纠纷,包括提出法律诉讼。但本案中,进口保理商作为出口商的代理在诉讼过程中,态度却十分消极,并不想打赢官司,原因很简单,因为赢了官司的后果是自己承担付款的责任,并因为进口商偿付困难的现实,从而有可能最终是由自己承担16万元的损失。本案中,出口保理商为出口商提供了买方资信调查与坏账担保服务,因而提供的融资应该属于无追索权融资。如果事先与出口商未就贸易纠纷下的追索权问题达成协议,则国外拒付的风险将由出口保理商承担。

保理业务的主要风险就是出现贸易纠纷。因此,对于贸易纠纷的风险,有关当事人应事先加以防范。对于出口商而言,为了防止进口商假借贸易纠纷理由拒付从而免除保理商的付款责任,在贸易合同中应就贸易纠纷的解决方法与进口商事先达成一致意见,比如确定一家双方都愿意接受的商检机构日后对出现质量纠纷的货物进行检验,检验结果作为判定纠纷是否存在的依据。对于提供无追索权融资的出口保理商而言,有必要通过合同、发票、提单等文件单据去了解掌握交易背景的情况,也有必要在与出口商签订的保理协议中就发生贸易纠纷后的追索权重新获得问题加以明确规定,以防承担贸易纠纷产生的海外正当拒付的风险。另外,进口保理商的选择也非常重要。进口保理商是坏账担保人,能否勇于承担坏账担保的责任,关键在于其资信状况如何。本案中的进口保理商显然关注自己的利益胜过关注自己的信誉,资信状况欠佳。因而,实务中,出口保理商无论是为出口商着想,还是为自己的利益考虑,对进口保理商都应做出慎重的选择。

(资料来源:国际贸易结算案例 汇集贴(110例). 福步外贸论坛,
http://bbs.fobshanghai.com/viewthread.php?tid=1160118&extra=&page=3)

1. 选择信誉卓著、富有经验的出口保理商

保理商的服务质量是成功的关键。信誉卓著、富有经验的出口保理商可以帮助出口商对风险把关。

首先,信誉卓著的出口保理商通常是国际保理商联合会的成员。借助联合会的作用,它可以广泛地与各国最好的保理商建立工作联系,以便最大限度地实现国际保理商联合会所倡导的原则:"运用正确程序、高效运作,以保证高质量的服务;坦诚、谨慎、遵循常识和良好商业道德,在与其他会员、与客户的关系处理中显示最大的善意。"其次,通过联合会的成员关系,出口保理商可以根据出口商的需要,选择最好的进口保理商为合作伙伴。只有好的进口保理商才能迅速准确地评估买方资信;与买方保持良好合作关系的同时迅速收取账款;财务实力足以履约;防止问题和风险发生或将之降低到最低限度;适当处理争议及区分真假争议。而保理商之间的合作与相互负责也必不可少。最后,好的出口保理商能为出口商选择适当保理业务,使出口商避免那些易产生争议的产品或服务,比如代销、寄售、对销、退货或禁止转让;出具第一单发票时产品还未完工,如分期付款;具有延续性义务的合同,如大型成套设备的出口,出口商需要完成安装、调试、培训等一系列售后服务,从而尽可能地减少出口商的风险。

出口商可以预先查阅出口保理商的介绍资料,了解其从业历史、业务规模、以往纠纷的解决情况、在保理商联行会的资格与排名、是否具有国际性大银行的背景等,以便选择高水平的合作者。

2. 明确合同条款和自己的责任

对出口商来说,要注意签订好两个合同:与出口保理商的合同和与进口商的合同。

与出口保理商的合同要明确保理商为出口商提供的服务范围和提供服务的条件。因为，从理论上讲，保理业务可以包括多方面的服务内容，但根据不同情况，出口商与出口保理商约定的服务内容可能是全部保理业务的项目，也可能不包含其中某些项目。因此，双方的保理合同应明确所指定的服务项目。保理合同还需要明确保理商提供服务的有关条件，如对结算方式的要求，对出口商提交单据的要求，保理商收到单据后，首次向出口商无追索权地付款的比例，保理商向出口商收取手续费的标准等。

在与进口商洽谈交易合同时，出口商应注意在保理商核准的进口商信用额度内与进口商成交。出口商要明确各项合同条款，包括双方各自的责任与权利，特别是容易引起双方争议的交货时间、货物的品质、数量、包装以及有关的鉴定安排。这样，在出口商备货出运时，各项工作有明确的依据。若发生双方争议，也有双方一致接受的合同条款作为判断和处理争议的依据。

3. 认真履约，不超额度发货

国际保理的债权转让以出口商严格履行销售合同责任和保理合同责任为前提。出口商应按时保质保量发货，将发货金额控制在进口保理商核定的信用额度内。并注意按照与出口保理商签订的保理合同，及时向保理商提交有关的合格单据，以便从保理商处得到合同规定的无追索权的融资，加速自己的资金周转，提高经营效益。

保理项下的商业单据一般由出口商在发货后自行寄给买方。这是保理业务比信用证简便、灵活之处。但出口商仍应注意商业单据的质量，至少保证合同、发票、运输单据、检验证书、装船前要求的其他单据，以及其他履行销售合同的证明等内容完整一致、准确清晰、与进口保理商核定信用额度时的情况一致。这些证明文件都有可能使出口商在日后处理争议时处于主动地位。

第五节 福 费 廷

严格地说，福费廷并不是一种结算方式，不过，它与结算有着密切的关系，一般都要结合各种结算方式(比如远期信用证或非信用证付款的中长期延付方式)使用，从而保证了出口商的及时、安全收汇与融资需求。

一、福费廷的概念

福费廷(Forfaiting)，又被称为"包买票据"或"票据包购"，福费廷是源自法语"A FORFAIT"的 Forfaiting 的音译，意谓"让权利予他人"，或者"放弃权利"、"放弃追索权"。具体地说，福费廷是票据的持有者(通常是出口商)将其持有的、并经进口商承兑和进口方银行担保的票据无追索权地转让给票据包买商(福费廷融资商)以提前获得现金，而福费廷融资商在票据到期时向承兑人提示要求付款的一种方式。福费廷融资商通常是商业银行或其附属机构，所使用的票据通常是出口商开立的汇票，或者进口商开立的本票。若是前者，需要进口商承兑和进口地银行的担保；若是后者，则只需进口地银行担保。票据的付款期限通常是半年到3~5年。

福费廷业务主要用于金额大、付款期限较长的大型设备或大宗耐用消费品的交易中。

选择福费廷方式办理结算，在进出口商洽商交易时，应就这一结算方式取得一致意见。福费廷业务流程如图6-4所示。

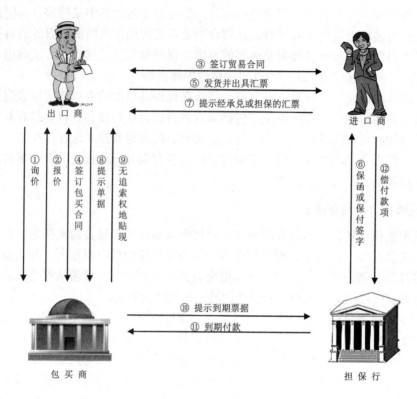

图6-4 福费廷业务流程

二、福费廷方式的产生与发展

福费廷业务方式产生于20世纪50年代后期。当时，作为第二次世界大战主战场之一的欧洲各国已逐渐克服了战争的破坏，经济得到明显的恢复。为了更好地发展经济，在各国出口竞争加剧的同时，以成套设备为代表的资本密集型商品的交易也呈现出迅速发展的势头，但进口方(当时主要是东欧国家)又往往缺少足够的外汇即期支付，需要在进口的成套设备运行并产生效益后分期偿还设备价款，而设备生产厂商则希望在设备出口后尽快收回设备价款，以利于资金周转和减少汇率、利率的风险。适应这种要求，长期从事国际贸易融资的瑞士商业银行界首先开办福费廷业务，为东欧国家采购美国的谷物提供中长期融资，并随后开始承做资本密集型货物贸易的中期融资业务。1965年苏黎世FINANIAG成立了世界上第一家专营福费廷业务的公司，其他欧洲国家的商业银行也随后开办这方面的业务。于是福费廷业务在当时得到了迅速发展。20世纪70年代初，布雷顿森林体系崩溃后，国际贸易中的汇率风险明显加大；70年代末起欧、美、日等发达国家先后陷入了严重的经济滞胀，极大地冲击了世界贸易，导致1980年至1984年世界出口额的持续下跌或徘徊；1982年爆发的以拉丁美洲一些发展中国家的外债危机为代表的国际债务危机长期持续，大大增加了国际贸易的风险，所有这些都促使了福费廷业务发展。越来越多的国家和银行开办了这项业务，业务总量逐步增加，有关的规范和机制逐步完善，形成了伦敦、苏黎世和法兰克福三大福费廷业务中心，世界其他地区的福费廷业务也随着当地经济和国际贸易的发展而相应发展。

随着福费廷业务的推广和成熟，其自身也在不断发展，比较突出的是：第一，形成了福费廷的初级市场和二级市场。前者是福费廷融资商以无追索权方式从出口商购买对进口商和担保银行的债权票据的市场，后者则是已经办理了对出口商融资的福费廷融资商将其购进的对进口商和担保银行的债权票据有偿转让的市场；第二，业务的灵活性增强：①融资工具的变化，传统的福费廷业务中使用的债权凭证是出口商签发、经进口商承兑和进口国银行担保的汇票或进口商签发、并经进口国银行担保的本票，随着信用证和银行保函业务的发展，在信用证或银行保函项下形成的确定的债权也成为福费廷融资的工具；②融资利率的变化，传统的福费廷业务中，融资商对出口商的融资采用固定利率，鉴于国际金融市场的利率波动频繁，一些福费廷融资商开始采用浮动利率融资；③融资期限更加灵活，传统福费廷业务期限多为1～5年，实行分期偿付；由于国际资本商品贸易的发展和贸易金额的巨大，融资的期限可能长达7～10年，同时，有些金额较小的资本商品贸易在采用福费廷方式时，也有融资期限仅1～6个月的；④出现辛迪加融资方式，也由于国际资本商品贸易的发展和贸易金额的巨大，由单一融资商承担不仅风险大，而且也可能影响其流动性，于是出现由多个融资商共同为某项交易提供福费廷融资服务，以分担风险；⑤不需要进口国银行担保，传统的福费廷业务中，融资商为了避免进口商的信用风险，都要求有出口商提交的票据，无论是出口商签发的汇票或进口商签发的本票，都要求经进口国银行担保，但这必然增加进口商的负担。近年来，有的融资商为了拓展业务，对于一些国家的国内政治、经济发展较稳定、且资信评价高的进口商，不要求提供银行担保。

20世纪90年代初，我国银行的一些海外分行陆续开始办理福费廷业务，并将该业务方式向国内推介，随后国内也逐步展开。同时，获准在我国大陆开业的外资银行也大力开展福费廷业务。进入21世纪，国内的中、外资银行已普遍开办福费廷业务。2005年6月初，国际福费廷协会东北亚地区委员会在我国北京成立，标志着福费廷业务在我国的发展进入新阶段。目前。中国银行、中国建设银行、中国工商银行、中国农业银行、中信银行、招商银行等都已是该协会的成员。

福费廷在保障出口商和进口商获得融资中发挥的关键作用，促使国际商会也涉足这一领域。其成果就是第一份关于福费廷业务的统一的国际惯例——即由国际商会与国际福费廷协会(IFA)共同制定并于2013年1月1日正式生效的《福费廷统一规则》(URF800)。其实，此前IFA已经制定了一套二级市场规则，即2004年发布的《国际福费廷协会指引》(the IFA Guidelines)，以及2008年完成的《福费廷一级市场导则》(Introduction to the Primary Forfaiting Market)。但这两个规则并没有形成一个完整的统一体，一级市场与二级市场的不统一，导致了福费廷本身的风险增加，一方面直接提升了银行等包买商的风险压力，而反过来，银行又会提高债权文件无追索权的门槛，进而增加了出口商贸易融资的成本和难度。另一方面，2008年金融危机以来，全球贸易金融领域也陷入了贸易融资危机。融资成本和信用风险的增加使得贸易融资供给急剧下降，贸易融资市场的缺口不断扩大，造成的贸易融资短缺和市场失灵。而URF则为以实现贸易融资为目的金融工具交易提供了一套统一的规则，有利于规范福费廷一级市场金融工具的初始交易和二级市场再次转卖，方便银行间资产转让，有利于银行流动性管理和美化资产负债表。

知识拓展

福费廷统一规则(URF800)新特点

2013年，国际福费廷协会(IFA)和国际商会(ICC)共同制定的《福费廷统一规则》(以下简称"URF800")正式生效。作为国际商会的官方出版物，URF800沿袭了《跟单信用证统一惯例》(UCP600)等惯例的特点。同时，针对福费廷业务的模式和特点，国际商会在URF800中又增添了不少独特的内容。

新特点一：第一个涉及欺诈内容的ICC规则

URF800是国际商会第一个涉及欺诈内容的规则。URF800在第13条b款第v项中规定，如果在清算日之前或之后，因债权或者基础交易出现欺诈而影响到付款索偿权的实现或者其他义务履行的，福费廷最初卖方要对第一包买商负责。

新特点二：拓展了融资工具，扩大了规则的使用范围

由于福费廷是一种对债权无追索权买断的业务，理论上讲，只要有债权、债务的形成，债权方就可以卖断债权，提前获得融资。实践中，福费廷业务也不仅仅局限于票据的买断，信用证项下、O/A发票项下的应收账款都可以叙做福费廷。为此，URF800中提出了"付款索偿权"(PAYMENT CLAIM)概念，并将融资工具扩展到信用证、汇票、本票、发票融资以及其他经当事方同意的代表债权债务关系的工具，这就扩大了规则的使用范围。

新特点三：涉及一级市场和二级市场

福费廷业务中，由于包买商买下债权后可以在二级市场流通转让，因此，URF800成为第一个同时面向一级市场和二级市场的国际规则。URF800第5条至第7条针对一级市场，第8条至第10条针对二级市场。

第5条"一级市场福费廷协议"，指出最初卖方和一级包买商在做福费廷业务时，需要订立福费廷协议，并推荐了该协议中应包含的内容。

第6条"一级市场条件"指出，福费廷协议中的所有条件应该由一级市场的各参与方在效期之前满足。如果在效期之前条件不能满足，福费廷协议终止。此外，如果条件不能被满足，当事方可以选择将效期推迟。

第7条"一级市场满足条件的单据"表明，一级市场的最初卖方应在效期之前将福费廷协议规定所需的单据提交给一级包买商。一级包买商必须审单，来确定：(1)交单是否是所需要的单据；(2)所交单据是否满足条件。至于单据是否满足条件，可以考虑如下因素(但不限于这些因素)：单据的真实性；证明债权的支持性文件的合法性、有效性；债权到期日是否能以相应的货币全额支付；债权是否可以自由转让；单据是否与福费廷协议中的条款相符，等等。无论单据是否满足条件，第一包买商都必须通知最初卖方。如果是不满足条件的单据，还需要告知判断依据。

第8条"二级市场福费廷确认书"指出，在二级市场做福费廷业务时，卖方必须在买卖双方同意福费廷业务各条款日期后的两个营业日内，将签署过的福费廷确认书递交至买方。如果卖方没有提交确认书，买方可根据自身情况，选择不再叙做该笔福费廷交易。买方在收到福费廷确认书的两个营业日内，必须签字，并将确认书返还卖方，或者通知卖方其不同意福费廷确认书的条款并告知原因。如果买方没有按上述规定操作，卖方可根据自

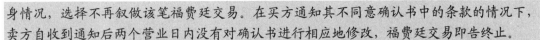

身情况，选择不再叙做该笔福费廷交易。在买方通知其不同意确认书中的条款的情况下，卖方自收到通知后两个营业日内没有对确认书进行相应地修改，福费廷交易即告终止。

第9条"二级市场条件"指出，福费廷确认书的所有条件应该由二级市场的各参与方在效期之前满足。如果在效期之前条件不能满足，福费廷确认书终止。此外，如果条件不能被满足，当事方可以选择将效期推迟。

第10条"二级市场满足条件的单据"与"一级市场满足条件的单据"类似。

新特点四：为当事各方提供了清晰简便的业务流程和操作实务

为了更好地发挥惯例的作用，指导福费廷业务各参与方，URF800提供了业务流程和操作实务。

比如第5条"一级市场福费廷协议"中，URF800推荐在福费廷协议中规定如下内容：对付款索偿权的描述及相应的支持性文件、所需要提交的单据、效期、价格、双方清算或预计清算的日期、适用法律及司法管辖等。

再如第7条"一级市场满足条件的单据"中，URF800规定一级市场中，最初卖方需要在效期之前将所需单据交给一级包买商，而一级包买商须审核相应的单据是否属于满足条件的单据。如果一级包买商经审核后发现提交的单据不是满足条件的单据，那么其必须通知最初卖方，并需要阐述其判定的依据。

URF800的推出，将促进全球范围福费廷业务的规范发展，在一定程度上减少各个国家、地区理解上的混乱，有利于福费廷业务中争议的解决。同时，URF800中附带的合同文本也有助于各当事方有效使用惯例。

（资料来源：URF800的新特点. 中国贸易金融网，http://www.sinotf.com/GB/News/1003/2014-11-05/xNMDAwMDE4MjkxNQ.html）

案例点击

2013年某月，出口商B公司向交单行N银行提交了由澳大利亚I银行开立的信用证及其项下的单据，付款期限是提单日后90天。N银行审核单据无误后将单据寄交I银行。随后，N银行收到了I银行的承兑电报，并将承兑事宜及时通知B公司。B公司遂向N银行申请叙做福费廷。N银行联系福费廷包买商F银行进行询价、报价、定价，并最终通过F办理了该笔福费廷业务。

在付款到期日前一天，I银行突然发来电报，声称由于出口商B公司涉嫌欺诈，其已收到了当地法院的止付令，不能支付上述款项。N银行立刻联系B公司，了解到由于检验机构对该批货物的检验标准不同，导致一重要指标未能达标，进而可能威胁到整批货物在澳洲的销路。双方已产生纠纷，有可能会诉诸法律。

N银行知悉情况后，向I银行发电指出，由于I银行此前已对汇票进行了承兑，那么善意的持票人就仍能获得付款，即使出口商出现欺诈行为，也就是所谓的"欺诈例外的例外"。因此要求I银行付款，但是I银行一直不予回复。

另一方面，F银行也向N银行发来电报，催讨福费廷款项，理由是B公司涉嫌欺诈，法院止付信用证，包买商有权向出口商追索款项。对此，B公司自身尚有疑虑，认为福费廷就是无追索权的买断，为何F银行还来追索。

之后，经过多方反复磋商，最终，B公司利用其他外汇收入对F银行先偿付了该笔福费廷款项，并继续与 N 银行一起向 I 银行及开证申请人催讨款项。

〖点石成金〗

此案涉及两个重要的问题，一是 I 银行在承兑后，是否还可以以欺诈的理由拒付款项？二是福费廷的包买商因基础合同存在欺诈，能否行使追索权？

第一个问题，I 银行不能拒付。我国《最高人民法院关于审理信用证纠纷案件若干问题的规定》第 10 条规定，人民法院认定存在信用证欺诈的，应当裁定中止支付或者判决终止支付信用证项下款项，但有下列情形之一的除外：开证行的指定人、授权人已按照开证行的指令善意地进行了付款；开证行或者其指定人、授权人已对信用证项下票据善意地做出了承兑；保兑行善意地履行了付款义务；议付行善意地进行了议付。其他国家的法律也有类似"欺诈例外之例外"的条款。

本案中 I 银行已经承兑了汇票，汇票的正当持票人就拥有了汇票的合法权益，即使出口商出现欺诈，正当持票人应能获得付款。因此，N 银行的反驳是有理的。如果 I 银行坚持不付款，N 银行及 B 公司可以通过诉讼的方式维护权益，但可能过程会比较复杂、时间较长、成本较高。

第二个问题，包买商 F 银行有权追索款项。福费廷业务中，包买商无追索的情况并非绝对，如债权凭证无效，或基础合同存在欺诈，都可以使包买商获得追索的权利。

这是因为福费廷业务是独立于基础合同的融资交易，包买商所承担的风险不应包括商业风险，也没有义务负责基础交易的履行。因此，当基础交易存在欺诈时，让包买商卷入进口商和出口商的纠纷，导致其得不到应得的款项，是不公平的。更何况买、卖双方还可能串通，通过福费廷业务诈骗包买商的款项。所以，欺诈在任何成熟的法律体系从来就不可能被排除责任。

鉴于此，URF800 在第 13 条 b 款第 v 项中规定，如果在清算日之前或之后，因债权或者基础交易出现欺诈而影响到付款索偿权的实现或者其他义务履行的，福费廷最初卖方要对第一包买商负责。

(资料来源：URF800 的新特点. 中国贸易金融网，
http://www.sinotf.com/GB/News/1003/2014-11-05/xNMDAwMDE4MjkxNQ.html)

三、福费廷业务的主要当事人

(一)出口商

出口商(exporter)是在福费廷业务中向进口商提供商品或服务、并向福费廷融资商无追索权地出售有关结算的票据的当事人。这些票据既可能是出口商自己出具的汇票，也可能是进口商出具的本票。

(二)进口商

进口商(importer)是以赊购方式接受出口商所提供的商品或服务、并以出具本票或承兑出口商出具的汇票而承担票据到期付款的当事人。

(三)福费廷融资商

福费廷融资商(forfaiter)，又被称为包买商，即为出口商提供福费廷融资的商业银行或其他金融机构。融资商在无追索权地买进出口商提交的票据以向出口商融资后，即获得届时向进口商追讨票款的权利，同时也承担了届时无法从进口商得到偿付的风险。若某一项福费廷业务金额很大，单一融资商无力承担，或者顾虑风险太大，则可能联系多个融资商组成福费廷辛迪加(Forfaiting Syndicate)，联合承担该项福费廷的融资业务，按商定的比例，各自出资、获得收益和承担风险。

在融资商需要加速自己资金周转，或者减少所承担的风险，或者市场利率水平下降致使原先购入的票据价格上涨，及时出售可获得较多收益的情况下，融资商也可能转让原先购入的票据。这种情况下，转让出票据的融资商就称为"初级融资商(Primary Forfaiter)"，而受让票据的融资商就称为"二级融资商(Secondary Forfaiter)"。

(四)担保人

担保人(guarantor)，或称保付人。即为进口商能按时付款做出担保的当事人，通常是进口商所在地的大商业银行。担保人的介入，是因为仅仅凭进口商本身的承诺(无论是进口商开立本票，还是进口商承兑出口商开立的汇票)，要支持一项福费廷业务的顺利进行，都显得不足，因此需要资金更为雄厚的银行提供担保。担保的形式可以是银行保函或备用信用证，也可以由担保人在福费廷业务所使用的票据上加具保证。两相比较，后者更为简捷方便。银行在福费廷使用的票据上加具保证，被称为"保付签字(Aval)"，Aval源自法语，银行在有关票据上注明"Aval"字样及被担保人的名称，并签名后，被称为保付人(Avalist)。保付人就成为所保付票据的主债务人。保付人的介入，提高了福费廷业务中票据的可靠性，降低了融资商的风险，使福费廷业务能得以较顺利地进行。

四、福费廷方式的特点

(一)无追索权

融资商从出口商处购得票据属于买断性质，是没有追索权的。因此，融资商承担了福费廷业务中的最大的风险。为了有效地防范风险，融资商必须严格审查有关票据及其中的签名的真实性，对担保银行也应有相应的要求，对向出口商贴现票据时所用的贴现率也要慎重计算后确定。

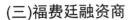

案例点击

瑞士某汽轮机制造公司向拉脱维亚某能源公司出售汽轮机，价值3 000 000美元。因当时汽轮机市场很不景气，而拉脱维亚公司坚持延期付款，因而瑞士公司找到其往来银行ABC银行寻求福费廷融资。该银行表示只要拉脱维亚公司能提供拉脱维亚XYZ银行出具的票据担保即可。在获悉拉脱维亚XYZ银行同意出保之后，ABC银行与瑞士公司签署包买票据合约，贴现条件是：6张500 000美元的汇票，每隔6个月一个到期日，第一张汇票在装货后的6个月到期，贴现率为9.75% p.a.，宽限期为25天。瑞士公司于××年12月30日装货，签发全套6张汇票寄往拉脱维亚公司。汇票于次年1月8日经拉脱维亚公司承兑并交拉脱维亚XYZ银行出具保函担保后,连同保函一同寄给ABC银行。该银行于1月15日贴现全套汇票。由于汽轮机的质量有问题,拉脱维亚公司拒绝支付到期的第一张汇票,拉脱维亚XYZ银行因保函签发人越权签发保函并且出保前未得到中央银行用汇许可,而声明保函无效,并根据拉脱维亚法律,保函未注明"不可撤销",即为可撤销保函。而此时,瑞士公司因另一场官司败诉,资不抵债而倒闭。

〖点石成金〗

此案例中的包买商ABC银行受损基本成为定局。按照福费廷业务程序,ABC银行在票据到期首先向担保行拉脱维亚XYZ银行提示要求付款。但由于该银行签发的保函因不符合本国保函出具的政策规定及银行保函签发人的权限规定而无效,并根据该国法律的规定,即便有效,因未注明"不可撤销",该行如不愿付款,也可随时撤销保函下的付款责任。因此,ABC银行通过第一收款途径已不可能收回款项。如果转向进口商要求付款,进口商作为汇票的承兑人,应该履行其对正当持票人——包买商的付款责任,该责任不应受到基础合同履行情况的影响。但由于拉脱维亚属于外汇管制国家,没有用汇许可,进口商也无法对外付款,因而,虽然包买商在法理上占据优势地位,但事实上从进口商处收款同样受阻。福费廷属于无追索贴现融资,即便为了防范风险,ABC银行已与出口商瑞士公司事先就贸易纠纷的免责问题达成协议,但由于瑞士公司已经倒闭,从而,即使ABC银行重新获得追索权,也难以通过追索弥补损失。

因此,福费廷公司在签订福费廷协议、办理福费廷业务之前,一定要重视对出口商、进口商以及担保人本身资信情况和进口商所在国情况的调查。这些情况对于福费廷公司判断一笔业务的风险、确定报价、甚至决定是否接受这笔业务都具有非常重要的意义。担保人的资信尤为关键,因而在实务中,担保人通常由包买商来指定。此案中,ABC银行也是自己指定了一家担保行,但实际上对这家担保行的资信并非特别重视。至本案发生时间,该行成立也才两年多,办理业务的时间非常短,业务经验包括业务办理程序方面都不是很成熟,对于福费廷这样的复杂业务,接触更少。也正是因为此种原因,办理过程中出现了许多违反政策及业务规定的问题。其次,本案中的包买商对进口国的相关政策法律也不十分清楚,对基础交易情况、货物情况不具足够的了解,对客户资信也未作必要的审查和把握。另外,还有一点很重要的是,在包买时,包买商对一些重要的单据文件如用以了解交易背景的合同副本、用以防范进口国政策管制风险的进口及用汇许可证等也未做出提交的规定和要求。此案中包买商的教训告诉我们,风险的发生就源自于对风险的疏于防范。

(资料来源:案例34:福费廷业务的风险. 国际贸易结算案例 汇集贴(110例). 福步外贸论坛,
http://bbs.fobshanghai.com/viewthread.php?tid=1160118&extra=&page=3)

(二)中长期融资

福费廷业务是使用资本性货物贸易或服务贸易的中长期融资。融资期限一般为三至七年,而以五年左右居多,最长的可达十年。由于期限长,为了融资商能较好地收回资金,往往根据融资期限的长短,分成若干期办理款项收付,如五年期融资,可分为十期,则出口商开立付款期限不等的十张远期汇票,相邻的两期付款时间间隔半年;或者由进口商开立付款期限不等的十张远期本票，相邻的两期本票的付款时间间隔半年。若以银行保函为进口商担保，则银行保函的有效期也应与融资期限相适应。

(三)固定利率

虽然融资商最初向出口商报出的购买票据的贴现率只是供出口商考虑的参考价，对融资商本身也不带有约束力，但是这项参考价是融资商根据其工作经验及综合该项交易的有关各方面情况后提出的，还是有很大的可信度。若没有新的大变动情况，则随后融资商与出口商之间的有关福费廷业务的合同也就以该贴现率为实际采用的贴现率。由于融资商从出口商购买票据属于买断性质，即使以后市场利率发生变化，这项贴现率也不再改变。因此，在福费廷业务中，出口商在卖出票据时的利率是固定的，由此而提高向进口商报出的商品价格也是固定的。这一情况有利于进、出口商事先就能明确把握交易的这方面成本。

(四)批发性融资

福费廷业务是使用于资本性货物的交易，成交的金额往往都比较大，一般都在50万美元以上。尽管金额大，出口商在货物出口后，将合格的票据交给融资商，就可以不被追索地得到货款被扣减了贴息后的全部余额。而不像在保理业务中，出口商在出运货物后，向保理商提交全套单据后，即时得到的只是全部货款的约80%左右的款项，其余的款项须等保理商从进口商收回货款后才能支付给出口商。

(五)手续比较简便

福费廷业务使用汇票或本票，手续比较简便。由于有真实的交易为依托，出口商得到融资商的融资，要比申请银行贷款容易。

(六)主要运用于资本性商品和大宗耐用消费品交易

选择福费廷方式融资，出口商要将贴现利息、选择费和承担费等都计入商品的报价中，才能保证自己的预期收益，因此，报价往往较高。对于成交金额小、成交至实际交货时间短的交易来说，这显然不可取，而且成交金额小，出口商即使需要融资，也完全可以通过其他成本更低的方式实现。因此，福费廷方式主要运用于资本性商品和大宗耐用消费品交易，因为这些交易通常成交金额大，从成交到实际交货时间长，出口商对融资的要求也比较迫切。对于市场价格波动剧烈的商品，由于融资风险大，融资商往往不愿提供交易融资。很容易买到的、缺少差异性的商品，进口商也不愿选择福费廷方式以较高的价格购进。因此，这两类商品通常不会成为福费廷方式下成交的商品。

五、福费廷业务对当事人的主要作用

(一)对出口商的作用

福费廷业务对出口商的作用体现在以下几个方面。

(1) 最大限度地降低了出口商的汇率风险和利率风险。福费廷业务使出口商本来只能远期收回的货款，不被追索地在货物出口后的不久，就能收回，这就使出口商避免了相应的汇率风险和利率风险。出口商虽然在将票据出售给融资商时承担了票据的贴现利息、承担费等费用，但这些费用都是在出口商与进口商达成交易合同之前已初步确定，这就使得出口商可以将这些费用成本，计入货物的价款，而转移给了进口商。

(2) 最大限度地消除了出口商的国家风险和信用风险。由于福费廷业务在前期的大量工作和货物出运后的较短时间内，即可以得到进口商承诺付款和进口地银行保证的票据，向融资商办理无追索权的出售，出口商在该项交易中所承担的进口国的国家风险和进口商以至担保银行的信用风险也就降到最低限度。

(3) 能有效地落实进口商的分期付款，有利于拓展资本密集型商品的出口。资本密集型商品的交易起点金额高，处理好进口商的分期付款问题——既解决进口商资金不足，需要在获得并运用资本货物的过程中能产生收益来逐步偿还货物的价款，又能使出口商有效地降低由于延期和分期收款而带来的汇率风险、利率风险、国家风险和信用风险等一系列风险，就成为交易能否成功的关键。福费廷业务方式既然能有效地解决这一系列问题，也就有利于资本密集型货物的国际交易的达成。

(4) 有利于出口商的流动资金周转，并改善出口商的资产负债状况。福费廷业务方式能使出口商在出口货物后，尽快收回货款，从而加速了出口商的流动资金周转，使其有效地避免大量流动资金被占压在待收项目下，以及大量借用银行贷款。在国家实行出口退税制度下，资本货物通常是出口退税的支持重点。福费廷方式能让出口商尽快收回货款，也就能尽快地办理出口退税手续，得到退税款。因此，这两方面都能大大改善出口商的资产负债状况。

(5) 有利于出口商保持其商业秘密。出口商在生产和出口资本密集型商品的过程中往往需要银行提供流动资金的支持。申请银行贷款是通常选择的方式之一，但手续可能比较复杂，而且需要办理公开登记等一系列手续。采用福费廷方式，相对手续简单，融资商应对出口商及其交易情况保密。因此，采用福费廷方式有利于出口商保持其商业秘密。

(6) 福费廷方式将使出口商提高其出口商品的对外报价以转嫁贴息等多项费用的成本，对此，出口商应考虑加强其商品的非价格竞争力。由于福费廷方式中，融资商将是各种风险的最终承担者，他必然要通过必要地提高贴现率以及收取上述的多项费用等方式防范风险，这些费用将由出口商直接承担。虽然出口商可以通过提高其出口商品的价格来转移成本负担，但过多地提高商品价格也就降低了商品的价格竞争力。为了弥补这一点，出口商就必须通过提高商品的品质、扩大商品的广告宣传和加强商品的售后服务等非价格竞争力，以争取和维护其市场。

(7) 出口商应有必要的措施保证有关汇票上进口商的承兑或进口商开立本票的真实有效，以及银行担保的有效，否则，就得不到免除被追索的保障。

(二)对进口商的作用

福费廷业务对进口商的作用体现在以下几个方面。

(1) 福费廷方式可使进口商的分期付款安排得到出口商的接受，从而克服了进口商现汇不足又需要进口资本密集型商品的矛盾。

(2) 福费廷方式下，融资商对票据的贴现是按固定贴现率计算贴息的，因此，出口商通过价格调整转嫁给进口商的贴息负担也是按固定贴现率计算的。换言之，进口商在分期付款条件下，由此事实上也得到了固定利率的融资，避免了融资期间的利率风险。

(3) 在福费廷方式中，以进口商开立的本票(若该国法律允许进口商开立本票)可以比出口商开立汇票更为方便。就总体手续来看，福费廷方式也比使用买方信贷简便。

(4) 使用福费廷方式，如前所述，出口商将其承担的多项费用计入货物价格而转移给进口商；进口商还要因申请当地大银行的担保，而增加交付给大银行的担保费或者抵押物，由此增加进口商的负担。银行为进口商提供担保，要占用担保银行对进口商的授信额度，也可能缩小进口商进一步向银行申请融资的空间。

(5) 福费廷方式是以进口商承兑的汇票或进口商开立的本票为债权债务的凭证，从票据法律关系来说，进口商对此已无可推脱的责任。因此，如果进口商认为出口商交付的货物存在某些问题，就不能以拒付货款的方式与出口商交涉，这就可能使进口商感到被动。为了避免这种情况的出现，在进出口商双方洽商合同时，进口商就应考虑提出，在合同中规定，合同货款的一定比例，如10%～15%作为"留置金"，不列入福费廷的结算范围。留置金需待进口商检验商品合格后，才支付给出口商。

(三)对融资商的作用

福费廷业务对融资商的作用体现在以下几个方面。

(1) 固定的贴现率使融资商可以较好地规避市场利率下降的风险。

(2) 福费廷业务多为中长期融资，即使贴现率较低，由于融资的时间较长，融资商仍可获得比较可观而稳定的收益。

(3) 在有可靠的银行保证和持有有效的票据的条件下，若市场利率水平有所变化，融资商可以通过票据的再贴现，在二级市场转让出原先买进的票据，以及时回收和周转资金。

(4) 在买进的票据是有效的情况下，融资商对出口商没有追索权，这使得融资商承担了较大的汇率、利率、国家和进口商、担保银行的信用风险。为规避风险，融资商应对进口国的有关票据、银行业务、外汇管理、进出口贸易管理等法律法规以至经济发展等多方面情况有足够的了解。同时，根据对风险的分析和判断，对票据的贴现率以及承担费等费用的收取方面，要有比较充分的考虑和计算。

(5) 福费廷的融资商不能对担保银行或进口商采取"加速还款"的方法。在分期还款的商业贷款中，若借款人对其中某期贷款不能按时归还本息，银行可以要求借款人的当期和随后各期的贷款本息立即归还，否则可申请法院的强制执行。这种安排被称为"加速还款"。但福费廷业务中，如果出现担保银行或进口商对某到期票据不能按时偿还，融资商不能对还未到期的票据采取"加速还款"的措施，这就可能加大融资商的风险。

(四)对担保银行的作用

由于福费廷业务的手续比银行贷款等都来得简便，银行在决定是否为进口商提供担保时，只要审查进口商的资信即可。而福费廷业务一般时间较长，担保金额较大，担保银行向进口商收取的担保费也可以比较多。在进口商能如约履行其最终付款责任的情况下，这些担保费就成为担保银行的收入。但是，由于担保银行承担着对所担保票据的无条件付款的责任，为了规避风险，担保银行应密切关注被担保人的经营动向。

六、福费廷方式与其他融资方式的比较

(一)与保理方式比较

保理方式与福费廷方式相比,前者中的保理商和后者中的融资商对出口商的付款都是没有追索权的,保理商和融资商都承担了较大的风险,因此,他们都必须在确定办理该项业务之前,十分谨慎地开展必要的调查和准备,并由出口商承担由此产生的费用。两者的主要区别如下。

(1) 在国际通行的双保理业务中,是由出口保理商通过进口保理商向进口商传递全套商品单据,并以进口商付款为赎单条件;而福费廷业务中,融资商通常并不负责商品单据的传递。单据是出口商通过其他商业银行向进口商传递的,进口商并不付款赎单,而是以承兑汇票或开立本票并提供银行的担保为获得单据的条件,随后再分期付款。

(2) 保理业务中,保理商不是一次性向出口商付款,而是在收到出口商交付的合格单据后,先支付部分(比如 80%)款项,其余款项须在收到进口商付款后,扣除保理费等各项费用后,才将余额付给出口商;在福费廷业务中,则不然,融资商在收到出口商交付的合格票据后,扣除贴息和各项费用后,即将全部余额支付给出口商。

(3) 保理方式比较适用于批量大、金额小、期限短的贸易结算,一般期限在半年以内;而福费廷方式则比较适合成套设备、大型船舶、工程机械等资本货物交易或大型项目交易的结算,其金额大、付款和融资的期限多是中长期的。

(4) 福费廷业务的内容比较单纯,而保理业务则同时带有进口商资信调查、出口账务处理、出口账款追讨等综合服务。

(5) 福费廷业务的计息按贴现方式办理,实际利率高于名义利率,而保理业务是在期末付息,实际利率即名义利率。

(6) 保理业务一般无须银行为进口商担保,而福费廷业务中需要进口国的大银行为进口商做出担保(保证)。

(7) 保理业务中,出口商一般不必事先与进口商取得一致,而福费廷业务中,出口商必须事先向进口商说明按福费廷方式办理结算。

(二)与商业银行的贷款比较

福费廷方式与商业银行贷款的主要不同如下。

(1) 由于中长期贷款期限较长,为此承担的风险也相应加大,因此,商业银行对提供贸易中的中长期贷款都十分谨慎;而融资商为出口商提供中长期融资则是其本分业务,只要事先的各项工作做好了,融资商都乐于开展业务。

(2) 商业银行在提供贸易的中长期贷款时,一般都要求借款人提供第三方的担保或者财产抵押,手续较多;福费廷业务中,融资商通常只要求进口商承兑汇票或出具本票,以及提供银行相应的保证(在有关的票据上保证,或者提供银行保函),手续相对简单。

(3) 在商业银行提供中长期贷款中,贷款银行通常要求使用浮动利率,以利于其规避

利率风险,而这一要求则可能增加了借款人的利率风险,使其难以事先较为准确地核算成本;在福费廷业务中融资商使用的是固定利率,这有利于出口商较好地把握其成本和向进口商报价,也就使得进口商能相应地把握自己的进口成本。

(三)与一般票据贴现比较

福费廷业务与一般贴现业务都是以票据为业务的基础,以提供票据者承担贴息为条件,由融资商或者贴现人(商业银行或贴现公司)向提供票据者支付票据的余额。但在具体办理中,两者还是有以下主要区别。

(1) 一般贴现业务中,如遇到承兑人因故而不能付款时,办理了贴现的商业银行对原持票人有追索权,而福费廷业务中,融资商对出口商没有追索权。

(2) 一般贴现业务中所贴现的是一般的票据,未必都与特定的贸易有某种关系,即使是用贸易中所使用的票据办理贴现,也并不特定是某一类的商品,但福费廷业务中使用的票据只能是与资本密集型交易有关的票据。

(3) 一般贴现业务中使用的票据期限可长可短,多为半年以内,福费廷业务中使用的票据大多是中长期的。

(4) 一般贴现使用的票据只要受票人承兑就可以了。福费廷业务中使用的票据则除了受票人(进口商)承兑或者就是进口商自己开立的本票外,还需要资信良好的大银行为其做出保证。

(5) 一般贴现业务,商业银行(或贴现公司)只向持票人收取贴息,而福费廷业务中,融资商向出口商收取贴息外,还要收取管理费、承担费等费用。

(四)与出口信贷比较

出口信贷和福费廷业务都能对本国资本密集型商品的出口贸易起一定的促进作用,但两者还是有一定的不同。

(1) 许多国家为了鼓励本国的出口贸易发展,都设立了专门的政策性银行,以国家财政支持为依托,提供出口信贷服务;福费廷业务则不一定都由政策性银行办理,也不要求国家提供财政支持。

(2) 出口信贷所支持的出口商品要根据国家的产业政策来确定,而福费廷业务所支持的出口商品则未必都是国家产业政策所规定的。

(3) 由于出口卖方信贷有国家财政的支持,其贷款利率低于一般商业贷款利率,出口商在这一点上负担较轻,而福费廷方式没有国家财政支持,融资商还要将其承担的风险因素,以多种费用等方式转嫁给出口商,因此,福费廷方式下,出口商的费用成本较出口卖方信贷高。

(4) 在出口卖方信贷条件下,出口商要承担进口商到期不付款的风险以及进口国的国家风险等,因此,银行通常都要求出口商投保出口信贷保险,而增加出口商的费用;在福费廷方式下,融资商向出口商购买的票据是没有追索权的,因此,也就不要求出口商投保出口信贷保险。

(5) 出口信贷需要的文件材料较多，业务受理时间一般较长，而福费廷业务需要的文件材料少，办理时间通常较短。

(6) 出口卖方信贷往往需要出口商提供担保或抵押，出口买方信贷则由进口方银行为进口商提供担保，福费廷方式中，以进口国银行为进口商提供担保。

第六节　出口信用保险

出口信用保险虽然是一种政策性保险业务，但与国际结算也有着密切的关系，它可以说是国际结算方式的"保护伞"。它有利于出口企业灵活选择多种结算方式，并能有效降低收款风险。

一、出口信用保险的概念

出口信用保险(Export Credit Insurance)，也叫出口信贷保险，是各国政府为提高本国产品的国际竞争力，推动本国的出口贸易，保障出口商的收汇安全和银行的信贷安全，促进经济发展，以国家财政为后盾，为企业在出口贸易、对外投资和对外工程承包等经济活动中提供风险保障的一项政策性支持措施，属于非营利性的保险业务，是政府对市场经济的一种间接调控手段和补充，是世界贸易组织(WTO)补贴和反补贴协议原则上允许的支持出口的政策手段。目前，全球贸易额的 12%～15%是在出口信用保险的支持下实现的，有的国家的出口信用保险机构提供的各种出口信用保险保额甚至超过其本国当年出口总额的三分之一，它所承保的风险主要包括政治风险与商业风险。

从目前情况看，我国大多数出口企业最为看重的结算方式还是传统的信用证，一般公司内部对 D/P、D/A、O/A 等其他结算方式比较谨慎，有相当严格的权限规定，这样在以买方市场为主导，大多数客户都有赊销方面要求的新的国际贸易大环境下，显然处于不利地位。利用出口信用保险则能从根本上改变这种状况。正由于出口信用险承担了进口方国家的政治风险及进口商的商业信用风险，出口商才免除了因进口商破产、拒收货物、拒付货款而遭受的经济损失，出口收汇也有了一定的保证，从而减少了逾期账款甚至坏账的产生。

📖 案例点击

随着金融危机的蔓延，我国某著名家电制造龙头企业在意大利和西班牙市场的产品订单急剧减少。得知这一情况后，中国信保与该家电企业一起深入分析订单减少的原因。一直以来，为了严格控制信用风险，该家电企业要求所有业务的信用期限不得超过 90 天。金融危机下，市场竞争压力加剧，其竞争对手采用 120 天的赊销方式获得大量订单。针对这一形势，中国信保及时推出积极承保措施，在一个月的时间就为该家电企业近 100 个买方的绝大部分交易提供了信用保障，最长信用交易期限达 150 天，大大增强了该家电企业的市场竞争力。该家电企业 5 月份以后的销售同比增长近 200%，预计今年在意大利和西班牙市场的销售额同比将增长 200%～300%。

(资料来源：中国贸易报网，
http://www.chinatradenews.com.cn/founder/html/2009-09/03/content_16050.htm)

【点石成金】

金融危机爆发之后,企业出口形势更加严峻。国外进口商纷纷要求延长付款期限。另外,非信用证业务也日益增加。而选择出口新兴市场,更增加了企业的顾虑。针对以上三种情况,中国出口信用保险公司(中国信保)积极发挥政策性信用保险职能,积极承保出口企业的长账期赊账业务、支持企业以非信用证结算方式出口并向新兴市场出口。以上三类业务收汇风险大,如果没有出口信用保险的支持,企业不敢贸然接单。可以说,这三类出口贸易是在出口信用保险直接拉动下实现的,有效提振了出口企业信心,增强了我国出口商品的竞争力。

二、出口信用保险的起源和发展

出口信用保险诞生于19世纪末的欧洲,最早在英国和德国等地萌芽。1919年,英国建立了出口信用制度,成立了第一家官方支持的出口信贷担保机构——英国出口信用担保局(ECGD)。紧随其后,比利时于1921年成立出口信用保险局(ONDD),荷兰政府于1925年建立国家出口信用担保机制,挪威政府于1929年建立出口信用担保公司,西班牙、瑞典、美国、加拿大和法国分别于1929年、1933年、1934年、1944年和1946年相继建立了以政府为背景的出口信用保险和担保机构,专门从事对本国的出口和海外投资的政策支持。

第二次世界大战后,世界各国政府普遍把扩大出口和资本输出作为本国经济发展的主要战略,而对作为支持出口和海外投资的出口信用保险也一直持官方支持的态度,将其作为国家政策性金融工具大力扶持。1950年,日本政府在通产省设立贸易保险课,经营出口信用保险业务。20世纪60年代以后,众多发展中国家纷纷建立自己的出口信用保险机构。

中国于1988年创办信用保险制度,由中国人民保险公司设立出口信用保险部,专门负责出口信用保险的推广和管理。1994年,中国进出口银行成立,其业务中也包括了出口信用保险业务。2001年,在中国加入WTO的大背景下,国务院批准成立专门的国家信用保险机构——中国出口信用保险公司,简称中国信保(SINOSURE),由中国人民保险公司和中国进出口银行各自代办的信用保险业务合并而成。它是目前我国唯一的政策性信用保险公司。为了减少我国出口企业从事对外贸易的风险,使其进一步开拓国外市场,在贸易领域中更有竞争力,中国信保提供多种保险产品和服务,如短期出口信用保险、中长期出口信用保险、投资保险、担保业务、商账追收、资信评估、保险融资等。就一般贸易而言,出口企业可考虑采用投保短期出口信用保险。

三、出口信用保险的特点

(1) 出口信用保险承保的是被保险人在国际贸易中,因境外原因不能出口或者货物发运后不能收回货款的风险,包括政治风险和商业风险。

(2) 出口信用保险是政府鼓励发展出口贸易的重要措施,其目的在于通过承担国际贸易中的收汇风险,鼓励企业开拓国际市场,积极扩大出口,保障收汇安全。

(3) 绝大部分中长期和少部分短期出口信用保险承保的均是一般商业性保险机构不愿

或无力承保的业务,在性质上属政策性保险,不以营利为目的,力求在长期经营中维持收支平衡。由于具有很强的政策导向性,出口信用保险的开展往往与国家的外交和外经贸政策密切结合。

(4) 出口信用保险往往与出口贸易融资结合在一起,是出口信贷的重要组成部分,是出口商获得信贷资金的先决条件之一。

(5) 一般来说,出口信用保险机构均由政府出资设立,大多以政府的财政为后盾,政府既为其提供多种税收优惠政策,同时也是风险的最终承担者。

(6) 出口信用保险的发展与一国的经济发展水平和国际地位相关。它既是一个国家经济实力、尤其是经济的国际竞争力的晴雨表,又是一个国家经济发展和国际地位提高的必然要求。出口信用保险是对外经济贸易发展到一定阶段的产物,又反过来推动对外经济贸易的更大发展。

知识拓展

出口信用保险与国际保理的竞争性与互补性

出口信用保险最容易与国际保理业务相混淆。这是因为,这两种方式都可以在采用托收、赊销等结算方式的业务中采用。出口商为了降低风险、减少坏账损失,可以通过采取这两种方式中的一种来规避风险。但两者在性质、功能、业务范围等方面存在很大的不同,如表6-8所示。

表6-8 出口信用保险与国际保理比较

	出口信用保险	国际保理
性 质	政策性保险,非营利	商业性金融业务
功 能	本身无融资功能,但可便利融资	具有融资功能
保障程度	70%～90%的风险保障	在批准的信用额度内可以获得100%收汇保障
保障范围	既有商业信用风险又有国家风险	更注重商业信用风险
适用商品	大型机电产品和资本及半资本品	金额小、批量多的消费品
操作程序	烦琐。赔偿期限通常为120天至150天	简便。赔偿期限短,为从货款到期日起90天
综合服务	无财务管理与追收及账目记录管理服务	可提供财务管理与追收及账目记录管理服务

通过上述比较分析可以看出,保理业务与出口信用保险业务既有竞争性又有互补性。

两者的竞争性主要集中在出口商短期出口融资需求上。保理业务主要面对中小出口商的消费品出口,并且经过几十年的发展,已经逐步形成了较为成熟的服务体系,这对于短期出口信用保险形成了严峻的挑战,面对这一挑战,各发达国家纷纷改革本国的出口信用保险体制,继1991年英国出口信用担保局(ECGD)将其全部短险业务实行私有化卖给荷兰出口信用保险局(NCM)后,全球短期出口信用保险出现了私有化、商业化的趋势,使短期业务逐步纳入市场化运作轨道。

两者具有竞争性的同时也具有互补性。一方面,出口信用保险能填补保理业务的薄弱环节。保理虽然具有综合服务水平较高的优点,但在出口商品种类、出口地区以及抗风险

第六章　其他结算方式

能力等方面有一定的局限性，出口信用保险则能弥补这些不足，具体表现在：第一，出口信用保险为大型机电产品以及资本性产品的中长期出口融资提供支持；第二，保理商为了弥补自身抗风险能力弱的缺陷，扩大业务规模，保理公司将相当一部分保理业务投保出口信用保险，例如国际保理商集团(IFG)就与荷兰出口信用保险局(NCM)有长期的业务合作协议；第三，对于开展保理业务有困难的国家和地区，出口信用保险能在对当地进口商进行充分的风险评估的基础上为出口企业提供保障。

另一方面，保理业务也为出口信用保险扩大了市场份额。这在短期出口业务中表现得尤为突出，对于风险较大的出口业务，出口信用保险机构在为保理商提供风险保障的同时，自身的业务也得到了进一步的扩展。

因此，在应用中，如果是主要以出口高附加值的机电产品、成套设备为主的大型企业可选择出口信用保险，因为其符合国家进出口政策，费用较低，条件优厚；而一般中小型出口企业则应选择国际保理更为合适，因为其方便、灵活，而且能加速资金周转。

四、出口信用保险承保的风险

出口信用保险主要承担被保险人在经营出口业务过程中可能遭受的各种政治风险和商业风险。

1. 政治风险

政治风险(亦称国家风险或非商业风险)，主要指进口商所在国或有关国家法律、政策以及进口商所在国发生战争、内乱等导致无法履行合同的情况。这类风险与国家责任结合在一起，是买卖双方所无法控制的，虽然发生频率低，但一旦发生则造成巨大损失，出口企业自身往往难以承受。具体包括以下几种情况。

(1) 买方所在国家或地区实行汇兑限制。
(2) 买方所在国家或地区实行贸易禁运或吊销有关进口许可证。
(3) 买方所在国家或地区政府颁布延迟对外付款。
(4) 买方所在国家或地区发生战争、动乱等。
(5) 其他导致合同无法履行的政治风险。

案例点击

2003年5月15日，山东省某进出口有限公司向中国出口信用保险公司青岛营业管理部报告：因从中国进口的鸭肉产品中检测出禽流感病毒，日本突然对中国禽肉产品封关，致使出运的43个货柜的肉鸡产品被迫退运回国。2003年5月20日，保户向中国出口信用保险公司报送可能损失，金额799 480.12美元，保户同时提供了日本农林水产省2003年5月12日发布的新闻公报。保险公司一方面指示被保险人将货物退运回国，积极进行处理，以减少损失；另一方面以最快的速度核实损因。经过对被保险人的损失金额进行测算，认为保户提出的转卖方案是可行的，对该方案予以书面确认。后在不到2个月的时间里，完成了定损核赔工作。案件总损失金额 7 089 184.38 元人民币，保险公司共赔付被保险人

6 326 573.28 元人民币，折合 765 002.81 美元。

(资料来源：王中，王晓菌. 外贸法律实务. 北京：对外经济贸易大学出版社，2004:123)

〖点石成金〗
该案是中国出口信用保险公司成立以来第一桩金额较大的政治风险致损的索赔案。政治风险虽然发生频率低，但一旦发生则损失巨大，出口企业自身往往难以承受。本案中出口企业要是事先没有投保出口信用保险，后果则不堪设想。

2. 商业风险

商业风险(亦称买家风险)比信用证更多承担了开证行破产、拖欠、拒绝承兑的责任。这类风险是由进口方原因所造成的，它的发生率高，风险分析技术复杂，很多出口企业要么因为担心风险放弃贸易机会，要么冒险成交而随时面临收汇风险。主要有以下几种情况。

(1) 买方被宣告破产或丧失偿付能力。
(2) 买方拖欠货款超过一定时间(通常规定四个月或六个月)。
(3) 买方在发货前无理中止合同或在发货后不按合同规定赎单提货等。

五、出口信用保险的主要险种

(一)短期出口信用保险

短期出口信用保险保障出口商以信用证(L/C)、付款交单(D/P)、承兑交单(D/A)、赊销(OA)等方式从中国出口或转口的，放账期为一年以内的收汇风险。目前，中国信保开办的短期出口信用保险业务主要如下。

(1) 综合保险(Comprehensive Cover Insurance)：承保出口企业所有以非信用证为支付方式和以信用证为支付方式出口的收汇风险。

(2) 统保保险(Whole Turnover Insurance)：承保出口企业所有以非信用证为支付方式出口的收汇风险。

(3) 信用证保险(L/C Insurance)：承保出口企业以信用证为支付方式出口的收汇风险。

(4) 特定买方保险(Specific Buyer Insurance)：承保出口企业对特定的一个或多个买方以非信用证支付方式出口的收汇风险。

(5) 特定合同保险(Specific Contract Insurance)：承保出口企业在某个特定合同项下出口的收汇风险。适用于较大金额的机电和成套设备等产品出口并以非信用证方式结算的业务。

(6) 买方违约保险(Insurance against Buyer's Breach of Contract)：承保出口企业以分期付款方式签订的商务合同项下因买方违约而遭受的出运前和出运后的收汇风险，适用于机电产品、成套设备出口以及对外承包工程和劳务合作等。

凡在中国境内注册的、有进出口经营权及对外工程承包和劳务合作经营权的企业，均可为其机电产品和/或成套设备出口、对外工程承包和对外劳务合作业务投保买方违约保险。

买方违约保险的特点是：出口以分期付款为支付方式，分期付款间隔期不超过360天。

中国短期出口信用保险承保程序如图 6-5 所示。

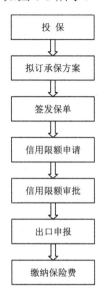

图 6-5　中国短期出口信用保险承保程序

(二)中长期出口信用保险

中长期出口信用保险是承保信用期限在一年以上的出口收汇风险的保险。这种保险旨在鼓励我国出口企业积极参与国际竞争，特别是高科技、高附加值的机电产品和成套设备等资本性货物的出口以及对外工程承包项目，同时支持银行等金融机构为出口贸易提供信贷融资。中长期出口信用保险所承保的出口项目往往金额大、期限长、融资需求强烈，而且收汇风险也很大，因此需要政策性的出口信用保险支持来扩大其出口。

中长期出口信用保险是各国政府促进出口、实施国家外交及外经贸战略和进行宏观经济调控的重要政策手段。因此，中长期出口信用保险业务从风险的承担与补偿、业务政策的制定以及具体项目的承保决策等方面都与国家的政策导向密不可分。

中长期出口信用保险按不同的标准可以有以下几种分类。

(1) 按保单责任开始生效的时间可分为出运前保险和出运后保险。

(2) 按所保风险的范围可分为单纯的政治风险保险、单纯的商业风险保险和政治、商业风险综合保险。

(3) 按承保方式的不同可分为额度保险和项目保险。

(4) 按照融资方式的不同可分为出口买方信贷保险和出口卖方信贷保险(又称"延付合同保险")，由融资方式的不同还可派生出"福费廷保险"(又称"再融资保险")和"融资租赁保险"。

出口卖方信贷保险单见附式 6-3。

附式 6-3　出口卖方信贷保险单

```
          出口卖方信贷
             保险单
                                  保险单号：

    鉴于被保险人(名称见明细表第1项)已向中国出口信用保险公司(以下简称
"本公司")提交中长期出口信用(卖方信贷)保险投保单，要求本公司承保他与买方
(名称见明细表第3项)签订的合同(下称"商务合同"，详情见明细表)并同意缴付
明细表第16项规定的保险费，本公司在充分信赖其所作陈述的基础上，同意出具本
保险单。
    当发生保险责任范围内的原因使被保险人在商务合同下遭受经济损失时，本
公司作为保险人，将按照本保险单的条款、条件、限制以及作为本保险单组成部分
的明细表和批单的规定，赔偿被保险人的上述损失。


              中国出口信用保险公司(盖章)       授权签字


              本保单于      年   月   日在         签发
```

六、出口信用保险的作用

1. 解除企业采用灵活结算方式的后顾之忧，提高市场竞争能力

投保出口信用保险使企业能够采纳灵活的结算方式，接受银行信用方式之外的商业信用方式(如 D/P，D/A，OA 等)。使企业给予其买家更低的交易成本，从而在竞争中最大程度抓住贸易机会，提高销售企业的竞争能力，扩大贸易规模。

2. 提升债权信用等级，获得融资便利

出口信用保险承保企业应收账款来自国外进口商的风险，从而变应收账款为安全性和流动性都比较高的资产，成为出口企业融资时对银行的一项有价值的"抵押品"，因此银行可以在有效控制风险的基础上降低企业融资门槛。

案例点击

我国某番茄出口龙头企业，多年来通过中国信保的支持，累计从中国银行、汇丰银行、农业银行、建设银行、中信银行、渤海银行获得信用保险项下贸易融资达12亿元人民币，特别是在国际金融危机冲击期间，该公司仍可在银行获得出口信用保险项下融资额度，在"承接海外订单"方面占据了有利位置。在中国信保的支持下，该公司年出口番茄酱30万吨左右，带动当地的番茄种植面积达55万亩，保证了30万户番茄种植农户的收入。

(资料来源：中国贸易报网，
http://www.chinatradenews.com.cn/founder/html/2009-09/03/content_16050.htm)

〖点石成金〗
国际金融危机形势下，中国信保加强与银行的合作力度，1月至7月，为企业提供出口

信用保险项下融资便利约518亿元人民币。广大中小企业是贸易融资的最大受益者，在中小企业比较集中的宁波、义乌、苏州、东莞等地，中国信保营业机构有的与当地政府及有关银行签订三方协议，有的与多家银行签订合作协议，为中小企业提供信用保险项下的融资便利，积极支持中小企业发展，实现企业、银行与信保的三赢局面。

3．建立风险防范机制，规避应收账款风险

借助专业的信用保险机构防范风险，可以获得单个企业无法实现的风险识别、判断能力，并获得改进内部风险管理流程的协助。另外，交易双方均无法控制的政治风险可以通过出口信用保险加以规避。

4．通过损失补偿，确保经营安全

通过投保出口信用保险，信用保险机构将按合同规定在风险发生时对投保企业进行赔付，有效弥补企业财务损失，保障企业经营安全。同时，专业的信用保险机构能够通过其追偿能力实现企业无法实现的追偿效果。

第七节　各种结算方式的选用

在前面内容中分别介绍了汇款、托收、信用证、BPO、银行保函和备用信用证等不同的结算方式。在一般的国际货物买卖合同中，通常只单独使用某一种方式。但在特定情况下，也可在同一笔交易中把两种甚至两种以上不同的方式结合起来使用。总之，在实际业务中，根据不同国家和地区、不同客户、不同交易的实际情况，正确和灵活地选用货款结算的方式是一个关系到交易成败的重要问题。

一、选择结算方式时应考虑的一些问题

各种不同的结算方式，对国际货物买卖中的进出口人而言，各有利弊。因此，在实际业务中，应针对不同国家(地区)、不同客户、不同交易的具体情况全面衡量，取长补短、趋利避害，力求做到既能达成交易，又能维护企业的权益，最终达到确保外汇资金安全，加速资金周转，扩大贸易往来的目的。

在影响不同结算方式利弊的诸因素中，安全是第一重要问题，其次是占用资金时间的长短，至于办理手续的繁简，银行费用的多少也应给予适当的注意。以下是我们在选择结算方式时经常需要考虑的一些问题。

(一)客户信用

在国际货物买卖中，依法订立的合同能否顺利圆满地得到履行，客户的信用是决定性的因素。因此，要在出口业务中做到安全收汇，在进口业务中做到安全用汇，即安全收到符合合同的货物，就必须事先做好对国外客户即交易对手的信用调查，以便根据客户的具体情况，选用适当的结算方式，这是选用结算方式成败的关键和基础。对于信用不是很好或者尚未充分了解的客户，进行交易时，就应选择风险较小的方式，例如在出口业务中，一般可采用跟单信用证方式，如有可能也可争取以预付货款方式支付。若与信用很好的客

户交易时,由于风险较小,就可选择手续比较简单、费用较少的方式。例如,在出口中可以采用付款交单(D/P)的托收方式等。至于承兑交单(D/A))的托收方式或赊账(例如货到目的地后以电汇,即 T/T 方式付款),应仅限于本企业的联号或分支机构,以及确有把握的个别对象,对一般客户应从严掌握,原则上不能采用。

(二)经营意图

选用支付方式,应结合企业的经营意图。在货物畅销时可以提高售价,而且卖方还可选择对己最有利的结算方式,包括在资金占用方面最有利的方式;而在货物滞销时或针对竞争激烈的商品,不仅售价可能要降低,而且在结算方式上也需作必要让步,否则就可能难以达成交易。

(三)贸易术语

国际货物买卖合同中采用不同的贸易术语,表明交货方式与适用的运输方式是不同的。而在实际业务中,也不是每一种贸易术语都能适用于任何一种结算方式。例如,在使用 CIF、CFR、CIP、CPT 等属于象征性交货或称推定交货术语交易中,采用的是凭单交货、凭单付款的方式,卖方交货与买方收货不同时发生,转移所有权是以单据为媒介,就可选择跟单信用证方式。在买方信用较好时,也可采用托收,例如付款交单(D/P)方式收取货款。但在使用 EXW、DES 等属于实际交货方式术语交易中,由于是卖方通过承运人向买方直接交货,卖方无法通过单据控制物权,因此一般不能使用托收。因为如果通过银行向进口方收款,其实质是一笔货到付款,即属赊销交易性质,卖方承担的风险极大。即使是以 FOB、FCA 条件达成的买卖合同,虽然在实务中也可凭运输单据,例如凭提单和多式联合运输单据交货与付款,但这种合同的运输由买方安排,由卖方将货物装上买方指定的运输工具,或交给买方指定的承运人,卖方或接受委托的银行很难控制货物,所以也不宜采用托收方式。

(四)运输单据

如货物通过海上运输或多式联合运输,出口人装运货物后得到的运输单据一般为可转让的海运提单或可转让的多式联运单据。因这些单据都是货物所有权凭证,是凭以在目的港向轮船公司或联运承运人提取货物的凭证,在交付给进口人前,出口人尚能控制物权,故可适用于信用证和托收方式结算货款。如若货物通过航空、铁路或邮政运输时,出口人装运货物后得到的运输单据为航空运单、铁路运单或邮包收据,这些都不是货物所有权凭证,收货人提取货物时也不需要这些单据。即使通过海上运输,如运输单据为不可转让的海运单,由于它也不是物权凭证,提货时也无须提交这种单据。因此,这些情况都不适宜做托收。在采用信用证方式情况下,全套运输单据均应直接向开证行或其指定银行递交,除非信用证有特别规定,出口人也不能将其中的一份直接寄给进口人,其目的是便于银行控制货物。

案例点击

A 公司生产纺织品并出口到一些国家,最近该公司试图打开 B 国的市场。在 B 国,纺织品市场的竞争比较激烈。A 公司与正在商谈中的 C 进口公司是第一次交易。A 公司应该如何选择支付方式,既有利于打开市场,又能减少收汇风险?

〖点石成金〗

在国际贸易中,当事人应根据交易对手信用状况选择支付方式。交易对手的资信情况对交易的顺利进行起着关键性的作用。出口商要想能够安全地收款,进口商要想安全地收货,都必须调查对方的信用。当对其信用不了解或认为其信用不佳时,尽量选择风险较小的支付方式,如信用证结算方式,或多种方式并用,如汇款方式加上保函方式等。而当对方信用好,交易风险很小时,即可选择对交易双方都有利的手续少、费用少的方式。

在出口商刚进入某一市场,而这一市场又竞争激烈时,为使自己的商品能很快有销路,出口商可以选择D/A或O/A支付方式,给进口商以支付方式上的好处,而同时接受保理服务,可以起到提高收汇安全性的效果。

总之,对出口商来说,既要发展业务,争取市场,又要保证收汇安全。在此过程中,要根据实际业务的情况,综合地使用支付方式,这样才能使各种支付方式充分地发挥其功能。

(资料来源:案例72:如何选择支付方式,既有利于打开市场,又能减少收汇风险.国际贸易结算案例 汇集贴(110例). 福步外贸论坛, http://bbs.fobshanghai.com/viewthread.php?tid=1160118&extra=&page=5)

二、多种结算方式结合使用的技巧

在国际贸易中,一笔交易,通常只选择一种结算方式。但由于不同的结算方式各有利弊,买卖双方所承担的风险和资金占用的时间各不相同,因此,为了取长补短,做到既能加快资金周转,又能确保收付外汇的安全,以利达成交易,扩大贸易,在同一笔交易中选择两种或两种以上的结算方式结合起来使用是比较有效的做法。目前,常见的有以下几种。

(一)托收与汇款相结合

出口企业在属于贸易弱势一方的情况下,往往被迫接受外国进口商要求的以托收方式做结算。为减少收款风险,出口企业可要求进口商先支付一定的预付款或押金(一般为总金额的20%~30%)。货物出运后,出口企业再从货款中扣除预付款,其余部分通知银行托收。在出口贸易中此种组合结算方式的运用较多,进出口双方一般也能接受此种结算条件。

案例点击

甲国的A公司出口机电设备给乙国的B公司。A公司为了收汇安全,希望B公司预付货款,而B公司为了保证能收到货物,希望采用托收的结算方式。双方需要寻找一种较为平衡的结算方式。考虑到信用证结算费用较高,他们不打算使用信用证结算方式。请分析在这种情况下,可以怎样结合不同的结算方式?

〖点石成金〗

本案可以采用托收与汇款相结合的结算方式。A公司为了收汇更有保障,加速资金周转,可以要求进口商在货物发运前,使用汇款方式,预付一定金额的定金(Down Payment)作为保证,或一定比例的货款,在货物发运后,当出口商委托银行办理跟单托收时,在托收全部货款中,将预付的款项扣除,如托收金额被拒付,出口商可将货物运回,以预收的定金或货款抵偿运费、利息等一切损失。至于定金或预付货款规定多少，可视不同客户的资信和不同商品的具体情况确定。

托收方式，是一种对进口商较为有利的结算方式，汇款(尤其是预付货款)方式，是一种对出口商较为有利的结算方式。两种方式的结合，往往使进出口商的利弊悬殊缩小或接近。

(资料来源：案例76：一种较为平衡的结算方式. 国际贸易结算案例 汇集贴(110 例). 福步外贸论坛，http://bbs.fobshanghai.com/viewthread.php?tid=1160118&extra=&page=6)

(二)信用证与汇款相结合

信用证与汇款结合是指部分货款采用信用证，余额货款采用汇款。例如买卖矿砂、煤炭、粮食等散装货物，买卖合同规定 90%货款以信用证方式付款，其余 10%俟货物运抵目的港，经检验核实货物数量后，按实到数量确定余数金额以汇款方式支付。又如，对于特定商品或特定交易需进口人预付定金的，也有规定预付定金部分以汇款方式支付，其余货款以信用证方式结算。

案例点击

甲国的 A 公司出口农产品给乙国的 B 公司。双方商定用信用证方式结算。由于商品的数量不易控制，B 公司在申请开证时，难以确定金额。请分析在这种情况下，可以怎样结合不同的结算方式，既可以保证收汇，又有数量和金额变化的灵活性？

〖点石成金〗

本案可以采用信用证与汇款相结合的方式，即，主体货款用信用证方式，余款用汇款方式在货物发运后支付。在货物发运前，先开立信用证，规定凭装运单据支付若干金额，待装运完毕核算装运数量，或货物到达目的地经检验后，将余款用汇款方式支付。

主体货款用信用证方式，在货物发运前，先开立信用证，可以保证收汇的安全；余款用汇款方式，在货物到达进口国后支付，又考虑到了数量和金额变化的灵活性。通过不同结算方式的结合，满足了结算中不同方面的需要。

(三)信用证与托收的结合

信用证与托收的结合运用是指不可撤销信用证与跟单托收两种方式的结合，其具体做法是一笔交易的货款部分以信用证付款，其余部分以托收方式结算。所以，又称"部分信用证、部分托收"。在实际运用时，托收必须是付款交单(D/P)方式，出口人要签发两张汇票，一张用信用证项下部分的货款凭光票支付；另一张须随附全部规定的单据，按跟单托收处理。这种做法对进口人来说，可减少开证金额，少付开证押金，少垫资金；对出口人来说，虽托收部分有一定风险，但有部分信用证的保证，且货运单据跟随托收汇票项下，开证行须俟进口人付清全部货款后才能放单，所以，出口人的收汇安全就较有保障。举例如下：

"X%发票金额凭即期光票支付，其余 X%即期付款交单。100%发票金额的全套货运单据随附于托收项下，于申请人付清发票全部金额后交单。若进口人不付清全部金额，货运单据由开证银行(或付款银行)掌握，凭出口人指示处理。"(…% of the invoice value is available against clean draft at sight while the remaining …% of documents be held against payment at sight under this credit. The full set of the shipping documents of 100% invoice value shall accompany the collection item and shall only be released after full payment of the invoice value. If the importer fails to pay full invoice value, the shipping documents shall be held by the issuing Bank(or Paying Bank) at the exporter's disposal.)

案例点击

甲国的 A 公司出口机电设备给乙国的 B 公司。由于货款金额大，B 公司在申请开证时，银行要求其支付较高的押金。B 公司的流动资金比较紧张，觉得支付该数量的押金比较困难。B 公司转而与 A 公司商量采用托收的结算方法，但 A 公司基于收汇安全的考虑，认为全额托收不可接受。请分析在这种情况下，可以怎样结合不同的结算方式，既可以使 B 公司少付押金，又可以保证 A 公司的收汇安全？作为 B 公司的开证行，应该在信用证中怎样注明？在出口合同中，又应怎样反映？

〖点石成金〗

本案可以采用信用证与托收相结合的方式，即，部分信用证，部分收托的一种结算方式。进口商可开立交易总额若干成的不可撤销信用证。其余若干或用付款交单方式由出口人另开立汇票，通过银行向进口商收取。通常的做法是：信用证规定受益人(出口商)开立两张汇票，属于信用证部分货款，凭光票付款，全套货运单据，则附在托收部分汇票项目下，按即期或远期付款托收。

在实践中，为防止开证银行未收妥全部货款前，即将货运单据交给进口商，要求信用证必须注明"在全部付清发票金额后方可交单"的条款，如下。

Payment by irrevocable letter of credit to reach the sellers××days before the month of shipmen stipulating that the remaining××% against××% of the invoice value available against clean draft while the draft on D/P sight basis; The full set of shipping documents shall accompany the collection draft and, shall only be released after full payment of the invoice value. If the buyers fail to pay the full invoice value, the shipping documents shall be held by the issuing bank at the seller's disposal.

在出口合同中，也应规定相应的支付条款，以明确进口商的责任。

这种做法，对进口商来说，可减少开证金额，少付开证押金，少垫资金；对出口商来说，因有部分信用证的保证，且信用证规定货运单据跟随托收汇票，开证银行须待全部货款付清后，才能向进口商交单，所以，收汇比较安全。

(资料来源：案例75: 怎样结合不同的结算方式，既少付开证押金，又保证收汇安全. 国际贸易结算案例 汇集贴(110 例). 福步外贸论坛，http://bbs.fobshanghai.com/viewthread.php?tid=1160118&extra=&page=5)

(四)信用证与银行保函相结合

信用证与银行保函相结合适用于成套设备或工程承包交易。除了支付货款外，还有预付定金或保证金的收取。一般货款可用信用证支付，预付定金或保证金可以开立银行保函。如果是招标交易，则须投标保函、履约保函、退还预付定金保函与信用证相结合。

案例点击

生产电信设备的甲国的 A 公司与乙国的电信运营商 B 公司签订了电信设备供货协定。根据该协定，A 公司向 B 公司出口电信设备，B 公司付给 A 公司电信设备的货款，其中条款如下。

(1) 10%为预付定金，在发货前支付。

(2) 75%为货款，凭发票支付。

(3) 15%为尾款，在设备正常运营 6 个月后支付。

请分析在这种情况下，可以怎样结合不同的结算方式，既保证 A 公司的收汇安全，也保证 B 公司在预付定金后，A 公司能履约发货？

〖点石成金〗

本案可以采用信用证与保函相结合的方式。在成套设备或工程承包交易中，除了支付货款外，还要有预付定金或保留金的收取。在这样的交易下，一般货款可用信用证方式支付，保留金的支付及出口商违约时的预付定金的归还可以使用保函解决。

信用证用银行信用保证出口商收汇安全，而保函则保证了，在合约未得到适当履行时受损一方可以得到赔偿。两种方式的结合，是成套设备或工程承包交易中常见的方式。

(资料来源：案例 77：成套设备贸易的结算方式. 国际贸易结算案例 汇集贴(110 例). 福步外贸论坛，http://bbs.fobshanghai.com/viewthread.php?tid=1160118&extra=&page=6)

(五) 托收与银行保函相结合

在采用托收方式时，为了使收取货款有保障，可以让进口商申请开立保证托收付款的保函；一旦进口商没有在收到单据后的规定时间内付款，出口商有权向开立保函的银行索取出口货款。

(六) 汇款与银行保函相结合

我国外贸实践中，当相应货物处于买方市场或进口商为大型跨国公司时，我国出口企业往往被要求按货到付款的汇款方式进行货款的结收。此时，如条件允许，出口企业应尽可能要求进口商提供银行保函，保证进口商在提货后的规定时间内按合同付款，如果进口商拒付，将由担保行承担付款责任，以维护自身作为弱势一方的合法权益。

(七) 托收与保理相结合

在贸易合同约定以承兑交单托收方式进行贸易结算时，出口企业为降低收汇风险，获得坏账担保及贸易融资，可向保理商出售其拥有的出口债权。一般来说，在纺织品、服装、轻工业品、印刷品、塑料制品及机电产品等商业周转快、交易额不大、收汇期较短的出口贸易中使用此种组合结算方式，既能防范风险又能获得融资，对出口企业较为有利。

(八) 托收与福费廷相结合

在进出口双方约定以托收方式进行贸易结算时，出口企业可以向福费廷商打包出售其持有的债权凭证,以降低收汇风险,并获得坏账担保及贸易融资。一般情况下,在涉及贸易金额较大、商业周转期较长的出口贸易时,采用此种组合结算方式,出口企业既能获得充足的中长期融资,又能大大降低交易风险。

(九) BPO 与福费廷相结合

BPO 也可以与福费廷结合使用。由国际商会银行委员会和国际福费廷协会(IFA)2013 年 1 月 1 日联合推出的《福费廷统一规则(URF800)》将融资工具的范围做了进一步扩展和明确,包括信用证、汇票、本票、发票融资等一切含有索款要求(Payment Claims)的结算工具都可以办理福费廷业务。《福费廷统一规则(URF800)》中所附的《福费廷主协议》模板中明确指出:

The seller may wish, from time to time, to offer payment claims for sale to the buyer and the buyer may agree to purchase payment claims arising under:

a. documentary credits in which the seller is the beneficiary;

b. bills of exchange or promissory notes, avalizedor secured by guarantees;

c. loan and facility agreements;

d. book receivables with or without guarantees; and

e. any other instruments or agreements decided upon by the parties.

(出卖方可以希望不定期向买受方出售,以及买受方可以同意购买以下原因产生的索款请求:a.出卖方为受益人的跟单信用证;b.保付加签或加保的汇票或本票;c.贷款和信贷协议;d.有担保或无担保的应收账款;e.以及由当事人决定的任何其他结算工具或协议。)

从上述协议条款中可以看出,汇票仅是福费廷业务包买的一种情况而已,只要有索款要求(Payment Claims)就可以操作福费廷业务。BPO 模式下,第二次商业信息匹配成功后,买方银行(Obligor Bank)承诺承担到期付款的责任,即相当于对该应收账款进行了担保,卖方银行(Recipient Bank)便可以对该应收账款进行买断。这样,客户在享受 BPO 模式带来的高效、便捷的同时,还可以感受到银行这项服务的准确性和安全性,从而解决其在卖方银行授信额度不足的问题,改善其会计报表。这对中小企业来说尤其具有特殊意义。据媒体报道,2013 年年初,中国银行浙江省分行已成功地操作了全球首笔 TSU 平台 BPO 项下福费廷业务,通过 BPO 使赊销业务成功地引入福费廷,产生新的金融创新服务。

案例点击

2012 年,中行浙江省分行某客户欲以远期 180 天赊销方式采购玻璃产品,而卖方因规模较小在该行无授信,无法获得融资也无法承受如此长的账期,双方谈判陷入僵局。后来经过与客户的充分沟通,中行为该笔交易量身订制了 TSU 平台下的福费廷产品:以 TSU BPO、福费廷特色产品为依托,占用金融机构额度为卖方提供融资。本次业务中,中行浙江省分行既作为买方银行又作为卖方银行,"一站式"处理整个业务,高效快捷,为客户解了燃眉之急,获得了客户的好评。

〖点石成金〗

TSU BPO 是指买方银行或其他付款银行在 TSU 系统中作出承诺,当卖方银行录入 TSU 的贸易单据信息与之前录入并核实的订单信息相匹配时,即承担付款责任。出于风险控制的考虑,目前福费廷业务多在信用证下叙做,业务面较窄。而在全球范围内,曾被广泛接受的传统贸易工具如信用证和托收，不断让位于被贸易方越来越多采用的赊销业务的持续增长。此次该行通过 TSU BPO 成功将福费廷业务引入赊销业务，创新了金融服务，成为全球首笔 TSU 平台下的福费廷业务。

(资料来源：中行浙江分行成功办理全球首笔 TSU 项下福费廷业务.浙江在线，http://biz.zjol.com.cn/05biz/system/2012/01/12/018140805.shtml)

(十)电汇与出口信用保险相结合

电汇与出口信用保险搭配使用比信用证方式更为廉价，所以有利于出口企业降低成本，争取到更好的价位，同时电汇结算方式也减轻了进口商资金周转的压力，又进一步化解了出口商安全收汇的后顾之忧，从而有助于增强企业的竞争力。

在出口信用保险的保障下，出口商可以放心大胆地使用风险较大的电汇结算方式。而货到付款、电汇结算(后 T/T)是进口商非常容易接受的一种方式，所以贸易达成的概率就提高了，可以使企业实现结识新客户，开拓新市场，扩大业务量的目的，从而进一步促进了出口贸易的迅速发展。

(十一)汇款、托收、信用证、保函或备用信用证多种结算方式结合使用

在国际贸易中，对于大型机械、成套设备、飞机与轮船等大型交通工具的交易，由于这种交易具有货物金额大、制造生产周期长、检验手段复杂、交货条件严格，以及产品质量保证期限长等特点，可以按工程进度和交货进度分若干期付清货款。此时，一般将汇款、托收、信用证、保函或备用信用证多种结算方式结合起来使用。

复习思考题

1. 什么是 BPO？与传统的信用证和赊销相比有何优势？
2. 什么叫银行保函？它有哪些作用？
3. 银行保函与信用证相比有哪些异同？
4. 什么叫备用信用证?它有哪些性质？
5. 规范备用信用证的国际惯例有哪些？
6. 备用信用证与跟单信用证、银行保函相比，各有哪些主要异同？
7. 什么叫国际保理？双保理的工作程序怎样？请以图示说明。
8. 国际保理对出口商有哪些作用？
9. 保理业务中的风险有哪些？应如何防范？
10. 当前，国际保理按什么规则开展？
11. 什么叫福费廷业务？有何特点？
12. 福费廷业务对各当事人分别有哪些利弊？
13. 福费廷业务与国际保理相比，有哪些异同？
14. 出口信用保险有何特点？它与国际保理可以相互替代吗？
15. 如何正确和灵活地选用货款的结算方式？

第七章 国际结算中的单据

【本章学习要求】

通过本章的学习，了解国际贸易结算中使用的单据的基本分类情况；理解主要单据发票、海运提单和保险单据的概念、性质、作用及种类；掌握UCP600中对相关单据的具体规定；熟练掌握发票、海运提单和保险单据的审核。在正确理解主要单据的内容、UCP600相关条款的含义的基础上，掌握银行对全套单据审核的操作技能，以提高综合业务的处理能力。

【本章重点】

商业发票、保险单和海运提单的概念、性质、作用及银行审核要点

【本章难点】

各种商业单据的正确制作和审核

【章前导读】

I 银行开立了一张不可撤销信用证,经由通知银行 A 通知给了受益人。该信用证对单据方面的要求如下:

(1) 商业发票;

(2) 装箱单;

(3) 由 SSS 检验机构出具的检验证明书;

(4) 海运提单表明货物从 PPP 港运至 DDD 港,提单做成开证行抬头。

受益人在货物出运后将全套单据送至 A 银行议付,A 银行审单后指出下列不符点:

(1) 检验证书的出单日期迟于货物装运日,并且未能指明具体货物的检验日期;

(2) 装箱单上端未印有受益人公司、地址等文字,且装箱单未经受益人签署;

(3) 提示了运输行收据而不是信用证上所要求的提单。

A 银行将上述不符点通知受益人,受益人要求其电传 I 银行要求其授权付款。I 银行与申请人联系后,申请人不愿取消这些不符点。因为他不能确定该批货物是否已适当检验过?货物是否已出运?除非授权其在货到后检验货物,检验结果表明货物完好无损,否则他将拒绝付款。I 银行告诉 A 银行其拒绝付款的决定,并保留单据听候指示。

A 银行提出的不符点中,除了装箱单以外,其他均是正确的。根据 UCP600 第三十四条:银行对任何单据的形式、充分性、准确性、内容真实性、虚假性或法律效力或对单据中规定或添加的一般或特殊条件,概不负责。如果信用证中没有特别规定,只要提交的单据上内容与任何其他提交的所规定单据内容无矛盾,则银行将接受这类单据。由于信用证根本未指明装箱单由哪方开立,只要装箱单上内容与其他单据不矛盾,理当接受。此外,除非信用证明确规定装箱单要签署,否则未经签署的装箱单也是可以接受的。以 UCP600 第三十四条的标准来判断,似乎检验证书也符合规定。但是常识告诉我们商品检验应先于货物装运,就像保险应先于货物装运一样,所以检验证书的出单日应先于或等于货物装运日。有运输行承运人签发的单据,如运输行收据(Forwarder's Certificate of Receipt,FCR)不是运输单据,因此它不属于 UCP600 所划定的运输单据的范畴。若信用证要求提供海运提单,运输行收据当然不会为银行所接受。

(资料来源:案例 9:对有关单据的认识问题. 国际贸易结算案例 汇集贴(110 例). 福步外贸论坛,
http://bbs.fobshanghai.com/thread-1160118-1-1.html)

【关键词】

单据 商业发票 海运提单 保险单

第一节 单据概述

行话说"国际贸易就是单据的买卖",从签订合同到报关出运、交单议付、结汇做账、核销退税,单据贯穿了进出口业务的全过程。单证人员稍有不慎,轻则报不了关,退不到税,重则收不到国外客户的货款。

一、单据的定义

单据(Documents)，是指在国际结算中应用的单据、文件与证书的统称，买卖双方凭借它来处理货物的交付、运输、保险、商检、报关、结汇等。单据作为一种贸易文件，它的流转环节构成了贸易程序，如图7-1所示。通常我们把单据的制作、审核与提交等工作称为单证工作。

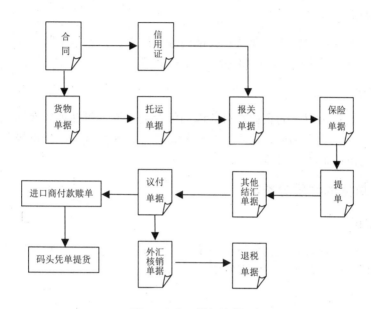

图 7-1　出口单据流程

单证工作贯穿于企业的外销、进货、运输、收汇的全过程，工作量大，时间性强，涉及面广，除了外贸企业内部各部门之间的协调外，还必须和银行、海关、交通运输部门、保险公司、商检机构、有关行政管理机关发生多方面的联系。环环相扣，相互影响，互为条件。

单据是合同履行的手段和证明。在业务活动中提交相应单据是当事人履行合同的手段，也是当事人完成合同义务的证明。对于出口商而言，单据是出口货物推定交付的证明，可以表明出口商是否履约、履约的程度。进口商则以单据作为提取货物的重要凭证，有了单据，就表明有了货物。

单据也是结算货款的重要工具。实际业务中对如何实现货币的转移，怎样支付货款多通过单据加以实现。

单据还是避免和解决争端的依据。因为国际贸易是单据贸易，所以在合同订立之前、之中和之后都要对相关单据严格把关，不然就可能造成因单据的不规范、不确切、存在授人以柄的漏洞而引发麻烦或在发生有关争议后无法利用合法的手段(出示合格的单据)保护自己，更谈不上对对方的不合理要求据理力争、胸有成竹地说"不"。

二、单据的分类

国际贸易中涉及的单据很多,而且每一笔交易所需要的单据也不尽相同。根据不同的分类标准,外贸单据可以划分为不同的种类。

(一)根据贸易双方涉及的单据分类

1. 进口单据

进口单据,是指进口国的企业及有关部门涉及的单据,包括采购合同、进口许可证、信用证开证申请书、信用证、进口报关单、保险单等。

2. 出口单据

出口单据,是指出口国的企业及有关部门涉及的单据,包括销售合同、出口许可证、发票、装箱单、出口货运单据、保险单、检验检疫证、原产地证、出口报关单、汇票、出口收汇核销单与出口退税证明等。

(二)根据单据的性质分类

1. 官方单据

官方单据主要指由官方机构核发的单据,诸如进出口报关单、检验检疫证、进出口收付汇核销单、原产地证和海关、领事发票等。

2. 金融单据

金融单据,是指与资金有关的凭证,如汇票、本票、支票及其他类似用于取得款项的凭证。

3. 商业单据

商业单据,是指除了官方单据与金融单据以外的主要由进出口商、运输部门、保险公司等制作并提供的所有其他单据,如发票、包装单据、运输单据或其他类似单据。

(三)根据单据的地位分类

1. 基本单据

基本单据包括商业发票、保险单据和运输单据,是每一笔进出口贸易通常情况下必不可少的单据。

2. 附属单据

附属单据是基本单据以外的任何单据,是进口商根据进口地当局的规定,货物性质的不同,国与国之间的贸易关系,制单本身的要求,或其他需要,而要求出口商特别提交的单据,如海关发票、领事发票、产地证、卫生检验证以及附属于商业发票的单据,如装箱单、尺码单等。

(四)根据单据的形式分类

1．纸质单据

在传统的国际贸易中，无论是办理运输、保险，报检、报关，还是办理收汇、核销，普遍使用纸质单据，而且离不开纸质单据，代表货权的单据的转移就等于是货物的转移，因此，国际贸易可以说就是纸质单据贸易。

2．电子单据

随着互联网技术及电子商务的高速发展，贸易双方以及船公司通过电子商务提供商的网络平台传递电子单据逐年增加。一些国际上铁矿石、锰矿、原油等大宗商品的提供商是电子交单业务的重要推动者。[①]与传统纸质单据处理模式相比，电子交单方式具有明显的优势：一是通过网络传输和处理单据，实现了贸易信息的全程电子化，进而降低了交易成本，加速了贸易进程；二是通过电子数据交换，实现了对贸易全过程的监控和管理，大大提高了企业的管理水平，使得供应链管理在企业的实际运作中发挥了更大的效能；三是通过电子提供商提供物权登记服务，可以确保实现电子提单货权的逐级转让，使贸易结算建立在真实的物权基础上，大大降低了贸易欺诈的风险。

根据《2010通则》，电子单据与纸质单据具有同等的法律效力。

此外，单据还可以从其他角度来划分，比如从贸易环节角度单据可以分为：货物单据、托运单据、报关单据、保险单据、结汇单据、核销单据、退税单据、(如发生争议)争议索赔单据等。

三、单证工作程序与基本要求

(一)单证工作程序

任何一个环节的单证工作都可以缩略为以下三个方面，即制单、审单与交单。该工作程序的主要依据是合同、信用证、有关惯例、规定和买卖货物的原始资料。

(1) 制单。单据不同的出单人各异：发票、箱单、汇票等由卖方做；运输部门通常会配合出具提单、运单、船证等；货物的保险手续则一定由保险公司办理，这就要求相关各方应密切协作，按要求顺序出单。

(2) 审单。对制作完成的单据应严格审核，审核的一般过程是：制单人及其所在公司内部先自行核实，确认所做单据没有问题的情况下，再向本国银行/相关部门提交，银行有关部门将结合信用证等对单据进行逐字、逐句的审核，如单、证内容表面一致，银行将通过一定方式把全部单据寄国外有业务往来的银行(付款行)，付款行审核后如无异议即履行付款义务，买方从付款行赎单前也要对单据进行审核，所以审核单据从出口方、出口银行、进口银行和进口方之间一直在进行。

(3) 交单。如果单据的制作和审核没有发现任何问题，按规定的时间、方式和要求的种类、份数提交合格单据就成为顺理成章的事了。

[①] 李峰，焦芳. 电子交单业务的未来. 中国外汇，2014(12).

(二)单证工作的基本要求

单证工作有五个基本要求：正确、完整、及时、简明、整洁。说起来共十个字，操作的时候难度还是不小的，如果真的做到了这十个字，就说明你的制单水平无人能比了。

1) 正确(correctness)

正确是所有单证工作的前提，要求制作的单据应首先满足单单、单证一致。其次，各种单据应符合国际贸易惯例、各国/行业法律和规则的要求。例如，输往加拿大、美国等国的货物，没有使用木质包装的话，要提供无木质包装证明，使用的话要进行熏蒸处理，并提供证书。最后，单据还应与所代表的货物无出入。

知识拓展

部分国家对单据的特殊规定

国有国法，家有家规，每个行业都有其特定的规矩，出口企业应按规定的格式和要求将相关数据填写完整后予以提交。

- 像出口纺织品时经常会遇到国外要求我们提供 AZO-free Certificate(无偶氮证明，这是与人类健康有关的一种特殊单据)。
- 出口到信仰伊斯兰教国家的禽类产品，进口商有时会提出由出口地伊斯兰教协会出具有关证明。
- AMS 舱单由美国开始，现已扩展到加拿大、澳大利亚、欧洲等许多国家。
- 农药产品出口到美国、欧盟等国时，进口商通常会要求出口方提供所出口的农药产品的 MSDS(危险数据资料卡)。

2) 完整(completeness)

完整从某种意义上讲主要指一笔业务所涉及全部单据的完整性。可从以下几方面理解：第一，内容完整。曾经有一批袍子出口阿联酋，信用证上的价格术语为 CIF Dubai(迪拜到岸价)，当出口商交单结汇时遭拒付，理由是发票上仅有目的港名称(Dubai)，没有价格术语。出口商则认为，发票上虽未显示价格术语，但海运提单上注明了运费预付，而且也提交了保险单，由此可看出是到岸价。但银行仍不同意付款，经反复磋商，最终只收回了90%的货款，蒙受了近50 000元人民币的损失。第二，份数上完整。第三，种类的完整。凭单据买卖的合同/信用证都会明确要求出口方需提交哪些单据、提交几份、有无正副本要求、需否背书及应在单据上标明的内容，所有这些都必须得到满足。比如，有一批价值为 110 000 美元的日用品出口中东，信用证中对单据要求有一条为"装箱单和重量单分别一式四份"，但制单人员按照以往的习惯将两种单据印就在一起，致使银行拒付。最后经交涉，补齐单据后才结汇。可是卖方因此承担了利息损失和来往函电费用共约 700 多美元。

3) 及时(intime；punctuality)

及时指单据制作不迟延。具体可以这样理解：及时制单、及时审单、及时交单、及时收汇。制作单据是个复杂的工程，多数单据由出口方完成，有些需要相关部门配合完成；审核应齐抓共管，这样就可以保证在规定的时间内把全部合格单据向有关方面提交，及时交单肯定意味着能及时收汇，及时收汇意味着又一个良性业务环节的开始。

及时的另一个要求是指各种单据的出单日期必须合理可行。单据之间的时间必须满足有关合同/信用证/惯例的要求，且先后顺序应合理、符合逻辑性。就两种单据的出单时间先后比较看，有相同、早于和晚于三种情形。例如，保险单必须在提单之前或最晚与提单同一天出具；产地证的出单时间不得早于发票日期(最早是同日)但不能迟于提单日期；报关放行通常应在货物装运前24小时完成；装运通知一般应在装运当天对外发出等。

知识拓展

外贸各种单据的时间顺序

一般地，作为收款用的全套单据，日期以提单上的 ON BOARD DATE 为基准，来确定各单据的日期。各单据日期关系如下。

- 发票(INVOICE)日期一般早于所有单证。
- 装箱单(PACKINGLIST)一般与发票同日，必须在提单日之前。
- 提单日(ON BOARD DATE)不能超过 L/C 规定的装运期。
- 保险单(INSURANCE POLICY)的签发日应早于或等于提单日，不能早于发票。
- 产地证(C/O、FORM A)不早于发票日期，不迟于提单日。
- 商检证(INSPECTION CERTIFICATE)日期不晚于提单日，但也不能过早于提单日。
- 受益人证明(BENEFICIARY CERTIFICATION)等于或晚于提单日。
- 装运通知：等于或晚于提单日后三天内。
- 船公司证明(FORWARDER CERTIFICATION)：等于或早于提单日。
- 汇票(DRAFT)日期应晚于提单、发票等其他单据，但不能晚于 L/C 的效期。

信用证下单据开立的时间顺序如图 7-2 所示。

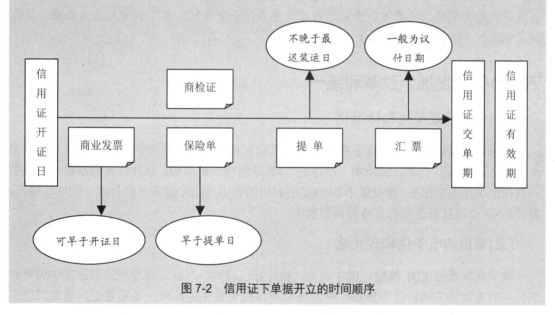

图 7-2　信用证下单据开立的时间顺序

4) 简明(conciseness)

简明指所制作的单据简单、明了。单据中不应出现与单据本身无关的内容。复杂烦琐的细节和加列不必要的内容，反而会弄巧成拙。单据的简化不仅可以减少工作量和提高工作效率，而且也有利于提高单据的质量。例如，货物描述，UCP600 第十四条第五款允许除商业发票以外的其他单据使用与信用证中的货物描述不相冲突的统称。以棉布类商品为例，除非信用证内另有具体规定，在海运提单、保险单及商检证等单据中的品名栏内，均可使用"Cotton Piece Goods"这一统称，这样可以大大减少出口单据的差错，提高单据的质量。

5) 整洁(tidiness)

整洁指单据应清楚、干净、美观、大方，单据的格式设计合理、内容排列主次分明、重点内容醒目突出。不应出现涂抹现象，应尽量避免或减少加签修改。在对某些国家出口货物时，单据的整洁性要求非常严格。有些智利客户申请开出的信用证中，就明确规定所有出口结汇单据必须整洁清晰，不能出现外观错误。如果制单人员对此没有给予充分重视，可能会造成严重的后果。

案例点击

> 2014 年 8 月，我方某公司有一批货物出口智利，因为 8 月份是公司的出口高峰期，工作量较大，制单人员在缮制单据时不免有些粗糙，发票品名处没有打清楚。由于此时国外客户发生资金周转困难，故以单据不整洁不清晰为理由，提出待货物到达目的港检验以后再协商付款问题。历经两个月的交涉，出口公司才收回全部货款，但却损失了近 2000 美元的利息。
>
> (资料来源：国际商务单证实训指导书，江门职业技术学院经济管理系，http://202.104.205.217/jpkc/solver/blob?dddatetttime=1214223494498&key=592900)
>
> 〖点石成金〗
>
> 单据的整洁性在外贸业务中非常重要。注意单据的整洁性以保证单据的外在质量，与注意单据的正确性、完整性以保证其内在质量是同等重要的。本案例中的出口企业就是忽视了整洁性才给自己带来不必要的损失。

四、单据的发展、改革和统一

(一)单据的规范化和标准化

国际贸易发展到今天，许多单据都已规范化和标准化了。典型的如在世界范围内许多单据(包括信用证、提单、保险单、产地证等)都是相同或相似的；以往在某些单据中出现的一些规定现已不复存在，像发票中的 E&OE(有错当查)的规定；许多单据有统一的填写规范：报关单 47 个项目每个都有具体的操作规则。

(二)单据的电子化和现代化

电子化主要指 EDI 单据，现在报关、报检都已联网，产地证和配额许可证的申领可登录商务部有关官方网站进行操作，外汇核销和退税也要先进行网上备案登记，这就可以在单证工作中充分利用现代通信手段和 Internet。为适应贸易电子化的要求，国际商会也适时出台并修订了 eUCP 以满足日益发展的现代国际贸易的需要。

(三)单据制作由繁到简

由繁到简这个趋势主要体现为要求的单据的种类在减少、单据的内容也在日益简单化,只要双方信誉良好,出口方直接发货给进口方,后者直接付款,这样某些单据存在的必要性就大大降低了。

(四)新单据不断出现

典型的如2001年"9·11"后美国海关要求的AMS(电子舱单申报);20世纪60年代随着集装箱运输的出现和发展而产生的集装箱运输单据;我国与东盟达成双边贸易优惠协定后确定我产品原产地的FORM E证书;在纺织品回归WTO后根据中欧、中美达成的协议重新核发的配额许可;2006年一般产地证将由质检局统一对外签发;《中国-瑞士自由贸易协定》①及《中国-冰岛自由贸易协定》于2014年7月1日起正式实施。出口至瑞士和冰岛的货物可直接申请签发中瑞、中冰自贸区原产地证书,经国家质检总局核准的183家原产地声明人可自行做出相应原产地声明,享受进口国关税减免的政策优惠。这就要求我们必须紧跟时代步伐,对新单证、新做法和新规定进行不断地研究和学习。

(五)一次制单

许多公司都有单据制作软件,只要认真填写发票这种基本单据,其他单据都可以自动生成,这样对制单人员的要求会更高,因为所制作的单据一旦出错,会招致业务的满盘皆输。

(六)单证的统一

国际贸易各环节所涉及的大部分单据都有统一的规定和要求,像SWIFT MT700格式的信用证、提单、保险单、产地证、我国各种政府管制单据等。当然目前我国进出口公司的发票、箱单尚待统一。

五、单证从业人员的要求

对于单证从业人员的要求,因每个公司经营规模、经营品种、经营方法等各异会有所不同,但基本要求如下。

(一)爱岗敬业

由于单证工作的特殊性,从业人员应具有很高的政治、职业、道德素质。

---

① 中瑞自贸协定是中国与欧洲大陆签署的首个自贸协定。该协定是一个全面、高水平、互利互惠的协定,瑞方给予降税的产品比例高达99.99%,中方为96.5%,降税幅度大大超过一般自贸协定中90%的降税水平。

(二)知识能力

做好单证工作,从业人员还必须具有功底深厚的国际贸易专业基础理论和专业外语知识。在对外签订、履行合同过程中,如不了解相关的理论知识,就很容易出差错。在我国的贸易发展进程中曾发生过因单据中的一个单词或字母错误而致几十万甚至上百万美元损失的案件。

所以从业人员必须掌握以下专业知识:贸易政策和贸易惯例法律;贸易实务理论及操作;贸易合同、信用证和单据;与贸易有关的运输、保险、报关等各环节的知识;外语知识则应至少能看懂、理解所有单证的要求并照做,以合同、信用证和单据为主线有序操作。

知识拓展

单证员

单证员(Vouching Clerk/Documentary Clerk)是指在国际贸易结算业务中,买卖双方根据销售合同和信用证条款的规定从事各种贸易结算单据和证书的审核、制作,通过处理单证来完成对货物的运输、保险、商检、交付,并提交银行办理议付手续或委托银行进行收款等工作的人员。其工作内容主要是对国际贸易结算业务中所应用的单据、证书和文件(包括信用证、汇票、发票、装箱单、提单、保险单等)进行制作处理,是国际贸易企业开展业务的基础性人才。

单证员是国际贸易的先行官。各种单证的操作实务既是外销、货代、报关和报检等"四大员"的重要组成部分,也是"四大员"入门的首要条件。在国际贸易的每一笔"生意"进行过程中,不论外销、货代、报关、报检中的"哪一员",其"合同、定单、报关、报检、运输、仓储、银行、保险"等各个环节,无一不是通过各种单据凭证来维持。

在我国,负责组织(或曾经负责)单证员考试的机构有:

(1) 中国对外贸易经济合作企业协会(国际商务单证员)(2015年7月20日国务院取消职业资格的许可和认定);

(2) 中国国际贸易学会(全国外贸单证员);

(3) 中国国际经济科技法律人才学会(全国外贸单证员);

(4) 中国商业技师协会(国际商务单证员);

(5) 上海市对外经济贸易教育培训中心(国际贸易单证员)。

第二节 商 业 发 票

商业发票属于基本单据,是国际货物买卖中的核心单据,是整套货运单据的中心,也是制作其他单据的重要依据,一旦这份单据出错,后期很多单据都会产生连锁错误,所以应当格外注意。

一、商业发票的一般概念及其作用

(一)商业发票的一般概念

商业发票(Commerce Invoice)是卖方开立给买方的、说明所交易商品全面及详细情况的单据,是国际贸易中出口方必须向进口方提交的主要单据之一。

(二)国际贸易中商业发票的作用

(1) 出口方出运商品的总说明。在涉及商品种类、规格较多的情况下,是出运商品的品种、规格、单价、数量、货款的明细单。

(2) 出口方向进口方索取所提供的商品、服务价款的单据。

(3) 进、出口双方记账的依据。以发票记载情况作为财务记账的依据是各国工商企业的普遍做法。因此,商业发票上必须有关于所装运货物价值的详细计算过程。

(4) 进、出口方报关和依法缴纳关税的依据。世界上绝大部分国家海关都是根据商业发票上的记载事项(如货物种类、规格、数量、价值、产地等)来计征关税。

(5) 必要时(如:在不使用汇票的情况下——即期付款交单托收、即期付款信用证、延期付款信用证、议付信用证等情况下),进口商为了规避其国内印花税的负担,往往要求出口商不出具汇票,此时,以商业发票作为要求进口方付款的单据。

(6) 进口方核对出口方所交付货物是否符合合同/信用证规定的依据之一。

(7) 在发生需索赔情况时,作为索赔方向理赔方提交的单据之一。

(8) 全套商品单据的中心,在信用证业务中,要以商业发票作为中心,对其他商品单据做横向的审查。

由于商业发票的特殊作用,在国际贸易中,商业发票通常是被要求提交份数最多的单据,在外汇短缺、对进口管制严格的一些发展中国家尤其如此。

二、商业发票的主要内容

各国以至不同的出口商所提供的商业发票形式上往往各不相同;针对不同的交易标的,商业发票也可能有一定的差别。尽管如此,商业发票的基本内容还是比较一致的。通常可将商业发票的内容分成首文、本文和结文三个部分。

(一)商业发票的首文部分

1. "商业发票(Commercial Invoice)"字样

注明"商业发票(Commercial Invoice)"字样,但在实务中常省略"商业(Commercial)"字样,而仅注明"发票(Invoice)"。

2. 出口商的名称、地址、电传号码等

在信用证结算方式中,应是信用证的受益人;若是可转让信用证,并且已被转让,在第一受益人又不拟以自己的发票取代第二受益人的发票时,也可能向银行提交了由第二受益人签发的商业发票。

3. 进口商的名称、地址等

进口商的名称、地址等，通常被称为发票的"抬头"；在信用证结算方式中，发票的抬头通常是信用证的开证申请人，除非信用证另有规定。

4. 发票的号码、开立日期和地点

发票的开立地点即开立人的所在地点。发票开立的日期，若出口方在双方签约后即制作发票，则发票开立日期甚至可能早于信用证开立日期；若在货物装运后开立，则不应晚于信用证的有效期限。

5. 进、出口交易合同的号码

由于商业发票是出口方履行合同的说明，因此，发票上应有交易合同的号码。在信用证结算方式中，还应有有关的开证银行名称、信用证开立日期及其号码。这并非商业发票本身要求，但在信用证结算方式中，考虑到商业发票是出口商品的总说明，列上这些内容可便于结算工作，信用证也往往有这样的要求。商业发票参见附式 7-1、附式 7-2。

(二) 商业发票的本文部分

本节集中阐述有关商品的主要内容。

1. 商品名称及规格

在信用证结算方式中，商品名称及规格应与信用证规定相一致；在货物规格种类较多时，信用证上的货物名称通常比较简单，在发票上则应该在写明信用证上所指定的货物名称外，还应有对货物各种规格的详细描述，但这些描述应能被涵盖在信用证对货物描述的名称内，而不矛盾。除非信用证另有明确规定，发票上不能注明"已用过(used)""旧的(second-hand)""更新的(renew)""修整过(reconditioned)"之类词语，否则，不可接受。在同一信用证涉及多种商品，其规格复杂，信用证上只作简要规定，并提出"货物详情如随附的形式发票"，在附有形式发票的情况下，商业发票上有关商品的详细情况应符合信用证所附的形式发票规定，尽管形式发票的本义对交易双方原无约束力，但在它被信用证所确认，并作为对受益人的要求后，其内容也就成为信用证的组成部分。

2. 商品数量

(1) 计量方法。①按商品的个数计量，如台、辆、架、套等，在信用证的金额、单价或数量前没有"about、circa"之类词语时，发票上的金额、单价或数量没有可伸缩的余地；②按度量衡单位计量的，如公吨、米、立方米、公升、码等，可以有总量的 5% 的增减或伸缩的余地，但不能超过信用证规定金额。

(2) 信用证对商品数量的规定。①若不允许分批装运，则所有商品必须一次全部装运，即数量不能少于规定；②对商品数量的规定有"约(about)""近似(approximately)""大约(circa)""左右(more or less)"一类词语者，允许在规定数量上有不超过 10% 的增减幅度，若没有这类词语，则不能有这样的增减幅度；③在允许有一定增减幅度的情况下，不同规格的商品，应分别计算其允许增减的数量。如果一份信用证规定数量和金额的溢短装是 5%，而该信用证项下的货物有多种品种或规格，那么整个单据上的商品数量和金额的溢短装不

能超过5%的同时,每一品种或规格的商品数量和金额也分别不能超过规定的5%。

附式7-1 商业发票

福建利嘉电器有限公司
FUJIAN LIJIA ELECTRICAL APPLIANCES CO.LTD
NO.2 SECTION 1, CANGSHAN HI-TECH INDUSTRIAL PARK,
FUZHOU, FUJIAN, CHINA

发 票　　　　　　　　　　　DATE: NOV.20, 2008

COMMERCIAL　INVOICE　　INVOICE
NO.04LJ-SM031
　　　　　　　　　　　　　　L/C
NO:0O:04071BOCLC000051
TO MESSER: SAMAY ELECTRONICS PVT.LTD.
　　　　　　M.R.INDUSTRIAL ESTATE,
　　　　　　RAJKOT HIGHWAY,
　　　　　　MORBI(INDIA)

Marks	Description of Goods	Quantity	Unit Price	Amount
	COMPONENTS OF ENERGY SAVING LAMP.　　CIF KANDLA			
	OTHER TERMS AND CONDITIONS AS PER PROFORMA INVOICE			
	INVOICE NO.04LJ-SM03R.DATED 01.07.2008.			
	IMPORT INTO INDIA IS MADE UNDER FREE IMPORTABILITY(O.G.L.)AS PER EXPORT/IMPORT POLICY 2006-2011			
	PLASTIC MATERIAL OF PLASTIC HOLDER IS VIRGIN PBT			
	DESIGN ACCORDING TO 230V AC/50HZ POWER SUPPLY.			
	PACKED FOR EXCLUSIVE USE OF INDUSTRY AS RAW MATERIALS HAS BEEN PRINTED ON EACH CARTON			
	LUMEN 8W-380LM, 11W-560LM, 14W-760LM, 18-1040LM.			
	TUBE LIFE IS 6000-7000HRS			
	TUBE IS MADE FROM TRI-CORE POWDER.			
	IT IS COOL DAY LIGHT.			
	THE COLOR TEMPERATURE IS 64000K			
N/M	1.2U-8W Tube dully fitted with plastic holder	35 190 PCS	USD0.28	USD9 853.20
	2.2U-11W Tube dully fitted with plastic holder	35 190 PCS	USD0.28	USD9 853.20
	3.2U-14W Tube dully fitted with plastic holder	35 190 PCS	USD0.28	USD9 853.20
	4.3U-18W Tube dully fitted with plastic holder	23 460 PCS	USD0.43	USD10 087.80
				USD39 647.40
W/O	USD777.40			
	TOTAL:	129030PCS		USD38870.00
	SAY US DOLLARS THIRTY EIGHT THOUSAND EIGHT HUNDRED AND SEVEN ONLY			

福建利嘉电器有限公司
FUJIAN LIJIA ELECTRICAL APPLIANCES CO.LTD.
(SIGNATURE)

3. 商品单价与总货值

发票上的货物单价和数量的乘积之和,应等于总货值(发票金额)。发票上的这三项都必须与信用证规定一致。根据国际商会的有关规定,银行不负责检查商品单据中的计算细节,只负责核对其总量记载是否符合信用证规定,以及各项单据中的相关记载是否一致或是否矛盾。若信用证有关于折扣或减让等记载,则发票上也应有相应的记载。

4. 货物的包装与重量、尺码、体积

发票上应有商品外包装方式及数量的记载,如铁桶、木箱、编织袋等各多少件,以及毛重、净重等。在信用证业务中,这些记载都必须符合信用证的规定。

5. 价格条件

为了更明确地检验各单据的记载内容是否相符,发票上还应该体现交易双方所约定的价格条件,即该项交易所采用的价格术语(Trade Term),因为它涉及交易双方的各自权责,以及出口商所应提交的单据的种类,例如,在 FOB 和 CFR 等价格条件下,应由进口商自办货物运输保险手续,就不能要求出口商提交货物运输的保险单;而在 CIF 和 CIP 等价格条件下,应由出口商办理货物运输保险手续,提交相应的保险单就是出口商履行其合同责任的凭证之一。

6. 货物装运港和卸货港名称、运输标志、装货船名、装船日期等

在 FOB 价格条件下,发票上应体现装运港的名称,在 CFR 或 CIF 价格条件下,则应体现装运港和目的港的名称。运输标志俗称"唛头(Shipping Mark)",它通常由主标志、目的港名称、件号标注等几项构成。在海运提单上,运输标志是一定要有的。在制作发票时,可以照样填制,也可以"as per B/L No.××××"代替,以保证与相关的海运提单保持一致。若发票是在备货和装运前就已制作,随后工作人员按发票整理和包装货物以备运,则不一定能准确地填上装货船名和装船日期。

7. 其他内容

如信用证要求有进口许可证号码、外汇使用许可证号码等内容,发票上应照样填制。在进口商要求出口商不要开立汇票的情况下,发票将作为要求进口商或开证行付款的单据,因此,发票上可以加注"收到货款"的文句。

(三)商业发票的结文部分

商业发票的结文部分主要是发票的签发人签字和盖章。在信用证业务中,即信用证的受益人签章。

三、其他形式的发票

(一)形式发票(Proforma Invoice)

形式发票又称为预开发票,这是出口商应进口商的要求,将拟出售的商品的名称、规格、单价等条件以非正式的参考性发票,供进口商向本国有关管理当局申请进口审批和外

汇使用审批所用。形式发票不能作为正式发票使用，对当事双方都没有约束力。

附式 7-2　形式发票

```
                        xinxi kemao company
     ADD: 6/F E, no445 tianhebeirode, tianheDistrict guangzhou city
     Tel:   020-38815141/38664367        Fax:  020-38813926
     Email: info@enrichcn.com

                        PROFORMA INVOICE

     To Messrs: guangzhou kelairuidi company     Date:      2009-8-19 10:45:5
                kaifaquguangzhoukejiyuan guangzhoucity
                                                 Invoice No.: EC200908190001
         Attn: 陈小姐
          Tel: 020-1234567                       Terms of Payment:

     Shipped by:          From:            To:

     | ITEM NO. | DESCRIPTION      | QUANTITY | UNIT PRICE | AMOUNT           | KGS/M3 |
     |----------|------------------|----------|------------|------------------|--------|
     | 88888    | spinspinspinspinspin | 100(set) | USD1098.75 | USD 109,874.90 | / 6400 |

     G.W :   (KGS)                         Inland charges   USD
     MEAS :  6400(M3)                      TOTAL            USD 109,874.90

     REMARKS:
     1. Inland charge are to be added for LCL or groupage shipment.
     2. ORC/THC is for buyer's account.
     3. Validity of PI: 15 days upon issuance.
     4. Lead time: 60 days upon receipt of deposit.

     BANK DETAILS :
     USD REMITTANCE:
     BENEFICIARY BANK : HANG SENG BANK LTD GUANGZHOU BRANCH CHINA
     (SWIFT CODE : HASECNSHGZU)
     CORRESPONDENT BANK (AGENT BANK):JP MORGAN CHASE BANK NA, NEW YORK
     (SWIFT CODE:CHASUS33)
     OUR A/C WITH CORRESPONDENT BANK:400808293
     BENEFICIARY:ENRICH CORPORATION (HK) LTD,
     BENEFICIARY A/C.: 502-024359-055
     IMPORTANT:  1. PLEASE INCLUDE THE INVOICE NO. IN THE BANK REMITTANCE ADVICE.
                 2. PLEASE FAX THE TT PROOF TO US FOR CONFIRMATION.
                                              Made by:   Admin
```

(二)海关发票(Customs Invoice)

　　海关发票是一些国家规定的，在进口报关时，出口商必须提交的由进口国海关规定格式和内容的专门发票。海关发票的作用是：便于进口国海关统计；对不同来源的商品实行差别关税的依据；便于核查进口商品价格，以查验有无倾销情况。附式 7-3 为加拿大海关发票。

附式 7-3　加拿大海关发票

(三)领事发票(Consular Invoice)

领事发票是一些国家规定的，外国出口商向其出口商品时，必须取得事先由进口国在出口国或其邻近国家的领事签证的发票，方能获准进口。实行领事发票制度，是为了确认进口商品的原产地,以便实行进口配额制和差别关税;验核商品在出口国的价格,以审查有无倾销情况;代替进口许可证;增加进口国驻外使、领馆的签证收入。接受提供领事发票的要求,势必增加出口商的出口成本,延缓甚至耽误出口安排。因此,若收到的信用证上有这样的要求,宜要求删除有关条款,或者修改为可采用出口国的商会等机构签发的证明取代领事发票。目前,只有少数国家仍实行领事发票的做法。附式 7-4 为巴西领事发票。

附式 7-4　巴西领事发票

Consular Invoice

THE GOVERNMENT of BRAZIL	
Date: Invoice No: Issued At:	Port of Loading Port of Discharge Date of Departure Carrier
EXPORTER	CONSIGNEE

Marks and Numbers	Quantity	Description of Goods	Value of Shipment
		Total (FOB, C&F, or CIF)	

Other Charges	Amount of Charges
Certified Correct By: Witnessed By: Fee Paid: U.S. $	Total　U.S.$

(四)制造商发票(Manufacturers' Invoice)

制造商发票又称为厂商发票,这是由出口商品的制造厂商提供的其产品的出口发票。其中有文句声明所指的商品由发票的签发人所制造:"We hereby certify that we are the actual manufacturer of the goods invoiced."制造商发票可以出口国货币表示价格。

四、对正本单据的掌握

在国际结算中,都会对提交的单据提出一定的要求。

(一)对提交正本单据的要求

国际商会《跟单信用证统一惯例》(UCP600)第十七条 a 款规定:"信用证规定的每一种单据须至少提交一份正本。"同条 d 款规定:"如果信用证要求提交单据的副本,提交正本或副本均可。"同条 e 款规定:"如果信用证使用诸如'一式两份(in duplicate)' '两份(in two fold)' '两套(in two copies)'等用语要求提交多份单据,则提交至少一份正本,其余使用副本即可满足要求。除非单据本身另有说明。"

信用证要求受益人提交正本发票若干份,则受益人提交的商业发票中,应有相应份数注明"正本(Original)"字样,并签章;未注明是正本者,即可被认为是副本(Copy)。通常情况下,包括商业发票在内的每种商品单据都至少要提供一份正本。商业发票份数的写法如下:

- 一式两份　　in duplicate,或 2-FOLD,或 in 2 copies。
- 一式三份　　in triplicate,或 3-FOLD,或 in 3 copies。
- 一式四份　　in quadruplicate,或 4-FOLD,或 in 4 copies。
- 一式五份　　in quintuplicate,或 5-FOLD,或 in 5 copies。
- 一式六份　　in sextuplicate,或 6-FOLD,或 in 6 copies。
- 一式七份　　in septuplicate,或 7-FOLD,或 in 7 copies。
- 一式八份　　in octuplicate,或 8-FOLD,或 in 8 copies。
- 一式九份　　in nonuplicate,或 9-FOLD,或 in 9 copies。
- 一式十份　　in decuplicate,或 10-FOLD,或 in 10 copies。

(二)对正本单据的认定

UCP600 第十七条 b 款提出的认定正本单据的原则是:"银行应将任何带有看似出单人的原始签名、标记、盖章或标签的单据视为正本单据,除非单据本身注明它不是正本。"c 款规定:"除非单据本身另有说明,在以下情况下,银行也将其视为正本单据:i. 单据看来由出单人手写、打字、穿孔或盖章;或者 ii. 单据看似使用出单人的原始信纸出具;或者 iii. 单据声明其为正本的单据,除非该声明看似不适用于提交的单据"。

UCP600 第三条规定:"单据签字可用手签、摹样签字、穿孔签字、印戳、符号或任何其他机械或电子的证实方法为之。诸如单据须履行法定手续、签证、证明等类似要求,可由单据上任何看似满足该要求的签字、标记、印戳或标签来满足。"

单据的复印件若经过签注"正本(Original)"的处理,应被当作正本对待;否则只能作为副本；而任何电传传真机制作的单据只能作为副本处理。

五、信用证项下对商业发票的要求

(一)UCP600对商业发票的要求

UCP600第十八条对商业发票的规定是：a.i.除第三十八条规定的情况外，必须看是由受益人出具；ii.除第三十八条g款规定的情况外，必须出具成以申请人为抬头；iii.必须与信用证的货币相同；iv.无须签名。b.按指定行事的指定银行、保兑行(若有)或开证行可以接受金额大于信用证允许金额的商业发票，其决定对有关各方均有约束力，只要该银行对超过信用证允许金额的部分未作承付或者议付。c.商业发票上的货物、服务或履约行为的描述应该与信用证中的描述一致。

UCP600第三十八条h款规定：在可转让信用证业务中，"第一受益人有权以自己的发票和汇票(若有)替换第二受益人的发票和汇票，其金额不得超过原信用证的金额。经过替换后，第一受益人可在原信用证下支取自己发票与第二受益人发票间的差额(若有)。"同条i款还规定："如果第一受益人应提交自己的发票和汇票(若有)，但未能在第一次要求时照办，或第一受益人提交的发票导致了第二受益人的交单中本不存在的不符点，而其未能在第一次要求时修正，转让行有权将从第二受益人处收到的单据照交开证行，并不再对第一受益人承担责任。"

(二)审核商业发票的要点

商业发票是受益人提交的全套单据中的核心单据，又是受益人出运商品的总说明和明细单，内容多而集中，同时还是审核其他各项单据的参照，因此，在审核时应特别注意，既要全面，又要有重点。审核商业发票的要点如下。

(1) 签发人应是信用证指名的受益人，如果发票上有签发人的地址，则该地址应是信用证上受益人的地址。经转让后的可转让信用证项下，若第一受益人没有用自己的发票取代第二受益人出具的发票，则可以是第二受益人出具的发票，但这时应查看转让手续是否符合信用证业务的规范要求。

(2) 除非信用证另有明确规定，商业发票的抬头人应是信用证的开证申请人。

(3) 对商品的描述，如名称、品种、品质、包装等，应该与信用证规定完全一致；在信用证上有"大约"、"约"等词语规定信用证金额或信用证规定的商品数量或单价时，可以允许有关金额或数量或单价有不超过10%的增减幅度；若信用证不是以包装单位件数或货物自身件数方式规定有关商品数量，则可以有不超过5%的增减幅度，但无论如何其价值都不能超过信用证规定的金额。

(4) 如果信用证规定的货物数量已经全部装运，以及信用证规定的单价没有降低，或者信用证以包装单位的件数或货物自身件数的方式规定货物数量，则即使不允许部分装运，只要信用证没有规定特定的增减幅度或使用"约"或"大约"等词语规定信用证金额或信用证规定的商品数量或单价，也允许支取的金额有5%的减幅。

(5) 交易的价格条件必须与信用证规定一致。

(6) 如果信用证和交易合同规定的单价中有"佣金"或"折扣"的记载，商业发票上也应有同样的记载。

(7) 如果信用证要求经公证人证实或证明，发票上应有相应的公证人的证实或证明。

(8) 商业发票的正、副本份数应符合信用证的要求。

(9) 如果信用证要求受益人手签，应当照办；签发日期不能晚于信用证的有效到期日。

(10) 商业发票上不能有"临时的(Provisional)""形式的(Proform)""错漏当查(E.& O.E.——Errors and Omissions Excepted)"之类词语或文句。

(11) 商业发票上除发票自身号码外，通常还应有相关信用证号码和交易合同号码，信用证业务中，应核对发票上记载的信用证号码是否正确。

> **案例点击**
>
> 某公司出口 153 型全棉劳动手套 5000 打，客户开来信用证中注明商品的名称是"153 型全棉劳动手套"，该公司发运货物后持单到银行议付，银行发现发票上写的是"153 型全棉劳动手套"，而提单和保险单上仅写为"劳动手套"，就以单单不一致为由拒绝付款。请分析银行的处理是否得当？为什么？
>
> 〖点石成金〗
>
> 银行的处理不妥。根据 UCP600 规定，商业发票中对货物的描述必须符合信用证中的描述，而在所有其他单据中，货物的描述可使用统称，但不得与信用证中货物的描述有抵触。故本案例中并不存在单单不一致，银行不能以单单不一致为由拒绝付款。
>
> (资料来源：2010 年国际商务单证员考试专题之案例分析题. 圣才学习网，http://waimao.100xuexi.com/detail.aspx?id=1004763)

第三节 海 运 提 单

运输单据因不同贸易方式而异有海运提单、海运单、航空运单、铁路运单、货物承运收据及多式联运单据等。外贸运输方式以海运为主。因此，海运提单是进出口贸易中的一个重要单据。它具有特权性质。提单代表货物所有权，谁拥有提单，谁就控制货物所有权。

一、海运提单的概念

海运提单(Bill of Lading，B/L)是由承运人或其代理人签发，承认已收妥货物，并具体记载有关货物状况和与托运人约定的运输安排，承诺将按约定把货物运至某一指定港口的运输单据。海运提单往往还说明货物承运条款、承运人与托运人的各自责任、权利和免责条款等。

二、海运提单的性质

(一)承运人给予托运人的有关货物的收据(Receipt for the goods)

承运人以提单确认已按提单上所记载的有关商品的标志、数量以及商品的表面状况等收到商品。因此，承运人也就有责任，在正常情况下，按照提单上所列明的情况，向收货人交付货物。

(二)承运人与托运人之间运输契约的证明(Evidence of the contract of carriage)

托运人在向承运人办妥租船或订舱手续时，就表明双方的运输合同关系的建立。依双方约定，托运人按时向承运人提交货物，承运人向托运人出具海运提单。这份提单就成为双方共同接受的运输合同的条款。承运人和托运人分别对此承担了合同所规定的各自责任：承运人保证船只处于适航状态，以及在托运人履约和未出现不可抗力的情况下，将货物运抵目的港，并完好地交付给收货人，托运人则保证货物的内在状态完好，并且包装适合规定的运输条款。

(三)所运输货物的所有权的凭证(Document of title to the goods)

海运提单是物权凭证，代表了相关货物的所有权。提单的转移也就是货物的转移。提单的合法持有者有权要求承运人交付所运输的货物。若承运人将货物交付给非海运提单持有者，承运人就要承担被海运提单合法持有者追索及做出赔偿的风险。若承运人怀疑海运提单的持有人身份，可以要求对方提供银行担保。承运人对凭海运提单交货所产生的错交不负责任。

海运提单可以经过背书转让给受让人。

鉴于海运提单是所托运货物的所有权凭证，若货物在运输途中遭受损失，货主向船公司或保险公司提出索赔时，提交海运提单以证明其对受损货物的所有权也是必要的。

综上，海运提单的性质可以表示为如图7-3所示。

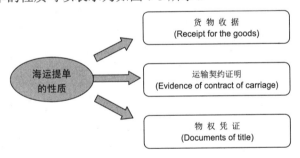

图7-3 海运提单的性质

> 知识拓展

海运提单与海运单

近年，随着国际贸易的迅速发展，海运单在一定程度上解决了近洋运输中的货物压港问题，减少了单据流转的风险，因此越来越多的国家在海上运输中引入海运单。海运单(Sea Waybill)是指海上货物运输合同和承运人接收货物或者已将货物装船的不可转让的单证。虽然海运单与提单相似，均有证明海上运输合同以及货物已经由承运人接受或者装船的作用，但海运单本身则不具有物权效力，这就是说持有正本海运单的人，如果不是该海运单上所指定的收货人，是难以向承运人主张交货权的。但另一方面，根据《海运单统一规则》规定，运输单据中海运单上指定的收货人无须凭正本海运单，只要能够证明该收货人的真实身份,就可以提取货物。而对于出口商来说,当货物运至目的港遭遇买家拒收时,出口商仅凭持有正本海运单是无权将到港货物运回国内的。

海运提单与海运单的区别如表7-1所示。

表7-1 海运提单与海运单的区别

	海运提单	海运单
性质	货物收据、运输合同证明,也是物权凭证	货物收据和运输合同证明,不是物权凭证
可否流通转让	可以是指示抬头形式,可以背书流通转让	标明了确定的收货人,不能转让流通
提货方式	提单的合法持有人凭提单提货	海运单上的收货人并不出示海运单,仅凭提货通知或其身份证明提货
形式	有全式和简式提单之分	简式单证,背面不列详细货运条款但载有一条可援用海运提单背面内容的条款

案例点击

2010年初,国内纺织出口商A公司向其香港地区老客户B公司出运价值80万美元的货物,合同约定支付方式为T/T 60天。按照B公司指示,A公司将货物直接发往最终买家美国C公司。应付款日过后,B公司却发来邮件表示由于C公司进入破产程序,未向其支付货款,因此拒绝对A公司履行付款义务。在多次催讨无果的情况下,A公司遂委托中国信保代为进行海外追讨。

中国信保在收到A公司的委托后立即介入进行调查处理,由于贸易合同为A公司与B公司订立,A公司是按照B公司指示才将货物出运至美国,已完成了合同项下的交货义务。那么,无论货物是否被提走,B公司均应承担完全的付款责任。但此时B公司却回复称,按照原本涉及的贸易流程,C公司在向其付款之前不会得到正本货运单据,不可能提货,而由于A公司在发货时使用了"海运单(Sea Waybill)",导致C公司不需要出示正本单据就能把货提走。故B公司主张,是A公司的过失导致其失去对货权的控制,难以收到货款,并因此拒绝承担任何付款责任。至此,本案的焦点从简单的拖欠货款变为复杂的贸易纠纷。由于出口商无法提供书面证据证明其使用海运单是受买家的指示,导致在法律上很难向香港地区进口商主张付款责任,自身承担了巨额的损失。

〖点石成金〗

本案出口商在合理履行交货义务的情况下遭遇进口商无理拒付,本可以通过追究其法律责任或者凭借手中的原始单据采用退运、转卖货物的方式规避风险,却仅仅由于使用了海运单这种无物权凭证效力的贸易单证,导致其不得不承担巨额损失。因此,我们建议,若像本案一样存在中间商贸易,由于合同主体与提货方不同,为避免中间商贸易中可能引发的纠纷,出口商更应掌握货权,避免因忽略贸易细节而引发巨额损失。

(资料来源:警惕"海运单"风险. 汕头日报,
http://www.dahuawang.com/strb/html/2010-09/13/content_139134.html)

三、海运提单的签发

托运人在货物装运前,应先从有关的船公司(承运人)领得空白提单,并按交易合同和信用证的规定,填写有关货物运输的情况,然后送交船公司。装运时,应随附说明货物细节的装货通知书(Shipping Note),并由托运人和承运人双方代表在场核对清点装船货物情况,登记唛头、港口、号码以及装运货物的数量或重量等,填制理货卡(Tally Sheet)和船舶舱单(Manifest)。理货卡送港口办事员与原先托运人填写的提单核对,船舶舱单则作为开立运费账单的依据。这时,托运人通常可取得一份大副收据(Mate's Receipt)。大副收据一般被视为正式提单签发前的初步收据。若进出口双方商定由出口方交付运费(如以 CFR 或 CIF 价格成交),则在交纳运费后,船公司作为承运人代表船长签署提单给托运人,并在提单上注明"运费已付(Freight to Prepaid)";若进出口双方商定由进口商支付运费(如以 FOB 价格成交),则在提单上注明"运费待收(Freight Collect)"。同时,船公司收回原先签发的大副收据。

海运提单发出正本(Original)和副本(Non-negotiable Copy)两种。正本的份数按托运人的要求签发。如果托运人只要求一套,而没有说明具体的份数,则承运人可按照常规签发正本提单一式两份或一式三份,并在提单正面注明正本的份数,以便托运人或收货人掌握。副本提单只是用于证明货物托运或承运的情况,不作为货物所有权的凭证,船公司不在副本提单上签字,其份数可按托运人要求或船公司自行安排。副本中有一份被称为"船长副本(Master's Copy)",是随船到达目的地后,供船方向港口当局卸货时清点货物所用。

由于正本提单是凭以提货的有效文件,凭其中一份提货后,其余正本提单即自动失效。因此,只有掌握全套正本提单,才能有效地掌握有关货物的所有权。通常,信用证也要求受益人应向银行提交全套正本海运提单(Full set clean on board B/L)。若进口商要求出口商在货物出运后将一份正本提单直接寄给进口商,其余向银行交付,办理结算,出口商如果接受这样安排,就将面临进口商凭其直接得到的那份正本提单提货,而出口商或银行对进口商的付款失去控制的风险。

提单的签署方式如表 7-2 所示。

表 7-2 提单的签署方式

提单签发人	签署方式	备注
承运人	XYZ Shipping Co. as carrier(签字)	如果承运人的身份已在提单正面标示,签署栏内可无须再次标示其身份
	as carrier : XYZ Shipping Co.(签字)	
	XYZ Shipping Co.(签字)	
承运代理人	ABC Co.,Ltd. as agent for(on behalf of)XYZ Shipping Co., carrier(签字)	提单表面已表明承运人身份和名称
	ABC Co.,Ltd. as agent for(on behalf of)XYZ Shipping Co.(签字)	
	ABC Co.,Ltd. as agent for(on behalf of)the carrier(签字)	
船长	John Smith(本人签字) as master	船长姓名不必标注,签字时也不需写出承运人的名称
	Master(本人签字)	
船长代理人	ABC Co.,Ltd.(签字)as agent for(on behalf of)John Smith, master	代理人名称和身份必须显示,但船长的姓名不必标明
	ABC Co.,Ltd.(签字) as agent for(on behalf of) master	

案例点击

有一信用证的开证行开立了一张不可撤销保兑信用证,该证中有一条款规定"必须提供全套 3/3 正本洁净已装船提单"。而受益人提供的全套单据中包括了一套 3/3 洁净已装船提单,每一份均经由承运人手签,且分别标明"original"、"duplicate"、"triplicate"。通知行审核了受益人交来的单据,认为完全符合信用证规定,于是即对受益人付款,并单寄开证行索偿。

开证行收到单据后认为有一处不符。全套三份正本提单上并没有如 UCP600 第二十条 a 款的规定全部标上"original"字样。所以该行拒绝付款并持有单据听候处理。

议付行则认为一套三份提单全是正本单据,均经由承运人手签。该正本单据的制作符合 UCP600 的其他相关规定。此外,议付行认为 UCP600 第二十条 a 款的规定并不适用于运输单据。各份正本提单上的"original"、"duplicate"、"triplicate"字样并非"正本"、"第二联副本"、"第三联副本"之意,而应理解为"original, original"、"duplicate, original"、"triplicate, original",即"第一联,正本"、"第二联,正本"、"第三联,正本"。这一做法已为国际银行界和运输界所普遍接受。

开证行坚持认为 UCP600 第二十条 a 款非常清楚地规定了单据如何制作、如何签署。既然全套单据中的另两份提单明确写明"duplicate"(第二联)、"triplicate"(第三联),那么就不能认为该两份单据是正本提单。有鉴于此,开证行认为其拒绝付款有效。

(资料来源:案例 8:对正本单据的理解. 国际贸易结算案例 汇集贴(110 例). 福步外贸论坛,
http://bbs.fobshanghai.com/thread-1160118-1-1.html)

〖点石成金〗

信用证要求提供全套 3/3 正本提单,每份正本提单都是货物所有权的凭证。因此不管是否标有"original"字样,是否其他各联标明"duplicate"、"triplicate"字样,都应视作符合信用证提供正本海运提单的规定。运输单据中的"duplicate"、"triplicate"字样不能被认为是副本。UCP600 第二十条 a 款的规定不适用于此案。

UCP600 第十七条 c 款:除非信用证另有规定,银行还将接受下述方法或从表面上看是用下述方法制作的单据作为正本单据。①影印、自动处理或计算机处理。②复写。但条件是上述方法制作的单据必须加注"正本"字样,并且如有必要,在表面上签署。单据可以手签、传真、打透花字、印戳、用符号或用任何其他机械或电子证实方法制成。

因此,标有"duplicate"、"triplicate"字样的提单不能因为未标有"original"字样而被拒绝,这已是公认的习惯做法。

此案给我们的启示是:在处理信用证业务中固然要严格遵守 UCP600 的规定,但对于UCP600 的规定,我们必须深刻领会,同时我们必须牢记公认的一些习惯做法。

虽然此案最终是以受益人的胜诉而告终,但是倘若我方是作为出口方的银行,笔者则认为,我们应劝阻受益人的这种做法,在每张正本提单上还是标上"original"为好,以避免不必要的麻烦。

四、海运提单的当事人

海运提单的基本当事人是承运人和托运人。在实际操作中,还有收货人(在提单业务中,往往被称为:提单的抬头人)和被通知人。

(一)承运人(carrier)

承运人是负责运输货物的当事人,也称为船方。在实务中,他可能是船舶的所有者,也可能是租船人,租船以经营运输业务是进口商,即收货人(consignee);而在 CFR 或 CIF 条件下,则是出口商,即发货人(shipper)。

(二)托运人(shipper)

托运人是与承运人签订运输合同的人。在实务中,依交易双方选择的价格条件的不同,也会有所不同,如:在 FOB 条件下,是进口商负责联系承运人安排船只到装运港接运货物,托运人就是进口商;而在 CFR 或 CIF 价格条件下,是由出口商联系承运人,安排船只从装运港装运货物,托运人就是出口商。

(三)收货人(consignee)

收货人即提单的抬头人,他可以是托运人本身,也可能是第三者。收货人有在目的港凭海运提单向承运人提取货物的权利。通过对海运提单的背书转让,实际的收货人则是海运提单的受让人(transferee)或持单人(holder)。在国际贸易的实务中,海运提单上的收货人经常是做成可转让形式的,即做成"凭指示"形式。在信用证结算方式中,开证行往往要求海运提单上的收货人做成"开证行的指示人"形式。

(四)被通知人(notify party)

被通知人不是提单的当事人,只是收货人的代理人,和接受承运人通知货物已运抵目的地的人。信用证结算方式下,提单的"收货人"通常是"开证行的指示人";而开证申请人则通常是提单上的"被通知人"。货到目的港后,承运人要通知被通知人,以便其及时联系有关银行,付款赎单,而成为收货人的指示人和凭所赎得的海运提单报关提货。

海运提单是物权凭证,可以通过背书转让流通。因此,海运提单在未做"不可转让(Non-negotiable)"的限定的情况下,又是"可流通转让的单据"。由于流通转让,就产生了转让人与受让人。转让人是原先持有海运提单的人,受让人则是通过对海运提单背书转让后接受提单的当事人。他不仅有向承运人要求凭海运提单提货的权利,还有在货物遭受损失时,凭海运提单、保险单据以及其他有关单据向承保人要求理赔的权利,同时,也承担了托运人在运输合同中的责任。

五、提单正、背面内容

不同的船公司所设计的海运提单的格式和内容可能存在某些不同,但由于海运提单是所运输货物的所有权凭证,直接涉及当事人的权益和责任,因此,其内容都需要明确,且详尽而不烦琐,以避免或减少纠纷。完整的海运提单内容包括正面关于所运载的商品情况的记载和背面事先印就的运输条款。不同的船公司出具的海运提单可能有一定的不同,但基本内容都应具备。

(一)海运提单正面的内容

海运提单正面内容主要包括以下三个部分。

1. 由承运人或其代理人事先印就的内容

由承运人或其代理人事先印就的内容主要有:①海运提单的名称;②承运人名称及其地址、电报挂号、电传号等情况;以及以下带契约性的陈述:a.装船条款,说明承运人收到外表状况良好的货物(另有说明者除外),并已装船,将运往目的地卸货。其常用的英语文句是:"Shipped on board the vessel named above in apparent good order and condition(unless otherwise indicated)the goods or packages specified here — in and to be discharged at the mentioned port of discharge …";b.商品包装内容不知悉条款。说明承运人对托运人在海运提单上所填写的货物重量、数量、内容、价值、尺码、标志等,概不知悉,表示承运人对上述各项内容正确与否,不承担核对责任。其常见的英语文句是:"The weight, quality, content, value, measure, marks, being particulars furnished by the shipper, are not checked by the Carrier on loading and are to be considered unknown.";c.承认接受条款。说明托运人、收费人和海运提单持有人表示同意接受提单背面印就的运输条款、规定和免责事项。收货人接受提单,就表明接受提单背面印就的、书写的或加盖印戳的条款。其常见的英语文句是:"The Shipper, Consignee and the Holder of this Bill of lading hereby expressly accept and agree to all printed, written or stamped provisions, exceptions and conditions of this Bill of Lading, including those on the back hereof.";d.签署条款。印明为了证明以上各节,承运人或其代理人签发正本海运提单一式几份,凭其中一份提取货物后,其余几份即自动失效。其常用的英语文句是:"In witness whereof, the Master or Agents of the vessel has signed — original(the above stated number)bill of lading, all of this tenor and date, one of which being accomplished, the others to stand void."

2. 由承运人或其代理人装运时填写的内容

由承运人或其代理人装运时填写的内容是承运人或其代理人在核对托运人预填的提单内容与实际装船情况后填写的内容。主要是:①运费交付情况,这应符合进出口双方所商定使用的价格条件和信用证的规定,如在 CIF、CFR 等价格条件下,应填写"运费预付(Freight Prepaid)"或"运费已付(Freight Paid)"字样,在 FOB、FCA、FAS 等价格条件下,应是填写"运费待收(Freight to Collect)"、或"运费在目的地支付(Freight Payable at Destination)"字样;②海运提单的签发日期、地点;③船公司的签章;④船长或其代理人的签章;⑤提单名称及其编号。

3. 由托运人填写的内容

由托运人填写的内容:①托运人、收货人及被通知人的名称记载;②装运港、转船港和卸货港的记载;③装货船名;④货物情况记载:货物名称、包装方式、包装数量(重量、尺码等——大、小写,要一致);⑤运输标志(唛头);⑥外包装状况的记载;⑦运输方式:是否分批装运、直接运输或转船运输;⑧"正本"的标注及正本提单份数等。这些内容虽由托运人填写，但承运人通常都在其海运提单上印就了这些内容的相应空格。

(二)提单背面印就的运输条款

提单背面印就的运输条款规定了承运人和托运人的各自义务、权利和承运人的免责条款，这是承运人与托运人双方处理争议的依据。这些都是承运人事先印就的，托运人接受、使用印有这些条款的提单，就表示接受提单上印就的条款。换言之，这些条款和提单正面的内容一起，成为托运人与承运人之间运输契约的内容。根据国际商会《跟单信用证统一惯例》的规定，银行不负责审查这些条款。

海运提单正面与背面见附式 7-5 和附式 7-6。

附式 7-5　提单正面

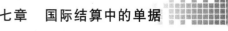

附式 7-6　提单背面

六、提单的背书转让

在国际贸易中，货物往往要经过数次转让，几易其手。由于提单是物权凭证，转让货物就可以通过转让提单来实现。背书是转让提单的一种重要手段。但提单不同对背书的要求也不同。

(一)记名提单

提单上的抬头人记载为具体的某人(某法人),被称为记名提单或直交提单(Straight B/L),其性质是"不可流通的(Non-negotiable)",只能由特定收货人提货,不能通过背书转让。这类提单多用于进、出口商双方关系密切、信任度高,或者本来就是跨国公司的内部贸易等。

(二)不记名提单

抬头人栏内填写的是:"来人(to bearer)",被称为不记名提单(Bearer B/L)。这类提单不须背书,仅凭交付,即可转让,若遗失,不易补救,故风险很大,在实务中很少采用。

(三)指示提单

指示提单其抬头人栏内均有"凭指示(to order)"字样。因其收货人未确定,该提单只有经过背书,才能转让。其分两种情况,即不记名指示与记名指示。

1. 不记名指示

提单的抬头即收货人(consignee)栏仅填写"to order",这种抬头就是不记名指示式抬头,又称"空白抬头"。由托运人背书转让。

2. 记名指示

记名指示具体有以下三种情况。

(1) 银行指示人抬头(to order of ×× bank)。这种提单经过银行背书后,即可转让。在实务中,通常是开证行,也有极少数为议付行或信用证的指定银行。比如在开证行指示抬头情况下,若开证申请人向开证行付清信用证费用,开证行即可背书后将提单交付给开证申请人,由其向船公司提货。

(2) 开证申请人指示人抬头(to order of applicant)。这种提单须经开证申请人背书后才能凭以提货,若申请人未向开证行交清开立信用证的费用,开证行虽持有提单,仍然无法实际控制和处置有关的商品。因此,银行不愿接受这类提单。

(3) 托运人指示人抬头人(to order of shipper)。这种提单由托运人背书转让。

不同类型提单的背书如表 7-3 所示。

表 7-3 不同类型提单的背书

提单类型		抬 头		背 书
记名提单		××(某人)		不能背书转让
不记名提单		To bearer		无须背书转让
指示提单	不记名指示	To order		托运人背书(多为空白背书)
	记名指示	To order of ×× Bank	To order of Issuing Bank	开证行记名背书给进口商
			To order of Negotiating Bank	议付行记名背书给开证行
		To order of applicant		开证申请人背书
		To order of shipper		托运人背书(多为空白背书)

知识拓展

常见的提单背书形式

(1) 托运人空白背书。出口商以托运人身份空白背书。

ABC Co., Ltd.(托运人)
<u>signature</u>(签字)

(2) 议付行记名背书。信用证规定提单收货人是议付行,在寄单之前,议付行做成记名背书给开证行。

Deliver to the order of ×× Bank(开证行)
Name of Negotiating Bank(议付行)
<u>signature</u>(签字)

(3) 开证行记名背书。进口商付款赎单时,若提单抬头人或被背书人是开证行,则由开证行背书给进口商。

XYZ Import Co., Ltd.: Upon payment of freight and all charges
Please deliver to the order of XYZ Import Co., Ltd.(进口商)
×× Bank(开证行)
<u>signature</u>(签字)

七、提单上对装船情况的记载

货物装运情况是出口商履约的关键之一和进口商的关注的焦点之一。因此,提单上对装船情况的记载很重要。通常都要求在提单上有货物"已装船(On Board)"的记载。UCP600第二十条 a 款规定,银行将接受符合下列要求的单据,不论其名称如何。

(一)注明货物已装船

(1) 提单上印就"货物已装上具名船只(Shipped on board the vessel named above)"字样,在货物装船后,签发提单。提单签发日,就视为货物装运日。这种提单目前已经少用。

(2) 提单上未印就"货物已装船"字样,而是印有"收到货物(Received the goods)"字样。船公司或其代表在收到货物后,即签发提单,而货物尚未装船。因此,这时的提单只能称为"收妥备运(Received for shipment)"提单。由于这种提单无法证实货物的实际装运情况,进口商(开证申请人)或开证行都不会接受这类提单。但在有关货物完成实际装船后,提单的签发人将要求出口商将原先签发的收妥备运提单送交船公司,由船公司加注"已装船(On board)"字样,并说明装货船名、港口、装船日期等情况。这时,原先的收妥备运提单就转化为已装船提单,而可被开证行和开证申请人所接受。例如:

On board
08 NOV., 2010

(3) 提单上未印就"已装船"字样,却写有"预期船只(Intended vessel)"字样,在完成有关货物的实际装船后,在提单上加注"已装船"情况,使提单成为"已装船"提单。例如:

第七章 国际结算中的单据

On board
per vessel MV CIB
08 Nov., 2010

知识拓展

UCP600下提单显示了不同于装运港的收货地是否仍需额外批注

UCP500中二十三条，如提单上注明的收货地(place of receipt)与装货港(port of loading)不同，需要装船批注，注明装货港和实际船名。但是在UCP600中，没有见到该条款。是不是说2007年7月1日以后的信用证，如果出现这种情况，不需要装船批注了？

从字面上看，UCP600确实删除了UCP500中的上述条款，且在ISBP中也没有相应的补充。适用UCP600的信用证项下的提单如果填写了不同于装运港的收货地，应该无须额外批注。不过由于银行的惯性思维以及对UCP条款理解上的偏差，建议最好还是加上批注。

举例：信用证规定装货港为青岛，而实际业务中货物于2007年3月1日在烟台收妥后装上支线船只DONGFANG运往青岛，2007年3月5日抵达青岛后装上远洋船只HONGHE运往目的港。

由于收货地烟台不同于装货港青岛，此时应按以上所述加列"已装船"批注，即装货港：青岛，船名：HONGHE及在青岛装船的日期3月5日——SHIPPED ON BOARD HONGHE AT QINGDAO ON MARCH 5, 2007，即使提单装货港栏标明了货已装载于HONGHE也不例外，或提单上以印就词语注明了"已装船"时也是如此。

此种情况的"已装船"批注中之所以要标明货物所装载的船名，这是因为ON BOARD或LADEN ON BOARD这类表达，尽管具体到海运提单中被译为已装"船"，然而英文中的ON BOARD并不像汉语的"装船"、"装车"、"装飞机"那样既表达了动作"装"，又表达了运输的工具名。它的含义很宽泛，可以译为装船，也可以译为装飞机、装汽车或装火车。甚至含有SHIP一词的"SHIPPED ON BOARD"，也不仅仅可以理解为"装船"，因为SHIP作为动词使用时，还可表示一般意义上的"装运"、"运载"。所以，在这种情况下，如果不标明所装船名，单单使用ON BOARD、SHIPPED ON BOARD或LADEN ON BOARD，在收货地或接受监管地不同于装货港，需要卡车、火车或支线船只将货物从收货地或接受监管地运往装货港的情况下，容易产生误解，即将上述ON BOARD或SHIPPED ON BOARD曲解为不是装载于港至港意义上的远洋船只上，而是装载于担负最初运输(PRE-CARRIAGE)的卡车、火车、或支线船只上。因此，这就需要"已装船"批注不仅要表示ON BOARD字样，还需要标明所装载的船名。比如本例，通过装船批注SHIPPED ON BOARD HONGHE，可以清楚地知道实际装载的船只为自信用证规定装货港青岛驶出的HONGHE，而不是在烟台驶出的支线船只DONGFANG，如此才能向收货人或提单持有人证明，货物确实在信用证规定的装货港已经装船。

(资料来源：贸易金融论坛，http://bbs.sinotf.com/thread-1690-1-1.html)

(二)提单上没有对货物，及/或包装有不良或缺陷情况的条文或批注——清洁提单要求

清洁提单(Clean B/L)要求是国际贸易中，进口商和开证行对海运提单的基本要求。所谓

"包装不良或缺陷情况"，常见的有"破裂""渗漏""折断""被撬动""穿孔""撕破""被刮擦""损坏""变形""被雨淋""遭水浸""沾污""凹进""包装损坏，部分商品外露"等。海运提单上有诸如此类的记载，内装商品的品质就可能受到影响。海运提单上有这类的记载，该提单就成为"不洁提单(Unclean B/L)"或者称为"肮脏提单(Dirty B/L)"。顾及利益可能受损，进口商往往不愿接受这类提单，开证行在信用证中通常都要求受益人必须提交清洁提单。

(三)货物的装、卸港的记载

货物的装、卸港的记载要符合信用证规定，必须分别是出口和进口国家的港口，而不能是内陆地点，特别是卸货港应是确定的某港口。对于世界上有同名的，例如美国和埃及各有一个叫作"亚历山大——Alexandria"的港口、英国和加拿大各有一个叫作"利物浦——Liverpool"的港口等，应明确是哪一个国家的港口；对于在一个国家也有同名港口的情况，例如：在美国东北部的缅因州和西北部的俄勒冈州就分别有一个港口称为 Portland，等等，则应进一步明确其所在的州(省)情况。

八、多式运输单据

20 世纪 60 年代以来，以集装箱为代表的货物成组化(unitization)运输迅速发展，逐渐成为现代化货物运输的重要形式。以集装箱为例，成组化运输是将小件包装的货物，在发货地点集中整理装入标准规格的集装箱内，由大型装卸机械和专门的运输工具运至专用码头或目的地。集装箱运输节省了运输包装和刷制唛头的费用，加强了防止盗窃、包装破损和不良的外部因素侵蚀商品的能力，减少了运输途中商品的损耗，提高了装卸和运输效率，降低运输成本和劳动强度。同一货主运往同一目的地的货物能装满一个集装箱的，称为整箱货(Full Container Load，FCL)。整箱货可运往集装箱堆场(Container Yard，CY)装箱。不足以装满一个集装箱的，须与其他货主运往同一目的地的货物一起拼成一个集装箱的，货主可将货物运往集装箱货运站(Container Freight Station，GFS)，与其他货主运往同一目的地的货物一起拼装集装箱，这就称为拼箱货(Less than a Full Container Load，LCL)，装满集装箱，再运往集装箱堆场待运。

根据利用集装箱方式运输订立的运输合同而签发的提单，被称为集装箱提单(Container B/L)。集装箱提单适合海洋运输，也适合多种运输方式的结合，即多式运输方式，例如：公路或铁路的陆上运输——海洋运输——陆上运输，海洋运输——陆上运输——海洋运输，公路运输——铁路运输——公路运输等。从提单上记载的承运人接管货物的地点和卸货地点，可以了解货物运输的途径和方式。多式运输方式是指用两种或两种以上的运输方式前后衔接将货物从出口国的货物接受监管地点运输到进口国的交货地点或最终目的地。与托运人签订多式运输合约，并履行承运人责任的当事人被称为多式运输经营人(Multimodal transport operator，MTO)。他可能是船公司、航空公司、铁路公司、汽车运输公司或者其代理人，也可能是并没有船舶或者其他运输工具的运输行(Freight Forwarder)。他以自己的名义负责安排多式运输的有关事项，即承担了货物全程运输责任，并签发多式运输单据。多式运输单据的英语名称可以是：①Multimodal transport document；②Combined transport document；③Multimodal transport bill of lading；④Intermodal transport bill of lading；⑤Combined transport bill of lading。多式运输经营人对其签发的多式运输单据上所体现的运输全程(自接管所运输的货物起，至在目的地向收货人交付货物为止)负全部责任。多式运输图解如图7-4所示。

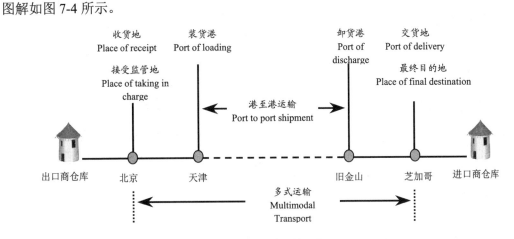

图 7-4　多式运输图解

多式运输单据可以做成可流通转让形式的，也可以记名收货人而做成不可转让流通形式。可流通转让形式的多式运输单据如同海运提单一样，具有承运人给托运人的货物收据、承运人与托运人之间的运输合约和所运输货物的所有权的凭证这两项性质。而不可转让流通形式只具有承运人给托运人的货物收据和承运人与托运人之间的运输合约两项性质。当多式运输单据是可流通转让形式时，根据单据上对收货人记载的不同，在向收货人交付货物时的要求也有所不同：①当单据是来人抬头时，货物交付给最先提交了一份正本提单的人，该单据无须背书；②当单据是空白抬头时，货物交付给最先提交一份正本多式运输单据的人，该运输单据须有空白背书；③当单据是记名的指定人抬头时，货物交付给提交一份正本多式运输单据并能证明其身份的人。若该运输单据又被做成空白背书并转让，则货物交付给最初提交一份正本的多式运输单据并有适当的空白背书的人。当多式运输单据是不可流通转让形式时，货物交付给最初提交载有记名人的单据、并能核实其身份的人。

多式运输单据既是所运输货物的所有权凭证，也就如同海运提单，一般都做成正本一式两份或一式三份，只有掌握了全套正本的多式运输单据，才真正掌握了有关货物的所有权。在信用证结算方式下，其份数应符合信用证规定。而且，其他各项记载也应都符合信用证的规定：货物名称、包装方式和状况、发货人、抬头人、被通知人、签发人、运费的交付情况、货物接受承运人监管的地点、货物运输的最终目的地以及装运的时间等。其中对装运时间的判断方法是：①若多式运输单据上已有事先印就的文字，说明货物已装运，则以多式运输单据的签发日期作为装运的完成日期；②若多式运输单据上有印章或其他注明方式，则加盖印章或注明的日期作为装运的完成日期。同时，多式运输单据上不能有受租船合约约束的记载。在信用证接受受益人提交多式运输单据的情况下，即使信用证规定不得转运，也不能限制转运的可能、或实际采用。

适用于多式运输单据的贸易条件主要是 FCA、CPT、CIP 等，因为这些贸易条件以托运人将货物交付给承运人接管或监管为双方责任转移的界限，而不像 FOB、CFR、CIF 等贸易

国际结算(第2版)

条件那样,以货物装上运输船只为双方责任的分界线。多式联运提单格式和联运提单格式参见附式 7-7 和附式 7-8。

附式 7-7　多式联运提单

附式 7-8 联运提单

第四节 其他运输单据

由于除了海运方式外，还存在其他各种运输方式，因此也相应地产生了其他各种类型运输单据。

一、空运单据

(一)空运单据的概念

空运单据(Air Transport Document),又被称为航空运单(Air Waybill,AWB),或空运发货单(Air Consignment Note,CAN),是航空货运部门签发给托运人表示接受委托、承担有关货物空运责任的单据。

航空运输具有速度快的特点,对包装要求轻便牢靠。在当代国际贸易发展迅速,其中高新技术产品和高附加值产品增长更为迅速的情况下,航空运输方式得到空前的重视。

(二)空运单据的性质和作用

(1) 承运人与托运人之间运输契约的证明。
(2) 承运人收到托运人交付货物的收据("收据"的性质,如同海运提单,仅仅是运输期间对有关货物的代管权,而不是所有权)。
(3) 但不是所运输货物的所有权的凭证,是不可流通的单据,不能凭以提取货物。
(4) 承运人提供的运费账单。
(5) 进、出口商报关的凭据之一。
(6) 承运人内部业务往来的依据。

案例点击

某年 6 月,浙江某出口公司与印度某进口商达成一笔总金额为 6 万多美元的羊绒纱出口合同,合同中规定的贸易条件为 CFR NEW DELHI BY AIR,支付方式为 100%不可撤销的即期信用证,装运期为 8 月间自上海空运至新德里。合同订立后,进口方按时通过印度一家商业银行开来信用证,通知行和议付行均为国内某银行,信用证中的价格术语为"CNF NEW DELHI",出口方当时对此并未太在意。他们收到信用证后,按规定发运了货物,将信用证要求的各种单据备妥交单,并办理了议付手续。然而,国内议付行在将有关单据寄到印度开证行后不久即收到开证行的拒付通知书,拒付理由为单证不符:商业发票上的价格术语"CFR NEW DELHI"与信用证中的"CNF NEW DELHI"不一致。得知这一消息后,出口方立即与进口方联系要求对方付款赎单;同时通过国内议付行向开证行发出电传,申明该不符点不成立,要求对方按照 UCP500 的规定及时履行偿付义务。但进口方和开证行对此都置之不理,在此情况下,出口方立即与货物承运人联系,其在新德里的货运代理告知该批货物早已被收货人提走。在如此被动的局面下,后来出口方不得不同意对方降价 20%的要求作为问题的最后解决办法。本案的风险根源是什么?

〖**点石成金**〗

从以上案例可看出,造成出口方陷入被动局面的根本原因在于丧失了货权。而出口方在得到偿付之前货权就已丧失是由于航空运单(Air Waybill)的特性决定的。我们都知道信用证的最大优点就是银行信用保证,虽然银行处理的只是单据,不问货物的具体情况。但如果买方不付款赎单,就提不到货物,这在海运方式下是可以实现的,因为海运提单是物权凭证,买方只有凭其从银行赎来的海运提单才能到目的港提货。但空运方式下的空运单据——航空运单则不具有物权凭证的特征，它仅是航空承运人与托运人之间缔结的运输合同以及承运人或其代理人签发的接收货物的收据。由于空运的时间很短，通常在托运人将航空运单交给收货人之前，货物就已经运到目的地，因此收货人凭承运人的到货通知和有关的身份证明就可提货。这样一来，在空运方式下即使是采用信用证作为结算方式，对于卖方而言也不是很保险。但在实务当中我们还是经常会遇到要空运的情况，比如一些易腐商品、鲜活商品、季节性强的商品以及高价值且量少的商品等。为防范空运方式下的信用证风险，可以采取以下一些措施。

(1) 争取与其他的支付方式结合使用。比如要求买方在出货前预先电汇一定比例的货款，以分散风险。

(2) 严格审查进口商的资信情况，包括财务状况、经营状况、付款记录等，以核定其信用额度，决定合同金额的大小。

(3) 严格审查开证行的资信情况，以免出现开证行故意找出"不符点"拒付，使买方不付款提货，造成钱、货两空的局面，必要时可要求对信用证加具保兑。

(4) 如果货物金额太大，可要求分批交货。

(5) 要求将航空运单的收货人做成"凭开证行/偿付行指示"(TO ORDER OR TO THE ORDER OF THE ISSUING/REIMBURSING BANK)。

(6) 严格认真地根据信用证制作单据，做到"单单一致，单证相符"，在单据方面不给对方造成任何的可乘之机。并要求议付行予以密切配合，在开证行/偿付行有变故时，要与对方据理力争，严格按照 UCP 及其他有关国际惯例办事，维护我方合法权益。

(7) 与航空承运人及其在目的地的代理人保持密切联系，因为在收货人尚未提取货物以前，如果出口商觉察到有任何变故，出口商/托运人有权要求航空承运人退回，或变更收货人，或变更目的地。

(8) 投保出口信用险。出口信用险是保障因国外进口商的商业风险和/或政治风险而给本国出口人所造成的收不到货款的损失。

(资料来源：袁永友，柏望生. 新编国际贸易实务案例评析. 北京：中国商务出版社，2004:121)

(三)空运单据必须做成记名收货人形式

航空单据是直交式(Straight consigned manner)单据，它不是货物所有权的凭证，不能做成可流通形式。货物运抵目的地后，承运人通知收货人后，只要证实收货人的身份，就可以交付货物，因此，空运单据必须做成记名收货人形式。

鉴于航空运输单据的这一特点，填写航空运输单据上的收货人应加注意。在信用证结算方式下，若以开证申请人为收货人，则开证行和受益人都无法制约开证申请人必然付款，因为货物到达目的地后，承运人只要验明开证申请人的身份，就可以向其交货，而不过问其是否已向开证行交清货款和有关费用，开证行也无权干预承运人的交货行为。若以开证行为收货人，则只能在开证申请人向开证行交清了所有费用和款项，才能得到开证行的许可，向承运人提取货物。国际贸易中空运方式运送货物，用跟单托收方式结算，若要避免进口商提取货物却不付款的风险，要以银行为空运单据的抬头人，必须事先征得银行的同意。

(四)空运单据的制式

1945年成立的国际航空运输协会(缩写为IATA)是由世界上一百多家民用航空公司组成的国际性联合机构,设有北大西洋和北美、南美和加勒比地区、欧洲、亚太地区、非洲和中东六个地区技术处,总部设在瑞士日内瓦。其宗旨是:促进航空安全,建立规章,提供较便宜的航空运输,为国际航空运输合作提供各种便利。其活动内容包括:通过国际空运协会的票据结算所办理成员公司之间的运费结算,解决技术问题,确定运费标准,订立空运合同及条件的国际法,加强记录、信息研究及国际合作。由其制订和发出的整套航空运单包括:正本一式三份和副本一式九份,其具体情况是:

第1张正本,发给发出承运人(Original 1——For Issuing Carrier)。
第2张正本,发给收货人(Original 2——For Consignee)。
第3张正本,发给托运人,由其作为信用证所要求的运输单据向银行提交(Original 3——For Shipper)。
第4张副本,作为交货收据(Copy 4——Delivery Receipt)。
第5张副本,发给目的地的航空港(Copy 5——For Airport of Destination)。
第6张副本,发给第三承运人(Copy 6——For Third Carrier)。
第7张副本,发给第二承运人(Copy 7——For Second Carrier)。
第8张副本,发给第一承运人(Copy 8——For First Carrier)。
第9张副本,发给销售代理人(For 9——For Sales Agent)。
第10张副本作为额外的副本,备作临时所需(Copy 10——Extra Copy)。
第11张副本作为收取航空运费的收据(Copy 11——Invoice)。
第12张副本由发运地航空港当局收存归档(Copy 12——For Airport of Departure)。

在办理航空货物集中托运时,民用航空货运代理公司签发该公司的航空运输单据。这种单据被称为分运单。分运单具有民用航空公司签发的航空运输单据同样的性质和作用。

(五)空运单据的基本内容

1. 空运单据的正面内容

不同的航空公司出具的空运单据形式上存在一些差别,但在运单的正面都有以下基本内容:承运的航空公司名称、航空运输单据名称、所运输货物的托运人和收货人的名称、发运货物的机场和运输目的地机场的名称、所运输货物的名称、数量/重量等情况、运输保险情况、运杂费交纳情况、承运人的签字等。

2. 空运单据的背面内容

空运单据的背面印有航空公司的有关货物运输的规章或条款,主要用于规定承运人和托运人的各自责任、权利和义务等。空运单据的式样可参见附式7-9。各航空公司的运单格式可能有某些不同。

第七章 国际结算中的单据

附式 7-9 航空货运单

(六)空运单据适用的贸易条件

空运单据表明货物已被承运人接受待运(goods have been accepted for carriage),贸易条件为 FCA、CIP、CPT 时,出口商的责任是将货物交给承运人或其代理人,这样就算完成交货,风险已转移给进口商。

二、铁路、公路、内河运输单据

(一)铁路、公路、内河运输的基本情况

铁路运输方式货物损坏程度低、受季节等自然因素影响小、运输速度也比较快,在国际货物运输中起着重要作用,特别是在亚欧大陆的运输中,更是如此。在20世纪90年代以前,我国与亚洲的朝鲜、越南、蒙古以及当时的苏联、东欧等国家签订有《国际铁路货物联运协定》(简称为《国际货协》),而西欧、北欧和中、南欧的18个国家也签订有《国际铁路货物运送公约》(简称为《国际货约》)。这就形成了两大片铁路运输网。这两个国际协定都分别规定了,在本片范围内只需在发货站办理一次手续,凭一张运单,就可以把货物运往任何一个车站。以后通过协商,签订跨片的铁路运输也得到协调安排。这样,亚欧大陆的铁路运输就可以使有关的当事人避免货物绕道海洋运输,特别是对内陆地点之间的货物运输,就更为便捷。冷战结束后,有关的国际条约有一定的变动,但铁路运输对各国的好处,还是得到各国的认可和接受。

公路运输主要运用于边境相邻的国家之间,内河运输则只是在两国拥有共同界河的情况下,相对而言,其规模和使用影响都较小。

(二)铁路、公路、内河运输单据的基本性质

当国际贸易合同/信用证规定,有关货物以铁路、公路、内河运输方式运输时,进口商/开证行将接受相应的铁路、公路、内河运输单据。但这些单据都只是承运人给托运人的货物收据("收据"的性质,如同海运提单,仅仅是运输期间对货物的代管权,而不是所有权)及承运人与托运人之间有关货物运输契约的证明,但不是有关货物所有权的凭证。因此,铁路运单一律做成收货人记名抬头。

在托运人将货物交付给铁路方面承运人后,承运人由发货车站签发铁路运单,并加盖当日日戳。我国使用的铁路运单一式两份,正本运单随车、货同行、到达目的地后,由承运人交收货人作为提货通知,副本交托运人作为交货的收据。在托收或信用证结算方式中,托运人凭副本铁路运单向银行办理结算手续以收回货款。在货物到达目的地之前,只要托运人仍持有副本运单,就可以指示承运人停运货物,或将货物运交他人。

(三)单据上注明对货物收妥待运、发运、承运

铁路、公路或内河运输单据上应有对货物收妥待运(received for shipment)、发运(dispatch)或承运(carriage)等说明。但《国际公路货物运输合同公约(Convention on Contract for the International Carriage of Goods by Road—CMR)》和《国际铁路货物运输公约(International Convention Concerning Transport of Merchandise by Railway—CIM)》对公路运单和铁路运单未做写明上述词语的相应要求。国际商会第511号出版物指出,由于上述的国际公约已经明确了承运人的全部责任,因此,虽无上述文句,仍然可以接收。对所交来的运单,均可当作正本单据接收。

(四)铁路、公路或内河运输适用的贸易条件

国际商会规定的多种贸易条件都适用于上述三种情况,如:EXW、FCA、CIP、CPT、DAF、DDU、DDP 等。铁路运单式样如附式 7-10。

附式 7-10 铁路运单

[铁路运单表格]

在我国内地以铁路运输方式向香港地区、澳门地区出口货物时,通常由中国对外贸易运输公司承办。承运人在货物装上运输工具后,即向托运人签发承运货物收据(Cargo Receipt)。托运人在委托承运人运输货物时,要填写委托书,承运货物收据就在托运人填写委托书时一并套制,并由承运人确认收妥货物及装上运输工具后,填上运编号码并签章。这样套制的运输单据一式八份,其中背面印有"承运简章"的一份是承运货物的正本收据,

其余为副本收据。正、副本收据的运编号码是一样的。正本收据连同三份副本交付给托运人，托运人可凭该正本承运货物收据向当地银行办理结算手续，收货人则凭该正本收据在运输的目的地领取货物。托运人接受了正本收据，就表明接受了其背面印就的"承运简章"，因此，正本收据也就成为承运人与托运人之间有关货物的运输合同。承运货物收据的式样如附式 7-11 所示。

附式 7-11　承运货物收据

```
            中国对外贸易运输总公司××分公司
              承运货物收据        运编 No._____
              CARGO RECEIPT    发票 No._____
              第一联（凭提货物）     合约 No._____

    委托人：                    发货人
    Shipper                    Consignee
                               通知
                               Notify

         自 From              至 To
                    发  运
         装 车  日  期：       车 号：Car No.

    标 记      件 数      货物名称      附 记




    全程运费在  付讫              请向下列地点接洽提货
    FREIGHT PREPAID AT SHANGHAI   For Delivery Apply to

                       中国对外贸易总公司××分公司
          押汇银行签收        收货人签收
          Bank's Endorsement  Consignee's Signature
```

三、邮政收据和快邮专递

(一)邮政收据(Post Receipt)的概念

万国邮政联盟(Universal Postal Union，UPU)，简称万国邮联，是为了调整各国之间的邮政服务,实现邮政业务现代化和使用最好的方法为各国运送邮件而建立的政府间组织,是联合国的一个专门机构。其前身是1875年成立的邮政总联盟,总部设在瑞士首都伯尔尼。此外,一些国家之间,根据双方交往的需要,也签订了双边邮政协定。总重量不超过20公斤的小件物品在这些国家之间传递,不值得采用上述的海洋、航空、铁路或公路运输方式时,可选择邮政寄送方式,向邮政部门办理。由寄件人填写邮局印就的空白邮政收据后,经邮政部门核实、收费并签发给客户,表明受理客户邮寄包裹业务的书面凭证,就是邮政收据,也称为邮寄证书(Certificate of Posting),或邮包收据(Postal Parcel Receipt,PPR)。邮政收据开立一式两份,一份随所寄物品一并发往目的地,由目的地邮局向收件人据以发出取件通知书,另一份交给寄件人作为办理结算的凭证。由于邮局的业务机构分布较广,收寄手续也比较简便,因此,少量、小件物品的传递,以邮政运输最为方便。根据具体的传递手段的不同,邮政传递可分为普通邮政包裹和航空邮政包裹两种。

相关手续通常是由寄件人将所要邮寄的包裹,在邮局营业时间送到邮局柜台办理。

邮政收据如附式7-12所示。

附式7-12 邮政收据

(二)快邮专递收据(Courier or Expedited delivery Service Receipt,CSR/Courier Receipt)的概念

快邮专递机构在受理客户快邮专递包裹时,签发给客户的书面凭证,称为快邮专递收

据。由于具体经办的机构不同，其名称也有所不同，最常见的是：Express Mail Service，EMS，DHL Forwarder Airbill，Shipment Air Waybill 等。快邮专递实行的是"桌至桌"服务，即发件人可以要求快邮专递机构派人上门收取要传递的邮件，并负责将所传递的邮件直接送到收件人的住所或办公室，而不像邮政包裹的传递，一般要求收件人凭通知和有关身份证件到邮局领取。因此，快邮专递的传递速度要比邮政包裹快，更方便客户，收费标准也相应更高些。

最初的快邮专递服务是传递文件、单据。较早受理快邮专递业务的机构是中外运敦豪(DHL)。这是美国人 A. Dalsey、L. HilHon 和 R. Lyrn 三人于 1969 年创建的从旧金山到火奴鲁鲁的船运快递公司，以后逐步发展成跨国快邮专递公司，现由德国邮政 100%控股。其办理的快邮专递业务是为客户提供"桌至桌服务(Desk to Desk Service)"，即可以到寄件人的办公室桌前收取要邮寄的邮件，并负责将邮件送至收件人办公室的桌前。办理快邮专递业务的机构，常见的还有美国的快件公司(UPS——UNITED PARCEL SERVICE OF AMERICA)和中国邮政办理的快递服务公司(EMS——EXPRESS MAIL SERVICE)。

快邮专递收据见附式 7-13。

附式 7-13　快邮专递收据

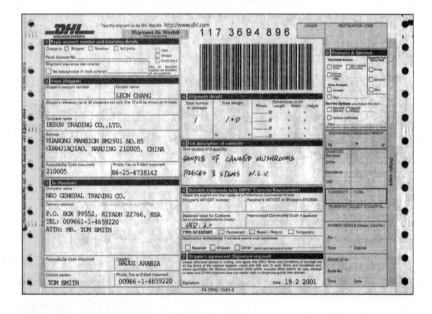

(三)邮政收据和快邮专递收据的性质

邮政收据和快邮专递收据都是运输单据，但都只是货物的收据和运输合同的证明，而不是物权凭证，不可转让流通。这些运输单据的收货人都要做成记名抬头，有关货物直接交给收货人。在信用证业务中，若开证行要有效地控制开证申请人向开证行偿付，一般都要求做成开证行抬头；若开证申请人在申请开立信用证时，已经交足了信用证保证金和开证手续费，则也可以允许以开证申请人为邮政收据或快邮专递收据的抬头人。

(四)邮政收据或快邮专递收据的主要内容

邮政收据或快邮专递收据除了事先印就的"邮政收据"或"快邮专递收据"名称以及邮局或快邮专递机构有关收寄和收件人领取的规定注意事项外,寄件人应填写寄件人和收件人的全称、详细地址,邮寄物品的名称、价值等内容,经邮局或快邮专递机构验核后填写邮寄物品重量及向寄件人收费金额,经办人签章,并盖上收寄邮局或专递机构当日日戳。寄件人接受该邮政收据或快邮专递收据,就表明接受收据上所印就的规定注意事项,这些事项的规定,就成为双方的合约内容。

各种运输单据的比较如表7-4所示。

表7-4 各种运输单据的简要比较

比较项目		海运提单(B/L)	多式联运单据(CTD)	铁(公)路运单(RCN)	航空运单(AWB)	邮政收据(PPR)快邮专递收据(CSR)
作用	物权凭证	是	是	否	否	否
	货物收据	是	是	是	是	是
	运输合约	是	是	是	是	是
收货人的做成形式		指示式/来人式/记名式	指示式/来人式/记名式	记名式	记名式	记名式
可否流通转让		指示式和来人式可流通转让,记名式不能流通转让	指示式和来人式可以流通转让,记名式不能流通转让	不能流通转让	不能流通转让	不能流通转让
出单人表明接管货物情况		已装船	收到/已装船/发运	收到/发运	接收/收到/发运	收到/发运
适合运输方式		单一海洋运输	两种或两种以上运输方式,可以不包括海洋运输方式	铁路或公路运输方式	航空运输方式	邮政传递/快邮传递
证实方式		出单人签字或其他证实方式	出单人签字或其他证实方式	日戳	出单人签字	日戳
正本单据的安排		全套正本提单交给发货人	全套正本单据交给发货人	正本铁(公)路运单随货交给收货人,副本铁(公)路运单交给发货人	三份正本单据分别交给承运人、收货人和发货人	一份收据交给寄件人
出单人的身份		签署的承运人或其代理人,包括运输行作为承运人或指名承运人的代理人	签署的多式运输承运人或其代理人,包括运输行作为承运人、多式运输承运人或指名承运人、多式运输承运人的代理人	铁路局/公路局,或铁路公司/公路运输公司	民用航空公司	邮政局或快邮专递机构

四、审核运输单据的要点

(1) 运输单据种类必须符合信用证规定。

(2) 必须包括全套正本单据,副本的份数(若有)必须符合信用证规定,正本单据上有承运人或其代理人的签章,并盖有其印章。

(3) 运输单据上显示的装运地、运输目的地、转运地(若有)必须符合信用证规定。

(4) 装运日期/运输单据签发日期必须符合信用证规定,即不晚于信用证规定的最迟装运日期。

(5) 海运提单上的收货人应做成"开证行的指定人"或者如信用证所规定,如"To order"或"To order of Shipper",而开证申请人则被做成"被通知人",同时应有被通知人的详细地址,该地址应与信用证上开证申请人地址一致,以便卸货港口当局在货物到港后及时通知被通知人;航空运单、铁路运单和公路运单等都不是物权凭证,这些运单上的收货人应是信用证的开证申请人,其名称和地址等都必须与信用证上所记载的一致。

(6) 商品名称可以使用统称,但必须与商业发票上的表述一致或不矛盾。

(7) "运费已付"或"运费待收"的表述应与信用证上的价格条件相吻合,如CFR或CIF等价格条件下,出口商向进口商收取的款项中包括了运费,因此,在海运提单上应显示"运费已收(Freight Prepaid)"或类似文句;若信用证显示交易双方以FAS或FOB等价格条件成交,该由进口商负责联系船公司办理到装运港接货,则海运提单上应记载为"运费待收(Freight to be collected)"或类似文句。

(8) 运输单据上有无对商品外包装的不良批注。

(9) 运输单据上对商品包装件数的描述应与发票及其他单据上关于商品包装件数的描述一致。

(10) 唛头应与信用证规定的一致。

(11) 应加背书的运输单据是否都正确地加上了背书,在信用证未另作规定情况下,通常为空白背书。

第五节 保险单据

保险单据也是国际贸易中重要的单据之一,不仅是卖方议付货款的重要单据,也是被保险人索赔、保险人理赔的依据。

一、保险单据的定义与作用

(一)保险单据的定义

保险单据是保险公司(承保人)或其代理人或代表签发给投保人(被保险人)的书面承保证明。

(二)保险单据的作用

(1) 承保人给被保险人的承保证明。

(2) 承保人与被保险人之间保险契约的证明。

(3) 在发生保险标的灭失的情况下，被保险人向承保人索赔的依据和承保人理赔的依据；但此时被保险人应能证明自己是所灭失标的的所有者，即被保险人在提出索赔时，应能同时提交相应的物权凭证(如正本海运提单等)。

(4) 在 CIF、CIP 等应由出口商办理货物运输保险手续的价格条件下，保险单据是出口商履约的证明之一。

(三)保险单据的签发人

保险单必须由保险公司或保险商或其授权的代理人签发。有些贸易中，进、出口商委托保险经纪人(Insurance broker)代办保险。英国保险法允许劳合社(Lloyd's Institute)的成员以其个人名义办理保险业务，则劳合社的成员也可以成为保险单据的签发人。

二、保险单据的内容

(一)承保人名称及地址

承保人，又称为承保商，他应是保险公司或保险商等保险业务的经营者。在具体业务中，保险单据应由保险公司、或保险商、或其代理人签发。

(二)商业发票的号码和保险单据的号码

在保险单据上写明保险单据和商业发票的号码，便于在随后的业务办理中进行核对。

(三)投保人(被保险人)

在 FOB、CFR 等价格条件下，由进口商自行向承保人办理保险手续，保险单据上的投保人是进口商，出口商向银行提交的单据中，没有保险单据。在 CIF、CIP 等价格条件下，应由出口商向承保人办理货物运输保险，并随后在向银行提交的单据中包括保险单据。这时的投保人应体现为出口商(信用证项下，即受益人)。

(四)货物描述、唛头和件数

保险单据上对货物的描述可用统称，但必须与信用证规定以及发票上对货物的描述一致，或者不矛盾，对货物的数量的描述也必须与发票一致，并符合信用证的规定。对于运输标志(唛头)，应符合信用证规定，与运输单据、发票一致，也可以"Shipping mark as per B/L No. ×××××"方式，以保证与相关的海运提单保持一致。

(五)装载货物工具名称、装运的起、迄地点及开航日期

保险单据上必须填写装载货物的工具名称，由于投保手续是在货物装运之前办理，因此，保险单据上所填写的其实是预期的装运工具。投保人在得到保险单据后，应注意货物实际装运是否发生变化。装运的起、迄地点应按信用证规定填写。同样，鉴于在需要出口商提交保险单据的 CIF、CIP 等价格条件下，保险手续的办理应先于货物装运，因此，在保险单据的开航日期栏内，难以准确填写实际开航日期，通常用"as per B/L"表达。

(六)承保货币与保险金额

保险单据上应以文字大写和数字小写两种方式体现承保的货币与保险金额,两者的表达应是一致的。UCP600 第二十八条 f 款 i 项规定,保险单据必须表明投保金额,并使用与信用证相同的货币表示。保险金额是承保人承诺,在保险有效期间,若发生保险责任范围内的货物全损,承保人将按保险金额向持有保险单据、货物所有权单据和有效的货物损失证明文件的当事人理赔;若货物只是部分损失,则承保人将在保险金额的范围内,根据损失的程度,给予相应的赔付。

UCP600 第二十八条 f 款 ii 项规定:"信用证对于投保金额为货物价值、发票金额或类似金额的某一比例的要求,将被视为对最低保额的要求。如果信用证对投保金额未作规定,投保金额须至少为货物的 CIF 价或 CIP 价格的 110%。"

上述在 CIF 或 CIP 价格基础上增加的 10%被称为"保险加成",是进口商对该笔交易的预期毛利润。在货物运输途中,若没有发生货物损失事项,进口商可以按预期情况,收取并销售货物,以争取获得相应的利润;若货物遭受损失,则进口商仍然可以凭保险单据、货物所有权凭证以及货物损失程度的有关证实文件,向承保人索赔,并获得相应的赔付。这样,通过货物运输保险,进出口商就可以较小的金额、有限而且可以事先准确控制的保险费用的支出,规避难以事先准确预测的货物运输风险及损失,而保障可预期的经营收益。在实务中,保险加成有时也有 20%的,但较多的还是 10%。

UCP600 第二十八条 f 款 ii 项还规定:"如果从单据中不能确定 CIF 或者 CIP 价格,投保金额必须基于承付或议付的金额,或者基于发票上显示的货物总值来计算,两者之中取金额较高者。"这是因为,在大型成套设备等商品的交易中,出口商常要求进口商在交易合同签订后,先支付一定比例(例如 20%)的预付款作为定金或保证金。在这种情况下,信用证及信用证项下的发票、汇票所显示的金额都只是整个合同金额的其余部分(例如 80%)。但对有关货物运输的保险则必须覆盖全部货物,因此,要"基于承付或议付的金额,或者基于发票上显示的货物总值来计算,两者之中取金额较高者"。

(七)保费与保险费率

保费,又称为保险费、营业保险费、毛保费、总保费等,是承保人为了承担一定的保险责任而向投保人收取的费用,换言之,保险费是投保人根据保险合同的有关规定,为被保险人在承保人保险责任范围内发生货物灭失情况下,获得经济补偿的权利,而付给承保人的代价。

保险费率,又称为毛费率,是承保人按照保险金额向投保人收取保险费的比率。通常以百分比(%)或千分比(‰)表示。保险费率是承保人根据保险标的的危险程度、发生损失的概率、保险责任的范围、保险期限的长短以及经营的成本等情况进行确定的。其计算公式为

$$保险费=保险金额\times保险费率$$

在实际业务中,保险单据上的这两栏,通常填写为:"AS ARRANGED",这主要是因为保险企业之间存在既要互相协作,又有互相竞争的一面,在确保自己在经营中有所赢利的前提下,适当降低费率是争取客户的重要手段之一。不在保险单据上具体载明保险费

和保险费率,可以在一定程度上保持自己的经营策略。

保险单如附式 7-14 所示。

附式 7-14 保险单

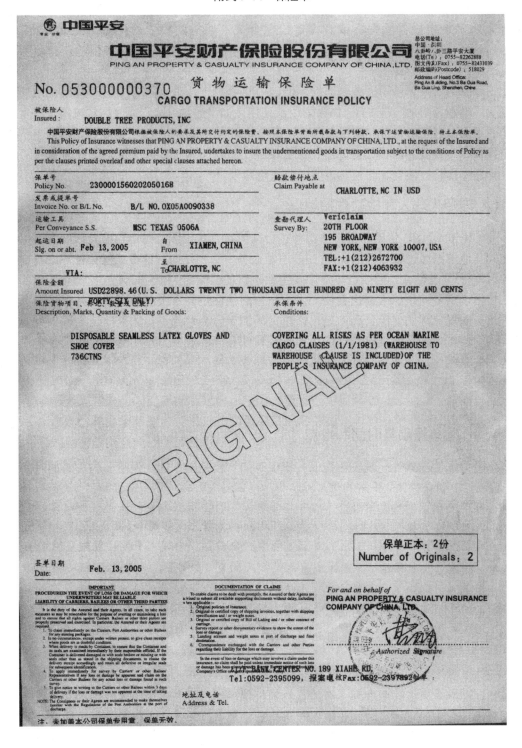

(八)承保险别(对承保人责任而言)

承保险别(Conditions)是指承保人所承担的保险责任的范围;对被保险人权利而言,则称为投保险别。在信用证业务中,保险单据上注明的承保险别应符合信用证的规定。若信用证未明确规定投保险别,或者规定投保含义不明确的一般险(Usual Risks)或惯常险(Customary Risks),银行接受所提交的保险单据填列的险别,对未经投保的任何险别不予负责。

国际商会《跟单信用证统一惯例》(UCP600)第二十八条 g 款规定:"信用证应规定所需投保的险别及附加险(若有)。如果信用证使用诸如'通常风险'或'惯常风险'等含义不确切的用语,则无论是否有漏保之风险,保险单据将被照样接受。"h 款规定:"当信用证规定投保'一切险'时,如保险单据载有任何'一切险'批注或条款,无论是否有'一切险'标题,均将被接受,即使其声明任何风险除外。"

(九)理赔代理人和检验理赔地点

在 CIF 价或 CIP 价条件下,出口商按合同约定办理国际货物运输保险后,要将保险单据连同其他单据通过银行向进口商(在信用证业务中,则是向开证行或保兑行,或开证行指定的付款行)要求付款。若在运输途中发生保险责任范围内的事项,造成货物全部或部分灭失,将由进口商向承保人提出索赔。由于出口商往往是向本国的保险公司办理投保手续,若进口商向出口国的保险公司索赔,或出口国的保险公司到进口国理赔,均不太方便。于是,为了便于就近及时索赔和理赔,保险公司在自己的业务办理中就需要在国外建立广泛的代理关系网络,并在开立保险单据时,根据业务情况,在保险单据上指定其在进口国或其附近国家(地区)的有代理关系的同业作为理赔代理人,并将检验理赔地点指定为有关货物运输的目的地。

(十)保险单据出具时间和地点

保险单据的出具时间既表明投保人投保时间、也是双方达成保险契约关系的时间。在 CIF 价或 CIP 价条件下,正常的交易程序应是出口商先办理货物运输保险手续,后办理装运手续,即保险单据的签发日期应不晚于提单签发日期。国际商会《跟单信用证统一惯例》(UCP600)第二十八条 e 款规定:"保险单据日期不得晚于发运日期,除非保险单据表明保险责任不迟于发运日生效。"在信用证业务中,运输单据的签发日期若早于保险单据的签发日期,将被认为是"单证不符"。

出单地点,即出具保险单据的承保人的所在地点,它涉及法律适用问题。一般而言,保险单据以出单地点所在国的法律为准。

(十一)注明"正本(original)"或"副本(copy)"

保险单据上必须注明是"正本"或"副本",其中正本保险单据才能作为索赔、理赔的依据,而副本只能说明办理了有关货物的投保手续,不能成为索赔权利的凭证。考虑到单据传递过程中的可能风险,正本保险单据通常都有副本。正本保险单据上应注明副本的份数。信用证业务中,副本的份数应符合信用证规定。在传递保险单据时,应注意只有掌据了全套正本保险单据,连同相应的物权凭证,才能有效地控制有关的货物及向承保人索赔的权利。

(十二)附加保险条款

在某些业务中,承保人可能在保险单据上粘贴附加条款,或加盖印戳以补充某些条款。凡有这类情况,这些附加或补充的条款应被视为该单据的组成部分。

国际商会《跟单信用证统一惯例》(UCP600)第二十八条 i 款规定:"保险单据可以援引任何除外条款。"j 款规定:"保险单据可以注明受免赔率或免赔额(减除额)的约束。"

(十三)保险公司签章

保险单据通常由承保人或其代理人签章,但是,英国保险法允许保险公司在出具海洋运输保险单据时,以盖章代替签名。

保险单正面除了上述内容外,往往还印有其他一些文字,说明保险单是承保人与被保险人双方的保险合同等情况。保险单的背面印有货物运输条款,表明承保的基本险别条款内容。保险单背面有时还粘贴附加条款,表明承保的附加险别条款内容。保险单的正文、货物运输条款、附加条款三者的关系是:货物运输条款、附加条款与正文矛盾时,以货物运输条款为准;货物运输条款与附加条款矛盾时,以附加条款为准。

不同的保险公司所设计的保险单据格式可能有某些不同,但基本内容都应具备。

三、保险单据的种类

(一)保险单(Insurance Policy)

保险单是承保人就承保一个指定航程内某一批货物运输的保险责任,开立给投保人的书面凭证,俗称为"大保单"。保险单的正面是上述有关货物运输保险情况的记载,背面是承保人事先印就的保险条款,包括承保人的保险责任范围、该保险合同双方的权利和义务、免责条款、解决争议的条款、时效条款等事项。虽然保险条款是事先印就,但若投保人接受了保险单,就表明接受了保险单背面所印就的保险条款,即该保险条款连同正面记载的货物运输保险情况就成为双方的保险合同的内容。

在各种保险单据中,保险单的内容最完整。因此,在信用证允许接受保险凭证、或保险声明、或联合凭证时,都可以保险单取代之;但信用证若规定受益人必须提交保险单,则其他形式的保险单据不可接受。

(二)保险凭证(Insurance Certificate)

保险凭证是承保人开立给投保人的简化了的书面凭证,其正面内容与保险单完全一样,与保险单具有同等效力,但所使用的纸张较薄,背面没有印相应的保险条款,俗称为"小保单"。由于使用的纸张较薄,在邮寄单据时的邮费就可以相对省些。在发生索赔、理赔事项时,以保险单背面的保险条款为双方处理的依据。但在信用证规定必须提交保险单时,受益人不能提交保险凭证。通常,保险凭证多用于近海贸易、小额贸易以及双方已保持长期贸易关系的交易等情况。

(三)保险声明(Insurance Declaration)

在进出口商之间保持着长期或者经常性交易的情况下,为了简化投保的手续,投保人与承保人订立了预约保险合同。凡在预约保险合同中规定范围内的货物,均由承保人自动承保,被保险人应根据其业务活动的实际情况,定期向承保人申报,以便承保人逐笔签发保险单据。承保人将预约保险单的详细内容事先印在经承保人签署的空白保险凭证上,由被保险人在每批货物启运前填写船舶名称、航程、起航日期等内容,并加上副署,将保险凭证的副本送交给承保人,可代替启运通知书,作为根据预约保险单向承保人做出的申请。这份由被保险人根据预约保险合同和货物出运情况签署的单据经承保人确认后,就成为保险声明。

(四)联合凭证(Combined Certificate)

联合凭证是只能用于我国沿海根据香港、澳门地区中国银行集团银行开立的信用证、办理出口货物运输保险的一种凭证,又称为承保证明(Risk Note)或联合发票。它是由保险公司以印戳方式,将承保险别、保险金额,以及保险编号等内容,加盖在商业发票的空白处,作为保险公司承保的证明。这是保险单据与商业发票相结合的一种形式,是最简单的保险单据。

(五)暂保单(Cover Note)

保险经纪人不是具有独立经营资格的保险法人,他向进、出口商提供的单据只能称为"暂保单(Broker's Cover Note)",而不是正式的保险单,在国际结算中,银行不接受暂保单。UCP600第二十八条c款明确规定了这一点。

四、保险单据的背书转让

在以 CIF 价或 CIP 价等贸易条件成交的交易中,出口商向银行交单时,鉴于在 CIF、CIP 等价格条件下,所实行的是"象征性交货",保险手续应在货物装运前就办妥,货物在装运地装上运载工具后,有关的风险和责任就转移到进口商方面,倘若货物在运输途中发生保险责任范围之内的灭失,将由进口商以提单和保险单据为凭据,向承保人提出索赔。因此,出口商在交单时,应对以自己为投保人的保险单据进行背书转让。在信用证项下,开证银行为了能有效地控制有关货物的所有权,即使未在信用证中明确规定保险单据要背书,受益人也应对保险单据背书。否则,银行将不予接受。根据信用证规定和被保险人的不同情况,保险单据的背书可以有以下几种情况。

(一)空白背书

若信用证规定:Insurance policy (endorsed in blank)/ (in negotiable form)
A blank endorsed insurance policy …

则受益人在向银行交单时,就必须在保险单据的背面签章和署明背书日期,而不写明被背书人的名称。在空白背书的情况下,持有保险单据者,就成为被保险人。

(二)记名背书

若信用证规定：Insurance policy endorsed to the order of MMM Bank，place，则受益人应在保险单据上背书：To the order of MMM Bank，place，并签章和署明背书日期。在记名背书的情况下，被背书人就成为被保险人。

若信用证规定：Insurance policy endorsed to the order and benefit of our Bank(Issuing Bank)，则受益人在保险单据上记名背书为：To the order and benefit of(Issuing Bank)，并签章和署明背书日期。开证银行就成为被保险人。

若信用证规定：以议付行为被保险人，则议付行在向开证行寄单时，应将保险单据记名背书给开证行：To the order of Issuing Bank，并签章和署明背书日期。

在开证行成为保险单据的被背书人的情况下，一旦进口商向开证行付款赎单，开证行就可以记名背书保险单据给进口商。

(三)无须背书

若保险单据上以进口商为被保险人，则出口商向银行提交保险单据时，无须对保险单据背书。但实践中，这种情况很少见，因为在进口商未付清货款时，就将被保险人定为进口商，有可能使出口商和开证银行陷于被动。

在被保险人是第三方、中性名称，或 bearer，赔付地点定为 Claim payable at(place)to bearer or holder 情况下，在转让时，无须背书。

在 FOB 价、CFR 价等价格条件下，由进口商自办保险，出口商没有向银行提交保险单据的责任，自然也就没有对保险单据背书的问题。

五、审核保险单据的要点

(1) 保险单据从表面上看，必须是保险公司或承保人或其代理人或代表出具并签署的。若是代理人或代表签署，则该签署必须表明其系代表保险公司或承保人签字。

(2) 保险单据的种类应符合信用证的规定。若信用证要求受益人提交保险单，则受益人不能提交保险凭证或联合凭证；若信用证要求允许提交保险凭证，则受益人提交保险凭证或保险单都可接受，但不能提交联合凭证；若信用证允许提交联合凭证或未明确规定提交保险单据的种类，则提交保险单、保险凭证或联合凭证都可接受；但暂保单则绝对不能接受。

(3) 无论信用证有无明确规定受益人要提交全套正本保险单据，都必须提交按保险单据上所注明的正本单据的份数，提交全套正本保险单据。若信用证未规定要提交全套正本保险单据，而保险单据上也没有说明全套正本保险单据的份数，则受益人可以只交一份正本保险单据，其余各份为副本。

(4) 保险单据的签发日期或保险单据上记载的承保的保险公司的保险责任生效日期应不晚于货物装运日期。

(5) 保险单据上的被保险人如果不是开证行或保兑行或买方，则应有出口商的适当背书表明"过户"。

(6) 保险单据上记载的货物名称、唛头、装运地点、运输目的地、装运日期、运输工具名称等应于运输单据上的记载保持一致。由于事实上保险单据签发在先，货物装运发生在后，签发保险单据时未必能准确填写上随后实际的装运日期和运输工具等事项，因此，为了能满足上述要求，保险单据上往往对上述事项的记载采取"As per B/L"方式解决。

(7) 保险单据上记载的保险金额以及投保加成，均应当符合信用证的规定，并使用与信用证相同的货币。若信用证未具体规定，则应按照前述的UCP600第二十八条f款的规定。

(8) 保险单据上记载的承保的险别应当符合信用证的规定。如果信用证使用了"通常风险"或"惯常险种"等含义不确切的词语，则无论保险单据上记载承保的是什么险种，银行均可以接受。若信用证规定投保"一切险"，则只要保险单据上有关于"一切险"的批注或条款，均可接受。

(9) 保险单据表明的承保的风险区间应至少涵盖了从信用证规定的货物接管地或发运地开始到卸货地或最终目的地为止。

(10) 保险单据上注明的赔款偿付地点应符合信用证的规定，若信用证未明确对此作出规定，则应当以货物运输的目的地或卸货地点为准。

(11) 保险单据上注明的赔款偿付的代理人应是承保的保险公司在运输目的地的代理人，保险单据上应有代理人的完整名称和详细的地址。

案例点击

英国A公司通过伦敦某银行开来信用证，有效期3月15日，在中国到期，最迟装运为2月28日。所有单据须于装运日后21天寄达开证行。投保中国人民保险公司，保险单一式二份。

我方出口公司于1月26日办理装运并取得提单，考虑到信用证有效期为3月15日，时值春节放假，故未急于交单，直到2月10日才向议付行交单议付。进口方开证行于2月26日来电提出单证不符而拒付。理由是：一是装运日为1月26日，但所有单据于2月18日才寄到开证行，违反了21天必须到达的条款；二是以保险凭证代替保险单，不符合信用证条款要求。

我方出口公司当即向进口方反驳：关于21天交单问题，按信用证统一惯例规定是指装运日起一直到向议付行交单时不得超过21天，我方于1月26日装运，2月10日向议付行交单，期间只有15天，并未超过21天，且在信用证有效期以内，完全符合信用证条款要求。关于保险凭证(Insurance certificate)与保险单(Insurance policy)，两者名称虽不同，但效果一样，也不应认为违反信用证规定。

进口方开证行再次来电宣称：信用证条款规定所有单据必须在装运日后21天到达开证行，其含义并非UCP600所指期限，你方既然已接受了本信用证，即应按本证条款交单。保险凭证与保险单的效果虽一样，但按信用证统一惯例规定，其表面已形成不符，故不能接受。我出口公司此时已处于被动境地，再也无法反驳，最后委托其他代理商在当地处理了货物，损失惨重，教训深刻。

(资料来源：案例分析. 国际结算. 天津广播电视大学，http://60.28.60.3/zy/gjjs/COURSE/alfx/alfx44.htm)

〖点石成金〗

其实，关于"所有单据必须于装运日后21天寄达开证行"的提法本身是一个陷阱，因为它与"有效期 3 月 15 日在中国到期"是矛盾的,但我方受益人却接受了这样的信用证。而关于保险单据的问题,必须严格区分保险单和保险凭证的概念。保险单是正式的保险单据,也是保险人与被保险人之间的正式合同,背面印有详细的条款,说明双方的权利与义务。保险凭证只是一种简化的保险单,两者虽有同等效力,但终究有所区别。因此,凡来证要求提供保险单时,应注意不可以保险凭证代替。如来证要求提供保险凭证,一般可用保险单代替,但最好再加上"Certificate"字样,即写成"Insurance(Policy) Certificate"以求与信用证一致,防止对方吹毛求疵,借口不符而拒付。

第六节 其他单据

除了商业发票、运输单据与保险单据等基本单据外,还有可能根据交易的需要、有关当局或当事人的要求或其他方面的需要等,产生其他各种各样的单据。

一、产地证明书

(一)产地证明书的定义

产地证明书(Certificate of Origin),也称为来源证书、原产地证书,或简称为"产地证",是证明出口货物原产地或制造地点的文件。

(二)产地证明书的作用

1. 作为进口国海关实施差别关税的依据

世界各国根据本国对外交往的需要,对来自不同国家的进口商品实行差别关税。原产地证书提供了依据。

2. 提供进口国海关统计依据

世界各国都需要统计本国进口商品的来源分布情况,作为分析本国对外贸易的发展状况和制定对外贸易政策的依据。原产地证书可作为该项统计的凭证。

3. 进口国实行进口配额限制的依据

各国根据本国产业结构情况和保护国内相关产业的需要,对于某些可能形成对国内产业、行业或企业形成较大竞争压力的进口商品,以法规方式规定在一定时期内允许进口的限额,即进口配额,超过限额部分,或不允许进口,或必须交纳较高税率的进口税后才能进口。在实施中,可以直接将配额分配给各国,即实行进口国别配额。这时,根据原产地证书分别统计来自不同国家的进口商品的数量或金额,就成为必要的措施。

4. 进口国保障进口商品符合卫生要求

加强对进口商品的检疫是世界各国普遍实行的保护本国利益的措施。在某些国家或地区发生严重疫情等情况时,其他国家通常还要在一段时间内严格暂停从发生疫情的国家或地区进口有关的产品,直至疫情确实消除一段时间后。因此,要求出口商提供原产地证书,以证实产品并非来自疫区,符合对进口商品的卫生标准,方可准予进口,是各国的普遍要求。

5. 证明进口商品品质

一些产品的品质受产地的气候、土壤、地质条件以及加工、装配技术等因素影响较大,因此,某产地的产品可能具有其他产地同类产品所难以达到的水准。在这种情况下,交易双方往往也将这些产品的原产地证书作为产品品质的证明。出于这项考虑而要求的原产地证书通常不仅要求证明出口国家名称,还要具体说明产品的具体生产地名称;而出于其余各项考虑所要求的产品原产地证书则往往证明产品的原产国家名称即可。

(三)原产地证书的主要内容

原产地证书的主要内容如下:①标明"原产地证书"或相当意思的字样以及编号;②出口商的名称和地址;③收货人的名称和地址;④货物运输的装、卸地点及运输方式;⑤有关货物的描述,包括货物的名称、数量、重量、包装方式、包装或运输的标志。在信用证业务中,货物名称等各项内容的记载都应与信用证规定一致或不矛盾;⑥有关的商业发票的号码;⑦出口商的声明文句,如:"兹声明上述表述详情正确无误,所有商品都在中国生产,符合中华人民共和国原产地规则(The undersigned hereby declares that the above details and statements are correct; that all goods were produced in China and that they comply with the Rules of Origin of the People's Republic of China.)"并由签署人签名、注明签署的日期和出口商签章;⑧原产地证书签发机构声明,如:"兹证明出口商的声明正确无误(It is hereby certified that the declaration by the exporter is correct.)"并由签发人签名、注明签署日期、签发地点和签发机构签章。

(四)原产地证书的签发人

原产地证书的签发人由进、出口双方在洽商贸易合同时确定,一般情况下,可以是出口商本身、出口商所在地的同业公会、商会、商品检验机构等。在信用证业务中,若没有具体规定,则上述任何人出具的原产地证书都可接受;若要求受益人或厂商出具,而受益人提供了商会或商品检验机构出具的原产地证书,也可以接受;若要求由商会或商品检验机构出具原产地证书,则不能提交受益人出具的原产地证书来取代。我国的规定是,一般的出口商品原产地证书(不包括普遍优惠制原产地证书),由商品检验机构或中国国际贸易促进委员会负责签发;一般对出口商品证明中国生产或中国加工制造,国外需要证明具体产地的,经核实后,也予以证明。产地证明书示例参见附式 7-15。

(五)产地证的审核要点

(1) 产地证的签发机构必须符合信用证的规定。如果信用证只是笼统地要求"主管当局(Competent Authority)"签发产地证,则由商品检验局、或中国国际贸易促进委员会、或商会签发的产地证都可接受;如果信用证没有具体要求,则受益人自己出具的产地证也可以被接受。

(2) 产地证上的签字、公证人证实或签证等都必须按照信用证的要求。

(3) 产地证上的进口商、货物种类或名称、件数等内容均应符合信用证的规定,并与商业发票及其他相关单据的记载一致或不矛盾。

(4) 产地证上记载的产地必须符合信用证规定。

(5) 产地证的签发日期必须不晚于运输单据的签发日期。

(6) 除非信用证明确允许,否则产地证只能是单独签发,而不能与其他内容的单据合在同一份单据上。但如信用证没有明确要求提供产地证,而只要求证明出运的货物产自中国,则可以在商业发票上加列证明文句:"兹证明装运货物原产地是中国(We hereby certify that the goods shipped are of Chinese Origin)"。这样,商业发票同时也承担了原产地证明的作用。

附式 7-15 贸促会出具的原产地证书

二、普遍优惠制原产地证书

(一)普遍优惠制的概念

普遍优惠制是根据 1968 年联合国贸易与发展会议第二届会议的决议,发达国家从发展中国家(地区)进口工业制成品和半制成品时普遍给予的优惠关税待遇的一种制度。这一制度通过减少发达国家进口商从发展中国家进口制成品、半制成品的关税负担，增加其从发展中国家进口制成品和半制成品的积极性。1970年联合国第25届大会采纳了这个提案，并确定了当时的18个发达国家制订其本国的普遍优惠制计划。

但是，在实际运用中，各给惠国的给惠方案之间存在一定的差别和限制，受惠国家和地区的范围、受惠商品范围、减税幅度、进口商品数量限额以及产品的原产地的要求等各不相同，例如，长期以来，最大的发达国家美国，就对社会主义国家、石油输出国组织成员国以及被美国指为对美国"不友好"的国家不实行普遍优惠制，欧盟和日本仅对某些商品在一定配额内提供普遍优惠制关税待遇；在实施中，不同国家的要求也有一定的差别，这些就使发展中国家享受普遍优惠制待遇受到不利的影响。但设立普遍优惠制毕竟是发展中国家在国际贸易领域开展长期斗争的胜利，实施这项制度对发展中国家发展自己的对外贸易有利。

目前世界上共有41个发达国家给予发展中国家普惠制待遇，其中欧盟28国给予我国普惠制待遇期限已于2014年底到期，现仍给予我国普惠制待遇的国家为12个(除美国以外)，分别是瑞士、列支敦士登、挪威、俄罗斯、白俄罗斯、乌克兰、哈萨克斯坦、日本、澳大利亚、新西兰、加拿大和土耳其。凡符合普惠制原产地规则，出口到上述国家的产品可申办。[①]

(二)普遍优惠制的三项基本原则

1. 普遍性

普遍性即发达国家应给予发展中国家和地区出口的制成品和半制成品普遍的减免关税的优惠待遇。

2. 非歧视性

非歧视性即发达国家应使所有的发展中国家和地区都不被歧视地无例外地享受普遍优惠制的待遇。

3. 非互惠性

非互惠性即发达国家应单方面给予发展中国家和地区关税上的优惠，而不能要求发展中国家和地区提供反方向优惠。

(三)实行普遍优惠制的目的

发达国家对发展中国家和地区出口制成品和半制成品进口关税的优惠，能够扩大发展中国家和地区制成品与半制成品的出口，增加发展中国家和地区的出口收益，促进发展中国家和地区的工业化，提高发展中国家的经济增长率。

(四)普遍优惠制产地证书 A 格式

普遍优惠制产地证书 A 格式(Generalized System of Preferences Certificate of Origin Form A——GSP FORM A)是发展中国家的原产品出口到实施普遍优惠制关税的国家，要享受给惠国减、免进口关税的优惠待遇，必须提供的官方凭证。这是由联合国贸易与发展会议优惠问题特别委员会一致通过的"格式A(GSP Form A)"。这是针对性比较广泛的一种普惠制项下的证书。所有实施普遍优惠制的给惠国家都接受"格式 A"。在具体填写时，须

---

① 原产地证明书种类介绍. 铜陵检验检疫局, http://www.ahciq.gov.cn/system/2015/06/08/00006402.shtml.

按照各给惠国的有关规定办理。普遍优惠制原产地证书(General System of Preference Certificate of Origin)与一般的原产地证书内容不同,可向各地的商品检验局购买,由出口商填写后,连同一份申请书和商业发票送商品检验局审核。经商品检验局审核并签章后,即成为有效的普遍优惠制产地证书。全套普遍优惠制产地证书包括一份正本和两份副本,正本可用于办理结算和议付融资事宜,副本则只供寄单参考和留存备查。普遍优惠制原产地证书格式见附式7-16。

附式7-16 普遍优惠制(GSP)产地证明书申请书

普惠制产地证明书申请书

申请单位(盖章):
注册号: 证书号:
申请人郑重声明:
本人是被正式授权代表出口单位办理和签署本申请书的。
本申请书及普惠制产地证格式A所列内容正确无误,如发现弄虚作假,冒充格式A所列货物,擅改证书,自愿接受签证机关的处罚及负法律责任。现将有关情况申报如下:

生产单位		生产单位联系人电话				
商品名称(中英文)		H.S税目号(以六位数码计)				
商品(FOB)总值(以美元计)			发票号			
最终销售国		证书种类划" / "		加急证书		普通证书
货物拟出运日期						
贸易方式和企业性质(请在适用处划" / ")						
正常贸易.C	来料加工.L	补偿贸易.B	中外合资.H	中外合作.Z	外商独资.D	零售.Y	展卖.M
包装数量或毛重或其他数量						

原产地标准:
　本项商品系在中国生产,完全符合该给惠国给惠方案规定,其原产地情况符合以下
　第　　条。
　(1)"P"(完全国产,未使用任何进口原材料);
　(2)"W"其H.S税目号为　　(含进口成分);
　(3)"F"(对加拿大出口产品,其进口成分不超过产品出厂价值的40%)。
本批产品系:　1. 直接运输从＿＿＿＿＿＿＿＿＿到＿＿＿＿＿＿＿＿＿;
　　　　　　　2. 转口运输从＿＿＿＿＿＿＿＿＿中转国(地区)＿＿＿＿＿＿到＿＿＿＿。
申请人说明
领证人(签名)
　　　　　　　　　　　　　　　　　　　　　　电　话:
　　　　　　　　　　　　　　　　　　　　　　日　期　　年　　月　　日

现提交中国出口商业发票副本一份,普惠制产地证明书格式A(FORM A)一正二副,以及其他附件＿＿＿份,请予审核签证。
注: 凡含有进口成分的商品,必须按要求提交《含进口成分受惠商品成本明细单》。
签证人:

案例点击

我国某省 TN 公司对某国 FA 公司出口一批商品。某年 10 月 19 日收到买方通过当地一银行开立的信用证，信用证单据条款中规定："Duplicate/photocopy of original certificate of China origin GSP Form A issued by competent authority"（由官方机构出具的 GSP 产地证正本一式两份或正本影印件）。

TN 公司根据信用证特殊条款中的要求，将 GSP 正本直接寄给客户，副本随附其他单据和汇票一起交银行议付。国外开证行收到单据后于 11 月 5 日来电，提出单证不符，"GSP 副本代替了正本一式两份/正本影印件"。TN 公司随后对信用证条款和公司所提供的单据进行了研究，认为所交单据没错，于 11 月 11 日向开证行提出如下反驳意见：①证中规定 GSP 产地证的 "duplicate" 交银行议付，正本寄交客户，这不符合实际操作的要求。因一套 GSP 产地证均为一正两副，商检局不出具 "duplicate" 字样的产地证；②根据 UCP600 第十七条的规定："如果信用证使用诸如 '一式两份(in duplicate)'、'两份(in two fold)'、'两套(in two copies)' 等用语要求提交多份单据，则提交至少一份正本，其余使用副本即可满足要求，除非单据本身另有说明"。因此，我方提供的产地证并未违反国际惯例规定。11 月 13 日开证行又来电提出：你方单据已有副本的字样，copy 与 duplicate/photocopy 是有区别的，根据 UCP600 第十四条，我方仍不接受此单据。因此，单据仍在我行暂行保管。

TN 公司与开证行经过多次交涉未果，再加上商品在当地正值滞销时期，最终同意 FA 公司少付 10%的货款而结案。

（资料来源：冷柏军. 国际贸易实务. 北京：对外经济贸易大学出版社，2005:458—459）

【点石成金】

尽管从本案来看，商品滞销、价格下跌是客户拒付的主要原因，但 TN 公司在审证和制单中确有不少疏漏之处。TN 公司在收到信用证后，应认真审核，如果不能取得 GSP 产地证正本两份，则应速请客户修改信用证，或是在从商检局取得一正两副产地证后，将注有正本字样的产地证复印一份，而后将复印件和副本交银行议付即可。因此，在信用证业务中，必须认真而又熟练地掌握 UCP600 条文和制单结汇，千万不要授人以口实，给对方拒绝付款留下可乘之机。

也有个别的给惠发达国家不要求发展中国家向其出口制成品或半制成品时，一定要提交普遍优惠制产地证书 A 格式，而可以使用其他形式的原产地证书，如新西兰可以接受该国规定的简化格式 "59A"；澳大利亚可以接受由出口商签发的简化格式 A 证书，或出口商在普通商业发票上申报的简易原产地证书，即在商业发票上加注以下声明文句：(a) that the final process of manufacture of the goods for which special rates are claimed has been performers in China and (b) that not less than one-half of the factory cost of the goods is represented by the value of labour and materials of China.

此外，一些发达国家根据自身情况和进口商品的情况，还提出一些其他产地证书的要求。例如，美国对向其出口商品的要求的原产地声明书有三种类型：格式 A 是单一国家声明书(Single Country Declaration)，声明商品的原产地只有一个国家；格式 B 是多国家产地声明书(Multiple Country Declaration)，声明商品的原材料是由几个国家生产的；格式 C 是否定式声明书(Negative Declaration)，凡向美国出口纺织品，其主要价值或主要重量属于麻或丝

第七章 国际结算中的单据

的原料,或其中所含羊毛量不超过 17%,可使用这一格式。2004 年 12 月 31 日以前,许多国家对进口纺织品实行配额制。当时欧洲经济共同体(欧洲联盟)对向其出口配额以内的纺织品的出口商,要求提供出口许可证和 EEC 纺织品产地证(European Economic Community Certificate of Origin(Textile Products))。这是针对品种配额和类别而设计的。根据世界贸易组织的决定,2005 年 1 月 1 日起取消对纺织品进口的配额,于是,欧洲经济共同体(欧洲联盟)的上述原产地证书也就成为过去。

普遍优惠制原产地证书格式见附式 7-17。

附式 7-17 普遍优惠制原产地证书

			ORIGINAL		
1.Goods consigned from (Exporter's business name, address, country) AIGE IMPORT & EXPORT COMPANY ROOM 2501, JIAFA MANSION, BEIJING WEST ROAD, SHANGHAI 200001, P.R.CHINA			Reference No. GP/000/1611 **GENERALIZED SYSTEM OF PREFERENCES** **CERTIFICATE OF ORIGIN** (Combined declaration and certificate)		
2.Goods consigned to (Consignee's name, address, country) RIQING EXPORT AND IMPORT COMPANY P.O.BOX 1589, NAGOYA, JAPAN			**FORM A**		
3.Means of transport and route (as far as known) FROM SHANGHAI TO NAGOYA BY VESSEL			4.For official use		
Item number	6.Marks and numbers of packages	7.Number and kind of packages; description of goods	8.Origin criterion (see Notes overleaf)	9.Gross weight or other quantity	10.Number and date of invoices
1	MEN'S T-SHIRT JAPAN C/NO.1-100 MADE IN CHINA	ONE HUNDRED (100) CARTONS OF MEN'S T-SHIRT 20PCS PER CARTON, COLOR: NAVY BLUE, FABRIC CONTENT: 100% COTTON	"P"	2000PCS	IV0001979 JUN 23,2010
11.Certification It is hereby certified, on the basis of control carried out, that the declaration by the exporter is correct. (出入境检验疫局 FORM A 印章) Place and date, signature and stamp of certifying authority			12.Declaration by the exporter The undersigned hereby declares that the above details and statements are correct, that all the goods were produced in _____China_____ (country) and that they comply with the origin requirements specified for those goods in the Generalized System of Preferences for goods exported to AIGE IMPORT & EXPORT COMPANY AIGE ZHANG (importing country) SHANGHAI, CHINA JULY 23, 2009 Place and date, signature and stamp of authorized signatory		

三、商品检验证书

(一)商品检验证书的概念

在国际贸易中，进、出口双方为了维护自身利益以至国内的安全，都将在合同中商定对交易商品的各方面要求，并进行相应的检验工作。将检验的结果由检验机构出具相应的文件予以证实，这些文件就是商品检验证书(Inspection Certificate)。为了体现进、出口商的平等地位，有利于商品进出口的顺利进行和结算工作的及时办理，在国际贸易中通常采用以下方式安排检验：以出口商提交的商品检验证书作为结算的凭证，同时，允许进口商在收到商品后，对商品进行复验。进口商检验进口商品后，若证实所进口的商品符合合同，或信用证的规定，就只是收存这些出口商提交的商品检验证书而已；出口商所提交的出口商品检验证书则成为出口商履约、交货的凭证。但若进口商检验结果，认为所进口的商品不符合合同或信用证的规定，则势必以有关的商品检验证书为依据要求出口商、承运人或保险人给予赔付。

长期严格的出口商品检验及其证书，则成为出口国维护本国和企业的国际信誉和商品竞争力的有力工具。

(二)签发检验证书的机构

1. 出口国政府设立的专业商品检验机构

世界上许多国家为了提高本国出口商品品质，增强出口商品的国际竞争力，扩大出口贸易；同时，为了防止国外次劣和带有危险性的病虫害或其他危害性的商品输入国内，保护国内工农业生产和人民群众的健康安全，由一国的中央政府公布有关法令，设置专门的商品检验机构。这些机构既对国家法令规定商品检验项目办理法定检验，也可以应进、出口商的要求，办理非法定检验。无论是法定检验，还是非法定检验，这些专业商品检验机构在检验送检商品后，都要提供相应的检验证书。我国大陆的商品检验局主管全国的进出口商品检验工作，其设在各地的商品检验机构管理所辖地区的进出口商品检验工作。商品检验局及其所辖机构负责制定和公布《商检机构实施检验的进出口商品种类》，并实施商品检验工作和商品检验工作的监督管理。

2. 出口国的同业公会所设立的商品检验机构

许多国家在其经济发展的过程中，当某一行业发展到一定程度，往往成立该行业的同业公会，作为行业协调、自助、自律的非政府组织。这些行业公会为了增强其成员产品的市场竞争力，也设立了相应的商品检验机构，为其成员产品提供商品检验服务。此外，出口商所在地的商会，也可能为出口商提供相应的检验服务及有关的商品检验证书。在我国，长期以来，中国国际贸易促进委员会和中国国际商会也可以为国内的出口商提供商品检验服务和相应的检验证书。

3. 制造厂商的检验机构

不少国家的大型生产企业为了确保其产品的品质，以树立其产品良好的市场形象，也设立了自己的产品检验机构。

4．外国的商品检验机构

一些发展中国家自身限于技术条件，国内商品检验机构无法满足贸易对方对商品检验的要求，为此，只能请外国的商品检验机构检验其出口商品，并提供相应的商品检验证书。也有一些国家为了避免自己的商品出口到国外后，因进口商复检而产生异议，就在自己检验合格的基础上，请进口国的商品检验机构，或者在国际上享有较高权威的外国商品检验机构到其生产厂家检验即将出口的商品，并提供相应的商品检验证书。但在不了解外国的商品检验机构及其检验标准、检验证书出具等情况下，不宜接受进口商提出的由外国商品检验机构提供商品检验和相应的检验证书的要求。

5．进口商或其指定人

在进口商收到货物后，通过检验货物，确认货物的品质、数量或其他需要检验的项目，以便决定接受货物，或者在检验认为发生货损情况下，判断损失原因及程度，以便决定向有关责任方——出口商、承运人、承保人或其他责任人提出索赔。在商品出口时，若以进口商或其指定人为商品检验人则其检验工作必然是维护进口商的利益，可能对出口商十分不利。

一般认为，上述几类检验证书的签发人中，由政府设立的专业商品检验机构具有最高的专业权威。根据《跟单信用证统一惯例(UCP600)》第十四条 f 款规定，"如果信用证要求提示运输单据、保险单据和商业发票以外的单据，但未规定该单据由何人出具或单据的内容，只要所提交单据的内容看来满足其功能，且其他方面与十四条 d 款相符，银行将接受所提示的单据。"据此，若信用证未具体要求检验证书的签发人，或者只要求制造厂商提供商品检验证书，而出口商则提供了专业商品检验机构出具的商品检验证书，应被认为是可以接受的；而若信用证要求受益人提交受益人自己出具的商品检验证书，受益人提交的是专业商品检验机构出具的商品检验证书，应被认为是可以接受的。

(三)常见的商品检验证书

常见的商品检验证书主要有以下这些：

- 品质检验证书(Inspection Certificate of Quality)
- 分析检验证书(Inspection Certificate of Analysis)
- 健康检验证书(Inspection Certificate of Health)
- 卫生检验证书(Inspection Certificate of Sanitary)
- 黄曲霉素检验证书(Inspection Certificate of Nonaflatoxin)
- 数量检验证书(Inspection Certificate of Quantity)
- 重量检验证书(Inspection Certificate of Weight)
- 公量检验证书(Inspection Certificate of Conditioned Weight)
- 产地检验证书(Inspection Certificate of Origin)
- 兽医检验证书(Inspection Certificate of Veterinary)
- 植物检验证书(Inspection Certificate of Plant Quarantine)
- 消毒检验证书(Inspection Certificate of Disinfection)

- 熏蒸检验证书(Inspection Certificate of Fumigation)
- 温度检验证书(Inspection Certificate of Temperature)
- 价值检验证书(Inspection Certificate of Value)
- 验残检验证书(Inspection Certificate of Damaged Cargo)

以上这些商品检验证书视交易商品的种类和实际需要,以及进出口国的有关规定,由进出口商双方在洽商交易时选择确定,而并非每一项交易都需要提交多种检验证书。如验残检验证书,一般只在进口商收到货物并发现货损后,要求商品检验机构检验,才可能提出,而不会在商品出运时由出口商提供。商品检验证书参见附式 7-18。

附式 7-18　商品检验证书(品质证书)

中华人民共和国出入境检验检疫
ENTRY-EXIT INSPECTION AND QUARANTINE OF THE PEOPLE'S REPUBLIC OF CHINA
ORIGINAL
共 1 页第1页 Page 1 of 1
编号 No.: 470000209112170

品 质 证 书
QUALITY CERTIFICATE

发货人 Consignor: STAR WORLD COMPANY
收货人 Consignee: SARL MAEK IMPORT EXPORT
品名 Description of Goods: CERAMIC & BATHROOM
标记及号码 Mark & No.: N/M
报检数量/重量 Quantity/Weight Declared: 2149-SETS/61250.00-KGS
包装种类及数量 Number and Type of Packages: CARTONS/2149-SETS
运输工具 Means of Conveyance: BY VESSEL

检验结果:
RESULTS OF INSPECTION:
UPON INSPECTION THE QUALITY OF THE ABOVE GOODS IS IN CONFORMITY WITH THE STIPULATIONS OF THE PI NO:FRIJ23-01-09

签证地点 Place of Issue: SHENZHEN,CHINA
签证日期 Date of Issue: 10 JAN,2009
授权签字人 Authorized Officer: LI WEN
签名 Signature:

B 2261440

(四)审核商品检验证书的要点

(1) 商品检验证书的签发人必须符合信用证的规定,若信用证未明确规定,则以政府设立的商品检验机构或在国际上得到普遍认可的检验机构签发为宜,并要由签发机构签章、检验人员签字和注明签发日期。

(2) 商品检验证书的种类必须符合信用证规定。

(3) 商品检验证书的签发日期宜略早于包装单据和运输单据的签发日期。因为,未经检验合格就包装了商品,显然不能被认为是负责任的做法,而对于那些容易变质的商品来说,过早签发的检验证书在货物装运时可能已经过了有效期,进口商见到这样的检验证书则可能要求重新检验或拒收货物。当然检验证书的签发日期更不能在货物运输单据签发日期之后,因为这说明了所装运的货物并未得到检验。

(4) 商品检验证书中,关于商品种类、名称、数量等记载都必须符合信用证的规定,并与该批商品的商业发票及其他相关单据中的记载保持一致。

【案例点击】

国内 A 公司向德国 B 公司出口化工原料,单据提交议付行审核后未发现不符点,于是议付行将单据寄给德国某开证行,开证行审单后,发现检验证书没有注明检验日期,遂提出拒付。

【点石成金】

由于检验证书没有注明检验日期,进口商无法确定货物是在装运之前做出的检验还是在装运之后做出的检验,如果是在装运之后检验,许多商品的检验过程实际上是无法进行的。即使能够进行,其检验结果也很难合乎要求,因此,检验证书一定要注明检验日期。

四、包装单、重量单和尺码单

包装单(Packing List)、重量单(Weight List)和尺码单(Measurement List)都属于商品包装单据,由进、出口商商定,用于不同的商品交易。除非信用证另有规定,这些单据通常由出口商填制。它们比商业发票更进一步地详细说明出运商品包装和数量的具体情况,以便在商品到达目的地后,供进口国海关检查和核对商品,以及进口商验收商品时所用。这三种单据的号码应与同一批货物的商业发票的号码一致,以利于业务办理;若这三种单据要注明签发日期,则该日期应与商业发票签发日期一致或者略晚些。

(一)包装单

在同一批货物交易中,若涉及规格品种多样,势必会出现不同的包装物中的内装货物不同,或者每一件包装物含有多种规格、品种的货物。为了让进口国海关和进口商能较方便地查验和核对所进口的商品,包装单应详细列明其所包装或放置的货物品种、规格、式样及其各自的数量或重量,即包装单应是所包装货物的明细清单,同时还要说明包装材料和包装方式。根据包装材料、方式以及所包装货物的种类,包装单还可能被称为装箱单、商品规格明细单等,但无论采用哪一种名称,都应将所采用的名称印在单据的正上方。

在同一批货物中只有一种规格品种，但需要分装成若干个包装箱，也可以使用装箱单的名称。这时，除在单据的正上方印明"装箱单"名称外，应在单据上说明每一个包装箱中所包装的商品的数量。

(二)重量单

重量单又称为"货物重量证明书(Inspection Certificate on Cargo Weight)"，若同一批货物的规格单一，且以重量为交货的计量单位，则这时包装单据记载的是这批货物分装成若干袋(箱、包等)，以及每一袋(箱、包等)所包装的重量。这种单据就是重量单。重量单应记载每一件包装物的毛重、皮重、净重，其记载的毛重、皮重和净重应与实际情况一致，其中净重应与发票、产地证记载一致。重量单也被称为重量证明书。

(三)尺码单

尺码单又称为"体积证明书(Measurement List)"，用以表示每一个包装单位的体积或者容积，其表示方法有两种：或以包装单位的长、宽、高的连乘式表示，或以按上式计算后的体积数(立方米)来表示。承运人在按重量或体积计算运费时，通常选择其中运费较高者收费，同时根据体积和重量情况，考虑安排舱位。

除了上述单据外，根据进口国的规定和进口商的要求，出口商有时还要提交以下单据：受益人声明(Beneficiary Statement)、保险声明书(Insurance Declaration)或保险回执(Insurance Acknowledgement)、轮船公司证明(Shipping Company Certificate)、船长收据(Captain's Receipt)、出口许可证副本(Copy of Export licence)等单据。装箱单式样参见附式7-19。

附式 7-19 装箱单

福建利嘉电器有限公司
FUJIAN LIJIA ELECTRICAL APPLIANCES CO.LTD
NO.2 SECTION 1, CANGSHAN HI-TECH INDUSTRIAL PARK,
FUZHOU, FUJIAN, CHINA

装 箱 单   DATE: NOV.20, 2008

PACKING LIST   L/C NO:0O:04071BOCLC000051

TO MESSER: SAMAY ELECTRONICS PVT.LTD.
M.R.INDUSTRIAL ESTATE,
RAJKOT HIGHWAY,
MORBI(INDIA)

Marks	Description of Goods	Quantity	Ctn	G.W.	N.W.	Meas
	COMPONENTS OF ENERGY SAVING LAMP.					
	OTHER TERMS AND CONDITIONS AS PER PROFORMA INVOICE					
	INVOICE NO.04LJ-SM03R.DATED 01.07.2008.					

> IMPORT INTO INDIA IS MADE UNDER FREE IMPORTABILITY(O.G.L.)AS PER EXPORT/IMPORT POLICY 2006-2011
>
> PLASTIC MATERIAL OF PLASTIC HOLDER IS VIRGIN PBT
>
> DESIGN ACCORDING TO 230V AC/50HZ POWER SUPPLY.
>
> PACKED FOR EXCLUSIVE USE OF INDUSTRY AS RAW MATERIALS HAS BEEN PRINTED ON EACH CARTON
>
> LUMEN 8W-380LM,11W-560LM,14W-760LM,18-1040LM.
>
> TUBE LIFE IS 6000-7000HRS
>
> TUBE IS MADE FROM TRI-CORE POWDER.
>
> IT IS COOL DAY LIGHT.
>
> THE COLOR TEMPERATURE IS 64000K
>
> N/M　1.2U-8W Tube dully fitted with plastic holder　35190 PCS　117CTN　1346KGS　1170KGS　6.08
>
> 　　　2.2U-11W Tube dully fitted with plastic holder　35190 PCS　117CTN　1580KGS　1404KGS　6.76
>
> 　　　3. 2U-14W Tube dully fitted with plastic holder　35190 PCS　118CTN　1829KGS　1652KGS　7.90
>
> 　　　4.3U-18W Tube dully fitted with plastic holder　23460 PCS　118CTN　1711KGS　1534KGS　8.26
>
> TOTAL:　　　　　　　　　　　　　　129030PCS　470CTN　6465KGS　5760KGS　29CBM
>
> SAY　FOUR HUNDRED SEVENTY CTNS ONLY
>
> 　　　　　　　　　　　　　　　　　福建利嘉电器有限公司
>
> 　　　　　　　　　　　　　　　FUJIAN LIJIA ELECTRICAL APPLIANCES CO.LTD.
>
> 　　　　　　　　　　　　　　　　　　(SIGNATURE)

(四)审核包装单据的要点

(1) 包装单据的种类名称和份数应符合信用证的规定。

(2) 除非信用证另有规定，否则包装单据应是独立的单据，而不能与其他单据联合使用，即不能将商品的包装情况记录在其他单据上，而不出具信用证规定的包装单据。

(3) 包装单据上有关商品的名称、规格、数量、重量、尺码、包装件数等内容，应符合信用证规定，并与商业发票及其他商业单据上的相关记载一致或不矛盾。

(4) 包装单据应经制单人员签字。

五、已装运通知的电报抄本

在 FOB、CFR 和 CIF 等象征性交货价格条件下，出口商在货物完成装船后，即向进口商发出一份电报(或电传、或其他形式的电子信息)，告知进口商货物装运情况。这是出口方将运输风险转移情况通知进口商的必要手续。在由进口商办理保险的 FOB、CFR 等贸易条件下，进口商可以依此及时办妥保险；即使是由出口商办保险的 CIF 价格条件下，这份电报也起到通知进口商准备付款、赎单、提货的作用。若出口商未能及时向进口商发出这样的电报或相似的电讯信息，致使进口商未能及时办理相关货物的运输保险手续，而货物遭受损失，出口商还得承担相应的责任。因此，通常情况下，出口商都要向进口商提交一份货物已装船的电报抄本，以表明自己已及时发出有关的电讯通知。这份通知也被简称为"装运通知"。相应的电报抄本被称作"已装运通知的电报抄本(Cable Copy of Shipping Advice)"。装运通知的常见格式如附式 7-20 所示。

附式 7-20　装运通知

```
                    NAME & ADDRESS OF EXPORTER
                         SHIPPING ADVICE
        TO:
            RE：L/C NO. ….；INVOICE NO.…；(OPEN POLICY NO.….)
        WE HEREBY INFORME YOU THAT THE GOODS UNDER THE ABOVE MENTIONGED CREDIT
HAVE BEEN SHIPPED. THE DETAILS OF SHIPMENT ARE STATED BELOW.
            COMMODITY:
            QUANTITY:
            INVOICE VALUE:
            OCEAN VESSEL / SHIPPED PER S.S.:
            DATE OF SHIPMENT:
            PORT OF LOADING:
            PORT OF DESTINATION:
            MARKS:
        WE HEHRBY CERTIFY THAT THE ABOVE CONTENT IS TURE AND CORRECT.

                                            EXPORTER'S   SIGNATURE
```

六、受益人证明

(一)什么是受益人证明

受益人证明(Beneficiary's Certificate)，也有人称为"受益人声明"(Beneficiary's Statement/Declaration)，顾名思义是由受益人按合同、信用证和有关规定对外出具的说明其已履行了某义务、完成了某工作或行为符合进口商和进口国的要求的各种证明文件，如证明货物符合合同之规定；包装适合运输；装运细节已在开船后几天内通知了收货人等。受益人证明只出现在信用证下(受益人本身就是信用证操作方式中的术语，一般指出口商)。如果不是信用证操作的话，一般叫作厂商声明(Supplier Declaration)或出口商证明(Exporter's Certificate)等类似表述。

受益人证明主要用于不便或无法用官方文件证明的，客户要求做到的事宜，或其他一些类似于保函(保证承担某些责任或某些可能产生的责任的声明)的内容。

一般无固定格式，内容多种多样，以英文制作，通常签发一份，如附式 7-21 所示。

附式 7-21　受益人证明

ABC TRADING COMPANY
ADD: 4 WUYI RD.EAST CHANGSHA HUNAN CHINA
Tel: 0086 27 8549 6397
BENEFICIARY'S CERTIFICATE

Date: July 8, 2011

To whom it may concern:

　　We hereby certify that:

　　1. All drums are neutral packing.

　　2. No Chinese words or any hints to show the products made in China.

　　3. No any printing materials are allowed to fill in drums.

ABC Trading Company
Signature

受益人证明是双方沟通信息的重要手段，让对方了解合同履行的进度和效果。买方凭受益人的证明可作为法律依据进行交涉及诉讼等。

(二)受益人证明的基本要求

(1) 信头(Letterhead)和单据名称也叫标题 BENEFICIARY CERTIFICATE 不能少。这种单据的名称因所证明事项不同而略异，可能是寄单证明、寄样证明(船样、样卡和码样等)、取样证明、证明货物产地、品质、唛头、包装和标签情况、证明产品生产过程、证明商品业已检验、环保人权方面的证明(非童工、非狱工制造)等。出口商应依照信用证要求确定名称，以免造成单证不符。

(2) 受益人证明的抬头一般做成中性抬头，即"To whom it may concern"。信用证里面要求它含什么内容通常会有规定，那么第一句写"We hereby certify that …"、"We hereby confirm (state) …"或 "We are certifying that …"等，后面照抄信用证上的话即可。

(3) 证明的内容应严格与合同或信用证规定相符。如果信用证要求所有单据必须有 LC 号、发票号、合同号，则也要加上，以表明与其他单据的关系。

(4) 因属于证明性质，按有关规定，落款就是受益人的名字，按信用证打，然后盖章，如果其他单据由受益人手签，那么这一份同样手签。

(5) 受益人证明文字不多，通常不到一个 A4 页面，但必须用一面 A4 的纸，不要用 B3 或 A5，特别要注意格式规范，选好字体字号、版面平衡美观，下面留空不要太多，同时在规定的时间内发送出去。

复习思考题

1. 单证工作的基本要求是什么？
2. 商业发票在国际贸易中有哪些内容和作用？
3. 信用证的开证申请人、开证行和受益人应分别在海运提单上什么位置体现？
4. 信用证项下的受益人对海运提单应如何背书？
5. 航空运单、铁路运单、公路运单、邮政收据等分别有哪些性质？
6. 国际货物运输中，保险单据有哪些种类？在实际使用中，应如何掌握？
7. 信用证项下交单时，哪些单据应加背书？
8. 银行在审查汇票、商业发票、保险单据时，分别有哪些要点？

技能训练题

1. 有四人有资格在海运提单上签字，即：①承运人；②其代理人；③船长；④其代理人。

(1) Name of the carrier: Jessen Shipping Co.

The B/L indicates the name of the carrier on the B/L, but it fails to indicate the word "carrier".

When the carrier signs B/L, please sign it accordingly.

承运人名称是：杰森运输公司

提单指明承运人的名称，但未写上"承运人"字样。承运人签字时，请相应签上。

(2) Name of agent: China Ocean Shipping Agency

Name of carrier: Jessen Shipping Co.

The B/L is signed by an agent for the carrier when the word "carrier" has been used on the front of the B/L, please sign it in 3 styles of signature forms.

代理人名称是：中国海洋运输代理机构

承运人名称是：杰森运输公司

提单是代理人为承运人签的，当要求"承运人"字样出现在提单正面时，请用 3 种格式签署。

(3) The B/L is signed by the master, please sign it accordingly

提单要由船长签发，请相应签署。

(4) Name of agent: China Ocean Shipping Agency

Name of master: Frank Smith

When an agent for the master signs B/L, please sign it accordingly

代理人名称是：中国海洋运输代理机构

船长名称是：富兰克.史密斯

当代理人要为船长签署提单时，请相应签上。

2. 已装船批注：

The routing boxes on the B/L shows as follows:

Pre-carriage by: Place of receipt:
Intended Ocean Vessel: Oldelcrek Port of loading: Shanghai
Port of discharge: Seattle Place of delivery:
Shipment date of this B/L is 30 June, 2009, please make an "on board" notation
提单上显示的运输路线方框如下：
预期由欧德克瑞克号海船运输，装运港为上海，卸货港为西雅图，提单出单日为 2009 年 6 月 30 日，请批注"已装船"字样。

3．请根据下列条件完成海运提单的背书：
出口商为 xxx Co.，发货人是出口商；开证行是：Bank of China ；进口商为：ABC Imp. Co. Ltd.
(1) 请以发货人的身份做成空白背书；
(2) 请以发货人的身份做成开证行的记名背书；
(3) 如提单抬头人或被背书人是开证行，由开证行背书给进口商，请做此背书。

4．根据所给出的信用证和相关资料，按题意完成各小题。

信用证样本

FM: HABIB BANK LTD., DUBAI
TO: BANK OF CHINA, NANJING BRANCH

Form of Doc. Credit	*40 A:	IRREVOCABLE
Doc. Credit Number	*20:	LC-2008-1098
Date of Issue	31C:	081010
Expiry	*31 D:	Date 081230 Place CHINA
Applicant	*50:	AL-HADON TRADING COMPANY
		P. O. BOX NO. 1198, DUBAI
		U A E
Beneficiary	*59:	NANJING GARMENTS IMP. AND EXP. CO., LTD.
		NO. 301 ZHEN AN TONG ROAD
		NANJING CHINA
Amount	*32B:	Currency USD Amount 40,750.00
Pos. / Neg. Tol. (%)	39A:	5/5
Available with /by	*41D:	ANY BANK
		BY NEGOTIATION
Draft at…	42C:	DRAFTS AT 60 DAYS AFTER SIGHT
		FOR FULL INVOICE VALUE
Drawee	42A:	

* HABIB BANK LTD., DUBAI
*TRADING SERVICES, POX 1106,

*DUBAI U A E

Partial Shipments	43P: ALLOWED
Transshipment	43T: ALLOWED
Port of loading	44E: NANJING CHINA
Port of discharge	44F: DUBAI U A E
Latest Date of Ship.	44C: 081215
Descript. of Goods	45A:

    MEN'S UNDERWEAR 2 PCS SET　CFR DUBAI
ART NO. 3124A,　U. PRICE USD52.50/DOZ, 300DOZ
ART NO. 3125A,　U. PRICE USD50.00/DOZ, 500DOZ
    ALL OTHER DETAILS AS PER PROFORMA INVOICE NO. HT-2578 OF M/S. HALLSON TRADING P. O. BOX 2512 DUBAI U A E

Documents required　　46A:

    +SIGNED COMMERCIAL INVOICE IN TRIPLICATE

    +PACKING AND ASSORTMENT LIST IN TRIPLICATE STATING THAT THE GOODS OF SIZE S, M, L, XL ARE PACKED INTO 4 DOZ PER ONE EXPORT CARTON, EACH SIZE EACH DOZEN

    +MANUALLY SIGNED CERTIFICATE OF ORIGIN IN TRIPLICATE SHOWING B/L NOTIFY PARTY AS CONSIGNEE AND INDICATING THE NAME OF THE MANUFACTURER

    +FULL SET OF CLEAN ON BOARD BILLS OF LADING MADE OUT TO ORDER OF SHIPPER AND BLANK ENDORSED AND MARKED FREIGHT PREPAID, NOTIFY M/S HALLSON TRADING, P. O. BOX NO. 2512 DUBAI U A E AND ALSO SHOWING THE NAME, ADDRESS, TEL. NO. OR FAX NO. OF THE CARRYING VESSEL'S AGENT AT PORT OF DISCHARGE

    +A SEPARATE CERTIFICATE FROM THE SHIPPING CO. OR ITS AGENT CERTIFYING THAT THE CARRYING VESSEL IS ALLOWED BY ARAB AUTHORITIES TO CALL AT ARABIAN PORTS AND IS NOT SCHEDULED TO CALL AT ANY ISRAELI PORTS DURING ITS TRIP TO ARABIAN COUNTRIES

    +SHIPPING ADVICE MUST BE SENT TO THE DUBAI

	INSURANCE COMPANY ON FAX NO. 82354322 SHOWING THE SHIPPING DETAILS
	+ONE SET OF NON-NEGOTIABLE SHIPPING DOCUMENTS AND SHIPMENT SAMPLES SHOULD BE SENT DIRECTLY TO THE OPENERS AND A CERTIFICATE AND RELATIVE POST RECEIPT FOR THIS EFFECT IS REQUIRED
Additional Conditions 47A:	1. INSURANCE TO BE EFFECTED BY BUYER
	2. REIMBURSEMENT UNDER THIS CREDIT IS SUBJECT TO UNIFORM RULES FOR BANK TO BANK REIMBURSEMENT UNDER DOCUMENTARY ICC PUBLICATION NO. 525
	3. WE SHALL ARRANGE REMITTANCE OF THE PROCEEDS TO YOU ON RECEIPT OF DOCUMENTS COMPLYING WITH THE TERMS OF THIS L/C CONFIRMING THAT THE DRAFT AMOUNT HAS BEEN ENDORSED ON THIS LETTER OF CREDIT.
	4. AMOUNT AND QUANTITY 5 PCT MORE OR LESS ARE ALLOWED.
	5. ALL DOCUMENTS MUST SHOW OUR L/C NUMBER.
	6. THIS L/C IS UNRESTRICTED FOR NEGOTIATION.
Details of Charges 71B:	ALL BANKING CHARGES OUTSIDE DUBAI ARE FOR A/C OF BENEFICIARY
Presentation Period 48:	DOCUMENTS TO BE PRESENTED WITHIN 15 DAYS AFTER THE DATE OF SHIPMENT，BUT WITHIN THE VALIDITY OF THE CREDIT

相关资料：

发票号码：2008-1500　　　　　　　　发票日期：2008年11月30日
提单号码：HSKK50088　　　　　　　　提单日期：2008年12月10日
船名：CMA CROWN V. 987　　　　　　集装箱：1×20'　LCL CFS/CFS
集装箱号：TRIU287756　　　　　　　　封号：80709
原产地证号：08NJ98699　　　　　　　商品编号：6302.2900
包装：4DOZ/CTN，　　　　　　　　　体积：58×40×25CMS，
净重：20.00KGS/CTN　　　　　　　　毛重：22.00KGS/CTN
合同号：NG08-2578　　　　　　　　　预约保单号：08-236147
议付银行：中国银行南京分行(BANK OF CHINA, NANJING BRANCH)

生产厂家：南京佳美服装厂（NANJING JUSTMADE GARMENTS FACTORY）

唛头：

HALLSON

HT-2578

DUBAI

NO. 1-200

(1) 问答题：

请分别写出本信用证的开证银行、开证申请人、受益人、通知银行及本信用证的启运港、目的港名称，并分别写出信用证的开证日、交单期、最后装船日和有效期与到期地点。

(2) 填写汇票：

BILL OF EXCHANGE

凭 **Drawn under**	(1)	信用证 第 号 **L/C No.** (2)

日期 **Dated** (3)　　　　　支取 Payable with interest @ ％ per annum 按年息 付款

号码 **No.** 2008-1500　　Exchange for (4)　　南京 Nanjing (5) 年 月 日

见票 **At** (6)　　　　　日后(本 汇 票 之 副 本 未 付)付 交

sight of this **FIRST** of Exchange (Second of exchange

being unpaid) **Pay to the order of** (7)　　　　金额 The sum

(8)

款已收讫
Value received
此致
To:

南京服装进出口有限公司(章)
NANJING GARMENTS IMP. & EXP. CO. LTD

(9)

(10)

(3) 把下面的发票补充完整。

南京服装进出口有限公司
NANJING GARMENTS IMP. AND EXP. CO., LTD.
NO. 301 ZHEN AN TONG ROAD NANJING CHINA

商业发票
COMMERCIAL INVOICE

To: (1)

Invoice No.: 2008-1500
Invoice Date: 30 NOV., 2008
L/C No.: (2)
LC Date: (3)

Transport details
From: NANJING CHINA   To: DUBAI U A E   BY VESSEL

Marks & Nos	Description of goods	Quantity	U. price	Amount
(4)	MEN'S UNDERWEAR 2 PCS SET (6)	(7)	(5) (8)	(9)
Total:		800DOZ		USD40750.00

SAY U. S. DOLLARS FORTY THOUSAND SEVEN HUNDRED AND FIFTY ONLY
TOTAL PACKED IN 200CARTONS.
GROSS WEIGHT: 4400.00KGS.
(10)

南京服装进出口有限公司(章)
NANJING GARMENTS IMP. & EXP. CO. LTD

张红(章)

(4) 把下面的装箱单补充完整。

南京服装进出口有限公司
NANJING GARMENTS IMP. AND EXP. CO., LTD.
NO. 301 ZHEN AN TONG ROAD NANJING CHINA

装箱搭配单
PACKING AND ASSORTMENT LIST

To:	Invoice No.:	(1)
AL-HADON TRADING COMPANY	Invoice Date:	30 NOV., 2008
P. O. BOX NO. 1198, DUBAI	L/C No.:	(2)
U A E		

Transport details

From: _____(3)_____ To: _____(4)_____ BY VESSEL

Marks & Nos	C/No., Package	Quantity Description of goods	G. Weight	N. Weight	Measurement
HALLSON HT-2578 DUBAI NO. 1-200	1-75 75Ctns 76-200 125Ctns	(5) ART. NO. 3124A, 4DOZ/CTN, 300DOZ ART. NO. 3125A, 4DOZ/CTN, 500DOZ	@22Kgs (6)	@20Kgs (7)	@(58*40*25) (8)
TOTAL	200CTNS	800DOZ	4400.00KGS	4000.00KGS	11.600CBM

SIZE QUANTITY ASSORTMENT

	S	M	L	XL	TOTAL PCS/CTN
ART. NO. 3124A	(9)	12PCS	(10)	12PCS	48PCS
ART. NO. 3125A		12PCS		12PCS	48PCS

WE HEREBY STATE THAT THE GOODS OF SIZE S, M, L, XL ARE PACKED INTO 4 DOZ PER ONE EXPORT CARTON, EACH SIZES EACH DOZEN.
SAY TWO HUNDRED CARTONS ONLY.

南京服装进出口有限公司(章)
NANJING GARMENTS IMP. & EXP. CO. LTD

张红(章)

(5) 把下面的装船通知补充完整。

南京服装进出口有限公司
NANJING GARMENTS IMP. AND EXP. CO., LTD.
NO. 301 ZHEN AN TONG ROAD NANJING CHINA
装船通知
SHIPPING ADVICE

L/C No. LC-2008-1098

Date: (1)

To: (2)

To whom it may concern:
We hereby state that the goods under the Open Policy No. 08-236147 have been shipped. The shipping details are as follow:

Description of goods:	(3)
Number of package:	(4)
Quantity:	800DOZ
Goods value:	(5)
Container & Seal No.	(6)
Port of loading:	(7)
Port of discharge:	(8)
Bill of Lading No:	(9)
Vessel Name & Voy:	(10)

南京服装进出口有限公司(章)
NANJING GARMENTS IMP. & EXP. CO. LTD

张红(章)

第八章　国际非贸易结算

【本章学习要求】

通过本章学习，了解非贸易收支项目的种类；掌握其特点；理解并掌握国际非贸易外汇收支项目、非贸易汇款、外币兑换业务、旅行支票、旅行信用证、信用卡等业务的具体业务程序；了解中国外币兑换的相关规定。

【本章重点】

◆ 非贸易结算的概念及主要收支项目
◆ 国际信用卡，旅行支票，国际汇款的概念和特点

【本章难点】

◆ 各种非贸易结算的流程

【章前导读】

浙江温州市民周先生因为儿子在国外读书，所以经常出国。出国必须有外币，以前，他到银行购买外汇，每次都要准备一大堆的单证，有时候甚至会因为证件不齐白跑一趟。而且还有额度限制，在半年之内只能买 5000 美元，半年以上只能买 8000 美元，超出限额就要到外汇管理局审批。周先生很郁闷。与周先生比起来，赵女士的情况刚好相反。她的儿子女儿都在国外经商，每年都要汇不少外汇到国内，然后由赵女士把这些外汇结成人民币，在国内进货或者置业。听说新的外汇管理规定出台了，赵女士也开始担心会不会有什么限制。

义乌的吴女士接到银行电话，催促她对前几日收到的一笔人民币跨境收入办理国际收支申报。吴女士很困惑，因为以前都是以外币进行结算的，按规定办了国际收支申报，但现在这笔货款是以人民币结算的，不涉及外汇，她认为无须办理国际收支申报。

2008 年北京举办了第二十九届国际奥林匹克运动会，来自 204 个国家的运动员、教练员、官员以及外国嘉宾、游客，在北京住宿、用餐、观看比赛、购物等，你知道他们是如何进行货币支付的吗？他们可以直接用各自的本国货币支付吗？还是要兑换成人民币或采用其他方式支付？

以上都是本章国际非贸易结算要学习的内容。

【关键词】

国际非贸易结算　非贸易汇款　外币兑换　旅行支票　电子旅行支票　信用卡

第一节　国际非贸易结算概述

国际结算除了因有形的货物贸易而发生的国际贸易结算(有形贸易结算)外，还包括由货物贸易以外的运输、保险、金融、文化交流等无形贸易引起的国际非贸易结算(无形贸易结算)。非贸易结算同样构成国际结算的重要组成部分。而且，随着国际交往的不断增多，非贸易结算范围与规模也日益扩大。

一、国际非贸易结算的概念与特点

国际非贸易结算(International Non-trade Settlement)，又称无形贸易结算，是国际贸易结算的对称，是指由无形贸易(Invisible Trade)引起的国际货币收支和国际债权债务的结算。无形贸易与有形贸易(Visible Trade)的结算方式不同。有形贸易结算是指因有形的货物进出口所发生的国际贸易结算。无形贸易结算是指货物贸易外汇收支以外的各项外汇收支，即国际收支经常项目中的服务贸易、收益与单方转移项目下涉及的结算业务。非贸易结算是国际结算的重要组成部分。随着中国跨境贸易人民币结算试点的扩大，非贸易项下的跨境人民币结算业务也在逐步地推进。

非贸易的说法是我国特定历史时期官方的一种不很规范的、约定俗成的一种说法，该定义比较正式的提出应是汇发〔2002〕29 非贸易售付汇及境内居民个人外汇收支管理操作规程所提到的。之前财政部和外汇局分别于 1994 年及 1999 年提出过非贸易非经营性的概念，但其内涵要小得多。由于国际上没有"非贸易"这样的概念，所以为了和国际接轨，从 2006 年开始，我们也不再提非贸易这种概念了，而改成国际收支平衡表上的服务贸易。服务贸易小于非贸易包含的范围，非贸易是指经常项目下除了货物贸易之外的交易，包括服务贸易、收益和单方转移。而服务贸易是指国际收支统计中服务项下的 13 项内容，包括：运输、旅游、金融和保险服务、专有权利使用费和特许费、咨询服务、其他服务等内容。

相对于国际贸易结算而言，国际非贸易结算主要具有以下几个特点：

(1) 范围广泛、内容庞杂，项目繁多，金额较低。

(2) 方式多样、灵活，主要是通过非贸易汇款、外汇兑换、旅行支票、旅行信用证、信用卡、光票托收等方式进行结算。

(3) 不需要组织商品出口，主要以相互提供服务换取外汇。

知识拓展

人民币收汇也要办理国际收支申报

国际收支统计申报是一国对本国国际收支状况做出正确评价和判断的基础，是国家制定宏观经济政策的依据。根据相关外汇管理规定，中国居民和在中国境内发生经济交易的非中国居民都应当按规定及时、准确、完整地申报国际收支信息。

根据新修改并于 2014 年 1 月 1 日实施的《国际收支统计申报办法》，原则上，中国居民与非中国居民之间的各类经济往来，及由此产生的金融资产负债情况，不论是用人民币还是外币计价结算，都要进行国际收支统计申报。其中，"居民"既包括个人，也包括机构；"非中国居民"既包括境外个人，也包括境外机构。"经济往来"指与经济相关的所有收入与支出，包括商品的买与卖、服务的提供与使用、捐赠与受赠、各类金融投资与被投资等活动，其强调的是活动发生时的流量情况。"由此产生的金融资产负债"指金融投资与被投资活动发生后的"债权"及"债务"情况，其强调的是存量情况。

有一种比较常见的认识误区，一些外贸企业对"涉外"概念存在理解偏差。比如，对于货物出口港、澳、台地区，货款从港、澳、台汇入的情况，一些企业会混淆"主权上的国境"和"经济上的国境"两个不同概念，认为港、澳、台也是我国境内，所以与这些地方的人民币资金往来等同于在境内划转人民币，无须办理国际收支申报。但事实上港、澳、台地区经济和货币制度相对独立，目前外汇管理部门将其视为境外管理，所以与港、澳、台的资金往来，无论是本币还是外币，都需要办理国际收支申报。

二、国际非贸易结算的内容

国际非贸易结算的内容包括贸易交往中的各项从属费用，如运输、保险、银行手续费等，以及其他与贸易无关的属于劳务性质的非实物收支，如出国旅游费用、私人汇款、外币收兑、国外投资和贷款的利润、利息收益、驻外使领馆和其他机构企业的经费、专利权收入、馈赠等。概括起来，大致包括以下几个项目。

(一)国际私人汇款

1. 汇入汇款

汇入汇款是指港澳台地区的同胞、华侨、中国血统外籍人及外国人,汇入、携带或邮寄入境的外币与外币票据。

2. 汇出汇款

汇出汇款是指国家外汇管理局批给我国公民及外国侨民的旅杂费、退休金、赡家费、移居出境汇款;外商或侨商企业纯利及资产汇出;各国驻华的领事馆在我国收入的签证费、认证费的汇出及其他一切私人外汇的支出。

(二)运输收支

1. 铁路收支

铁路收支是指我国铁路运输(货运与客运)的国际营业收入以及我国列车在境外的开支。

2. 海运收支

海运收支是指我国自有船只,包括远洋轮船公司经营对外运输业务所收入的客货运费及出售物料等的外汇收入;我国自有租赁的船只(不包括外运公司租赁)所支付的租金、修理费用,在外国港口的使用费,在港澳地区所支出的外汇费用,在国外向外轮供应公司和船舶燃料供应公司购买食品、物料、燃料所支出的外汇,以及与船舶有关的奖罚金、保证金、押金等。

3. 航空运输收支

航空运输收支是指我国民航的国际客货营业收支,包括运费、国外飞机在我国机场的使用费、我国飞机在国外机场的费用支出。

4. 邮电结算收支

邮电结算收支指我国邮电部门和外国邮电部门之间结算彼此邮电费用,应收的外汇收入与应付的外汇支出。

(三)金融收支

1. 保险收支

保险收支是指我国保险公司进行国际经营的外汇收支,包括保费、分保费、佣金、驻外(含港澳地区)保险分支机构上缴的利润和经费等外汇收入;我国向国外支付分保费、应付保险佣金和保险赔款等外汇支出。

2. 银行收支

银行收支是指我国银行经营外汇业务的收支,包括手续费、邮电费、利息、驻港澳地区及国外的分支机构上缴的利润和经费等外汇收入;我国银行委托国外业务支付的手续费、邮电费和向国外借款应支付的利息等外汇支出。

3．外汇收兑

外汇收兑是指我国边境和内地银行收兑入境旅客，包括外宾、华侨、港澳台同胞、外籍华人、在华外国人等的外币、现钞、旅行支票、旅行信用证及汇票等汇兑收入。

兑换国内居民外汇是指兑换国内居民，包括归侨、侨眷、港澳同胞家属委托银行在海外收取遗产，出售房地产、股票，收取股息、红利，调回国外存款、利息等外汇收入。

(四)旅游收支

旅游业外汇收支是指我国各类旅行社和其他旅游经营部门服务业务的外汇收支。

(五)其他收支

1．文化收支

文化收支是指我国图书进出口公司、影印公司、集邮公司进出口图书、影片、邮票的外汇收支。

2．外轮代理与服务收支

外轮代理与服务收支是指外国轮船在我国港口所支付的一切外汇费用收入，我国外轮供应公司对远洋货轮、外国轮船及其海员供应物资和提供服务的外汇收入以及国外海员在港口银行兑换的外币现钞收入。

3．驻外企业汇回款收入、外资企业汇入经费收入、外国使领馆团体费用收入及机关、企业、团体经费外汇支出

总之，非贸易结算项目范围很广，其中，国际服务贸易的外汇收支是非贸易结算的主体。国际非贸易结算的内容如图 8-1 所示。

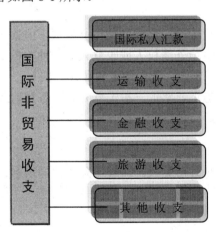

图 8-1　国际非贸易结算的内容

三、国际非贸易结算方式

最初的非贸易结算是采取现金结算方式，后来发展成市场票据，开始以光票的收据进

行非贸易结算。现在国际非贸易收支是采取非现金结算方式,主要通过银行对票据进行清算。小量非贸易外汇,也可采取携带自由兑换的货币,到国外兑成当地货币的办法。国际非贸易结算在两国或多国以双边或多边方式进行。不论使用何国的货币,支付时一般均折付当地货币,或将资金存入有关货币的中心地点的账户。例如汇至伦敦的美元存入收款人在美国开立的银行账户。非贸易外汇收入,主要来自提供劳务、各种服务,不需要出口商品,所以多数国家都努力提高服务质量,争取多收汇。中国在争取华侨汇款、旅游外汇和调回私人存在国外资金等方面,订有各种优待办法。非贸易结算可用即期或远期方式。即期票据在提示时即付款。远期票据在提示时先办理承兑,待票据到期时付款。

非贸易结算方式主要有:非贸易汇款、外币兑换、非贸易信用证、旅行支票、信用卡以及非贸易票据的买入与托收等,如图 8-2 所示。

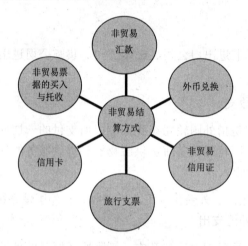

图 8-2　国际非贸易结算方式

1. 非贸易汇款

非贸易汇款是国际汇款业务的一部分,是与贸易项下汇款相对而言的,也是债务人或付款人委托银行将款项汇交给境外债权人或收款人的一种委托银行付款结算方式,主要用于资本借贷、清偿债务、划拨资金、无偿赠送和私人汇款等。

非贸易汇款也有信汇、电汇、票汇三种汇款方式,各种汇款方式的汇出、汇入,与贸易汇款的业务做法基本相同。

2. 外币兑换

外币兑换包括外币兑出与外币兑入。随着国际交往的增多,因公或因私的外币兑换业务越来越频繁。

3. 非贸易信用证

非贸易信用证,是相对于贸易项下信用证而言,是银行应开证申请人的请求,向申请人所到地有代理关系的银行开立的用于结算非贸易款项的光票信用证,主要有外事机构使用的光票信用证和旅游者使用的旅行信用证。

4. 旅行支票

旅行支票，是由银行或旅行社为使旅行者减少和避免携带现金的麻烦而发行的一种专供旅行者使用的一种支票。旅行者购买旅行支票后，可以随身携带，用于支付在饭店、商店等的费用和在银行取现。

5. 信用卡

信用卡，作为一种结算工具，在国际非贸易结算中具有广泛的应用。

6. 非贸易票据的买入与托收

在非贸易项下，票据合法持有人可将外币票据直接卖给银行，站在银行的角度，就称为外币票据买入或买入外币票据。票据持有人也可以将外币票据通过银行办理光票托收。

第二节　非贸易汇款与外币兑换业务

汇款不仅有贸易项下的汇款，同样还有非贸易项下的汇款业务。同时，在办理国际汇款业务时还涉及外币兑换的问题。

一、非贸易汇款

(一)非贸易汇款概述

非贸易汇款是与贸易项下汇款相对而言的一种国际汇款方式，包括汇出汇款与汇入汇款两种情况。

汇出汇款是汇出行根据汇款人的委托，按照汇款人的要求，委托国外代理行将一定的金额付给指定收款人的业务。在银行开立账户的企事业单位，可使用汇款方式实现外汇资金的调拨；不在银行开立账户的，也可在交存款项后办理汇款。具体流程如图8-3所示。

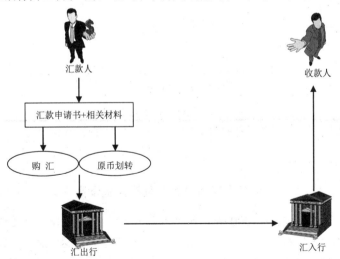

图8-3　汇出汇款流程

汇入汇款是国外代理行委托国内银行将款项交给指定收款人的业务,如图8-4所示。一个美元汇款路线的例子如表8-1所示。

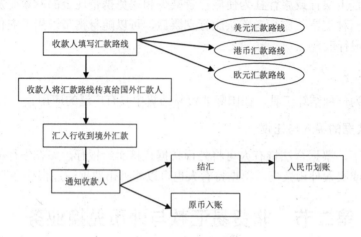

图8-4 汇入汇款流程

表8-1 美元汇款路线示例

银行固定格式	客户填写内容
中转行名称 INTERMEDIARY BANK'S NAME	花旗银行,美国纽约 CITIBANK N.A. NEW YORK, NY US
SWIFT 代码 SWIFT CODE	CITIUS33
收款行名称 ACCOUNT WITH BANK'S NAME	北京银行 BANK OF BEIJING BEIJING CN
SWIFT 代码 SWIFT CODE	BJCNCNBJ
最终受益人 BENEFICIARY	收款人姓名和账号 BNF'S NAME & A/C NO.

注:"最终受益人"信息应与客户在收款行开户资料所留信息保持一致。

案例点击

汇出行失误造成的汇款解付延误案

某客户去上海A银行查询1000美元的个人汇入款。据客户告知是通过上海A银行的总行在纽约的账户行美洲银行汇划的。但是上海A银行查询记录未发现该笔汇款。经多次查询美洲银行方知纽约美洲银行将该笔汇款误入该银行××省分行的分账户,最终由该省分行以异地联行划付方式汇至上海该行从而解付给收款人,前后共延误60天。

第八章 国际非贸易结算

〖点石成金〗

本案例是由于美国汇出行美洲银行本身的差错所造成的一笔汇款延误。实际上 A 银行总行已在纽约美洲银行开立美元账户，但为了方便其某省级分行早日能收到汇入款，而特别与账户行安排为该省分行开立了分账户，并规定对该省级分行的汇入款将由账户行直接发送贷记报单，而不需北京总行转汇。

对于银行来说，非贸易汇款是非贸易结算业务中非常重要的一个内容。作为汇出行，应该准确了解汇入行信息，及时汇划资金。而作为收款行在收到其无法解付的汇入款时应及时与汇出行联系，避免资金划拨的延误。

(资料来源：案例 60：汇出行失误造成的汇款解付延误案. 国际贸易结算案例 汇集贴(110 例). 福步外贸论坛, http://bbs.fobshanghai.com/viewthread.php?tid=1160118&extra=&page=4)

(二)非贸易汇款的方式

非贸易汇款一般可采用电汇(T/T)和票汇(D/D)。信汇(M/T)方式用得比较少。另外，现在还有非传统的西联汇款与速汇金业务。

1. 电汇

电汇(Telegraphic Transfer，T/T)为汇出行接受汇款人的申请，以加押电报、电传或 SWIFT 方式，通知收款人所在地的汇入行(也称解付行)，指示其解付一定金额给收款人的一种汇款方式。

使用该方式的前提是收款人要有在国外汇入行的账户，办理方式是收款人把自己的姓名、开户行名称、地址、银行账号、SWIFT CODE 全部正确无误地告诉汇款人，然后让他们到国内有关银行办理即可。

 知识拓展

什么是 SWIFT CODE

SWIFT 是"环球同业银行金融电讯协会"的英文简称。凡该协会的成员银行都有自己特定的 SWIFT 代码，即 SWIFT CODE。在电汇时，汇出行按照收款行的 SWIFT CODE 发送付款电文，就可将款项汇至收款行。

目前国内中国银行一、二级分行以及一些商业银行如工商银行、招商银行等都可以办理国际个人汇款业务。特别是中国银行，通过国外分行清算，一般 2~3 个工作日就到账。方便、安全、快速，这是目前最广为人知和使用频率最高的一种汇款方式。

2. 票汇

票汇(Demand Draft，D/D)，是汇出行应汇款人的申请，开立以其分行或代理行为解付行的即期汇票交给汇款人，由汇款人寄给收款人或自行携带出国，由指定的付款行凭票支付一定金额给收款人的一种汇款方式。

如果选择使用票汇，汇款人在国内相关银行只要提供收款人的姓名和国外所在城市名称即可办理汇票。拿到汇票后，再通过邮寄或别的方式给收款人，由收款人到国外当地银行办理托收，同时留下账户号。大约一个月左右，托收回来直接打入收款人的账户。

3．信汇

信汇(Mail Transfer，M/T)，是由银行通过航空邮件，向国外解付行发出信汇委托书，以代替汇票的一种汇款的形式。与电汇的区别在于银行通过航空邮件而不是电报形式通知目的银行。在这个电子时代，信汇似乎不再受人们青睐了，特别是个人用户似乎更是忽略了它的存在。

4．西联汇款与速汇金

以上几种汇款方式大都离不开银行，但有种汇款方式可以通过邮局甚至药店也能汇兑。西联汇款(Western Union Money Transfer)及速汇金(Money Gram)就是这样一种非传统的快速个人汇款方式，适用于非贸易类的中小额国际个人电子汇款服务，它可以在5~15分钟内完成向世界上185个国家和地区中任何一个地方的汇款。

使用西联汇款或速汇金无须信用卡、银行账户、会员或国籍证明。通过专用的全球计算机网络，以美元或英镑现钞交易，绝大部分转账服务在几分钟内就能完成，收款人只需提供有效的身份证明便可以兑现。

由美国西方联合金融服务公司与中国邮政及中国农业银行合作推出的国际汇款业务似乎已经受到人们青睐。在国内，西联与中国农业银行、中国邮政的合作使其网络过千家，而在英国，西联也有大量的诸如银行、邮局、超市等合作者提供汇兑服务。

而西联汇款的竞争对手速汇金虽然与西联汇款在各方面都颇为相似，但由于西联汇款先入为主的事实，速汇金在知名度上略输一筹，但速汇金国际有限公司与中信实业银行、交通银行以及中国工商银行联手以较低的手续费及更多的交易货币种类与西联汇款抗衡。西联汇款从国内汇出的只能是美元，而速汇金却以可汇出英镑为筹码而在中国市场上和西联汇款一争高下。

速汇金、西联汇款，从款项汇出到对方确认已收到，差不多就15分钟，但费用有点贵。与普通型汇款不同，在办理这种业务时，汇款人需要将汇款时设置的一个密码告诉收款人，对方只有凭着这个密码和有效身份证件才能在国内提取这笔款项。办理地点：速汇金——工行、交行、中国银行(2010)；西联汇款——农行、邮政储蓄。

(三)电汇与票汇的办理

1．电汇

办理电汇需填写电汇申请书，必须以英文填写，在办理业务前，汇款人需要准确提供取得的如下汇款信息。

(1) 汇款货币及金额。
(2) 收款人姓名及地址。
(3) 收款人在开户银行的账号。
(4) 收款人开户银行名称、SWIFT代码(SWIFTCODE)或地址。

为了保证收款人及时收到款项，必须提供准确的汇款信息，同时，留下汇款人的联系方式，并保存好汇款回单，以便在汇款出现问题时，能够及时与汇款人联络。

知识拓展

为什么收款人收到的电汇款有时小于原汇出金额

在电汇业务中,当汇出行和汇入行之间互开往来账户时,款项一般可全额汇交收款人。但是,大部分情况是汇出行与汇入行无直接的账户往来,而必须通过另一家或几家银行(即转汇行)转汇至汇入行。每家转汇行在做转汇业务时,都会从中扣收一笔转汇费。这样,该笔电汇款汇交收款人时,就不再是原汇出金额。同样,若办理退汇时,退回的金额必定小于原汇出金额。

2. 票汇

办理票汇需填写汇票申请书,以英文填写(汇往港澳台地区可以中文填写),汇款人需要准确提供如下信息。

(1) 汇款货币及金额。
(2) 收款人姓名及地址。

办理完票汇手续,银行将汇票交给汇款人,汇款人可邮寄或自行携带出境。

需要注意的是,汇款人在办理票汇时,要向银行经办人员问清汇票的付款行是否是收款人所在地银行。当汇款人向美国以外的地区票汇美元时,付款行可能是美国的一家银行,此时收款人只能通过当地银行办理托收后才能收到汇款。

二、外币兑换业务

(一)外币兑换概述

银行办理外币现钞的兑入和兑出的业务,称为外币兑换业务(Exchange of Foreign Bank Notes)。国家确定某种外币能否收兑,主要考虑两个因素:一是货币发行国对本国货币出入境是否有限制;二是这种货币在国际金融市场上能否自由兑换。

根据我国现行的外汇管理法令规定,在中华人民共和国境内,禁止外币流通,并不得以外币计价结算。为了方便来华旅游的外宾和港澳台地区同胞用款,中国银行及其他外汇指定银行除受理外币旅行支票、外国信用卡兑换人民币的业务外,还受理22种外币现钞和台湾地区新台币的兑换业务。

另外,为了尽量对持兑人给予方便,除了银行以外,一些宾馆、饭店或商店也可办理外币兑换人民币的业务;兑换后未用完的人民币在离境前可凭六个月内有效期的外汇兑换单兑换成外币,携带出境。不同情况的外币兑换使用不同的牌价。兑换旅行支票、信用卡、汇款使用买入价;兑出外汇,包括兑出外币现钞,使用卖出价;兑入外币现钞,使用现钞买入价。

几种主要外币对比如表8-2所示。

表 8-2　几种主要外币对比

比较项目	美 元	英 镑	欧 元	日 元	港 币
货币单位	(美)元、(美)分	(英)镑、新便士(1972)	(欧)元、(欧)分	元、钱	元、毫、仙
纸币面额	1、2、5、10、20、50、100元	1、5、10、20、50	5、10、20、50、100、200、500元	100、500、1000、2000、5000、10000元	10、20、50、100、500、1000元
铸币面额	1、5、10、25、50分，1元		1、2、5、10、20、50分，1、2元	1、5、10、50元	1、2、5、10元，1、2、5毫

(二)外币兑换的程序

1. 兑入外币

凡属国家外汇管理局"外钞收兑牌价表"上所列的各种外币，银行经查验顾客的护照或身份证后办理收兑。银行将按当天外钞买入价折算成人民币，填写一式四联的"外币兑换水单"，见附式 8-1。收点外钞和支付人民币。

附式 8-1　外币兑换水单

[兑换水单表格，中国银行 BANK OF CHINA，EXCHANGE MEMO/ADVICE，含会计画面号、柜员号、柜员传票号、日期、牌价RATE、兑换、国籍Nationality、护照号码Passport No、日期Date、姓名及签字Name & Signature、地址/饭店Address/Hotel、摘要Remarks、中国银行签章、②交客户]

注：第一联存根附件；第二联交客户；第三联外管局核销联；第四联统计卡。

2. 兑出外币

银行对境外单位或个人要求兑出外币，应查验护照或身份证及原外币兑换水单，在有效期内(从兑入外币之日起 6 个月内)，按不超过原兑换水单上的金额兑换。收回的原兑换水单，加盖"已退回"戳记，作为外汇买卖传票的附件。最后还应在顾客的海关申报单的外币登记栏中写明，以便海关检查放行。

对于批准出国人员申请兑换外币，年度总额内的，凭本人有效身份证件直接在银行办理；超过年度总额的，需要银行审核相关证明材料。办理兑出手续时，应缮制"外币兑换水单"一式四联，根据当天外钞卖出价兑付。

知识拓展

个人外汇管理新政调整的主要内容

近年来，国家外汇管理局大力推进个人外汇管理新政，数次调高个人购汇限额，2006年5月，对境内居民个人购汇实行年度总额管理；2007年2月，颁布实施《个人外汇管理办法》和《个人外汇管理办法实施细则》。这次个人外汇管理新政简化了购付汇业务手续，进一步便利居民持汇用汇。

《个人外汇管理办法》本着便利操作、有效管理和风险可控的原则，对个人外汇收支活动主要进行了四方面的调整和改进：一是在对个人购汇实行年度总额管理的基础上，实行个人结汇年度总额管理。[①]年度总额内的，凭本人有效身份证件直接在银行办理；超过年度总额的，经常项下的购汇需要银行审核相关证明材料，资本项下的购汇需经必要的核准。二是对个人经常项下外汇收支区分经营性和非经营性外汇进行管理，对个人贸易项下经营性外汇收支给予充分便利，对贸易以外的其他经常项下非经营性外汇收支进行相关审核。三是不再区分现钞和现汇账户，对个人非经营性外汇收付统一通过外汇储蓄账户进行管理。四是启用个人结售汇管理信息系统，为实行年度总额管理提供技术保障。要求银行必须通过该信息系统办理个人结售汇业务。

第三节　旅行支票与旅行信用证

旅行支票和旅行信用证都是为旅客境外旅行支付方便而开发的工具，但二者之间也存在一定的区别。

一、旅行支票

(一)旅行支票概述

1. 旅行支票的概念和特点

旅行支票(Traveller's Cheque)是银行或旅行社为便于旅游者安全携带和使用而发行的一种定额支票。它与一般银行汇票、支票的不同之处在于旅行支票没有指定的付款地点和银行，一般也不受日期限制，能在全世界通用，客户可以随时在国外的各大银行、国际酒店、餐厅及其他消费场所兑换现金或直接使用，是国际旅行常用的支付凭证之一。如附式8-2所示。

[①] 根据《个人外汇管理办法实施细则》规定，国内居民凭个人有效证件，一年内可购汇5万美元，同时一年内的结汇额度也控制在5万美元之内。

附式 8-2　旅行支票

旅行支票具有以下特点。

(1) 面额固定、多样。旅行支票面额固定、类似现钞。而且有多种面额，如美元旅行支票有 10、20、50、100、500、1000 美元等多种面额，能方便旅行者随意支取使用。

(2) 兑取方便。发行机构为了扩大其流通范围，发挥旅行支票的支付手段职能，在世界各大城市和旅游地设立许多特约代兑机构，大大方便了旅游者的兑取。

(3) 携带安全。旅行支票有初签、复签双重保证，携带安全。旅行者购买旅行支票时，须在签发银行柜台当面初签，作为预留签字；取款时，须在兑付行的柜台前当面复签，核对后才能兑付。

(4) 挂失补偿。发行机构规定，旅行支票不慎遗失或被盗，可提出"挂失退款申请"，只要符合发行机构的有关规定，挂失人就可得到退款或补发的新的旅行支票。

近年来，为了适应电子化的发展，国内不少银行还推出了电子旅行支票。电子旅行支票在一定时间内可以即买即得，而且有效期内还可以反复充值使用。

知识拓展

电子旅行支票

电子旅行支票是纸质旅行支票的升级产品，客户在银行柜台将外汇存入电子旅支中，即可携带到中国大陆以外 210 个国家及地区的商户和 ATM 机使用，支持境外网站网上购物。即买即得，不需要客户任何信用记录，它适用于出国旅游人员、留学人员、移民以及商务考察的客户等。是一种安全、便捷的海外消费方式，无须携带大量现金，许多大型银行和旅行网站都已经推出了电子旅行支票业务，出国前开通办理。通俗说，电子旅行支票类似于充值预付卡，在国内充值后，在境外刷卡消费，或在 ATM 机上提现。像信用卡一样便利，但比信用卡更安全、费用更低、更便捷且额度不受限制，尤其在国外大额消费时，电子旅行支票可能是最合适的选择。

(资料来源：电子旅行支票与信用卡的区别. http://www.wangdaidongfang.com/zixun/licai/4229.html)

2. 旅行支票的关系人

(1) 出票人：指发行旅行支票的银行或专业机构。由于旅行支票是以出票人为付款人的支付凭证，因此出票人即为付款人，它的签章预先印在票面上。

(2) 售票人：指出售或代售旅行支票的银行或旅行社等代理机构。

(3) 购票人：购买或持有旅行支票的人，并已在旅行支票上进行了初签。

(4) 兑付人：指事先已与出票人签订代付协议的机构。

(5) 受让人：接受旅行支票的服务部门即为支票的受让人。

旅行支票关系人图示如图 8-5 所示。

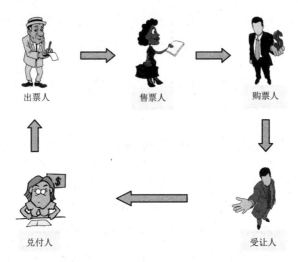

图 8-5　旅行支票关系人图示

(二)旅行支票的出售和代售

游客购买旅行支票时，填写的购买申请书上要写明：购买哪家银行发行的旅行支票、购买者姓名、地址、购买张数、货币种类、面额及总金额、购买日期等。出售机构经审核无误、收妥款项后，按规定请其在每张旅行支票的"初签栏"签名，以便兑付时与"复签栏"的签名核对。若购买者用本国货币购买外币旅行支票，按当天外汇牌价的卖出价折算。

(三)旅行支票的兑付

兑付旅行支票时，应注意以下几点：

(1) 识别旅行支票的真伪。

(2) 审核支付范围，有效期限。

(3) 核对初签和复签。

(4) 审查转让。

旅行支票分可转让(Negotiable)和不可转让(Non-negotiable)两种。对不可转让支票，只能由原购票人在兑付时当面复签，确认复签真实后，可予兑付。对可转让支票，原购票人在转让时是对受让人当面复签，并填上受让人姓名，然后受让人到银行在支票背面背书领取票款。

(5) 收取贴息和收回垫款。

案例点击

2000 年 12 月 25 日，A 市甲公司财务人员到乙银行 A 分行营业部要求兑付 9 张每张价值 1000 美元的由美国丙公司发行的旅行支票。该银行业务人员审核后发现，这些旅行支票与运通公司的票样相比，支票的印刷粗糙，估计是彩色复印机所制；票面金额、徽标等没有凹凸感；复签底线也非由小字母组成，而是一条直线，估计是复印机无法分辨原票样的细微字母；票面在紫光灯光下泛白色，没有水印。经仔细查询审核，该行确认这些旅行支票为伪造票据，予以没收。

经查，这些伪造的旅行支票是丁公司出具给甲公司抵债用的，甲公司准备兑付后还贷款。

〖点石成金〗

本案例是利用伪造旅行支票进行诈骗的。从该案的发生可以看出，境外不法分子常常利用内地银行外汇票据业务经验少的弱点，进行诈骗。

启示：

(1) 银行业务人员要加强对外汇票据业务的学习，掌握外汇票据的识别技术，辨真伪、明是非。

(2) 要有高度的责任感和认真的态度，谨慎细致地处理每一笔业务，不能有半点马虎。

(3) 要向企业宣传外汇票据知识，使企业能够掌握一般的外汇票据鉴别技术。企业遇有难以识别的外汇票据要通过银行进行查询，以免误收假票据而遭受损失。

(资料来源：案例 58：伪造旅行支票诈骗案. 国际贸易结算案例 汇集贴(110 例). 福步外贸论坛，http://bbs.fobshanghai.com/viewthread.php?tid=1160118&extra=&page=4)

二、旅行信用证

(一)旅行信用证的含义与特点

旅行信用证(Traveller's Letter of Credit)是银行为了便利旅客到境外支付旅行用款而开出的一种信用证。开立旅行信用证时一般要求开证申请人预留印鉴，以便取款时核对。

旅行信用证具有如下特点。

(1) 旅行信用证的正本由开证申请人自己携带。

(2) 旅行信用证是一种光票信用证，不附带任何单据。

(3) 与贸易结算中的信用证的不同之处是，旅行信用证的开证申请人和受益人是同一人，也就是汇款人和收款人是同一人，即均为旅行者本人。

(4) 受益人按不超过旅行信用证总金额的限额，可以一次或多次向指定的议付行支款，每次取款后都须在信用证上做记录。

(5) 旅行信用证应在其有效期内使用。

旅行信用证在 20 世纪 80 年代初期曾广泛使用，在一定时期内此项服务方便了广大旅游者。但随着各种新型支付工具如信用卡、旅行支票、国际汇票等的普及使用，旅行信用证业务已日趋萎缩，发达国家的银行早已拒绝受理旅行信用证业务，中国银行等也早已停办此项业务。

旅行信用证与贸易结算信用证的区别如表 8-3 所示。

表 8-3　旅行信用证与贸易结算信用证的区别

项 目 \ 分 类	旅行信用证	贸易结算信用证
用 途	境外旅行	贸易
是否跟单	光票信用证	跟单信用证(一般)
开证人与受益人是否同一人	是	否

(二)兑付旅行信用证的手续

(1) 当旅行信用证的持证人到指定的银行要求兑付时，须将旅行信用证的正本交议付行审查，经议付行验证在确认可兑付时，把本次支款日期、金额和结存余额等记载于信用证上，加盖付款行印章，收取 7.5‰ 的贴息后结付，将收据的第二联(即副收条)作为议付行的借方传票附件，然后将收据的第一联(即正收条)随报单寄开证行索偿，收回垫款。

(2) 若解付后，信用证还有余额，应将"印鉴核对书"和信用证还给受益人；若没有余额，则应收回，在信用证上加盖"注销"或"用完"戳记，连同"印鉴核对书"及报单一起寄开证行索偿。

旅行信用证与旅行支票的区别如表 8-4 所示。

表 8-4　旅行信用证与旅行支票的区别

项 目 \ 分 类	旅行信用证	旅行支票
可否转让	否	可
面额是否固定	否	是
支款次数	一次或多次	一次
安全性	较好	较差
方便灵活性	较差	较好

第四节　国际信用卡

随着国际交往的增多，信用卡在国际范围内的使用也越来越普及。因此，信用卡也成了国际结算中的一种重要工具。

一、国际信用卡的含义

信用卡(Credit Card)是由银行或专业机构向客户提供短期消费信贷的一种信用凭证。持卡人可在指定的特约商店、宾馆、旅游场所等购买商品或享受服务，或向约定银行支取现金。通俗地说，信用卡就是银行提供给用户的一种先消费后还款的小额信贷支付工具。即当您的购物需求超出了您的支付能力或者你不希望使用现金时，你可以向银行借钱，这种借钱不需要支付任何的利息和手续费。信用卡就是银行答应借钱给您的凭证，信用卡可以告诉您：您可以借银行多少钱、需要什么时候还。另外您还可以在您信用卡中没有钱的情况下，直接从 ATM 机器中取出现金。

国际信用卡是一种银行联合国际信用卡组织签发给那些资信良好的人士并可以在全球范围内进行透支消费的卡片，同时该卡也被用于在国际网络上确认您的身份。国际发卡组织的会员(银行)发行的卡在该组织的特约商内都可以签账，这种卡都称为国际卡。国际信用卡组织在国际上主要有威士国际组织(VISA International)、万事达卡国际组织(MasterCard International)、美国运通国际股份有限公司(America Express)国际信用卡组织、大来信用证有限公司(Diners Club)、JCB 日本国际信用卡公司(JCB)等，如图 8-6 所示。

图 8-6　国际信用卡组织标识

通常国际信用卡以美元作为结算货币，国际信用卡可以进行透支消费(先消费后还款)，目前国际上比较常见的信用卡品牌主要是 Visa、MasterCard 等，国内的各大商业银行也均开办有国际信用卡业务，可以很方便地在银行柜台办理申请信用卡手续。目前国内比较流行的信用卡有招商银行信用卡、工商银行牡丹国际信用卡、中国银行国际长城信用卡和建设银行双币信用卡等。

知识拓展

信用卡收款在外贸中的应用

根据一份关于现今消费支付方式的调查报告，电子支付、在线支付已成为很多消费者的选择，现金支付在减少。电子商务的持续火热，也让在线支付占有越来越高的比重。信用卡收款通道这样的一个在线支付，在外贸网店中得到了广泛的应用。

1. 信用卡收款实现外贸网店的在线支付功能

在外贸网店上安装好支付接口，开通信用卡收款通道，就实现了网店的在线支付功能。

2. 解决了一些收款上的问题

(1) 由第三方支付提供的支付平台，解决了买卖双方互不信任的问题。

(2) 信用卡支付通道解决了外贸收款资金冻结的问题，因为这个通道不会冻结资金。
(3) 解决了外汇管制的问题，不会像其他一些收款方式那样，还受到外汇管制。
(4) 解决了个人外贸网店收款的问题，支持个人或企业开通。
(5) 解决了一些产品收款难的问题，在产品上没有过多限制。
(6) 解决了外贸商家资金周转的问题，结算更快、更方便、更灵活。

3. 提升外贸网店订单转化率

(1) 国外买家习惯用信用卡支付，且国外信用卡持有率非常高，且其信用制度完善，在网店上开通信用卡支付加大了国外买家购物支付的可能性。
(2) 信用卡支付平台是由银行提供的通道，且与国际卡组织合作，买家对于此种支付方式能够认可并信任。
(3) 信用卡支付的站内支付，实现页面不跳转支付，在网店上安装ssl安全保密协议，提升订单转化率。

(资料来源：新浪博客，http://blog.sina.com.cn/s/blog_8575c5050100s9b0.html)

二、信用卡的种类

信用卡的种类很多，可以按照不同的标准将其分类。
(1) 按发卡机构不同，信用卡可分为银行卡和非银行卡。
(2) 按清偿方式不同，信用卡分为贷记卡(Credit Card)和借记卡(Debit Card)。
(3) 按发卡对象不同，信用卡可分为公司卡和个人卡。
(4) 按持卡人的信誉、地位等资信情况的不同，分为普通卡、金卡和白金卡。
(5) 按使用范围不同，信用卡分为国际卡和国内卡。

知识拓展

贷记卡、准贷记卡与借记卡

中国大陆地区对信用卡的范围划定与国际有所不同。中国内地的信用卡广义指贷记卡和准贷记卡。狭义指贷记卡，即中国内地的狭义上的信用卡与国际上所指的信用卡一致。中国内地所指的信用卡包括贷记卡、准贷记卡两大类。而国际上所称的信用卡，只是指中国内地所称的贷记卡。

贷记卡、准贷记卡与借记卡三者之间的区别是：贷记卡持有人不必在账户上预先存款就可以透支消费，之后按银行规定还款就行了，可以享受一定时间的免息期；借记卡说穿了是一种储蓄卡，需要先存款后消费，不能透支；准贷记卡是在社会诚信体系不完善的环境下，通过某种担保或预存保证金才可以有条件、有限度透支消费的信用卡，这种具有"中国特色"的信用卡正在退出金融领域。

三、信用卡的申请与使用

单位或个人向银行申请办理信用卡时，应填写"信用卡申请表"交发卡行审核，发卡行要审查申请人的收入、信誉、担保等情况，符合条件者即可得到发卡行发给的信用卡。

持卡人去特约商店凭卡购物时,需填写一式四联的签购单,连同信用卡一起交商店的经办人员审核,经办人员在审核无误后用压印机将信用卡的卡号、持卡人名字、有效期压在签购单上,并将客户所购商品、签购单的第一联和信用卡交回持卡人,用信用卡购物如图 8-7 所示。

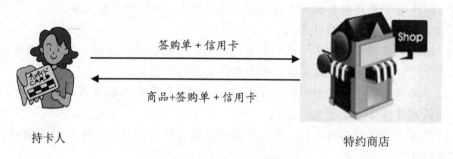

图 8-7　用信用卡购物

持卡人凭信用卡支取现金,可去指定的代付行办理,填写一式三联的取现单,连同信用卡一起交代付行审查。代付行核对无误后,将信用卡的卡号、持卡人姓名、有效期压在取现单上并按取款金额加收一定的手续费即可付款,然后将取现单的"顾客联"和信用卡交还持卡人,另将一联取现单连同一联总计单寄发卡行索偿。若持卡人支取现金超过了最高用款限额时,代付行必须先用电传与发卡行联系,取得授权后,将授权号码填入取现单,办理兑付,用信用卡支取现金如图 8-8 所示。

图 8-8　用信用卡支取现金

第五节　买入外币票据与光票托收

票据合法持有人可将外币票据直接卖给银行,从而提高资金流动性。也可以将外币票据通过银行办理光票托收。同贸易结算项下的光票托收一样,非贸易结算项下的光票托收银行也只是作为受托人行事,并没有承担付款的责任,付款人不付款与银行无关。

一、买入外币票据

(一)买入外币票据业务简介

买入外币票据是从银行角度出发的,从客户角度讲就是卖出外币票据。客户(票据合法持有人)提供经银行审查认可的即期银行汇票、本票、旅行支票等外汇票据,银行即可将资金先行垫付给客户。通过此项业务，客户可以将尚未收妥的外汇票据变现，提高资金的流动性。

(二)基本操作流程

我国银行买入外币票据的基本操作流程大致分四个步骤。
(1) 客户持外汇票据要求银行买入；
(2) 客户提供有效身份证件等证明文件，并在票据后签字背书；
(3) 银行鉴别票据，核对持票人签字；
(4) 银行扣除利息后，将余款支付给客户。
具体流程如图 8-9 所示。

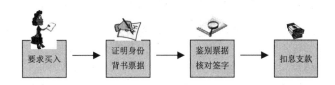

图 8-9　买入外币票据流程

案例点击

一到中国旅游的美国人持金额为 200 美元的花旗银行旅行支票到工行办理兑付。工行对旅行支票的发行机构名称、货币、面额、戳记等内容逐一鉴别，并核对持票人签字。审查无误后，即按 0.75%的利率计算贴息，将余款 198.5 美元支付给该客户。

(资料来源：中国工商银行国际结算业务. 中国工商银行总网, http://www.icbc.com.cn/icbc/)

〔点石成金〕
办理外币票据买入的银行如与多家外资机构签有旅行支票合作协议，就可以办理多种旅行支票代售和兑付业务。但持票人在兑付时，须提交证明其身份的证件。另外，持票人的签字必须与原签字一致，两次签字一致的方可兑付。

二、光票托收

(一)光票托收的适用范围

光票托收(Clean Bill for Collection)是指银行受票据合法持有人的委托，将不附带任何商业单据的票据寄交境外银行代收款项的一种结算方式。光票的范围包括：不以受理行为付款行的外汇汇票、本票、支票、旅行支票、债券、存单、存折、现钞等类似用以取得款项的凭证。

(二)光票托收的手续

办理光票托收业务，需携带本人(收款人)的身份证件，如委托他人代办，还要携带代办人的身份证件，并填写托收申请书，在票据上背书后，连同票据托收申请书及身份证件一起交银行审核。

银行审核无误后,将托收申请书的一联盖章后交给收款人或代办人保存,待票款收妥后凭此联及身份证件到银行办理取款手续。受托行另将一联托收申请书寄国外付款行向其收回款项,如图 8-10 所示。

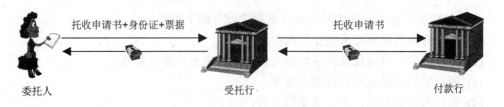

图 8-10 光票托收流程图

复习思考题

1. 国际非贸易结算包括哪些主要内容?
2. 非贸易汇款分几大类、几种具体的方式?它们之间有何异同?
3. 电汇、票汇如何办理?
4. 请简述外币兑换的程序。
5. 兑付旅行支票时,兑付行应注意些什么?
6. 试比较旅行支票与旅行信用证的异同点。
7. 电子旅行支票与信用卡有何不同?

参 考 文 献

[1] 苏宗祥. 国际结算[M]. 第 5 版. 北京：中国金融出版社，2010.
[2] 姚新超. 国际结算与贸易融资[M]. 北京：北京大学出版社，2010.
[3] 庞红. 国际结算[M]. 第 3 版. 北京：中国人民大学出版社，2009.
[4] 庄乐梅. 国际结算实务精讲[M]. 北京：中国海关出版社，2013.
[5] 徐进亮，李俊. 国际结算实务与案例[M]. 北京：机械工业出版社，2011.
[6] 韩宝庆. 国际商法[M]. 北京：经济管理出版社，2009.
[7] 陈岩，刘玲. UCP600 与信用证精要[M]. 北京：对外经济贸易大学出版社，2007.
[8] 王宇. 春风化雨：人民币跨境结算五周年[J]. 中国经济报告，2014(11).
[9] 王宇. 人民币国际化破冰远行[J]. 中国经济报告，2015(1).
[10] 朱文忠. 国际结算最新发展趋势与对策[J]. 国际经贸探索，2009(12).
[11] 梁建伟. 浅析 UCP600 下的"议付"[J]. 金融理论与实践，2008(11).
[12] 韩宝庆. 信用证结算的替代之选：电汇+出口信用保险[J]. 对外经贸实务，2006(9).
[13] 武建宙. 运用国际惯例剖析信用证纠纷[J]. 对外经贸实务，2001(3).
[14] 韩宝庆. 国际托收中代收行法律地位的再思考[J]. 国际商务，2006(4).
[15] 林清胜. BPO：值得大力拓展的国际结算新渠道[J]. 中国外汇，2014(8).
[16] 王桂杰. 把握 BPO 商机[J]. 中国外汇，2013(12).
[17] URBPO 主要条款解读. 中国贸易金融网，http://www.sinotf.com/GB/136/1361/2014-11-13/xMMDAwMDE4MzQxMg.html.
[18] 周箫. ISBP 审单标准的新变化[J]. 对外经贸实务，2014(9).
[19] 恩瑞克·法卡罗.《福费廷统一规则》溯源. 中国外汇网，http://www2.chinaforex.com.cn/index.php/cms/item-view-id-35326.shtml.
[20] 何勇. 保理、出口信用保险：在减少坏账风险中孰优孰劣[J]. 中国对外贸易，2002(9).
[21] 怎样才能做到相符交单. 中国信保商账追收网，http://www.sino-credit.com/sinocredit/zyzl/mysw/70861.jsp.
[22] 黄宽，张桢. 信用证融资全攻略. 经理人网，http://www.sino-manager.com/201091_18759.html.
[23] 一种"新"型的信用证纠纷解决方式. 找法网，http://china.findlaw.cn/hetongfa/shewaihetong/13926.html.
[24] 刘春梅. 国际结算课程内容及教学方法探讨[J]. 企业导报，2010(8).
[25] 蔡一鸣. 国内几种《国际结算》教材中的一些问题[J]. 湖北经济学院学报(人文社会科学版)，2009(6).
[26] 福步外贸论坛，http://bbs.fobshanghai.com/.
[27] 温州大学国际结算精品课程，http://jpkc.wzu.edu.cn/gjjs/index.aspx.
[28] 国家外汇管理局网站，http://www.safe.gov.cn/model_safe/index.html.
[29] 中国银行网站，http://www.boc.cn/.
[30] 中国工商银行网站，http://www.icbc.com.cn/icbc/.